走遍全球

韩国

Korea

中国旅游出版社

目录

汉城 76

釜山 228

庆州 266

济州岛 290

目录

特 集

旅行技术篇 473

韩国方便簿

时　差： 较中国早 1 小时

语　言： 韩国语(主要用韩文字表现，几乎不使用汉字)

货　币： 韩元(用₩表示。₩10,000≈74.80 元人民币，2000年9月)

气　候： 夏热、冬冷(汉城与北京差不多)

使用本书之前

有关数据

本书以收集“尽可能具体、能马上使用的信息”为宗旨而编集，有关价格、时间等方面的数据，努力登载最新的内容。但是，记载得越详细，随着时间的变化，与实际中所产生误差的可能性越大。特别是酒店、餐馆的营业时间、价格等的变化更大。所以在实际旅行之中有很多变更的地方。希望您在使用本书时要考虑到这种情况。

此外，有关铁路的价格，书中只表示了平时的价格（周末、节日要涨价）。高速巴士价格里有 2 个数字，前者是高速公汽，后者是优等高速公汽。

有关各城市间的交通，请参照《主要车站间的运价，所需，运行班数速查表（P497）》、《调整、市外公汽各目的地运价、所需时间、运行间隔速查表（P503）》。

读者投稿

《走遍全球》积极地介绍读者的来稿，标有 标记。特别是酒店、餐馆等登载虽多少有些主观，但是都是亲自体验者的印象、评价等，可做为选择时的标准，并且我们尽可能忠实地尊重原文。

本书中使用的符号

Ⓡ餐馆　Ⓗ酒店、旅馆　新新村号　Ⓒ咖啡店　营营业时间

预有关预约　无无穷花号　Ⓓ迪斯科、酒吧等　休休息日

交交通工具（前往方法）

地图中使用的符号

咖啡　快餐　时装　旅游咨询处　迪斯科、酒吧等

鞋店　餐馆　Ⓖ美术馆　Ⓢ超市、连锁店　Ⓗ酒店、旅馆

Ⓟ停车场　邮电局　交交通岗　机场　汽车总站　车站

分门别类索引

汉城的虎之卷

餐饮、购物自不待言

游玩之乐更让人兴奋——这就是汉城

只要您想了解

这里回答的便是您的疑问

Q 虽然有时总想带回一些正宗的泡菜做礼物，可是总有一些不安感。或许有什么更方便的食品？

有塑料袋装或者盒装的泡菜，和从缸里刚拿出来的一样新鲜（乐天百货店）

可以在市场购买泡菜。价格只有一半左右。如果担心携带的话，可以用塑料袋包装(新堂洞中央市场)

均用塑料盒给包装好，可以放心地带回去。盒内泡菜因为发酵，回家后应尽早改换其他容器(乐天百货店)

品尝一下另一种味道的泡菜。泡菜蛋糕（诺波特尔国宾酒店）及泡菜面包（诺波特尔国宾酒店及乐天酒店）

泡菜的腌渍教室，您可以将自己腌的泡菜带回做礼物（田贞源料理研究所）

A 像泡菜这样的食品，可以前往号称食品原料宝库的百货店食品材料柜台购买。如果购物时间有限，可到市场购买。除泡菜以外，这里还极力向您推荐具有独特口味的海苔（紫菜）。

一提到韩国特产，人们便会想到泡菜。泡菜，除具有辣味之外，还有一种甜、酸等复杂的味道，真是难以言传的美味。在韩国，不仅有用一般的白菜做的泡菜，还有用黄瓜、萝卜、葱、甚至用螃蟹等做成的泡菜，到商场一看，种类之多令人咋舌。

打包之后的海苔，整齐地码放在一起（乐天百货店）

其实，您在旅行中带回一些正宗的泡菜，丝毫不用担心包装方面的问题。百货店的服务员，会很周到地将泡菜包装好交给顾客。

除泡菜以外，辣明太鱼也是绝好的上品，与泡菜一样在食品店有售。口味略辣，但拌米饭吃正合适。

作为礼物，最受好评的还是各种口味的海苔。一般 8～10 张封成一小包，每 10 小包又集成一大包。带回家虽略显麻烦，但芝麻油咸味海苔是吃米饭时最好的佐餐美食。

市场卖的海苔便宜（新堂洞中央市场）

最近在百货店内，出现了边烤边卖的美食海苔柜台，称做便利海苔之角。它把海苔按产地分在不同的隔断内，很受当地的家庭主妇欢迎，都排起长队购买。

Q 想欣赏农乐等传统艺术的话……

到了国外，是不能不接触该国的传统艺术的，特别是有着悠久历史的韩国舞蹈与音乐，与我们有着似曾相识的感觉，是不能错过的。

若想轻松领略韩国传统艺术，您不需劳神便有很多机会。韩国的传统艺术，现在已广为人知，这里既有常设的公演剧场，也有每年定期举办的节庆活动。

关于不定期举行的公演，在旅游咨询中心可以领到免费的《本月节庆》、《汉城视点》等宣传册，作为参考。语言有障碍者，可以在旅游咨询中心用英语询问，您一旦提出“我很想了解一下传统艺术”的话，咨询员会很热情地为您讲解。

扇子舞之美，夺人眼目。该舞蹈服饰华丽、优雅，可称是典型的宫廷舞蹈(高丽屋)

极富动感的“男寺党之舞”，热情奔放，民族气息浓郁

A 韩国既有晚宴剧场，也有一般的观赏剧场、本地韩国人参与的演出等，多种多样。

豪华绚烂的艳舞秀。前半部分，是民俗公演；后半部分，是巴黎夜总会的艳舞（喜莱登华克山庄）

具有独特发声特征的民谣。虽不明白歌词内容，但歌剧式的唱法却颇具魅力(汉城娱乐场)

游客也可以参与，气氛更好(汉城)

常设剧场

▶**韩国之家，高丽屋**
参见正文 P126 页

▶**国立国乐院**
参见正文 P130页

▶**汉城娱乐场**
参见正文 P130页

▶**贞洞剧场**
参见正文 P130页

晚宴剧场

▶**喜莱登华克山庄**

广津区广壮洞山221

☎450－4554(预定专用）

演出：₩48000(含一杯酒水）

₩63000，₩77000(含晚餐）

营17:20~19:00、20:20~22:00

(含晚餐者提前50分钟入场）

Q 想做一下美肤的话，在什么地方呢？男性也可以做吗？

1 在更衣处，需换上美肤专用服(皇冠酒店)

2 哇，里面是汗蒸炉，非常热，需要披上麻袋进入

A 酒店及街上的桑拿、浴池都有美肤项目，可以根据环境气氛及预算选择场所。当然，男性也可以。

在韩国美肤的话：有下列方法。

①使用酒店内的桑拿美肤

②使用街上的汗蒸炉美肤

③在浴场洗浴后美肤

①中的酒店桑拿美肤，由于习惯于接待亚洲客人，在服务及清洁方面与中国几无差别。最近有很多与桑拿并用的酒店，可在深夜、清晨加以利用，以有效地节省时间。酒店一般只是普通桑拿，韩式桑拿——汗蒸炉很少。韩式美肤种类很多。这里只向您推荐单纯的美肤。

②中的汗蒸炉是有韩式桑拿的地方。汗蒸炉原本是李氏朝鲜时期流传下来的传统桑拿，是一种用砖砌成的圆锥型建筑，室内温度比一般桑拿高，因为太热，所以要披上麻袋进去，对健康很好。

在汗蒸炉，可以体验到蒸气（艾蒿蒸）、除绒毛等各种韩国式美肤。美肤院

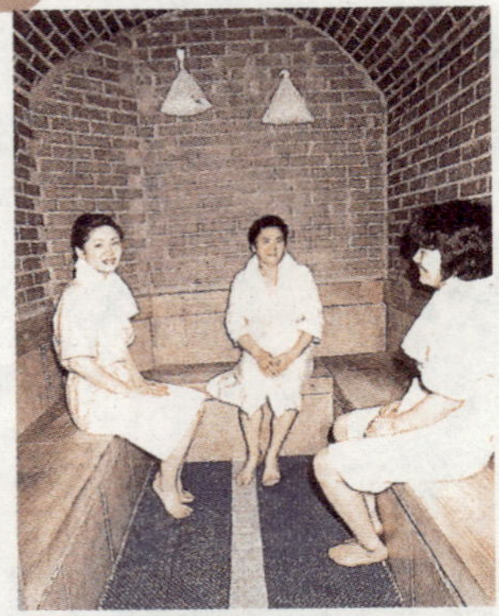

5 人参浴、桑拿，会令皮肤柔软，除去身上的尘垢

3 韩国式桑拿——汗蒸炉，呈圆锥型

4 进去之后要裹紧麻袋，稍一放松就会汗如雨下

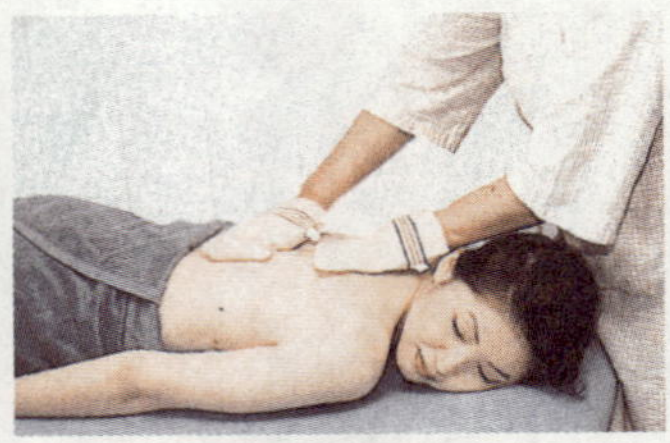

6 搓背约 20 分钟，搓下的尘垢之多令人惊奇

不同，内容略有差异，但却可以充分体验到韩国风格。

③中的叫做浴场的浴室，可以在洗浴的同时来美肤。当然，除洗浴费外，还需另外支付美肤费用。这是一种最便宜的美肤方式，颇富百姓味，可以十二分地体验到韩国风格。

①～③中任何一种都可以体验到美肤之乐趣，但各类型中从业人员的技术水平及环境气氛不同。一般来讲，论韩国风格程度，应该是③→①；论优雅与放心程度，应该是①→③。

特别是②、③，是中国式浴池所无法比拟的，是直接接触韩国人的最好机会，但对于不习惯的人来说，会有一种抵触感。

利用旅行中最宝贵的时间，使肌肤清洁、心情愉快是理所当然之事。但是，是享受使用豪华气氛，还是利用百姓气氛从而体验韩国风格呢，明白其理是首要问题。

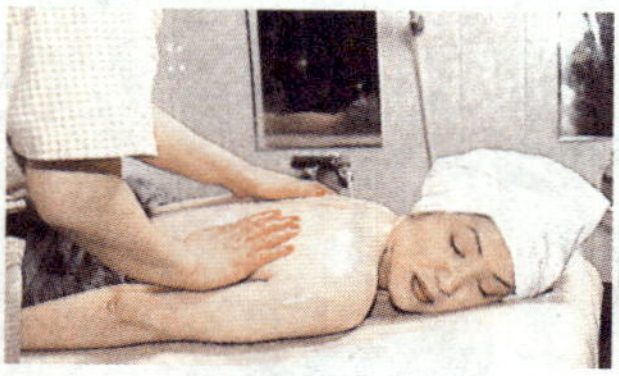

7 之后是搽油按摩，非常舒服，如醉如眠。然后，是用牛奶洗，使皮肤光滑

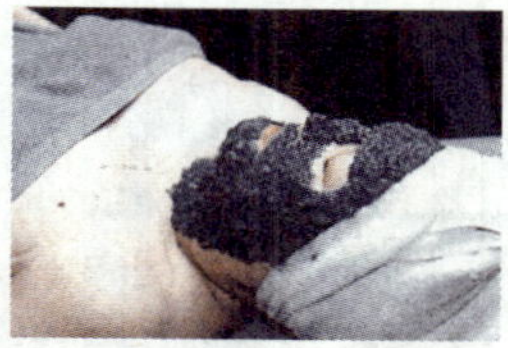

8 用黄瓜涂脸，凉丝丝的，可以使皮肤变白，具有美白效果

9 蒸。黄椅子下有一圆型孔，从孔内感受黑茶壶内的蒸气

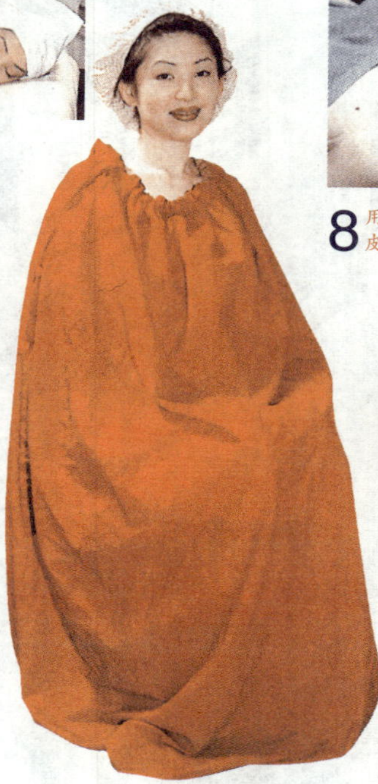

10 如此穿上红袍，坐在椅子上

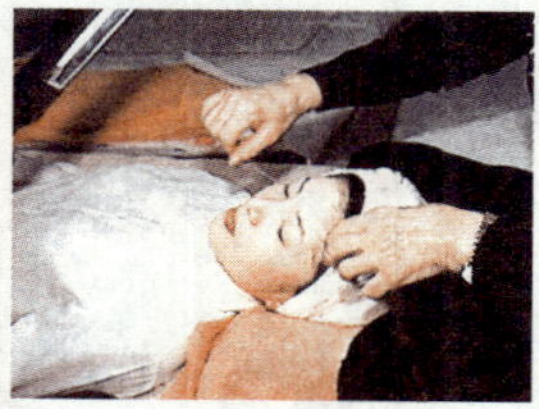

11 除绒毛。用绢丝去绒毛，堪称一绝

浴池种类	人参浴	人参内含有营养成分　具有消除紧张、减轻疲劳、滋润皮肤、防止皮肤干燥的作用。
	绿茶浴	含丰富维生素 C。有利于呼吸、循环系统及利尿作用。
	浴	有美容效果，对生理痛、生理不调有效。
	中药浴	缓解皮肤及肌肉紧张。
桑拿种类	黄土桑拿	含多种微生物，黄土接触身体具有杀菌效果，有利血液循环。
	盐桑拿	对皮肤病有疗效。可以滋润皮肤。美肤之前洗浴的话，具有软化皮肤垢的作用。
	汗蒸炉	是用石头、黄土筑成的圆锥型的建筑。采用松木燃烧加热，使汗蒸炉内放射紫外线。深入皮肤，缓解疼痛，对皮肤干燥、神经痛、关节炎有疗效，汗蒸炉一般从早晨 5 时左右起火，即时温度将达到 480°以上。早晨最早进去，最需要的是勇气。
其他方式	去绒毛	是用一根绢丝环绕成 8 字型，除去脸部皮肤上的绒毛。有利于血液循环，对除面部痤疮、皱纹有效。
	拔火罐	将铜铃式的玻璃制的罐子置于患部，再将内部抽成真空。在血液循环不好的地方便出现紫色的印记，3～4 天左右消失。在韩国，这是一种古时流传下来的中医疗法。可用以治疗腰痛、便秘、生理痛、血液循环等症。当地韩国人，用针灸令其出血，但要注意卫生，最好避免使用。
	蒸	用茶罐及 5 种中药制成烟薰，或者用泥茶罐煮沸，均很热。对妇科病均有效。

令　心　情　更　加　愉　快

足底按摩

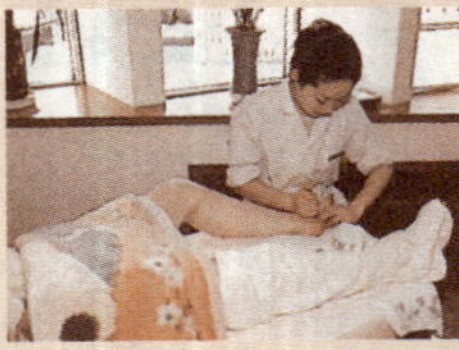

足底按摩。按压足底穴位，虽痛，但让人感到舒适（刘昭榛足健康管理室）

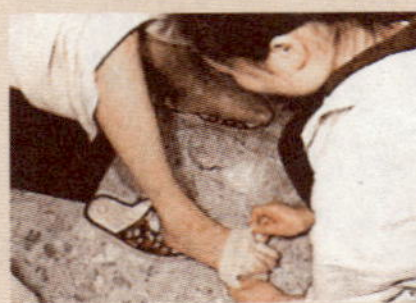

用护肤膜使足部光滑

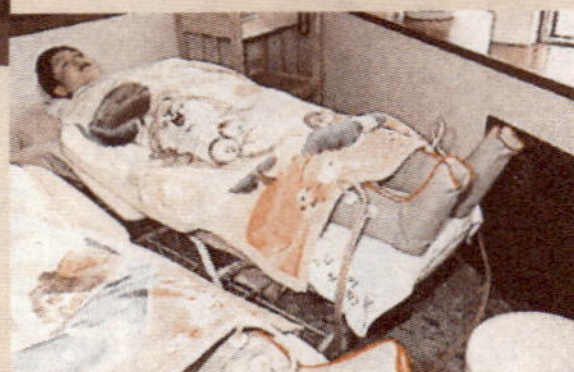

空气按摩略有一些压迫感

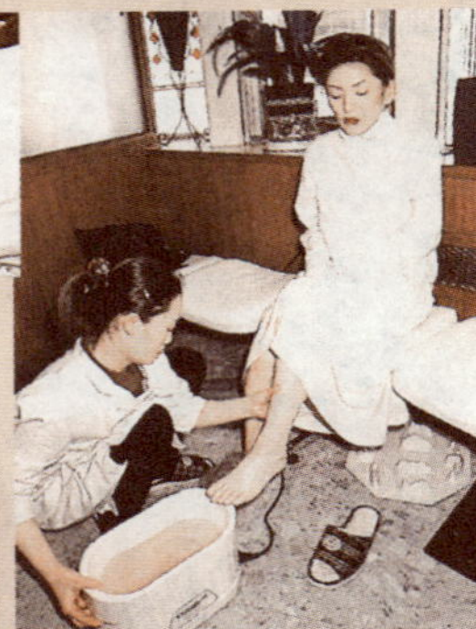

修指甲

首先是修指甲、手部按摩

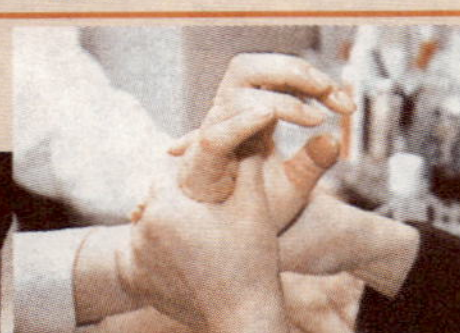

涂上喜欢的指甲油

市内桑拿

▶太阳城大众桑拿

中区忠武路2街11－1

☎776－1682（男浴池）

776－1684（女浴池）

营 7:30～19:00 周日休

费 洗浴费₩3000

美肤₩45000（含按摩）

▶Plaza 大众桑拿

中区连莱洞122汉城民资站舍地下一层（汉城站后口地下）

☎393－8668，313－9063

营 5:00～21:00（男性使用:24小时营业）周日休

费 洗浴费₩3000

汗蒸炉

参见正文 P412

酒店桑拿

P414

足底按摩

▶刘昭榛足底健康管理室

P112

▶Kim's 足健康

龙山区梨泰院洞119－19 3层

☎795－0646

营 10:00～22:00 年中无休 周日营业　要预约

费 ₩15000

地图见 P172.2

▶文惠映足健康管理室

江南区新沙洞638－5－202

☎548－0888

营 9:00～20:00 周日休　要预约

费 ₩50000

地图见 P204.2－A

修指甲

▶Pro－Nails

参见正文 P174

▶Pink Nail of New York

参见正文 P203

Q 在什么地方喝像人参茶这类富于变化的茶呢?

仁寺洞有很多传统茶店，大多采用传统的房屋气氛（一味茶屋）

传统茶里使用药草、水果等各种材料
❶灵芝茶❷人参茶❸枣茶❹松叶茶❺柚子茶

韩国人只要对身体好，什么都可以饮用。其中,对各种药的信赖程度很高，为调整平时的身体状况，韩国人经常饮用各种中药。人参茶便是其中一种。人参茶虽被称做茶，但并没有茶的叶子，而是把高丽人参煮过后饮用。

有时，一边喝茶还要一边吃一些传统的点心（一味茶屋）

A 所说的传统茶对身体健康很好，种类多种多样。对初饮用者来说，比较上口的还是柚子茶。仁寺洞有很多传统茶店。韩国风格的茶店很多，比到普通的茶店值得推荐。

这些传统茶内，除人参茶之外还有很多种，有甜的，也有涩的，不管男女老少，广为大众所喜爱。

传统茶的材料，使用灵芝、当归、人参、大枣、柚子等干货类的中草药，且使用蜂蜜。用药草制成的茶很苦，而用柚子做的柚子茶味甜，治感冒，适合于初饮者。

此外，中国、日本饮用的茶叶，在这里也很普及。韩国产的绿茶味浓，味道有的也很好。还有，也可以喝到中国进口的乌龙茶。

位于美术馆一角的传统茶馆。可一边欣赏庭院景色一边饮茶(传统茶院)

在购物中途、美食之后胃肠感到疲劳时，不妨饮用一下传统茶。汉城市的仁寺洞传统茶屋，鳞次栉比，有很多店采用韩国传统建筑，使用的茶具也是手工陶瓷，气氛独特。在这里，您可以一边饮茶，一边接触韩国的传统文化。

Ⓒ钟路还宽勳洞 2－2
☎722－5019
营 10:00～23:00，年中无休周日休
地图见 P148.1－B
Ⓒ仁寺洞
参见正文 P150
Ⓒ传统茶院
参见正文 P149

在民俗酒馆不可或缺的是米酒。此外，放了很多葱的葱饼，也是推荐品之一

Q 想品尝米酒

传统味道十足的店内，有一种奇妙的沉稳感（苏铁）

A 民俗酒馆值得一去。新村周围发现很多韩式居酒屋。内装修沉稳，美酒佳肴，还有米酒，丰盛度自不待言。要注意，千万别喝得太多哟！

在汉城，著名大学荟萃的文化教育地区——新村，集中了很多以学生为对象的“便宜又好吃”的酒馆。

这些被称做民俗酒馆的店铺，模仿韩国旧式房屋结构，装修古色古香，带有地炉，气氛凝重。其中，有的酒馆仿佛是再现了过去农家风格的博物馆，仓库门前悬挂着玉米，屋内摆放蜡制的农具，而家畜栏内的小猪则生龙活虎般像要蹿出来，惟妙惟肖。在这里，不要说喝酒吃菜，单欣赏店内就够独特之至了。

由于这些酒馆多以学生为对象，价格便宜、菜量也大，颇富吸引力，丝毫无愧于民俗酒馆之名，可以充分品味韩国气氛、韩国料理及韩国酒。

这里的餐桌用原木直接制成，很有特色。木结构的店内，总有一种奇妙的沉着感（苏铁）

民俗酒馆内，不但有白酒、烧酒、啤酒，还有纯正韩国风味的米酒。韩国米酒，盛装在大桶内用大勺舀起，颜色略浑浊，微微有些甜味，口感很好，不冲，易入喉咙，度数不高，但注意不要过量。

那么，您是否应该体验一下洋溢着昔日气氛，又奇妙地落户于学生街的民俗酒馆，与当地的年轻人一起品尝一下美酒佳肴呢？

Ⓡ苏铁
西大门区沧川洞52－159
☎3141－5301
营 11:00～24:00 年中无休
周日休 地图见P181.1－A

Ⓡ风味美
西大门区沧川洞52－120
参见正文P182

Ⓡ德乐
正文P183

在入口处可以看到各种烧烤物。向您推荐竹筒内的米酒（风味类）

木制大面、墙壁上画有民俗画（德乐）

Q 很想试穿一下韩民族服装……

店铺的装饰很现代(汉江斯鲁雷)

A 百货店有柜台定做韩服。仁寺洞有现代风格的改良后的韩服。在旅游点或者汗蒸炉，有试穿韩服服务，并可留影纪念。

韩国著名民族服装“奇麻巧哥利”，一般叫做韩服。它与日本的和服一样，平时穿着机会很少，一般只限于结婚仪式时穿戴。

韩服拥有富于变化的历史。它原来色调鲜艳、质地薄，现代的设计师则以此为基础，在式样的设计上煞费苦心，研究出了新韩服。

改良韩服，布料采用条绒布或厚绵布，颜色不使用原色而采用茶色、绿色，正逐步向“新韩服”努力。价格上看也较便宜，上下装₩20万左右。有的可以带回国内做外衣穿，样式也很时兴，真是“略一变化，即成时装”。

真正经营传统韩服的店铺，比如乐天百货店，不但有成品，还有定做柜台，甚至在该柜台可以定做被褥、全套的“韩国新娘嫁妆”。

如果您认为“并不想买只是想穿一穿”的话，那么在旅游点的“穿韩服照纪念像”服务处，可以试穿。乐天世界的民俗馆、景福宫、韩国民俗村等主要旅游景点处，照像师们都备有韩服。在酒店的桑拿、汗蒸炉美肤之后也可以另付费试穿韩服。

继承了韩国传统文化的“韩服”，是您领略邻国文化的得力渠道。

穿韩服照纪念像(乐天世界民俗馆)

▶特尔希尔莱
中区仁寺洞146　☎737-2202
营 9:30~21:30　春节、中秋各休2天　周日有时营业

▶汉江斯鲁雷
中区仁寺洞143　☎723-3937
营 9:30~21:30　春节、中秋各休1日　周日有时营业
地图见P148.2-B

试穿韩服

▶乐天世界民俗馆
松坡区蚕室洞40-1　乐天世界民俗馆3层　☎411-3368
营 10:00~19:00　周一休息　周日休
费 ₩20000

▶乐天百货店
参见正文P111

有的韩服像夹克一样，完全改变了迄今为止的对韩服的印象(特尔希尔莱)

Q 提到韩国，人们对它的陶瓷印象很深，那么有没有日常生活中使用的陶瓷呢？

金时永先生成功地再现了黑釉陶瓷。碰巧还可以参观其制作现场。在仁寺洞的通仁世有他的作品（加平窑）

一人用茶杯。中间的筒内放茶叶，盖上盖子闷（汉城茶生园）

在韩国，茶的系统大体上可以分成2类。一类是以果实、药草、蜂蜜为主的“传统茶”，另一类是放入茶叶的“绿茶”类。

喝传统茶一般用带盖子的大茶杯。仁寺洞的陶瓷店有很多厚重、手工制作、富有特色的茶杯。价格，从₩15000左右开始，可作为礼物送人。

喝绿茶的茶具，一般是一件茶壶5件茶碗为一套。韩国陶瓷采用批量生产方式，因而有很多陶瓷具很便宜。但是，只要是好的陶瓷如青瓷、白瓷，一套则至少要₩20万或₩35万左右。此外，茶的种类也很多。

喜欢陶瓷者，不妨在仁寺洞花上一天时间。有的店铺的主人自己就拥有窑口，销售自己的作品。茶壶及插一枝花的那种青瓷瓶，过去曾作为韩国特产送礼，现在则被更实用的茶杯、茶碗取而代之。

另外，直接到窑口参观，选择中意的作品，学习制作过程也是乐趣之一。

A 很多很多，前往位于汉城的仁寺洞。

到处都有经营茶杯、茶碗及日常生活器皿的陶瓷店。

该店经营陶瓷作品，谁不为有特色的陶瓷动心（艺堂）

购买茶具

▶ **东洋茶艺**
钟路区宽勳洞 27－5
☎723－7664
营 9:00～21:00
春节、中秋休息　周日休

▶ **艺河**
钟路区宽勳洞 170
☎722－3618
营 9:30～20:00
春节、中秋休息　周日休

▶ **艺堂**
钟路区宽勳洞 170
☎732－5364、723－1867
营 9:30～20:00，春节、中秋休息　周日有时营业

▶ **汉城茶生园**
见正文 P155

参观窑口

▶ **加平窑**
京畿道加平郡下面大报里 215
☎0356－84－2542
FAX0356－85－4542
需事先联系。在国铁清平站有接送。

茶壶茶碗的种类丰富。价格适中，有的还很漂亮（艺河）

Q 其实，我们并不想一夜暴富，只是好不容易有一次机会，能否去一下赌场？此外，还有其他的赌博项目吗？

汉城惟一赌场"华克山庄"。此外，釜山、济州亦有赌场

赌　博

"离我们最近的公认的赌场"是在韩国。有的人以赌博为目的，每个月都要飞到汉城。这里有轮盘赌、巴卡拉纸牌、21点、骰子等多种赌博方式。

一听说赌博，都以为是一项高级的游戏，在韩国则不受限制，最低赌注也很小，还有可以轻松参赌的老虎机。这些，都是一种在国内所难以体验到的。

赛　马

韩国有国营的赛马和赛车，均是50年代才开始起步，历史较短。每到周末，那些拿着马券的男士们便匆匆赶往马场。赛马场在汉城和济州，共2家。

赌马方式有单胜、连胜、复胜3种，稍研究一下就明白。当然，如果在旅游期间，有一种"赌一把、赚一笔"的想法，倒不如以体验韩国赛马经历，以轻松愉快的心情来看待为好。

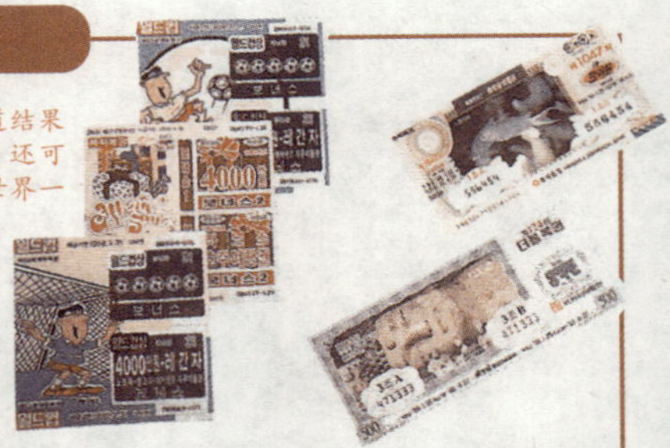

有2种彩票，游客可以马上知道结果的即开式很方便。不但有奖金，还可以分红。还有奖车、旅行、乐天世界一日券等多种多样奖品。

彩 票

我中了一等2000万韩元！我们身边或许有这种情况发生。彩票，是一种简单的赌博，您可以购买彩票、选择号码，等待结果。但对游客来说还是即开即中式方便。

如果购买2张₩500的彩票，则有与金额、奖品相应的文字，如果它与左上角书写的数字一致的话，就中了记载的金额。即开式奖券涂磁的一面有红利角，在其文字一列内，没有☆记号的才有“中奖”的可能性。在销售处购买彩票的，要确认自己有没有中奖。

奖券销售处，在公交站前的小卖店、快餐店、街角的卖烟店及地铁内均有，可以一试运气

A 赌场在汉城、釜山、济州均有，试试如何？此外，还有赛马。好玩、碰运气，还是彩票最好。

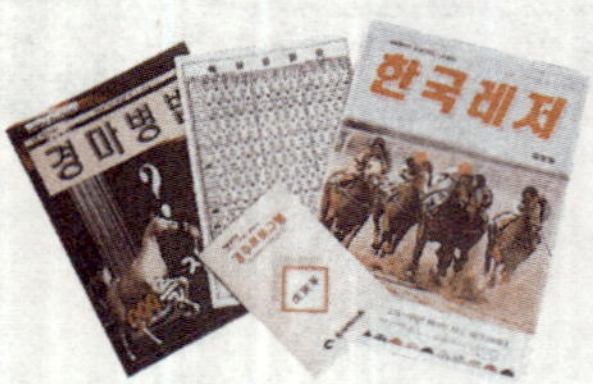

选择纸全部用韩语，要么读懂它，要么全凭运气

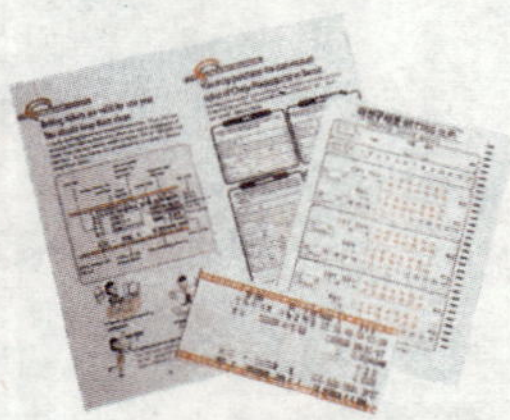

马券是圆点式，可以先领一份英文版的购买指南

马场设备新、清洁

赛马

▶**汉城赛马场**

☎509－1647

比赛日：周六、日（有时有变更、需要先确认）

地铁4号或赛马场下车

入场费：免费（比赛日₩900）

赌博

▶**喜来登华克山庄**

广津区广壮洞山221

☎456－2121

乘模范出租车从明洞附近：₩18000～₩20000左右。赌场班车从梨泰院的新汉城文化廊、地铁2号线江边站、5号线广渡口站运行。

营 24小时营业年中无休

入场费：免费

彩票

在地铁站等处销售。中₩10000以上的彩票，在第一银行的本支店兑换现金。中₩500～5000的在购买处兑换。

Q 想参观被联合国指定的世界遗产，去哪儿好呢？

位于伽耶山山麓的海印寺

护国寺

是建于吐含山斜坡上的名寺，兴建于公元525年，当时称做华严法兴寺，是第35代的景德王10年(751年)，由大臣金大城重修。该寺建成后，多次翻修，现有的建筑为李氏朝鲜时期以后的建筑，并于1969～1973年之间复原之后而成。寺内保存有石造释迦塔、多宝塔、青云桥、白云桥、莲花桥、七宝桥、金铜阿弥陀如来坐像等8件国宝(国家级文物)，生动地再现了积极吸收唐朝文化的统一的新罗形象。

石窟庵内，围绕本尊的立像

石窟庵内安坐如山的释迦如来像

石窟庵

是位于吐含山山顶的人工修建的石窟寺院。该寺，据说是与佛国寺同期由金大城所建，确切年代不详。其后，由于李氏朝鲜对佛教采取镇压手段，该寺从历史舞台上消失了很久，1900年左右才由在山中避雨的邮递员发现。

石窟庵由前厅、通道、拱型的主厅构成。本尊释加如来像的周围，刻有帝释天、文殊菩萨、十大弟子、十一面观音等的浮雕，佛像总计40余件。

海印寺与八万大藏经

海印寺，是新罗时期805年修建的寺院，因其保存着8万大藏经而被称为法宝寺刹。该寺几经火灾，建寺之初的建筑已不复存在，现在的伽蓝则为李氏朝鲜末期的建筑，幢竿支柱、三层石塔展现了新罗时期的造型艺术之美。大藏经集佛教、论书为一体。11世纪初，高丽为纪念击退契丹军队而雕刻了大藏经，1232年由于蒙古军队入侵而被烧毁，1236年高宗为抵抗蒙古军队，希望得到佛的保佑而重刻。

保存了8万大藏经的板库

宗庙大祭

宗 庙

这里供奉着李氏朝鲜王朝的历代国王及妃子们的牌位。正殿供奉太祖李成桂等19位国王、王妃，永宁殿供奉其他国王、王妃及死后追封王位的王侯。每年5月的第一个周日，全州的国王后裔的李姓人士汇集于此，举行儒教传统的纪念仪式。

水原华城

李氏朝鲜第22代正祖王，将其父庄献世子的陵墓由扬州迁到水原郊外的华山，水原华城就是为守护该陵墓、参拜而建。华城城墙周长超过4公里，东西南北各设置了苍龙门、华西门、八达门、长安门。其中，华西门与八达门的门前半部由半圆形的城墙围绕，使门本身成为一个重要的要塞。此外，东北侧的华虹门采用建于河上的水上楼阁形式。水原华城，吸收了欧洲的建城技术，动用了37万劳力，于1796年完成。

八达门

A 1995年，佛国寺与石窟庵、宗庙、海印寺 1997年，昌德宫、水原华城被确认为世界文化遗产

昌德宫

昌德宫建于李氏朝鲜时代第3代国王太宗的1405年，是景福宫的离宫。该宫多次遭受火灾并屡次重建，至景福宫再建完成的19世纪中叶，历代国王均在该宫处理国家政务。景福宫内保存有正门—敦化门（1607年重建）、汉城最古老的石桥—锦州桥、正殿仁政殿、国王处理政务的宣政殿、欧式建筑的熙政堂、王族起居的大造殿，此外，还保存有战前下嫁于此的日本皇室成员李方子晚年居住的乐善斋（现建筑为新建）。另外，北部的秘苑，面积超过20万米^2，是著名的王室庭园。

敦化门

鱼水门

▶ **佛国寺**
参见正文 P284
敦化门
▶ **石窟庵**
参见正文 P286
▶ **海印寺**
参见正文 P422
▶ **宗庙**
参见正文 P140
▶ **水原华城**
参见正文 P339
▶ **昌德宫**
参见正文 P137

韩国名菜 50 例

语言不通没关系
用手一指没问题
一人也敢进餐厅
想吃什么尽情点

去小巷子重点是找准。最好是有认识的人或认识的店

稍微豪华点，全都吃得香

到街上看一看吧!

旅游及购物虽说令您疲劳，但也不能在饭店的餐厅或者大购物中心的食堂街随便吃一口果腹吧，还是应该拿出精神寻找一下好吃的东西。便宜又好吃的店，总会有的。

确定好想吃的菜吧!

好多专门店专门经营烤肉、参鸡汤、冷面等等。最好是事先确认好想吃什么，否则很难决定去哪家店铺。反过来说，您只要记住想吃的韩国料理的韩国字，看着招牌就可以进店了。

确认好胡同小道

走在漂亮的大马路上，是难以发现好吃的菜的。在韩国，饮食店街一般是在小胡同内，而且胡同内的饮食街常有著名的餐馆。这些，都是绝对不能仅以霓红灯多少来判断的，需要好好确认到底是什么样的店铺。

参鸡汤专卖店

很多店都在玻璃窗上标出菜单

汉城明洞，带照片的菜单

乍一见不知是什么店，实际上是餐馆

汉字很醒目，是一家中国餐馆

普通的餐馆内景

地下道内的面食馆

餐馆的招牌大多只有韩文标志

迷你大众食堂、面食馆，右侧的2个文字是标志

没有时间，只想简单用餐时

瞄准人多的地方

无论多么没有时间，只想吃简单的汉堡之类的快餐也太没意思了。这里，还是向您推荐车站、市场处顾客多的面食店。以面条、紫菜饭卷、饺子等快餐为主的小型大众食堂，一般都用“粉食”二字做招牌。这些店多集中于地下道的台阶旁、汽车售票处周围。

进店后再决定食物

这些餐馆的菜单，各家大体相同，想吃什么最好进店以后再定。有的大型面食店，还有猪手、咖喱饭、火腿饭等。应以本书为参考选择内容。有的店需要先对账，不懂的话可以观察一下其他顾客的作法。

日式料理店虽然写着日本料理，但有的已经是韩国风格

有的店在餐馆入口处有菜样

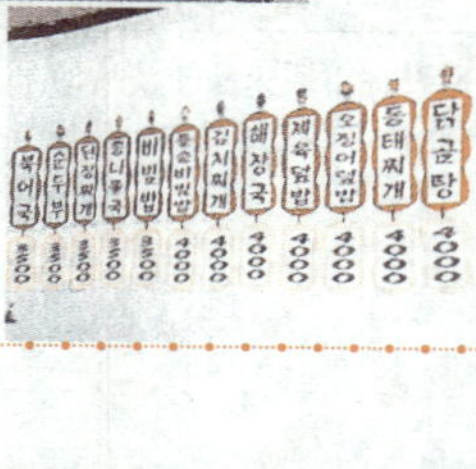

店内贴着的是菜谱

肉类

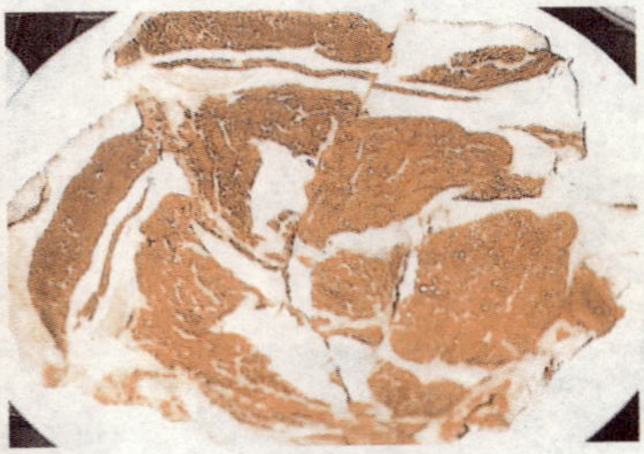

烤里脊 ● 등심구이 ❜

里脊是指牛、猪的里脊，一般烤牛的里脊较多。调料则是用加盐的麻油或酱油。也可以同米饭或者用生菜卷上辣椒酱一起吃。

烤肉 ● 불고기 ❜

在韩国，是将牛里脊用调料充分腌渍之后，在火锅式的半球型的网上烧烤。同时还要加入大量的泡菜、生菜之类，包起来食用，很益于健康。

烤五花肉 ● 삼겹살 ❜

五花猪肉。是将五花猪内切成薄片在铁板上烤。当其中的油脂被烤掉，略微发脆以后，包上切成丝的葱，蘸上香油食用。其味道之清淡令人惊叹。

烤牛排 ● 갈비구이 ❜

服务员用剪刀将用调味品腌渍后的牛排剪开，再在炉上烤，再把烤过的牛排用生菜包起来食用。

烤猪排 ● 돼지갈비 ❜

用猪排代替牛排来烧烤。因牛排比猪排便宜且味道较重，因而很受年轻的工薪阶层及学生的欢迎。汉城东大门附近、三角地、永登浦等地，烤猪排店很多。现在，新村等地的店铺内年轻人很多。

❜——不太辣　❜❜——辣　❜❜❜——很辣

烤火锅 ● 곱창전골

是一种烧烤式的火锅料理。它是将动物的内脏煮烂之后，用高汤加入蔬菜、豆腐等，吃时再蘸上辣椒酱调味。最后，在火锅汤内加入面条，味道很美。

烤肘花 ● 족발

韩国的猪肘多用糖及姜烹制，有一点叉烧的味道。过去是黄海道的猪肘很有名，现在则以汉城奖忠洞猪肘更有名。

生拌牛肉 ● 육회

据说李氏朝鲜时期，韩国所有的文化都向中国儒教学习，古文献记载“孔子也好肉”，所以韩国人也开始食肉。该道菜采用最高级的牛里脊及梨丝、蛋黄搅拌而成。

保身汤 ● 보신탕

是为祛除暑热而烹制的汤。原料采用狗肉，因而也叫狗肉汤。狗肉热量较高，为除去狗肉中的腥味，调料中要加入辣椒、芝麻等。

血肠 ● 순대

将糯米与血混合起来，灌入猪肠烹制而成。乍一见血肠颜色，让人恐惧，但入口一尝味道之美又让人一惊。如果蘸上辣椒盐调味更好。

煮排骨 ● 갈비찜

是一道宫廷菜。它是将牛排内放入栗子、大枣、白果等，长时间炖后，蘸上调味料食用。该道菜，排骨由于长时间炖煮，因而脂肪适度，骨肉酥软。

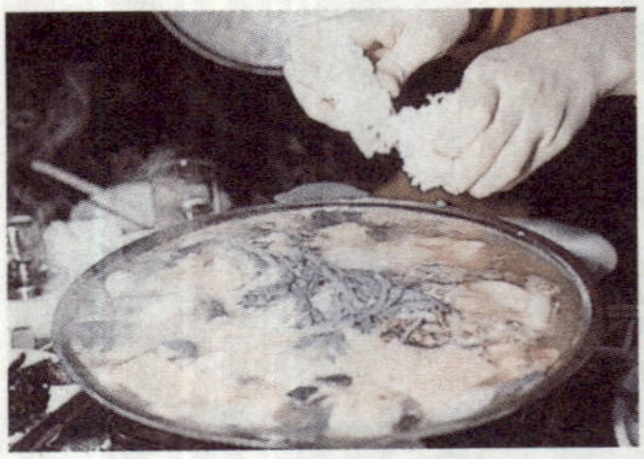

军队寻煮 ● 부대찌개

该道菜来源于驻扎在汉城龙山的美军，后来逐渐被基地周围的餐馆所接受。使用罐头、香肠等做原料。由于便宜、量多，因而很受年轻人欢迎。

排骨汤 ● 갈비탕

是用煮排骨的汤加入淡淡的酱油而成。最适合不能吃辣的人。在烤排骨店，一般很难一个人要烤排骨，而用此菜则不成问题，还配有米饭、小碟菜、泡菜等。

牛尾汤 ● 곰탕

是用牛尾煮成的味道很浓的汤。汤内不加调味品，食用时根据口味可以加入胡椒、葱等。

蹄筋汤 ● 도가니탕

是用牛蹄筋、牛足软骨煮成的汤。由于骨头长时间炖煮，所以其中的钙质充分溶解，口味很好。食用时如加入盐、大葱等调味，味道则更好。

杂碎汤 ● 설렁탕

与牛尾汤相似，但它使用牛骨、肉、内脏等各部位，汤煮成白色，加入细面、米饭制成。杂碎汤来源于儒教祭礼中的名称，是汉城名菜之一。

牛血汤 ● 선짓국

名字听起来很令人害怕，但营养丰富。它是用煮牛骨、内脏的高汤，加入干菜及凝固的牛血烹制而成。该汤是治醉酒的妙药。

鱼贝类

青菜汤 ● 재첩국

是用大量的釜山名产海蛤肉烹制而成。该汤略有一些淡的蒜、盐味道，很合口。在餐馆，该道菜有套餐，附带泡菜、蒜菜等。酒后的翌日清晨，最想喝的就是此汤。

盐椒鱼 ● 소금구이

原料采用秋刀鱼、鲱鱼、青花鱼、带鱼、多春鱼等。该菜原系日式菜，有很多店在路旁支出炉子，边烤边招徕顾客。

生章鱼 ● 산낙지

是将刚捕获的新鲜的活章鱼切成粒状，蘸上盐及麻油食用。章鱼还活着的时候吃，触角进口后有时还在动。该菜是全罗道木浦的名菜，汉城以武桥洞最有名。

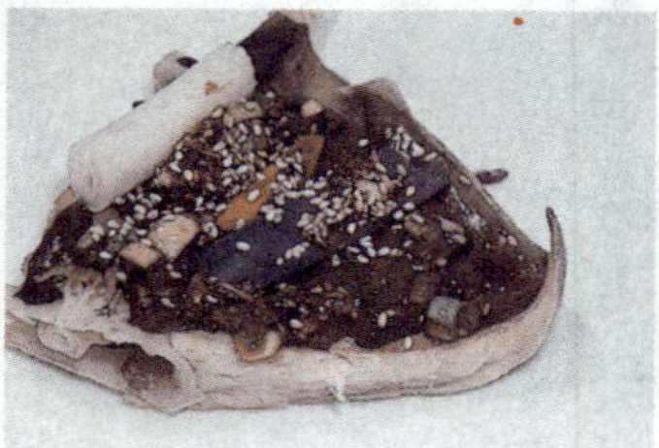

烤老板鱼 ● 홍어회

是全罗南道的珍味、名菜。由于老板鱼的消化器官不发达，捕获之后便开始自行发酵，发出一种强烈的臭味。将其煮过之后就是烧老板鱼。不习惯的话，味道还真难以接受。

每天用韩定食(套餐)?

有一位朋友对我说，“在韩国每天都吃韩定食(套餐)，真是好吃！”我对此抱有疑问，便问都吃了些什么？有泡菜、生泡菜、蔬菜……的确如此，在韩国的餐馆如果你要了烤肉、拌饭等，那么还会上来泡菜、色拉、生菜，各种小菜摆满一桌子。

这些菜都是作为配菜而免费赠送的，而且不够还可以续添。即便是没有主菜，这些菜量也足够您吃饱米饭。

所以难怪有人认为虽没点菜，但每顿都吃韩定食的话，也照样可以吃得很好，很丰富，也并不是没有道理的。

辣汤 ● 매운탕

是日式料理店或者海边的刺身店，用做刺身后剩余的杂物煮成的汤。因为用辣椒酱做调味料，因而又红又辣。喝韩国烧酒时，用此道菜最合适不过。

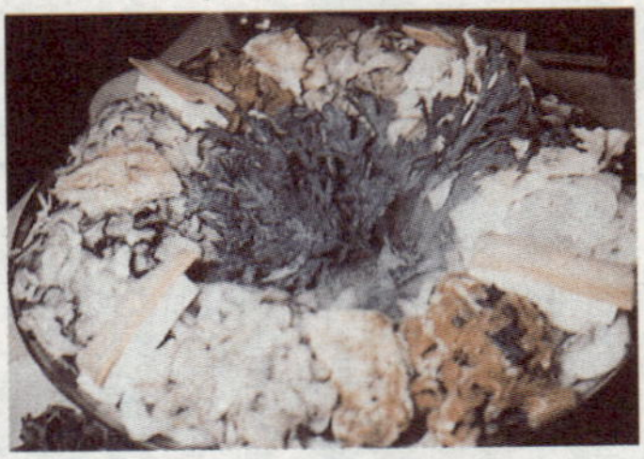

海鲜汤 ● 해물탕

即海鲜火锅。最近10年，在汉城这种店迅速增多。除章鱼、尤鱼外，也加入季节性的鱼贝类，用辣椒酱调味。此外，还加入白菜、萝卜、香菜等，保持营养均衡。

河豚 ● 복지리

韩国人对河豚也是情有独钟。烹制时要加入香菜，味道很好。在韩国，一般热的香菜不蘸醋而蘸芥菜酱油食用。

爆炒章鱼(尤鱼) ● 낙지볶음(오징어볶음)

该道菜是韩国很辣的菜品之一。是用切成环状、条状的章鱼、尤鱼加入圆葱、青椒、大蒜及甜辣椒酱爆炒而成。适合于烧酒及米饭。

饼、面类

打糕汤 ● 떡볶이

摊贩的固定食物内容，是儿童、女中学生、高中生的喜爱食品。其作法是，将糯米粉蒸了之后，切成像香肠一样的细条，然后混合上辣椒酱及砂糖，炒出甜辣味而成。

葱饼 ● 파전

是小麦产地、鱼贝类丰富的釜山地区的名菜。它是在铁板上放上足够量的葱、牡蛎、海贝，然后再放入用鸡蛋搅拌的面粉溶液，烧烤而成。可以蘸上醋、酱油食用。

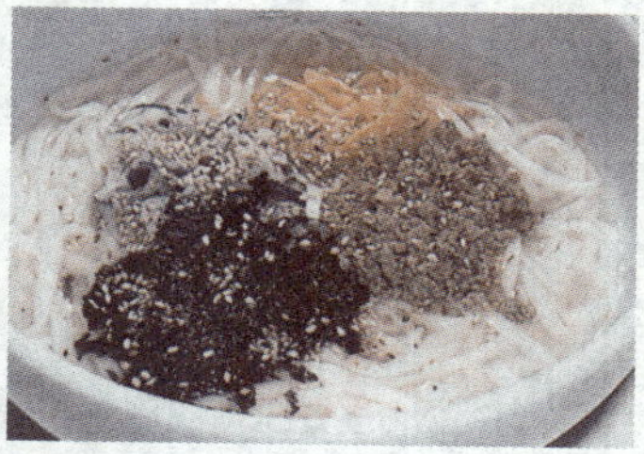

刀切面 ● 칼국수

是小麦产地庆尚道菜谱。是用小麦粉做成刀切面，再加入调料，放入辣椒、南瓜丝等制成。可用黄酱调味。

水冷面 ● 물냉면

是大米、小麦产量很少的北部地区，用荞麦、绿豆、土豆等淀粉制成的冷面。平壤方式的叫水冷面。它用泡菜汁、牛肉汁混合成冷面汤，用醋及辣椒调味。

炸酱面 ● 짜장면

是韩国化的中国炸酱面。调味的炸酱加入圆葱及猪肉，再加入辣椒面，充分混合。炸酱面有甜、辣、香，量多、便宜等特点。

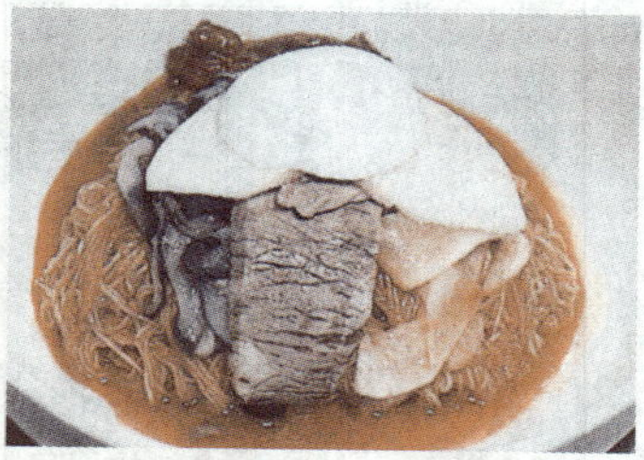

咸兴冷面 ● 함흥냉면

咸兴是咸兴道的港口城市。该冷面上面加入牛肉、鸡蛋，再用辣椒酱拌，非常辣，辣得舌头发麻，不适时可用另要的牛肉汤降低辣度。汉城五壮洞的此种冷面有名。

海鲜杂面 ● 짬뽕

是用尤鱼、猪肉、豆芽、白菜等及大碗的汤面混合而成。辣椒味浓浓的，很辣。同炸酱面一样，是中国餐馆内受欢迎的菜品。

单道菜

参鸡汤 ● 삼계탕

将一只童子鸡除去内脏，加入糯米、大枣、栗子、大蒜，然后再塞入高丽人参，做成一大份，放入砂锅内煮成。人参的滋味及香气很重，可预防夏季营养不足及解除疲劳之用。如采用乌骨鸡则更具营养。

拌饭 ● 비빔밥

是在米饭上放入蔬菜等加辣椒酱搅拌而成。全州及晋州是其正宗产地。过去家庭人口多时，一般放在大容器内搅拌后食用。放在砂锅内的也叫砂锅拌饭。

泡菜炖纯豆腐 ● 순두부찌개

纯豆腐就是软豆腐。是在小砂锅内放入猪肉及泡菜、海蛤，煮出浓汤，再放入豆腐，上火之后再打入鸡蛋煮成半熟。味道很重。

冷面与剪刀

冷面真是名副其实，很冷、很冷。

放入煮鸡蛋、梨、黄瓜、泡菜的冷面非常好吃。

面很细，富有弹性，又软又长，口感很好。但是，就这个面却让我出了问题。无论我怎么嚼，一番苦战之后，还是咬不断，于是店里的人给我拿来了剪刀。

有地暖炕的餐馆房间

服务员用剪刀将我吃的面剪断，又将碗内的面剪了几下。看着挥舞着的剪刀，我顿时失去了食欲。过后我才知道，在韩国，冷面都是用剪刀剪断食用的。我想，在冬天有地暖炕的房间内吃冷面，应当又是别有一番滋味。

牛肉汤 ● 육개장

过去采用狗肉，现在使用牛肉及其内脏煮汤。煮完肉之后取出牛肉切成细条，用辣椒、大蒜来调味，并加入葱、煎饼。汤又红又辣，呈稠浆状。

黄酱汤 ● 된장찌개

韩国风格的酱汤。韩国酱汤与日本酱汤比较起来味重、咸。黄酱汤，一看就知很辣，有时放入青辣、海蛤煮成，能够就着吃二三碗米饭。

豆腐渣煮排骨 ● 비지찌개

在韩国，是将猪排骨煮到发白，再倒上豆腐渣、黄酱、泡菜等调味而成。冬季食用，很暖身体。

饺子 ● 만두

中国式饺子。馅小，有猪肉、豆腐、泡菜。正月时，饺子和饼一样可以蒸、煎食用。饺子在街内的中国餐馆、面食馆内有售。

杂菜粉丝 ● 잡채

是儿童、成人均很喜欢的一道菜。它是将圆葱、胡萝卜、香菇、青椒等切成丝，与牛肉馅炒成甜辣味，再加入粉丝拌炒。该菜适合喝酒。宴席上该道菜也很受欢迎。

混合米饭—拌饭

我非常喜欢拌饭，特别是放在砂锅内的全州拌饭更是美味。可是，我当初第一次吃拌饭时所受的冲击至今难忘。

当时我正在一个一个欣赏放在砂锅器皿内的内容，我的韩国朋友突然将我的拌饭夺去，然后就开始搅拌起来。搅拌了数十秒之后又将红乎乎的米饭还给了我。那种拼盘之美顿时消失殆尽……我感到很失望，吃下一口，可以接受，比预想的要好吃。之后，我再吃拌饭的时候，便开始不厌其烦地搅拌起来了。

水饺汤 만두국

是冬令的一种温暖食品。在韩国，水饺馅使用泡菜、豆腐、猪肉制成。汤是牛肉味，内有一些淡淡的泡菜。

泡菜炒饭 김치볶음밥

本是一道家庭菜，现在也进入了餐馆。是用混合肉馅、蔬菜、米饭混炒而成。在餐馆还加上荷包蛋，有汤。该料理可以有效地用泡菜。

打糕汤 떡국

是韩国的杂煮。是春节时祝福用的。它是将用糯米做的打糕斜着切成圆片，放在汤(牛肉汤、鸡汤等)内煮成。糯米因粘性较大，如食用过多，胃不易消化。

豆腐泡菜 두부김치

将泡菜和猪肉一起炒，再与煮过的豆腐一起食用。在用油炒过的泡菜上撒上炒熟的芝麻，喝略带甜味的韩国烧酒，非常适合此菜。该菜也是露天摊贩上的常见菜。

烧泡菜 김치찌개

是韩国冬季的国民菜。它是将酸辣白菜、蘑菇、猪肉等放在调味汤内煮制而成，很简单的料理。如果加上豆腐、蔬菜，拼制一下则成了一道很不错的主菜。

紫菜饭 김밥

将紫菜涂上芝麻油，撒上白芝麻，再卷上用芝麻油蒸的米饭、萝卜、大蒜、香肠等即成。乍一看是日本风格，一吃便知是真正的韩国味。

煎油花 ● 전유화

它将鱼、贝、肉、蔬菜等切成小块，轻轻裹上面粉、鸡蛋油炸，蘸酱油、醋食用。还可以用淡味的牛肉汤煮着吃。它是春节、中秋时的菜肴。看起来华丽，吃起来口感清淡。

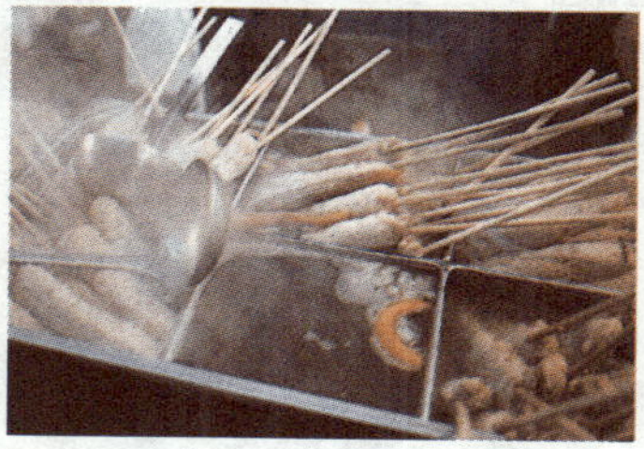

煮各种串类 ● 오뎅

名字叫做“欧殿”，来源于日本，但在韩国仅煮地瓜、鱼肉卷等。汤可以随便喝。

蚕蛹 ● 번데기

路旁用大铁桶改造的炉灶上微微地漂着热气，蒸出的蚕蛹味道较淡。在有些地区，它是重要的动物性蛋白质的来源。

大盘面 ● 쟁반 국수

闻如其名。它是用大的浅盆一样的锅，放入牛肉汤、萝卜丝、香菜、春菊、煮过的牛肉，再放入做冷面用的面条炖制而成。

调 味 料

药念 ● 양념

是用大蒜末、姜末、葱末与酱油、辣椒粉混合后的复合调味料。它是腌渍、裹衣、调味料等所有韩国料理中最基本的调料。

辣椒酱 ● 고추장

是韩国固有的调味料。它是将糯米加入发酵粉使其发酵，再拌上辣椒混合煮熟而成。

酸辣椒酱 ● 초고추장

将辣椒酱用醋稀释而成。

酱油 ● 간장

最近，酱油使用自家制的越来越多，有的家庭按年份分成几个大缸，郑重地保管起来。

醋酱油 ● 초간장

在酱油内加醋，根据口味也可以加辣椒粉、葱末等。

黄酱 ● 된장

同甜酱一样，是韩国最基本的调味料。黄酱既是一种调味料，也起到补充蛋白质的作用。

泡菜

泡菜包括漫长冬季食用的金酱泡菜与季节性食用的味泡菜。一般的家庭在餐桌上都要配备两三种这样的泡菜。

金酱泡菜，是从11月末到12月初天气突然变冷时，由家庭或者公司（餐馆）腌渍出的，贮存在大缸内供一冬天食用的各类泡菜。泡菜腌3、4天到1星期左右就可以食用，但最好是腌2～3星期后食用。此后，它就开始不断发酵，发酵完毕的泡菜被用来做炖泡菜等的料理材料。

味泡菜，是品尝季节性味道的泡菜，一般腌1～3天左右。除了本处介绍的几种之外，还有号称泡菜之王的、包含山珍海味在内的海鲜泡菜，含青葱的葱泡菜、韭泡菜、芥泡菜等等。

黄瓜泡菜● 오이김치

将黄瓜切出缝儿，中间塞入用辣椒腌过的萝卜丝（也有的用人参丝）制成的较爽口的咸菜。

白菜泡菜● 배추김치

将用盐水腌过的白菜，涂上用葱、萝卜、香菜、韭菜、大蒜及盐、辣椒、水果等混合后的调味品，再用外面的叶子卷起来腌渍而成。

小伙儿泡菜（小萝卜泡菜）● 총각김치

是用带叶子的小萝卜制成的泡菜。由于萝卜很小，肉质细腻，只需腌二三天到一周就可以食用。

萝卜泡菜● 깍두기

将大萝卜切成适合食用大小块，再用辣椒粉、盐等腌起来。咸、辣是主要味道。腌该泡菜的泡菜汁，是吃米饭时的很好的下饭菜。

水泡菜● 동치미

是用淡盐水将萝卜、白菜、梨等香味较好的蔬菜、水果全部泡起来，腌渍而成。盐水可以饮用，带香味。它可以祛除口腔内的异味，及做冷面汤用。

汉城、釜山

餐馆指南

距车站近、易寻找

一个人也可去的便宜店

19家（含地图）『食用』餐馆之页

轻松好吃的烤猪里脊

麻浦真正的元祖最大炮

마포 진짜 원조 최대포집

麻浦区孔德洞 255－5 ☎719－9292

营 8:00～23:00

休 新年、春节、秋分(各2天)

日 休

预 不要

交 地铁孔德站下车

量大、便宜、好吃，工薪族、学生们总是济济一堂

店内桌椅可自由组合

画有猪脸招牌，只要看见这个招牌即可

从右开始顺时针转，猪皮、牛肠、五花肉、猪腰、里脊，量非常大，选择的话一半就足够了

便宜又好吃的烤猪里脊，很受年轻人的喜欢。1956年，该店凭3个煤气罐开业，此后特意从远道而来的顾客络绎不绝，总是人满为患。

猪里脊的腌渍略有甜味，五花肉则清淡以咸味为主，都是该店最受欢迎的食谱。这里牛肠、肚等下水类也很丰富。

主要菜谱

猪里脊◆돼지갈비	₩12000
烤牛里脊◆등심구이	₩12000
牛　肠◆곱창	₩12000

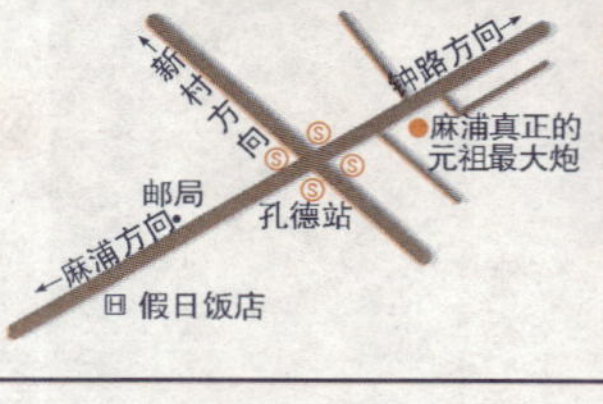

猪皮和牛肠，都能做成美味佳肴。牛肠像香肠一样很好吃

热辣辣的全州拌饭，充分搅拌是食用美味之秘诀

全州屋（全州中央会馆）

전주옥(전주중앙회관)

中区忠武路1街24－11 ☎776－3525

营 9:00～22:30

休 年中无休

日 不休

预 不要

交 地铁明洞站下车。徒步5～6分钟，沙威大酒店斜前方。

葱饼内放入好多葱，在入口处烙。量大，最好几个人用

全州拌饭是放在石头砂锅内，饭吃完了，依然不会冷却。但刚上来时很烫，一定要小心

入口在很深处，千万不要走过头了

店内韩式的百姓装饰

该餐馆的正式名称是全州中央会馆分店。全州屋，是为了称谓方便而使用的通称，本店在全城，该店是其姊妹店。汉城有3家，该店是第一分店。

全州屋的拌饭牛肉汤煮的米饭内，加入30多钟原料，并用腌渍5年以上的酱调味，煞费工夫。该店的拌饭，在作为无形文化财产的全州拌饭之中，也堪称是最高品位，深受好评。

主要菜谱

拌　饭	◆비빔밥	₩7500
葱　饼	◆파전	₩13000
炒尤鱼	◆낙지볶음	₩25000（2人份）

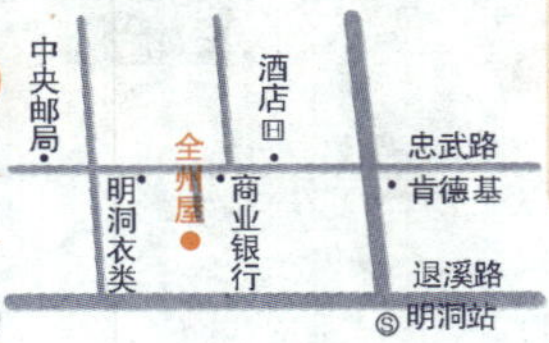

用餐的基本禁忌①

在韩国用餐时，并没有极其严格的规矩，只要饭吃得香就行。但即使如此，小孩从小时候开始，在家里就常被父母教育要注意这里、那里等等。下面向读者介绍一些在韩国用餐时要注意的最基本的常识。

豪华气氛中的烤肉三味

三元花园

삼원가든

骄傲的一道菜排骨里脊

江南区新沙洞 623－5 ☎548－3030

营 12:00～22:00

休 年中无休

日 休息

预 不要

交 从地铁狎鸥亭站乘出租车

豪华的大门是迎接顾客的迎宾门

与汉城中心的店不同，是一家造型别致的烤肉餐馆

大理石的餐桌使顾客用餐也有一份优雅的感觉

土生土长的汉城人没有不知道这家大型烤肉店的。

该店位于狎鸥亭洞，占地2000坪，拥有1000个座位，主楼、瀑布、水车木屋、庭园，无不体现出匠心独运的神功。围坐在大理石的餐桌前，一边欣赏庭院的景色，一边品尝着炭火烧烤，真是别有一番情趣。

夏季天热时，用餐可移至屋外，餐后还可以稍喝一点咖啡，用些甜点。

宽阔的庭院内有水车、池塘，是饭后散步的理想之处

主要菜谱

烤里脊（排骨里脊）◆갈비구이		₩15500
烤　肉	◆불고기	₩13500
冷　面	◆냉면	₩6000

"健康源于饮食",实践于理想的店主的参鸡汤,营养百分之百

土俗村

토속촌

钟路区通义洞 71－1 ☎737－7444

营 10:00－22:00

休 春节、秋分(各 2 天)

日 不休

预 不要

交 地铁景福宫站下车。朝出口②,能看见山的方向直走,在小店铺尽头左拐。

该店的庭院采用韩国传统的房屋布局

入口左侧的玻璃柜内能看见烧好的鸡

忙于盛泡菜的阿祖妈(大嫂)

在鸡腹内塞入 4 年生以上人参、南瓜、糯米、白果、葵花子,用秘传的 3 种中药煮成的参鸡汤,是百分之百的富有营养。一起上来的人参酒,用餐后喝一点口中清爽无比

为祛除暑热而于立夏前 18 天的丑日食用的参鸡汤,可称得上是韩国版的鳗鱼,百分之百富有营养。

该店的主人赵先生持有一种信念——"百药不及食",因此考虑到用饮食调理健康便开了这家参鸡汤店。

看起来稠稠的浓厚的参鸡汤入口之后,并未令人感到味重,反倒是很清淡,据说是因为使用了 4 年的本地童子鸡的缘故。

除参鸡汤之外,用号称鸡中之王的乌骨鸡做的参鸡汤以及用大邱名产——干燥的漆木煮出的汁制作的漆鸡汤,也非常受欢迎。

主要菜谱

参鸡汤◆삼계탕	₩10000
乌鸡参鸡汤◆오골삼계탕	₩15000
漆鸡汤◆옻계탕	₩10000

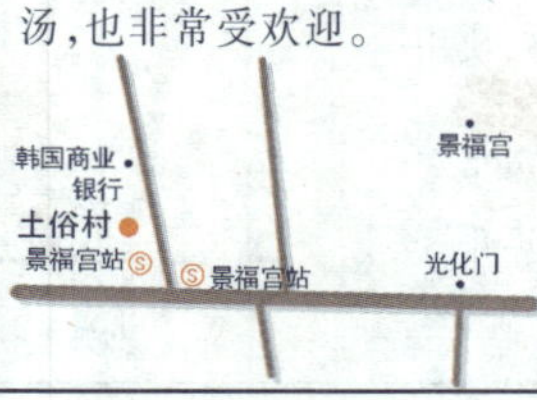

用餐的基本禁忌②

不能手持餐具

先要把汤放入口内,之后再吃喜欢的食物。在韩国如果手拿汤碗直接放在嘴上喝的话,是一种非常不礼貌的行为。

综合传统与时新的韩定食

都 来

두레

钟路区仁寺洞8－7　☎732－2919

营 12:00～15:00、17:00～23:00

休 周日、新年、春节（各2天）秋分（3天）

日 有时营业

预 需要

交 地铁安国站下车。沿仁寺洞朝钟路方向徒步10分钟。

此处寂静的空间使汉城的喧闹仿如隔世

大门口码放着一大排泡菜缸

夜间套餐，看起来就很美，好吃的东西一应俱全。与其他韩定食相比另有一番工夫

都来店的女主人李女士说，“我们珍视韩国传统的食物材料及其对季节的感觉，但又不拘泥于韩定食的传统框架，充分发挥意想之外的材料功能，以创造艺术品的心情来制作每一道菜品。”正如其言，都来的菜肴很适合现代人的口味，被各种新闻媒体介绍，很受欢迎。

店主人的这种理念，在店内的装修上也同样感受得到。该店是由100多年前的韩式房屋改造而成，比如在改造窗框时，使用的并不是新型窗子，而使用了同房子一样古老的已成为古董的窗框。所以，菜肴方面自不待说，该店在其知识内涵上也是具有充分价值的。

主要菜谱	
酱　汤◆청국장	₩10000
白天套餐◆낮코스	₩20000
夜间套餐◆밤코스	₩40000～

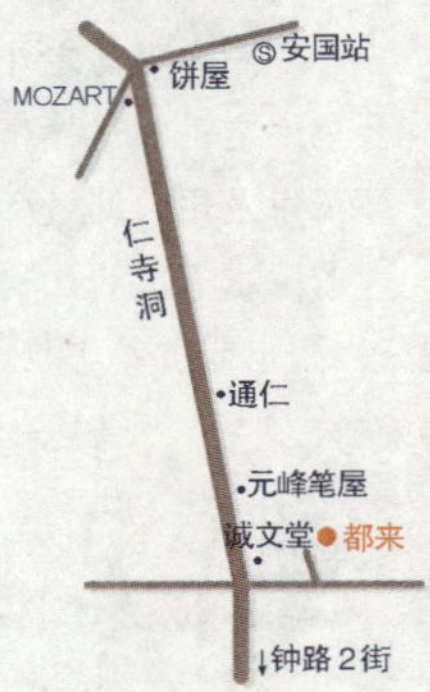

古老的韩式房屋改造而成的店内摆放着古董家具，丝毫没有破坏整体形象

位于江南的农家传统家庭料理

土豆专家

감자바우

江南区新沙洞 622－3　☎517－1160

营 11:30～22:00

休 年中无休

日 休

预 需要

交 从地铁狎鸥亭站乘出租车

店内一种置身于森林般的感觉

潇洒的交馆外观是只有江南地区才能见到的

很朴素，各种菜肴原料均使用固定的材料，需要细细品味其味

此招牌是标志

在这里可以品尝到农家的传统家庭菜。虽说具有正宗的传统味，但也不乏上品内容。野菜类来自五台山，豆芽使用注文津的天然物产，豆腐则使用江陵的海水，另外，石锅饭内使用了五台山的药水。

在这家用朴素的木质装饰起来的店内，喝上该店特制的浊酒，尽情体验昔日的风味。

主要菜谱

土豆定食◆감자정식	₩25000
石锅定食◆돌바우정식	₩17000

用餐的基本禁忌③

不能用筷子

吃饭的时候，喝汤要使用勺子。筷子只用于挟泡菜等其他菜肴时才用。如果用筷子的话，汤就要流到外面，令人讨厌，所以喝汤物的时候一定要用勺子。

每日腌渍的水泡菜

南浦面屋

남포면옥

冷面。该店的特点是冷面汤很凉。寒冬季节在有地暖炕的房间内吃冷面是一般的作法

中区茶洞 125　☎777—2269

营 12:00～21:00

休 新年、春节、中秋(各 1 天)

日 不休

预 不要

交 地铁乙支路入口站下车。斗山大厦后面，徒步 5～6 分钟。

进胡同后的右手

是汉城三代相传的平壤冷面的老店，根深蒂固已有定评。创业者出身于平壤南浦，故起名南浦面屋。

这里的冷面是将牛肉汤与水泡菜很好地调和起来，汤味以清淡为特征。由于水泡菜左右冷面汤的味道，所以每天腌新鲜泡菜是保持口味一致的关键。

漂亮的店内装修。分成地炕式隔间与座椅式房间

入口右侧摆放着标有泡菜腌渍日期的罐子。夏季 3 天、冬季 10 天就可以做成冷面汤。在这种三代相传的罐子面前，的确让人感受到老店的内涵

主要菜谱

冷面◆냉면	₩5000
铜盘冷面◆쟁반	₩36000

热蒸气中隐约可见煮热的面条

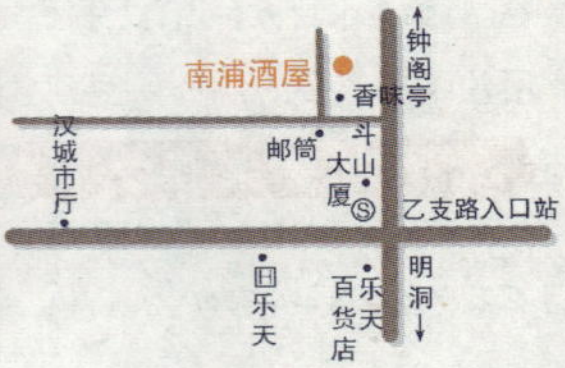

潜心加工格外细嫩的烤肉

麻浦元祖秋木劳

마포 원조 주물럭

麻浦区龙江洞 51－3 ☎716－3001

营 11:00～22:30

休 新年、春节、中秋(各 1 天)

日 有时营业

预 不要

交 地铁麻木浦站下车

2层的烤肉，切得很薄，调味料也很香

麻浦大街上，非常显眼的一家店

店内的阿祖妈要用手把烤肉搅拌得很软

一层为椅子座位。二层为地炕式座席。不同层，上肉的方法也不一样

一层的肉要把硬里脊在烧烤前剪开

秋木劳烤肉，是把用“药”腌渍过的里脊肉用手充分搅拌使其变软而成，其名称的由来也是来源于搅拌时的声音。在浦麻有很多这样的专卖店。

该店有30年历史，为使顾客吃上拿手的值得骄傲的烤肉，店内每一层上肉的方法都不同。一层的厚里脊肉需要在食用前用剪子剪断，二层则是切好的很薄的烤肉。同样是肉，每层空调的抽烟方式不同，据说可以据此改变肉的厚度。

主要菜谱

秋木劳烤肉◆주물럭	₩13500
冷面◆냉면	₩4500

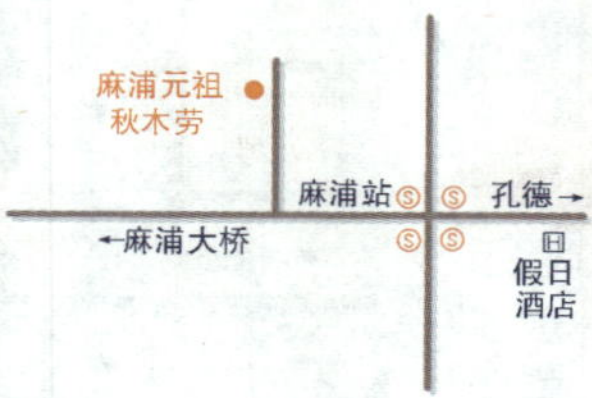

用餐的基本禁忌④

汤内加饭

在韩国，一般把米饭加入烤肉汤中食用。到韩国来，一定要试一试哟，很好吃！

韩国血肠，一看便知其味

吾小利

오소리

城北区钟岩2洞28－246　☎918－9797　923－4747

营 11:00～22:00

休 春节、中秋（各2天）

日 不休

预 不要

交 汉城站前、钟路2街、钟路书籍前的车站，乘市内公汽30 30－1路，百货店前下车。下车的标志是国民银行。需20分钟。从停车站步行5分钟。乘出租车约15分钟，车票₩2000左右。

黑白香肠拼盘。很适合于下面，味道不错

该店位于深巷内，不太好找

店铺不论时间早晚，顾客都很多

该店是一家具有25年做血肠历史的传统店铺，店铺的名称也取自于“薄利、悠久”之意。

菜肴主要有，栗子白血肠与大枣黑血肠拼盘及煮血肠汤等2种，二者均附带含水大萝卜泡菜。早晨5点开始，店主人就开始为开店做准备。这里血肠味道正宗，往往令顾客不觉中食用过量。

从早晨开始就要准备血肠

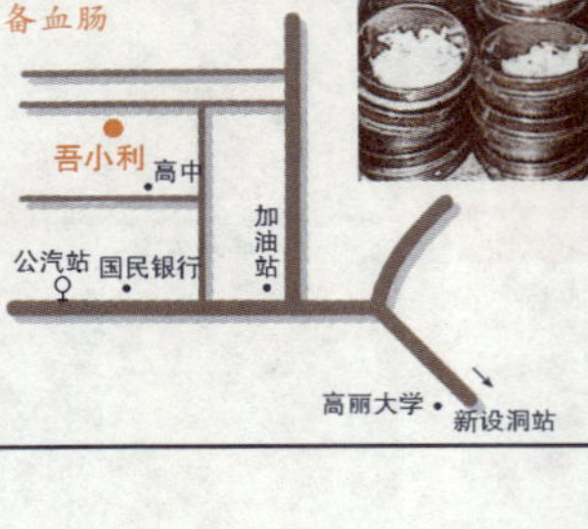

主要菜谱

血肠拼盘（2人份）◆순대접시	₩6000
血肠汤◆순대국	₩3000

忘怀都市的喧嚣，沉浸于香浓的烤肉之中

迎宾花园

영빈가든

钟路区宽勳洞 50　☎732－3863

营 12:00～22:00

休 新年(1天)、春节(2天)、中秋(2天)

日 不休

预 不要

交 地铁安国站下车。沿仁寺洞——朝钟路方向步行7～8分钟。

与仁寺洞气氛协调一致，格调优美的韩国式房屋。在这里的暖炕房间用餐，真正感觉到是来到了韩国

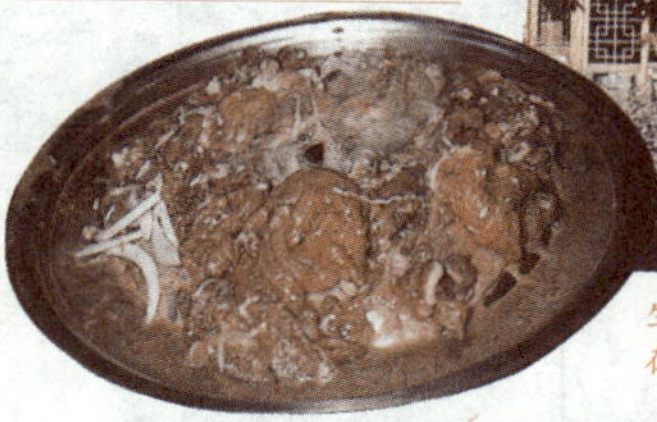

生拌牛肉，与生鸡蛋混合在一起食用，精神百倍

烤肉与烤里脊，是韩国料理中必不可少的项目。烤肉锅的肉汁非常关键。如果放入大蒜、泡菜，食欲则顿时提高2倍

在传统文化气息浓郁的仁寺洞街中，有一幢建于150年前至今还保存完整的韩式房屋。房屋构造以厚重见长，绿色掩映之中，无不流露出“都市的田园、故乡之家”般的宁静气氛。

寒夜降临之际，在有地炕的温暖的房屋内来一顿炭火烤肉；或在日照柔和的午后，草顶屋檐的庭院内，来一顿野外烧烤，加上热情的女主人献上她拿手的料理，真正体验到了纯正的韩国气氛。

主要菜谱

烤　肉◆불고기	₩9,000
烤排骨◆갈비구이	₩13,000
生拌牛肉◆육회	₩30,000

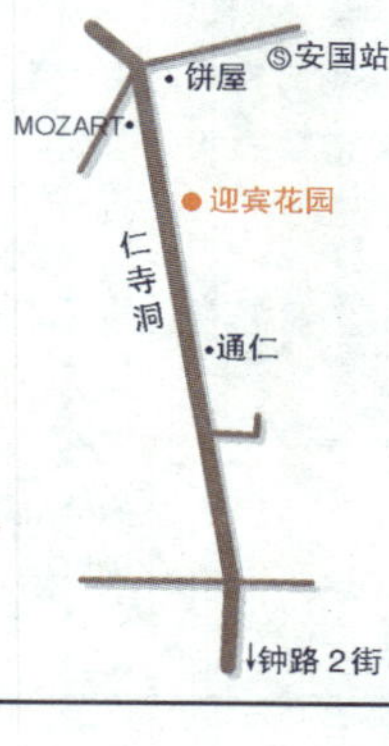

香喷喷的烤肉的食用方法

在生菜中包上肉

再放上泡菜、大蒜、辣椒酱等喜欢吃的东西

包起来食用。包得太多，不太容易吃，最好少一些为好。

周围尽是猪肘名家的元祖店

元祖奖忠洞奶奶屋

원조장충동할머니집

中区奖忠洞 1 街 62－18　☎275－1064、279－9979

营 10:30～24:00

休 新年、春节、中秋(各 3 天)

日 有时开

预 不要

交 地铁东大门入口站下车。出口③即是。

宽阔的餐厅内，到了傍晚顾客盈门

猪肘餐，量相当的大，足够 3～4 人用。再点上葱饼，就是一顿丰盛的餐食

从地铁站上面的路口，循着味道走，周围一带有一大排猪肘专卖店，这里便是著名的奖忠洞猪肘大街。在十几家紧密相连的猪肘店中，最大最显眼的就是这家店。

店名"元祖"二字也很有讲究，表示是这一带最古老的店，是 30 年前由现在主人的母亲最先开设的。第一次看到这种纯韩国式的猪肘时，多少有些奇怪，没有骨头的部分更接近于叉烧肉。如果像烤肉似的用生菜卷着吃，则更是美味。

在入口处，大娘将猪肘切成易食用的大小块

主要菜谱

猪肘 ◆ 족발		大₩25000
		中₩20000
		小₩15000
葱饼 ◆ 파전		₩7000

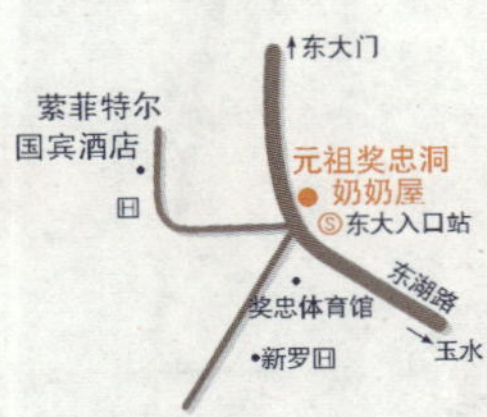

清淡味道的韩国疙瘩汤、令人心平气和

仁寺洞韩阿利疙瘩汤

인사동 항아리수제비

钟路区宽勳洞 29－2　☎735－3361

营 11:00～21:00

休 新年(1天)春节(3天)、中秋(2天)

日 休息

预 不要

交 地铁安国站下车。沿仁寺洞朝钟路方向。沿停车场前小路往里走左侧。

店内有地炕式房间，气氛宁静

店内特别预订的疙瘩汤壶摆满了一面墙

韩式疙瘩汤及葱饼

该店就位于仁寺洞的一条胡同内

进了店门，就看到墙壁上摆放了一大排黑罐子。店名中的“韩阿利”就是黑罐子的意思，也就是特别预订，本店专用的疙瘩汤壶。

韩国疙瘩汤不用肉，以海物为主，有利于健康，舒缓胃疲劳症。疙瘩汤原料，采用面粉、蔬菜、海蛤，味道绝妙，很受欢迎。此外，炸得软腾腾的牡蛎也是上好的菜品。

年糕的作法很关键，做得好很有韧性

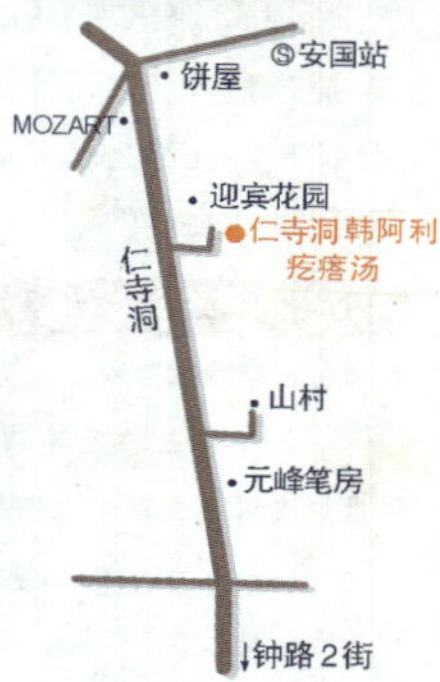

主要菜谱

疙瘩汤(年糕汤)◆수제비		₩4000
葱饼◆굴파전		₩8000

意外好吃的狗肉

萨利家

싸리집

钟路区旧基洞 67－11　☎379－9911、9182

营 12:00～21:30

休 春节、中秋(各 1 天)

日 不休

预 不要

交 从市内公汽南大门百货店前乘 136－1 路约 30 分钟。下车后步行 5 分钟。
从明洞乘出租车约 20 分钟，车票 ₩3000。

可以舒舒服服悠哉悠哉地在有地炕的房间内用餐

阿祖妈制作出本店独有的味道

很漂亮的餐馆

著名的韩国的导游书上很少登载狗肉料理，而惟有此家例外，足见其味道及名气。

该店的狗肉汤采用煮骨头的高汤及秘传的调味料，并且狗肉也是用石锅炖熟，是其他店所不具有的独特的一道菜。长时间炖出来的狗肉怪味，加汤后味道更适口。该狗肉店的客人，都是慕名而来自全国各地的美食家。

石锅狗肉汤。远方的客人均是慕名此道菜而来

主要菜谱

石锅狗肉汤◆돌백숙	₩23000
什锦青菜(蒸青菜)◆무침	₩25000
铁板烧火锅◆전골	₩23000
汤(狗肉汤)◆탕	₩10000

均是 1 人份，预定要从 2 人份起

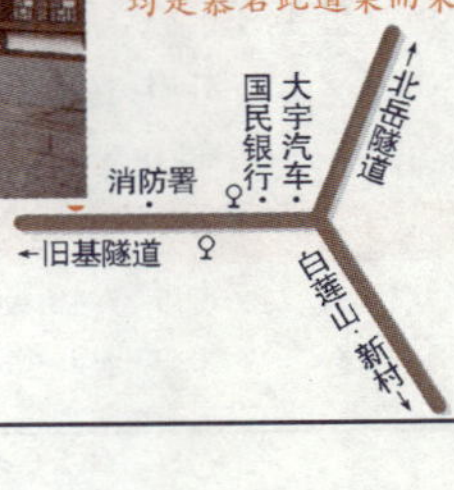

和胃的粥店

大 汝

대여

永登浦区汝矣岛洞 44－4 太阳大厦 101 号 ☎783－6023

营 7:00～21:00

休 周日、新年(2 天)、春节、中秋(各 3 天)

日 休息

预 不要

交 地铁汝矣岛站下车，步行10分钟。

店内气氛很现代。铺在桌子上的餐布很可爱

位于大厦的一层

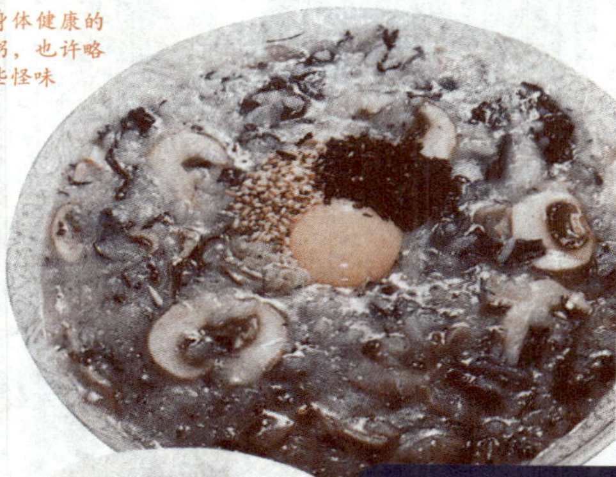

有益身体健康的人参粥，也许略有一些怪味

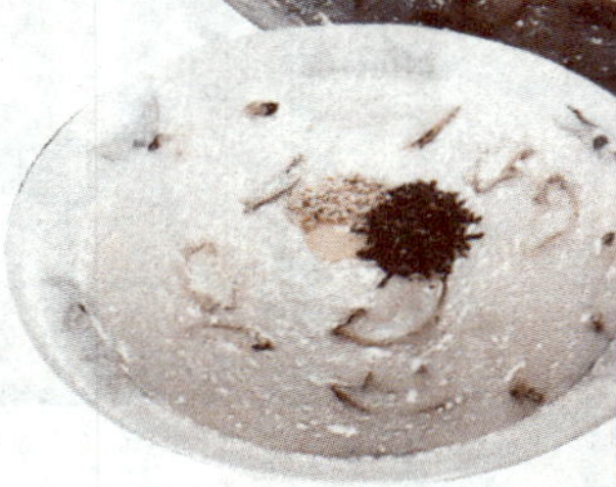

很受欢迎的鲍鱼粥，有很多鲍鱼

是汉城为数不多的粥类专卖店之一。该店主人金正桂先生，15 年前看到粥类对病人恢复身体很好，于是蒙发了开办令现代人消除精神紧张的粥店的想法。他研究了全国各地的粥，创立了独特的粥谱，此后便逐渐为人所知。

在 9 种粥谱之中，使用济州岛鲍鱼的鲍鱼粥，加入春川人参的人参粥，最值得该店骄傲。旅行疲劳时，不妨去该店品尝。

主 要 菜 谱

鲍鱼粥◆전복죽	₩9000
人参粥◆인삼죽	₩9000

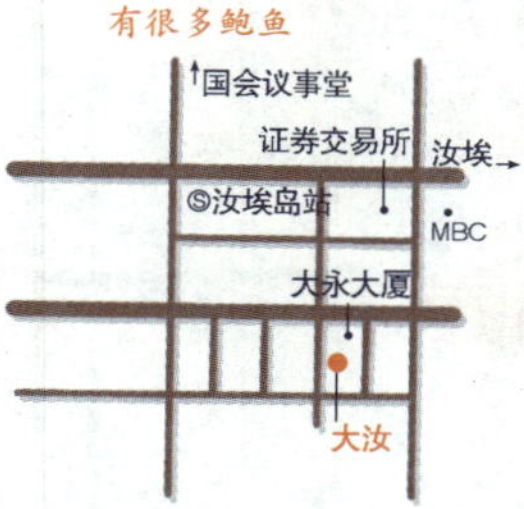

用餐的基本禁忌⑤

女人不能给男人斟酒

韩国是一个深受儒教教育影响的国家。女人给男人斟酒仅限于对自己的父亲、丈夫。如果按照国内的习惯给男人斟酒，会令人蔑视，需特别注意。当然，女性之间没有关系。

以鱼贝类为主的韩定食，尽情发挥了胡同里的本领

李大监

이대감

外观很豪华的餐馆

中区中央洞 2 街 49　☎245－1361

营 10:30～22:30

休春节，中秋（各 2 天）

日不休

预需要

交地铁中央洞下车。沿大厅路第 2 个街区左拐，左手。

豪华的内装修

以枝型吊灯为中心，空间设计凝重，富有情趣

该店的装修到处都充满了知识内涵。店中央垂吊着大型伞状吊灯。有的房间在玻璃砌的地板下有鱼池，有的房间墙壁上嵌有水槽。大座台上则伸展着大树枝。店内的这种气氛很容易慑服顾客，但相反，看到穿着韩国服饰的服务小姐的服务，顿时令人心情愉快。

餐桌上摆满了韩定食，其量令人吃惊，它分成下酒的菜肴和下饭的菜肴。由于该店位于港口城市，因而韩定食便用大量的新鲜鱼贝类，是在汉城难以品尝到的珍品。

摆满一桌子的韩定食以鱼贝类为中心。第一桌是酒肴，第二桌是饭肴。照片中第一桌（4 人份），这种韩定食足够吃得很饱

主要菜谱

韩定食◆한정식

₩20000　₩25000　₩30000

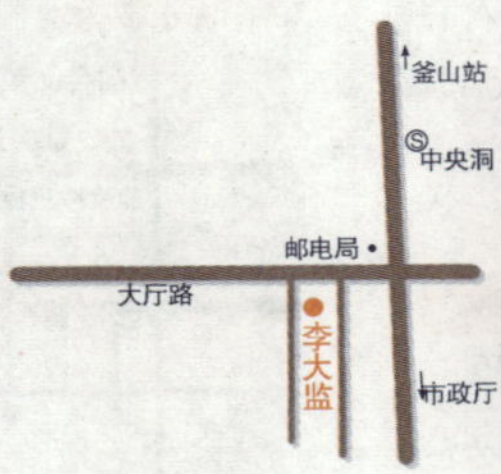

店主的夫人，负责店内的管理，很能干

足够辣的鱼贝类火锅专卖店

蚂蚁屋

개미집

入口有2处

中区新昌洞2街18－6　☎245－3147

营 9:00～22:00

休 新年、春节、中秋(各1天)

日 不休

预 不要

交 地铁南浦洞站下车

有大量海物的黄酱海鲜火锅

一层为桌椅式普通座席，二层为地炕式房间

如果想吃鱼贝类辣火锅的话，向您推荐这家杂烩火锅、炒尤鱼的专卖店。它位于国际市场附近，小巧玲珑的一家餐馆。

杂烩火锅，使用贝、虾、尤鱼、章鱼等各种水产，是只有在釜山才有的菜品。

炒尤鱼或是爆炒章鱼，本店的味道很辣。二者均可以另加乌冬面，味道更好吃。

主要菜谱

杂烩锅◆수중전골	₩4000
炒尤鱼◆낙지볶음	₩4000

用餐的基本禁忌⑥

不能中途加酒

喝酒时要等杯子全喝干了后再倒酒，不能中途添酒。

食欲不振时向您推荐釜山名菜—杂碎冷面

釜山哈鲁妹

부산할매집

中区南浦洞2街15　☎246－4741

营 8:30～22:30

休 年中无休

日 休息

预 不要

交 地铁南浦洞站下车

位于大道的一角。入口处卖『欧殿』，蒸气便是它的招牌

带汤的杂烩拌冷面，有调味料，味道爽口

"哈鲁妹"，是奶奶的意思，现在主人的母亲首创的这家釜山特色菜的杂碎冷面店，拥有近50年的历史。即使是现在，每到春节、中秋，有很多回釜山省亲的人怀念该店的味道，都要特意到此店用餐。该店冷面用小麦制成，煮过的面内要放上刺身等杂碎，再拌上醋食用。也有放汤的牛肉面，微辣。该店采用柜台式，可以在冷面出来之后付费。

喜欢吃辣的人还是用拌冷面好。但要充分搅拌

很爱说话的年轻主人的夫人。据说，她将在门口卖"欧殿"赚的钱，全部捐给了贫困者

主要菜谱

杂烩拌冷面◆회국수		₩3500
水冷面◆물국수		₩2500
拌冷面◆비빔국수		₩3000

难以忘怀，令人心静的口味

河东菜铺

하동재첩

釜山镇区釜田 1 洞 262－15　☎808－5668

营 7:00～21:00

休 新年（2 天），春节、中秋（各 3 天）

日 不休

预 不要

交 地铁西面站下车。出口①，在药房尽头左拐第 2 个街区左手欣欣酒店前。

店内小巧玲珑，厨房是开放式的

店外是玻璃墙，能看到店内的情况，易于进入

以海蛤汤为主，每天都附带有不同的鱼及泡菜。白色汤碗底，有很多剥掉外壳的海蛤肉

一碗里有这么多的海蛤肉

本店使用著名海蛤产地河东的海蛤肉。海蛤汤内海蛤很多，呈白色，味道鲜美。汤略有一些蒜味，同时有一种爽口的咸味，这在辣椒很多的韩国菜中真是一道令人心静的菜肴。

韩国的海蛤汤是用贝取其肉调煮而成，看起来呈现白色，碗底沉淀很多海蛤肉。海蛤汤、米饭，每天不同种类的鱼、泡菜等，构成了该店的定食。

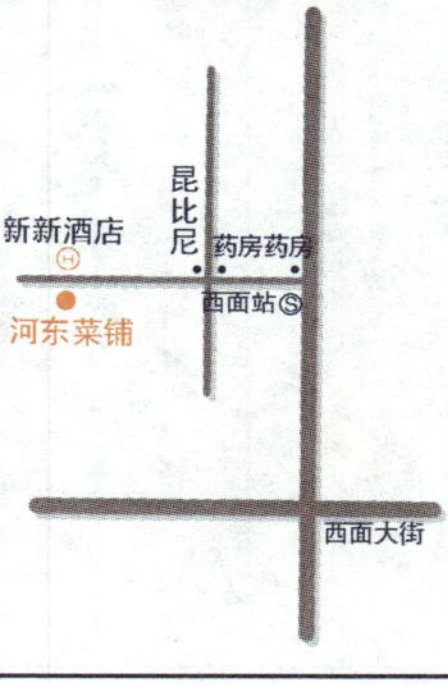

主要菜谱

海蛤汤定食 ◆ 재첩국 식사　₩5000

用餐的基本禁忌⑦

斟酒时要将手放在另一只手的肘部

倒酒时，一定是左手放在右手肘下部，用右手斟酒。由于受儒家传统的影响，在年长者面前饮酒要有所收敛。被劝酒的时候，要把脸略微侧向，以示礼节。

广安里烤排骨里脊老店

道尔家

돌담집

熟练地剪着肉的服务员

使用韩国产的带骨的牛里脊，是非常高级品。最后上来的黄酱泡菜汤，也是该店的特色菜品

水营区广安2洞193　☎753－0085

营 10:00～22:00

休 春节、秋分（各3天）

日 休息

预 不要

交 广安里海岸大道沿线

蓝色屋顶的大门是标志

应季时节，还可以在庭院内尽享烤肉

沿广安里海边大道略往里走的道尔家，是一家以烤里脊及冷面而著名的餐馆。“道尔”是指大门处用石头砌起来的石头墙的意思。

环绕庭院四周的是带有地炕的房间，夏天的时候可以在庭院中央的桌子边尽享烤肉。这里烤肉只用韩牛做原料，而且是炭火烧烤，因此肉的味道非常之香美。

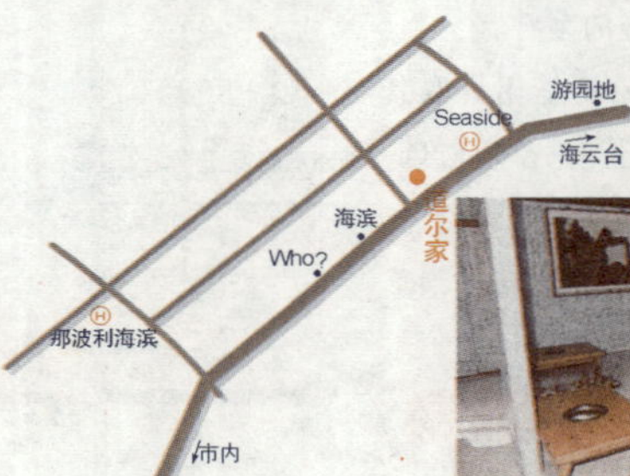

有地炕的房间还可以隔成小间

主要菜谱

烤里脊◆갈비	₩9000
冷面◆냉면	₩4500

韩国料理

韩国料理，并不仅仅是烤肉、泡菜、辣椒，韩国料理还有其更深层次的东西。在辛辣之中发现出“好吃”，是向韩国料理近了一步。去韩国，如果光吃烤肉的话也太可惜了。即使是韩定食也会让菜品数不胜数。此外，还有100%富有营养成分，有整鸡在内的参鸡汤，这些未见过的料理真是比比皆是，其乐趣，只能由您用自己的舌头去品尝了！

饮食文化史

肉食文化的发展使烤肉多样化

代表韩国料理之一的便是烤肉。“不尔”是火的意思，“高机”是肉的意思，二者合在一起“不尔高机”是烤肉的意思。与国内的韩国料理店的食用方式不同，在韩国，“不尔高机”是用在酱油里加入大蒜、姜做成的“药念”这种调味料把牛里脊肉充分搅拌着味后，在半球型的铁锅上烧烤而成。锅的边缘有沟，在肉汁多的地方放入乌冬面则更别具一格。

此外，与此类似的还有“卡尔比”(烤里脊)。这是将带骨头的牛排骨肉用“药念”调味之后烧烤。烤过之后，由于块大不容易入口，需由店员用剪刀剪开。

把牛、猪的内脏直接在火上烧烤的叫“口布枪姑”，“口布枪”是内脏的意思。是将微微烧焦的肚及肠蘸上加盐的芝麻油吃，香味倍增。

这种烧烤文化是如何在朝鲜半岛流传下来的呢？我们还是追寻一下饮食生活史吧！

烤肉(不尔高机)

烤牛里脊(卡尔比)

与时代变化同步的饮食生活

朝鲜民族的祖先，是公元前3世纪从中国东北部南下到朝鲜半岛的貊族(高句丽族)的一支。他们以狩猎、畜牧为生，之后建立了扶余国，并随着与中国交流的加深，慢慢地开始了农耕族生活。这一时期，该民族已经开始使用了大酱的前身的豆酱。

到了三国时期，随着佛教的兴起，农耕技术不断提高，人们增加了对谷物的储备。从这一时期到此后的高丽时期，均是以农业为主，社会安定。大酱、酱油、酒等发酵食品，几乎都已产生。另外，作为泡菜祖先的沈菜这种腌渍野菜也出现了。

但是到了13世纪，兴起于草原的元朝征服了高丽，元朝饮食生活中的最基本的肉食再次在朝鲜半岛复活。

也就是说，韩国的烤肉文化多少接受了一些元(蒙古)的影响。除了烤肉之外，还有用猪肠灌上血和糯米蒸熟的血肠，用牛的各个部位、骨头煮出的高汤做成的杂碎汤，将牛血凝固放入汤内制成的血汤，把内脏和蔬菜用辣椒煮过后制成的辣煮汤等，一直流传到现在。

宫廷料理

宫中饮食的发展

李氏朝鲜王朝,始于13世纪后半期，持续了约500年。500年间，李氏王朝实行农本主义，将儒教作为国教，排斥佛教，用牛、猪头供养侍奉祖先。另外，根据“孔子也好肉”的说法崇尚食肉。

李氏王朝时代，确立了以国王为中心的中央集权制及严格的社会等级制度。王宫内发展出现了极其精炼的宫廷饮食；在市民生活方面，各地也开始出现物物交换。但由于儒教社会视商业活动为“低微的职业”,因而难于产生真正的流通。

泡菜的诞生

在入李氏朝鲜王朝中期的17世纪，通过同日本的南蛮贸易而传入朝鲜的辣椒，取代了此前一直使用作为肉食中的必需品的胡椒。大概又经过约100年的时间，辣椒与原来的咸菜——沈菜融合，形成了现在的泡菜。同时,又产生了用辣椒制作的辣椒酱，更增加了饮食生活的深度与广度。

饮食生活向日本化,又向西洋化发展

1910年，由于日本对韩国的侵略而导致的日韩合并，否定了韩国固有文化，全部实行日本化。街上出现日本料理店、餐馆、咖啡店等。在此以前，大量使用了在韩国视为贵重食品——砂糖的鸡素烧、针在、安盼等等日本料理,也进入韩国。另外欧殿、乌冬面、阿那后、打西、哇里巴西等的食品名、用语等,也固定下来。

现在在韩国，家庭结构由大向小的方向发展，过去的那种由婆婆传给媳妇制作酱油、大酱的方式,也几乎消失了。年轻一代所喜欢的食品,也向汉堡包、比萨饼、炸鸡等世界方向看齐，但其中惟有泡菜的制作好像还没有被家庭主妇们丢掉。

宫廷料理与家庭料理、宴会料理完全不同

李氏朝鲜王朝历经500年，王宫内制作的料理称为宫廷饮食，其特殊的调理法与配膳法现已被指定为国家重要的无形文化财产。宫廷料理内不仅秘密保存着李氏朝鲜王朝,还保存从新罗、高丽传下来的饮食文化。由于朝鲜半岛的王朝交替通常都是在同一民族中进行,因而

上一个王朝的习惯比较容易被后来的王朝所继承。

宫廷饮食，分国王与王妃的日常饮食与国家的庆典，及为欢迎外国使节而准备的宴会料理2种。国王、王妃的日常饮食，称做水刺床，由五汤十二碟(碟就是盘子，5汤12菜)构成。水刺床中的水刺是指米饭，床是指菜肴。制作此宫廷料理的厨师需由从13岁开始就被选进宫接受训练的厨房尚宫(尚宫指女官)执行。

5汤12菜是国王的基本饮食

水刺床早晚共用2次。季节不同，材料有变化，但基本菜谱不变。首先，水刺(饭)有白饭与红饭(用煮红豆的汁烧成)之分。白饭一定有豆芽汤，红饭则一定有牛肉汤。此外，汤类还包括酱汤、清汤、火锅(素鸡汤)共5种。

被叫做馔品的副菜有，热烤物(肉、鱼贝等)、冷烤物(海苔、干尤鱼)、煎油花(肉、鱼贝、蔬菜)、熟肉(煮牛肉片)、熟菜(煮熟的蔬菜)、生菜(蔬菜、醋泡萝卜丝)、煮物(肉、鱼贝、蔬菜)、酱果(大蒜、萝卜等蔬菜的油渍物)、咸辣干物(牛肉、鱼贝干物、白果等)、脍(肉、鱼、刺身)、水卵(半熟的蛋)，共12碟。

这些菜品的材料，均采用各地特产之中的特上品。此外，在保持

九折板。用中间的饼包起来食用

海、陆、空平衡，调五味(甜、辣、酸、苦、咸)的基础上，不能重复使用材料、烹调方法。

这里举一个烹调例子。煎油花是把肉、鱼贝类、蔬菜等切成小块，裹上面粉及鸡蛋，在芝麻油中烹炸而成。肉类使用牛肉馅丸子、内脏(肝、肚、肺等)。鱼贝类使用白身鱼、海贝、虾等。蔬菜使用南瓜、青椒、土豆、藕等，用黄色的鸡蛋液裹上之后，颜色特别好看，食用时蘸酱油、醋。

“卡尔比吉姆”，是用一大块排骨牛肉与萝卜、香菇、栗子、白果等加酱油蒸煮出来的。蒸煮这种烹调方法，是韩国古代流传下来的一种烹调术，原来是用甑这种做鸡素烧的蒸器慢慢蒸，现在一般则用少量的汤汁长时间煮。

“托米其”，是清蒸加吉鱼。它是将加吉鱼切出缝，填入牛肉馅再用牛肉汤煮，然后装点上荷包蛋和竹笋而成。

宴会料理的相应规则对现在的宴席依然有影响

宫廷宴会料理，一般由叫做侍令熟手的男厨师掌勺。宴会上，国王、王妃以下，不同的官位爵位有相应不同的规则。国王面南而坐，面前高高摆放各种料理。这种风俗，现在不论贵族还是平民都采用，在结婚宴或者父母花甲宴会上都采用这种高拜床仪式。

宫廷宴会中，男性坐在东面，女性坐在西面，分别用餐。菜谱，首先是以酒为主的酒按床（酒及下酒用的干物）；然后是叫做面床的以面为主的小吃；最后是点心或用果实做的茶果床（不是绿茶，而是甜果实饮料）。

烹调术是重要无形文化财产，烹调师是国宝

可称得是韩国饮食文化之奇葩的宫廷饮食技术，已被政府列为重要无形文化财产保护起来。掌握该技术的黄慧性女士也已被指定为国宝。黄女士在李王家被编入日本皇籍之后，进入末代李氏国王纯宗的王后尹妃赖以生活的乐善斋（之后成为李方子女士的住宅）的厨房，师从于年长的厨房尚官韩熙顺女士，并收集、整理了李氏朝鲜王朝以前的与饮食生活有关的古籍文献。后捐献给了韩国政府。此后历经约30年，1973年终于在政府第38号令中被指定为重要的无形文化财产，使有着500余年历史的饮食文化免于毁灭。

黄慧性女士，现在在汉城市钟路区苑西洞开设了社团法人宫廷饮食研究院。致力于曾经是少数领导者阶层才能享用的的宫廷饮食的研究，并以此作为民族文化的骄傲，广泛地向现代人传播。南山山脚的国立剧场内，有宫廷饮食研究院直接经营的餐馆“漆发家”，这里是品尝传统宫廷风味的场所。现在作为看戏前用餐及接待外国人的场所，是宫廷饮食的新形式。

神仙炉。用鸡蛋、蔬菜、肉等装点，再加入牛肉汤做汤料的火锅

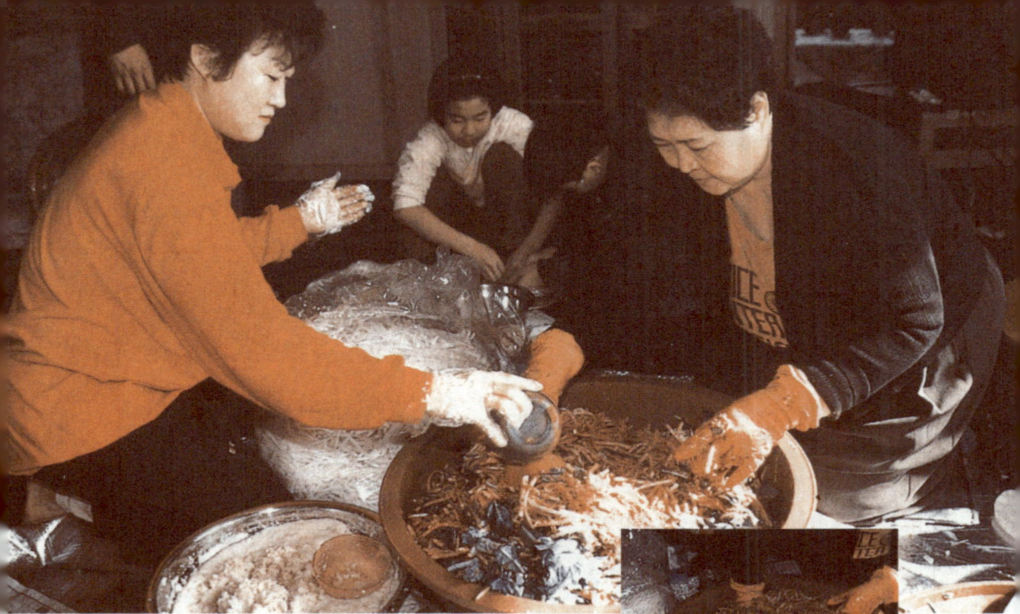

“金酱”是指腌越冬泡菜的工作

初冬到韩国旅行，如果运气好的话，可以见到“金酱”。“金酱”，是指腌越冬泡菜的工作。11月末，天气突然寒冷下来，如果赶上晴天，大街上的市场自不用说，只要有一点点空地，都会成为销售泡菜原料的临时市场。

白菜、大萝卜、小白萝卜、香菜、韭菜、辣椒，各种咸、辣调料以至于罐子、塑料袋等等，堆积如山。家庭主妇们专心挑选各种材料，商讨价钱，再用货车或拖车运回家。这一时期的货车的运输价格也相应涨价。由于腌的是全家整个一冬天的泡菜，因而对于韩国人家庭来说，也是一笔大的开销。所以一到这时，韩国的各企业也开始给员工发放“金酱奖金”。

“金酱”的工作，要由全家的女性来完成，如果人手不够的话，周围的家庭主妇们会相互帮忙。这其中，不但是体现相互帮助的精神，同时也是家庭间交流腌泡菜秘诀信息的机会。

越冬泡菜中最具代表性的，是用白菜制作的白菜泡菜。它首先要将白菜竖着切成两半，用盐水洗过后，控一夜的水。调料是将糯米煮成薄粥，再搅拌上辣椒末、萝卜丝、韭菜、盐、辣椒等。这些材料的添加方法体现了地方特色及家庭喜好。第2天要把这种调味料涂在白菜叶子之间，再用最外侧的叶子包起来码放在腌菜缸内。

泡菜是自然发酵食品，由于在蔬菜中加入盐而发酵，由此而产生的乳酸菌是口味的决定性因素。另外，辣椒可以防止盐份对动物性蛋白质的酸化。乳酸菌发酵，是从用盐水洗过之后便开始缓慢进行的，但口感、味道最爽口的是在腌渍后的第3周左右。如果过了2个月左右，泡菜的酸度就要增加。这种酸味是乳酸菌发酵已经结束，转变成果酸而致。这种酸味难以除去，但作为烹调材料有很高价值。

韩国的家庭主妇，自古以来就会使用酸味泡菜烹调菜品。其中，有一些已成为餐馆内的菜谱。

使用泡菜的各种料理

炖泡菜，是用白菜泡菜制作的代表性料理。它是用变酸的泡菜与猪肉、干鱼共煮而成的简单的菜肴，其中泡菜的味道全部进入了汤肉。如果再加入豆腐或其他蔬菜则成为一道相当棒的主菜。泡菜炒饭，是最近在餐馆出现的一例主食，它是用泡菜、猪肉与冷饭炒制而成。

在韩国提到“馒头”是指饺子。饺子馅一定是用泡菜、豆腐、猪肉做成。饺子加汤是一种很好的冬季饮食。将泡菜和猪肉爆炒，再用煮过后切得厚厚的豆腐一起食用，这叫做“豆腐泡菜”，很适合于甜味烧酒。快餐面内放入泡菜，又是学生食堂里的必备菜肴。

以上均是餐馆内的菜谱，除此以外，煮泡菜饭、泡菜烤面包、泡菜炒猪肉、泡菜汤等，也均被各家庭所喜爱。

萝卜泡菜

水泡菜

白菜泡菜

葱泡菜

黄瓜泡菜

利用季节性蔬菜制作的泡菜，有一种色拉的感觉

不单是白菜，几乎所有的蔬菜都能做成泡菜。春天里有用新圆白菜、韭菜、新牛蒡等做的泡菜，香味大，芥菜则刺激性大，令人兴奋。夏季则有黄瓜做的黄瓜泡菜，茄子做

的茄子泡菜。秋冬季节的小伙儿泡菜，以及普通的大萝卜切成方块放入盐、辣椒末做成的萝卜泡菜，很适合吃白米饭或汤类调味用。用小葱做的泡菜也很合口。这些泡菜与越冬泡菜相对，叫做“味泡菜”(味就是味道的意思)，发挥“味泡菜”的固有味道，通常只需腌4、5天，因此这些用季节蔬菜腌制的泡菜吃起来就像色拉一样。

不辣的水泡菜令人联想到沈菜

泡菜中的变化品种就是水泡菜。是用淡盐水把萝卜、香菜、白菜、柚子、石榴等香味重的蔬菜或果实泡起来，并饮汁。这种泡菜是韩国饮食文化中的万能药，可解醉酒及煤气中毒，此外也可做冷面汤、吃点心时的代用菜等。

水泡菜使人联想到在使用辣椒之前的叫做沈菜时的泡菜。三国时期制作的沈菜，菜如其名，是用盐水浸泡，放入大蒜、山椒等制作出来的一道香味菜。它之所以变成现在这样又红又浓的味道，是17世纪由日本传入辣椒以后出现的。如此说来，泡菜还真是一样新型食品呢!

点心

与节日活动有关的各种点心

农耕技术从中国传入朝鲜半岛，又传到日本。随着农耕技术的传入，礼仪方式也随之进入。因此，中、日、韩3国的每年的节庆活动及祭神的食品有很多共同之处，其代表内容就是饼，其中有很多已经转变成了点心。

饼分糯米与粳米2种

说到韩国的饼，可能会认为是用糯米蒸的，但这只是其中一种，如果去韩国的话就会明白。韩国的正月都用打糕汤迎新年。这种打糕是

乐园洞的饼市场

白色的，是将粳米蒸熟捣烂做成直径3厘米左右的棒状，再斜切成椭圆片状之后食用。粳米饼非常筋道，难以煮烂。打糕汤不是点心而是正月的主食。

将日本式的糯米饭捏成小块，再撒上芝麻砂糖，这叫做“嚼鲁米”。将糯米粉用盐水捏成5~6厘米

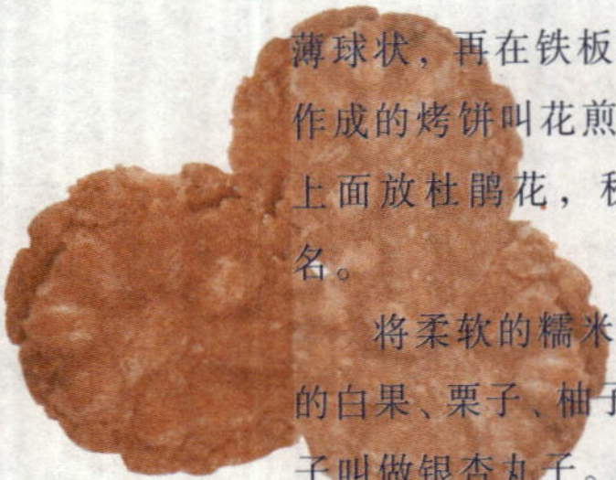

薄球状，再在铁板上烤，加蜂蜜制作成的烤饼叫花煎。因其春天要在上面放杜鹃花，秋天放菊花而得名。

将柔软的糯米粉内混合上捣碎的白果、栗子、柚子馅，再做成小丸子叫做银杏丸子。在同样质地的丸子外面裹上大枣丝叫做大枣丸子，裹上栗子的叫栗子丸子，都是秋令时节的点心。

与韩国春节齐名的祭祀农耕与供奉祖先的大节庆就是旧历八月十五。这一天的点心是松饼，它是将蒸过的糯米饼放在手掌中，再包上新鲜的栗子、绿豆或芝麻砂糖或红豆馅，做成海贝形状，然后再在锅内蒸熟。蒸锅内要铺上松叶，使松饼内充满松叶香气。松饼把自然之气活生生地融入饮食，堪称是韩国的精华。

还有一种是只有韩国才有的饼——蒸饼。它使用一种古代流传下来的蒸器——“希尔”，因而也叫“希尔特克”。制作方法是，在蒸器内放入糯米粉，可根据不同情况用无糖豆沙馅划分层次，再放入南瓜、萝卜、枣、栗子、大豆等，混合在一起蒸熟。一般在孩子出生、入学等喜事时，要制作不混任何材料的白色蒸饼。另外，由于红色表示除厄运的意思，所以在开始耕种或者法事祭神时，要在蒸饼上面放无糖的豆沙馅。

药食，是新罗时期流传下来的著名的点心。它是用蜂蜜、芝麻油、酱油味的糯米，加入栗子、枣子、松子等再用汤煎出来的一种点心。因为使用了蜂蜜与芝麻油，因此取名“药食”。

用谷类制作的点心

韩国从古代就开始用谷类制作点心。高丽时期，随着佛教的兴盛，在佛前供奉的点心也多样化起来。其中之一就是用小麦粉加蜂蜜、芝麻油、酒等调味，再油炸之后拌上蜂蜜、姜汁而成的油蜜果。因果子使用了蜂蜜和芝麻，也叫“药果”。

将栗子、大枣、姜等煮烂，再拌上蜂蜜，揉成原来的形状，这叫做熟实果。用蜂蜜将藕、姜、高丽参、柚子等煮熟，制作的点心叫正果。用杏仁、山楂等做成果酱状的叫果片。

强精，是将糯米渍水发酵，制成粉状，再加入酒、砂糖，凝固后再炸，之后挂糖浆，再加上芝麻、松子等制成，很费工夫，因而其名称也来之不易，是100%营养的传统点心。

茶食，是用蜂蜜将松树花粉(黄)、胜栗粉(黄色)、抹茶(绿)、黑芝麻(黑)等材料精炼，制成的点心，叫茶食板，是一种很高级的点心。

传统茶店

各种各样韩国茶
①甘酒 ②水正果
③绿茶 ④柚子茶
⑤生姜茶 ⑥灵芝茶

与佛教同兴的饮茶风俗

朝鲜半岛在新罗、高丽时期，以佛教作为国家的基本理念，各地兴建了很多寺院，在王族、贵族之间盛行喝茶，用茶叶作为高级礼品来招待客人。此后，进入李氏朝鲜时期，饮茶风俗的急剧衰落，是由于政府坚持崇儒排佛主义，导致寺院荒废。政府对寺院、贵族在各自领地内种植的茶叶，课以很高的税金，最后则完全禁止栽培茶叶。

百姓生活中的饮茶法

另一方面，对一般百姓来说，喝茶是连想都不敢想的事。于是，他们饮用山中的泉水，饮用煮米饭后的锅巴加水做成的米茶，饮用度数虽低，但仍令人有满足感的米酒，以此来尽享饮茶之乐。

从有利健康的中药茶到甜点茶

韩国饮食文化以医食同源为宗旨，韩国人平时就把中药像绿茶一样饮用。其代表就是煎人参加蜂蜜制作的人参茶。另外，用姜制作的生姜茶也对治疲劳、感冒很有帮助。用枸杞子制作的枸杞子茶也很受欢迎。

最适合用餐后作为甜点的饮料，是把柚子皮切成丝加蜂蜜做成膏状的柚子清，再用开水溶化的柚子茶，香味很大，口感很爽。用肉桂皮煮出的桂皮茶也适合于甜点。蜂蜜渍泡后的木瓜，用开水冲泡制成的木瓜茶清爽怡人。

冷甜品中的代表，是食醯和水正果。食醯，是将粳米用麦芽发酵制成的略像甜酒似的饮品，一年四季都可以饮用。尤其是在有地炕的房间里饮用这种冷饮料更是别具一格，如果与点心互相搭配则更好。水正果是用松子、姜加蜂蜜煮后又冷却的饮品。饮用时如果加上柿饼更可增加甜味。

花茶，是用中药中常用的五味子煮出的酸汁加蜂蜜，再放入季节花（杜鹃、月季等）、果实等制成，看起来非常可爱。花茶是喜庆餐桌上装点色彩所不可缺少的。

从以上我们可以看出，现在在韩国，习惯喝绿茶的并不多，而代之的是多彩的饮茶文化。此外，近代以来引进的咖啡，二战后渗入到市民阶层。进入60年代后，速溶咖啡的出现，使咖啡需求量大增，并一直持续到现在。

珍島灵登祭

贴近韩国 观赏节庆

韩国，一年四季都举行各种各样的节庆活动。这些节庆活动大体上分成两种形式。一种是开始于大韩民国建国以后的民俗艺术节、民俗文化节。它是以保存、继承正在流失的传统艺术、民俗文化，并借此提高对地区乡土的爱乡之心为目的的，在各地区、各城市均有这种节庆活动。另一种是近代以前就举办的传统的村寨节庆活动。它的形式最接近于古代流传下来的节庆活动的原形，时至今日，仍然规模很大。下面，我们从这些节庆中，选取一些代表性的加以介绍。

3月 光山战　祝祭

①光山郡
②3月1日～3日(每年旧历正月满月)
③光州广域市光山区
④062－650－7221

在韩国一年当中第一个月圆之日的旧历正月十五日，各地都要举行各种各样的民俗活动。其中，现在依然举行的活动之一便是全罗南道奥道尔村流传的光山节。“光”是用粗绳子、粗木棒扎成的像轿子一样的东西。“山战”是指打仗的意思。很多的小伙子用木棒支起“光”，站在“光”上面的纲大将是整个活动的指挥者。光山战的胜负是以合成东西两军中的一方将另一方的“光”罩在对方的下面，将对方的"光"压在地下为准。节日期间，在"光"的周围，飘舞着双方的旗子，声援的农乐声以及人们的欢呼声，真是响彻云空。

光山战祝祭

3~4月 镇海军港祭

①镇海市
②3月末~4月初旬
③李忠武公护国精神宣扬会
④0553-546-4310

位于庆尚南道的镇海，临近釜山，以军港而著称。每年3月下旬到4月上旬，在8万多棵盛开的樱花树下，都要举行军港节庆活动。它包括为颂扬击败丰臣秀吉率领的日本海军而著称的李舜臣将军的功绩而举行的彩灯游行、焰火大会等庆祝活动。

镇海军港祭

4月 珍岛灵登祭

①珍岛郡
②4月16日~18日
③灵登祭活动推进委员会
④0632-544-2181

全罗南道有一个叫做韩国的"摩西奇迹"的割海现象，每年旧历2月末发生。

这种割海现象，在当地留下了一个包哈巴尼的传说。它是讲包哈巴尼为了与躲避虎害而逃到对岸岛上居住的一家人相见，许下了与家族相见的愿望，该愿望感动了上帝，使大海退却，现出平地。珍岛灵登祭，一方面是安慰包哈巴尼的灵魂，同时也是祈祷渔业丰收的祭祀活动。

灵登祭的时候，可以参观到很多庆祝活动。有珍岛地区的著名歌曲、舞蹈、宗教仪式，例如珍岛阿里郎（民歌）、汉口斯鲁雷（女青年们牵着手组成圆阵边唱边跳的民俗舞蹈）、珍岛希机目（祭祀祖先的风俗礼仪的一种。珍岛的希机目以特别具有音乐性、艺术性而著称）、它西雷机（珍岛独特的幽默的传统葬礼民俗）。

珍岛的割海现象，除该节庆活动时以外其他时间，也可见到。1999年，是5月15~17日、6月13~15日、7月12~14日。详细的时间每年都有变化，需向珍岛郡厅（☎0632-544-0151）咨询。

5月 南原春香祭

①南原市
②5月4日~9日
③春香文化宣扬会
④0671-32-5801

以《春香传》的舞台剧而闻名的全罗北道的南原，在春香诞辰的旧

南原春香祭

历四月八日前后举行庆祝活动。除了由全国名人汇集的清唱大会之外，还举行“春香小姐音乐会”，场面奢华。

6月 全州丰南祭

①全州市
②6月中旬
③丰南祭典委员会
④0652－85－5151

旧历端午节时，在全罗北道全州举行。节日期间，有以农乐队为先导的市民参加的沿市内而行的灯笼大会、诗文比赛大会、摔跤大会、音乐节等一些盛大活动。

与此同时，还举行全州大私习游戏大会，以清唱为主，是传统艺术中全国最大规模的大会。

6月 江陵端午祭

①江陵市
②6月16日～20日
③江陵端午祭典委员会
④0391－648－3014

在江原道江陵市，旧历五月五日端午日举行的节庆活动。

它祭祀江陵附近大关岭的山神苏那，祈祷行路安全，渔业、农业丰收，家庭平安等。该庆典活动规模大，包括准备时间在内要持续约50天。真正的祭典仪式及相关的活动，是从旧历五月一日～五日进行。端午祭节庆活动不仅有儒教的仪式，而且也含有巫觋等参加的各种仪式，从五月一日至五日期间共举行多达15种以上的仪式。仪式中除有

江陵端午祭

韩国惟一的著名无言假面剧的官奴假面剧之外，还有秋千、摔跤、掷木块游戏等民俗游戏及相关活动。

具有数百年历史的江陵端午节，至今依然很受欢迎，每到这一时期，江陵市内到处是来自于全国各地的游客。

10月 安东民俗祭

①安东市
②10月1日~9日
③安东文化院
④0571-859-0825

每年10月在庆尚北道的安东举行。

在此庆典活动中，能看到河回别神祭仪式。它是在扎成×字形状的木框上载上大将，组成东西两军，展开对战，以将对方的台木击落在地面为胜。在朝鲜传统的假面剧中将这种古老形式保存得最好的是这种河回别神。

10月 百济文化祭

①扶余邑
②10月10日~13日
③百济文化宣扬委员会
④0463-830-2520

曾是百济首都的公州、扶余，每隔一年轮换举行百济文化复兴节

安东民俗祭

百济文化祭

(1999节在公州举行)。节日期间，有假扮著名历史人物的游行，也有百济王妃、王女选拔大赛等。

10月 新罗文化祭

①庆州市
② 10月上旬
③新罗文化宣扬会
④ 0561－748－9001

庆州是新罗的首都，隔年10月举行新罗文化祭。它是继承了新罗的少年组织花郎徒精神的文化节。节日期间举行汉诗大会、书法比赛、护国佛教祭及僧舞，为期2天的歌颂新罗建国与三国统一伟业的假扮历代国王的游行。游行令人仿佛看到一幅华丽的王朝画卷。

新罗文化祭

再多了解一些韩国

去未知国度旅行前的准备

放风筝

“《走遍全球》，不仅应成为传播旅游基本知识的导游书，而且也应该成为传播为增进相互理解而旅行这一理念的书。”1990年，协助本书采访的郑希英这样认为。

通过对郑希英的采访，希望能对韩国的印象从“邻近而又遥远的国家”转变到“邻近而又亲近的国家”上来。

希英对将造访韩国的人如此说

想到我的国家韩国来的朋友们，都怀着各种各样想法制定着旅行计划，哪怕对韩国一无所知而参加旅行，对您也是一种新鲜的体验。

但是，既然决定“到韩国去”，有这种心情的话，最好还是关心一下我们国家。您对韩国了解得更多，旅行时更有充实感，更增添一分旅行乐趣。当然一无所知的话也会毫无问题地结束旅程，但那不是有点太可惜了吗？了解韩国并不是非常难的事情，持有相互理解的心情才是最重要的。

韩国的四季呈现出不同的风采

韩国的气候四季分明，只是冬季比较寒冷。下面分别介绍一下韩国人在春夏秋冬里的情况。

到了春天，韩国人便开始通过传统体育——摔跤来舒展经历了一个严冬而蜷缩的身体，使春天的气息吹满全身。夏季，用清澄冰冷的溪水痛快地洗涤去身上的汗水。到了五谷丰登的秋季，丰收的喜悦使人情味也更加浓郁。冬季里地炉的温暖，火炉边旧日的神话，又令人忘记是在夜深还是在天明。这就是我们的国家——韩国。

摔　跤

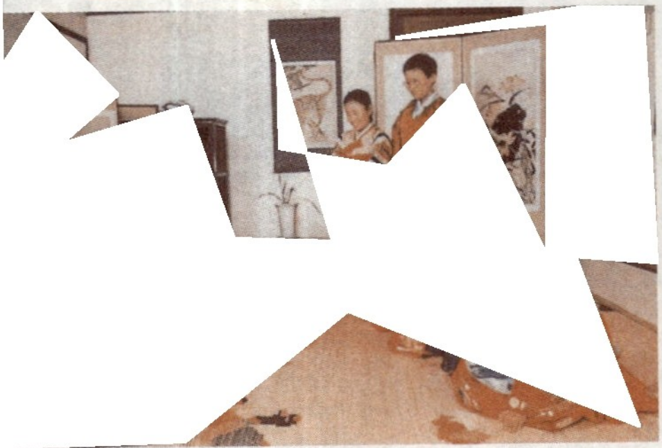

新年问候

跳板

据说生日每年不同……

在韩国，旧历在日常生活中依然焕发着勃勃生机。我的生日采用旧历，因此，每年生日的公历日期都不同，年龄则采用一般的记年方法，过了新年加一岁。

民族大移动，汉城成为空城

旧历的一月一日与八月十五日，是春节及中秋，休息。大多数韩国人穿上韩服，带上如山的礼物回到老家故乡。

这两个日子都是祭祀祖先的日子，要休息一天。新年是对新的一年的问候，中秋则意味着对一年丰富收获的感谢，二者是韩国最大的节日，有连休。在古代，人们集中在这一时期，表演古时流传下来的农乐。

圣诞节也休息

旧历四月八日是佛祖释迦牟尼诞生日，公历12月25日是基督教耶稣诞生日，二者都是韩国代表性宗教节日。高丽时期佛教盛行，公历后李氏朝鲜时代加强了儒教的力量，好多寺庙为逃避镇压潜入山中。但是不屈不挠的佛教不惧各种镇压，至今依然保持着自己的血脉，是韩国的第一大宗教。

男孩子很受重视

与佛教相比，政府首要普及的是儒教，儒教至今对韩国人的生活依然影响很大。特别是长幼之序、孝道及男女之别等等。

很多家庭喜欢男孩子，这一倾向多是受儒教的影响。另外，两班的儒教，有一种重教育，轻商业的倾向。即使是现在，大学考试严格，而服务业则很难为社会所认可，这也是由于受儒教影响的缘故。

沿美丽海岸线的环岛之旅

传统结婚仪式

晒辣椒

插秧

同姓、同出生地的人不能结婚吗?

韩国姓氏数量不是很多,5 种姓氏超过人口的 50%。同姓结婚倒不成为问题，但是叫做本籍的出生地很受重视，同姓同本籍的男女不能结婚。

集一族系谱的族谱，是非常重要的家谱。

民防卫,是一种什么样的训练呢?

韩国现在处于一种军事紧张状态之下，对成年男子都采取征兵制度。我们在旅行中能够真实感受到的就是“民防卫”,每年举行 3 次。届时,汽车停在拥堵的马路上,人们都躲避到建筑物中。这是一种针对战争灾害而进行的训练,不了解的话,会无所适从,造成紧张不安,所以一定要注意。

寺庙祭典

非常感谢！这些说明使我们对韩国有了更加深入的了解。

最后郑希英说到,“无论是对旅行者,还是对我们韩国人来讲,增进相互理解是非常重要的。要以不同文化间的相互理解为基础，相互学习、相互交流。”

如果您想多了解一下韩国，那么就要多用一下生硬的韩语。只要有这种向前看的心情，旅行的结果就一定会不辱使命，做出您想做的事情来。

汉城

서울 Seoul

汉城特别市，由25个区构成，以汉江为界分成江北与江南。

观光的重点可以分成位于江北的中心地区、梨泰院、新村与梨大前、江南 4 大部分。

位于旧城墙之内的地区一般称市内，是汉城的中心地区，凝缩了汉城的精华。集中了以景福宫为首的王宫、南大门、东大门市场、汉城第一的繁华街明洞等等。汉城观光的基本内容均在此地。

颇负盛名的梨泰院，以美军基地而闻名，也是最适合购物的地方，洋溢着国际化的气氛。

新村与梨大前，有名校延世大学及梨花女子大学。有非常时髦的现代时装店、咖啡屋，年轻顾客盈门。

位于汉江南部的江南地区有汝矣岛，岛上有国会议事堂、63大厦。此外，江南地区还包括乐天世界，象征汉城中产阶级的街道一狎鸥亭洞等。该地区令人感受到新汉城的形象。

汉城学习讲座

汉城简历

汉城，是东方屈指可数的大都会。但是，这个大都会在1392年，李氏朝鲜太祖李成桂从高丽王朝泰让王继承王位后，将都城从开城移到此处时不过是一个小村落而已。此后，汉城称汉城府，历经李氏朝鲜27代、519年，作为国都而繁荣起来。近代，它又推翻了36年的日本统治，直到现在的大韩民国。

在这段历史中，汉城经历了壬辰倭乱（丰臣秀吉出兵朝鲜）等众多的战火，其中最大的就是1950年爆发的朝鲜战争，战争像轧道机一样将这座美丽的城市破坏性地来回轧了两趟。

但是，现在，如果您站在作为一个近代国家而繁荣起来的新汉城的街角，它过去的形象仿佛梦幻一般。

把握住1000万人口的都市——汉城

汉城总面积约600平方千米，三面环山，平地很少，居住着约1000万人口。如果再加上富川城南等汉城近郊的通勤、通学范围内的话，人口总数不下1200万，与韩国总人口4300万人相比，足见其比例之高。这种高密度人口现象，您只要领略一下汉城东北部山斜面处鳞次栉比的房屋以及江南地区飞速建设起来的高层公寓群，就能一目了然了。

我的名字叫汉城(My name is Seoul)

在汉城，有时会见到写着京城但却读成汉城的现象。京城，是日本统治时期对汉城的称号，对韩国人来说显然不是一个好名称。Seoul这一名称是纯粹的韩国语，是“都城”的意思，但又难以用汉字表达，于是在韩国的华侨就采用了李氏朝鲜时期广泛使用的汉城（有时写汉阳）这一称呼。

汉 城

0 1 1.5km
1
2
A
B
C
D
西部汽车站方向
弘智洞
恩平路
鹰岩洞
弘恩洞
钟路区
付岩洞
奥林匹克
城北洞
城北区
城北洞
敦岩洞
瑞士豪华酒店
弘济
弘济洞
清云洞
三清公园
三清洞
惠化洞
汉城大入口
三仙桥
明伦洞
孝子洞
秘苑
昌德宫
惠化
景福宫
昌庆宫
母岳帝
楼上洞
社稷洞
大学路
昌信洞
缯山洞
加佐路
北加佐洞
水色洞
水色
水色路
缯山路
大岘洞
母岳洞
独立门
社稷路
景福宫
安国
奉元洞
世宗文化会馆
社稷公园
曹溪寺
光化门
仁寺洞
宗庙
南加佐洞
上岩洞
中洞
西大门区
西大门独立公园
加佐
延禧洞
城山洞
新村洞
冷泉洞
西大门
钟阁
钟路3街
钟路5街
东大门
德寿宫
高丽酒店
总统酒店
乙支路入口
乙支路4街
东大门运动场
贞洞
乙支路3街
丰田
延世大学校
梨花女子大学校
市政府
朝鲜
明洞
世宗
东菲特尔国宾酒店
城山路
合井路
西桥路
望远洞
新村
北阿岘洞
阿岘
忠正路
汉城广场酒店
南大门市场
明洞
忠武路
东大门入口
西桥洞
弘大入口
沧川洞
米拉堡
大岘洞
新村路
梨大
会贤
南山洞
麻浦区
东桥洞
新村
新村
阿岘洞
汉城
汉城站
中区
药水
新罗
杨花路
东桥路
西桥
新村火汗蒸炉
监里洞
汉城站前汽车站
希尔顿
葛月洞
南山公园
上水洞
西江路
麻浦路
西界洞
青坡洞
西汉城
合井
大兴路
新水洞
孔德洞
万里
城山大桥
下水洞
大建路
合井洞
唐人洞
孔德
厚岩洞
玄石洞
大兴洞
淑大入口
玉水洞
杨花大桥
堂山铁桥
西江大桥
白凡路
水晶汗蒸炉
金浦国际机场方向
龙江洞
假日酒店
南营
南堂洞
古南都凯悦酒店
汉南洞
杨坪洞
麻浦
麻浦洞
门洞
战争纪念馆
梨泰院路
新契洞
假日梨泰院
仙游路
三角地
国会议事堂
堂山
麻浦大桥
龙山电子商街
梨泰院洞
堂山路
曼哈顿酒店
汝矣岛
汉江
龙山区
皇冠酒店
普光洞
议事堂路
元晓大桥
龙山
新龙山
汉江路
普光路
堂山洞
汝矣
二村洞
龙山洞
市场
汉南
永登浦区厅
韩国放送公社
汝矣岛
汉江铁桥
二村
龙山家族公园
东水库洞
永登浦路
永登浦市场
汝矣岛洞
西水库路
永登浦洞
新吉
汝矣东路
龙湖路
大韩生命63大楼
汉江大桥
二村洞
西水库洞
西水库
文来
永登浦
大方
江边大路
铜雀大桥
永东大桥
蚕院
永登浦区
鹭梁津
新道林
道新路
大方路
本洞
蚕院洞
张承
鹭梁津洞
上道汗蒸炉
奥林匹克大路
高速汽车站
黑石洞
汉城高速汽车站
铜雀
新盘浦路
冠岳路
铜雀区
砂平路
盘浦洞
汉城宫殿
铜雀洞
国立中央图书馆
铜雀大路
方背路
瑞草
梨水
瑞草区
殷川
舍堂路
多达莱哥尔汗蒸炉
孝宁路
奉天洞
方背洞
奉天
汉城大学入口
方背
舍堂洞
舍堂
南部循环路
落星垈
芸术殿堂
南岘洞
南泰岭
国立国乐院
汉城近郊
第1隧道
铁原方向
敬顺王陵
临津江
逍遥山
华岳山
板门店
第3隧道
东头川
抱川
自由之桥
临津阁
汶山
统一公园
加平
春川方向
山统一展望台
光陵（光陵树木园）
京春线
高丽宫址
金川
奉先寺
江华
京义线
议政府
清平湖
道峰山
水落山
灯寺
西五陵
北汉山国立公园
摩尼山
金浦
南杨州
北汉江
门山
幸州山城
汉城
九里
永宗岛
金浦国际机场
富川
中央线
门寺
汉江
杨平
原州方向
自由公园
汉城大公园
仁川
汉城赛马场
南汉山城国立公园
仁川广域市
国立现代美术馆
城南
永宗岛国际机场（建设中）
安养
果川
广州
安山
仁白然农园
利川
神勒寺
骊州
水原城
水原
龙仁
韩国民俗村
原州方向
卧牛精舍

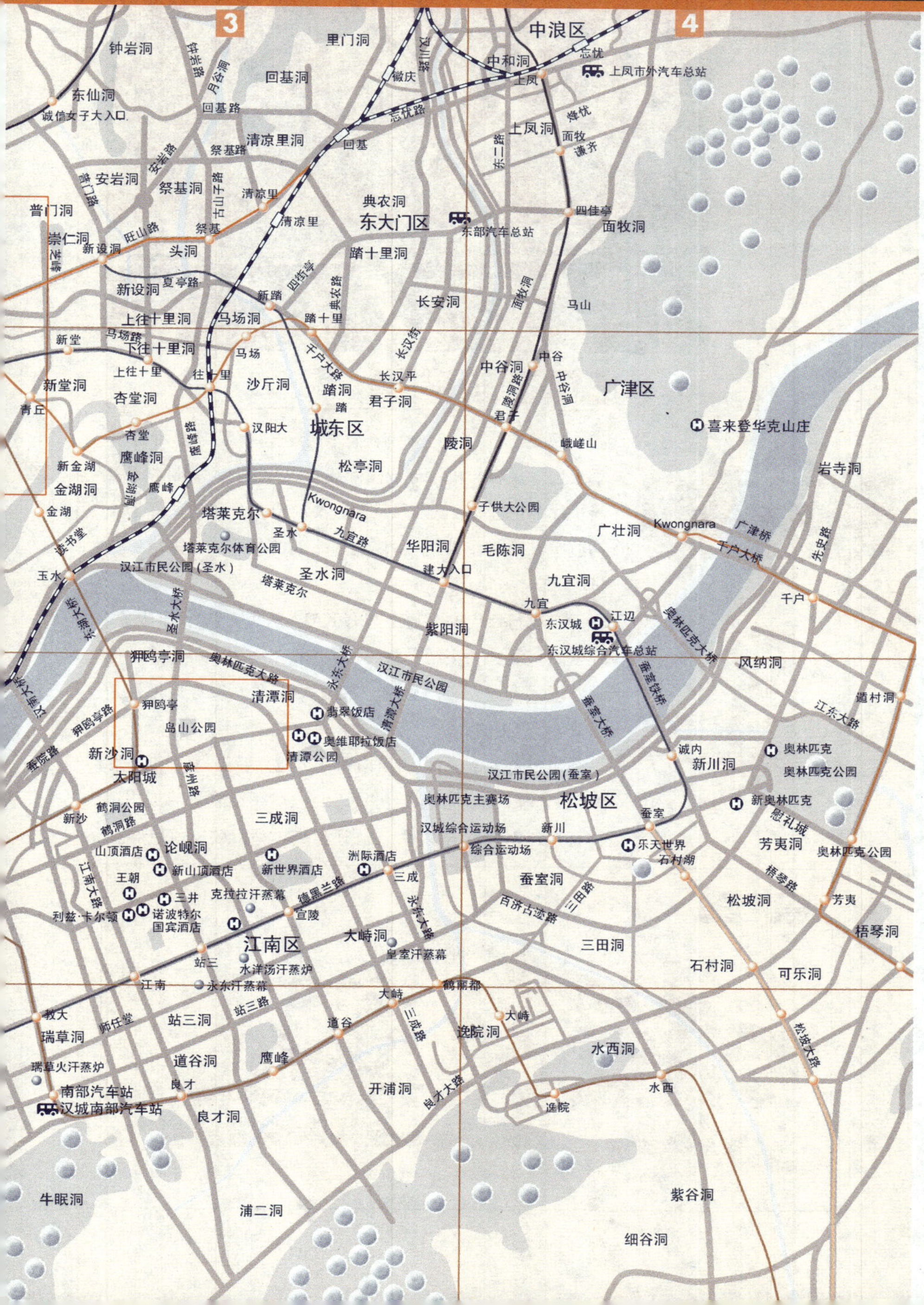

3
4
钟岩洞
钟岩路
月谷洞
里门洞
中浪区
中和洞
忘忧
上凤市外汽车总站
东仙洞
诚信女子大入口
回基洞
回基路
徽庆
上凤
忘忧路
清凉里洞
祭基路
回基
上凤洞
东二路
面牧
谦齐
安岩路
安岩洞
普门路
祭基洞
古山子路
清凉里
典农洞
四佳亭
普门洞
崇仁洞
祭基
清凉里
东大门区
东部汽车总站
面牧洞
新设洞
旺山路
头洞
踏十里洞
新设洞
夏亭路
新踏
四街亭
典农路
长安洞
面牧洞
马山
上往十里洞
马场洞
踏十里
新堂
马场路
下往十里洞
马场
千户大路
长汉街
中谷
上往十里
往十里
沙斤洞
长汉平
中谷洞
广津区
新堂洞
踏洞
君子洞
中谷洞
青丘
杏堂洞
汉阳大
城东区
喜来登华克山庄
杏堂
君子
峨嵯山
新金湖
鹰峰洞
陵洞
松亭洞
岩寺洞
金湖洞
鹰峰
金湖
塔莱克尔
Kwongnara
子供大公园
圣水
广壮洞
Kwongnara
广津桥
读书堂
九宜路
塔莱克尔体育公园
华阳洞
毛陈洞
千户大桥
先史路
玉水
汉江市民公园（圣水）
圣水洞
建大入口
塔莱克尔
九宜洞
千户
九宜
东湖大桥
圣水大桥
东汉城
江边
紫阳洞
奥林匹克大桥
东汉城综合汽车总站
狎鸥亭洞
奥林匹克大路
风纳洞
永东大桥
汉江市民公园
清潭洞
蚕室铁桥
遁村洞
狎鸥亭
江东大路
狎鸥亭路
岛山公园
翡翠饭店
清潭大桥
蚕室大桥
奥维耶拉饭店
诚内
奥林匹克
新沙洞
新川洞
奥林匹克公园
太阳城
清潭公园
汉江市民公园（蚕室）
彦州路
奥林匹克主赛场
松坡区
新奥林匹克
鹤洞公园
蚕室
新沙
三成洞
慰礼城
鹤洞路
汉城综合运动场
新川
芳夷洞
山顶酒店
论岘洞
洲际酒店
综合运动场
乐天世界
奥林匹克公园
新山顶酒店
新世界酒店
三成
石村湖
江南大路
王朝
梧琴路
三井
克拉拉汗蒸幕
德黑兰路
蚕室洞
永东大路
三田路
松坡洞
芳夷
利兹·卡尔顿
诺波特尔
宣陵
百济古迹路
国宾酒店
大峙洞
江南区
梧琴洞
皇室汗蒸幕
三田洞
站三
水洋汤汗蒸炉
石村洞
可乐洞
江南
永东汗蒸幕
鹤丽都
站三路
大峙
教大
师任堂
大峙
站三洞
三成路
瑞草洞
道谷
逸院洞
松坡大路
水西洞
瑞草火汗蒸炉
道谷洞
鹰峰
良才
南部汽车站
水西
开浦洞
良才大路
汉城南部汽车站
逸院
良才洞
牛眠洞
紫谷洞
浦二洞
细谷洞

金浦机场

市外局番号:02

旅游咨询处
国际线第一候机厅(1层)
☎665-0088
国际线第2候机厅(1层)
☎665-0986

从机场到市内的交通

汉城的空中大门金浦国际机场，位于汉城以西约25千米处。旅客候机厅分成国际线第2，国内线、国际线第1候机厅2部分，所以乘飞机一定要向航空公司确认好。大韩航空在第2候机厅。各候机厅之间的移动可以乘坐免费班车，非常方便。

机场与市内的交通工具有KAL(大韩航空)班车服务、地铁、机场巴士、座席公汽、机场班车、出车租等。不熟悉地理状况或者语言有障碍时，乘座KAL班车服务或地铁是最安全、实用的办法。

虽说是去市内，但去市内的什么地方好呢？对短期游客来说，选择市中心游览最方便。因此，除了已将酒店或旅馆预订在江南地区的游客之外，还是先坐到市政府前最好。

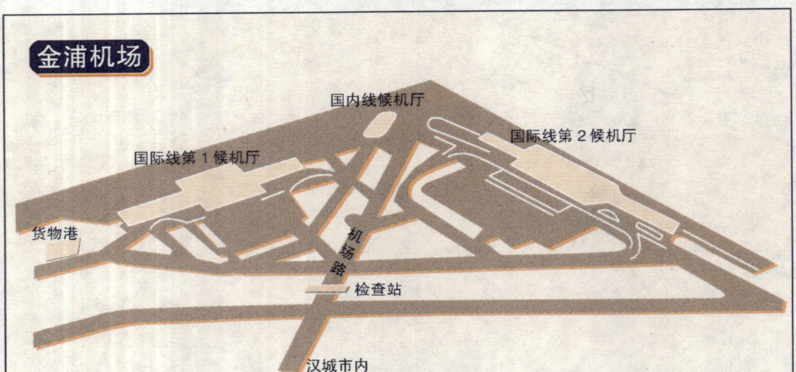

KAL（大韩航空）班车服务

坐公交车便宜但不明白线路，乘出租车较方便但费用太高，解决游客这种问题的还是KAL班车服务。它使用专门的高级班车将机场的3个候机厅与市内的17家特级酒店连结起来。它隶属大韩航空，但与是否乘坐大韩航空无关，任何人都可以乘坐。车内还有专门放置行李的地方。

该班车分4条路线（参照P82KAL班车服务路线图），只想去市中心的话，乘路线1在广场酒店或乐天酒店下车即可，这里换乘地铁非常方便。

KAL 班车服务

KAL 班车服务

☎667－0386～9

价格：₩5000需乘车前购票

所需时间：40～50分钟

发车：15分钟间隔运行

市内发：6:00～20:00

机场发：7:00～22:00

乘车时需要车票。车票可在机场各候机厅内的专用柜台、出发抵达的酒店或者市内的大韩航空的柜台购买。

出租移动电话

在国际线各候机厅的抵达大厅，有SK、KTT二家公司的移动电话出租服务，价格各公司不同。

SK（第2候机厅）

☎666－4055

金浦机场站内的国内线登机手续

出地铁金浦机场站的检票口的中央大厅内，有国内线办理登记手续柜台。但是不能存行李。

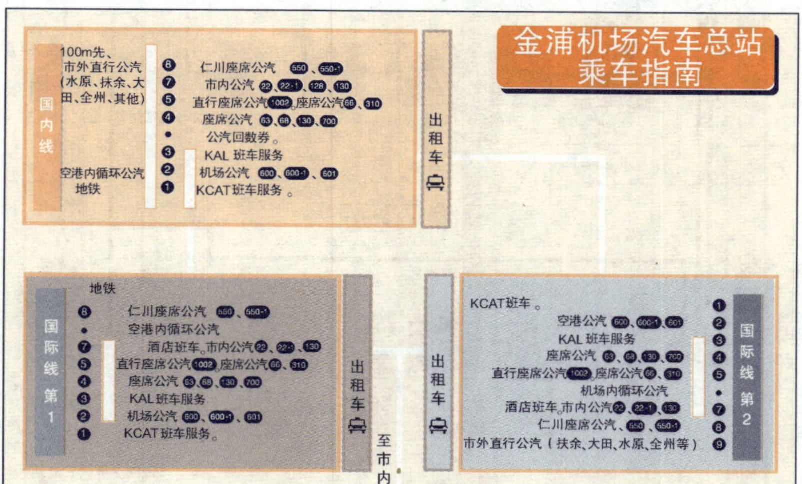

地铁票价:₩600

地　铁

地铁标志

在候机厅前的地下金浦机场站，可以乘坐地铁5号线。去市政厅或明洞，需要在中途换车，但不受道路拥堵的影响。不明韩语也容易乘坐。金浦机场站与各候机厅之间，有地下道及步行道相连。

机场巴士
票价:₩1300
无人售票,上车时付车费。
所需时间:40～50分钟
发车:7～8分间隔
运行时间:5:40～22:00

机场巴士

虽说是机场巴士，但不仅是去机场的人用，在中途的停留站，一般的乘客也可以上下。所以，也可认为这是一般的路线巴士。

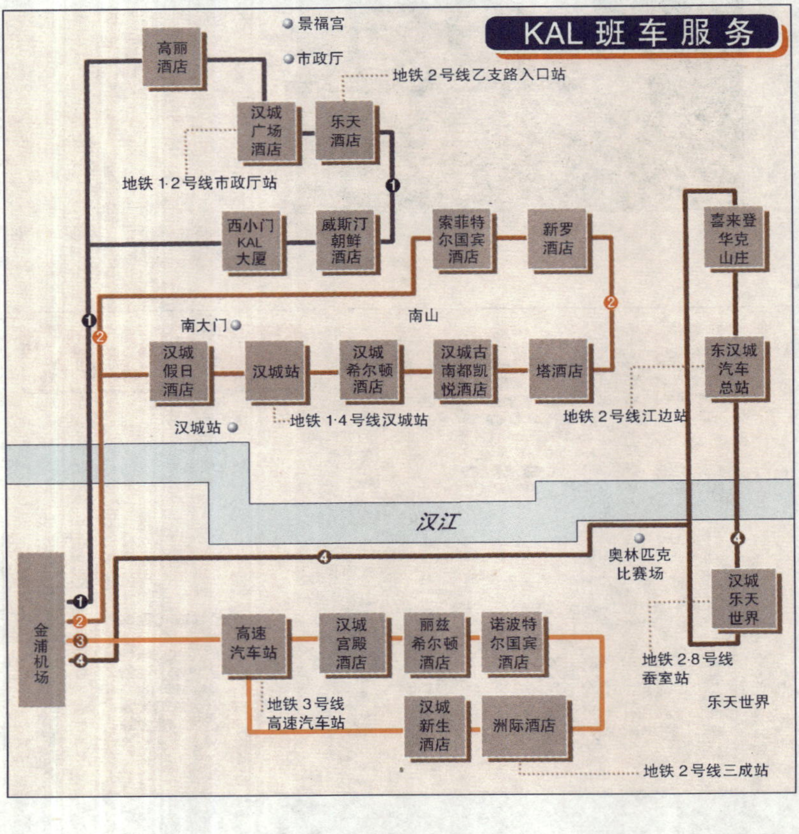

该机场巴士系统分成600、601-1、601三条。想便宜地去市中心乘601，在汉城站下一站的南大门下车，就可以步行到市政厅前。再下一站的钟路1街距离韩国观光公社的观光指南展示馆很近。同样是601，从市内返回机场时，在高丽饭店前德寿宫正门的大汉门前的车站乘坐最容易识别。

一般客人也乘坐的机场巴士

汉城信息集萃

旅游咨询处

韩国观光公社（KNTO），为外国旅行者免费提供旅游指南。在主要旅游景点也都设有咨询处，有懂日语和英语的咨询员热情地讲解去旅游景点的路线。提供咨询时间为，平日9:00~18:00，周日9:00~13:00。此外，还可以拨打无市外局番号的全国通用电话1588－1717，就可以接通最近的旅游咨询处，提供必要的信息。

其中，咨询内容最充分的是金浦国际机场咨询中心（☎665－0088），汉城市政厅工会2层的汉城市综合观光咨询中心（☎735－8688），位于钟阁的观光指南展示馆（☎757－0086）等处。这些咨询处都为游客提供各种各样的方便。可以为游客提供介绍旅馆、饭店、国内旅游点的导游册，前往方法指南以及城市游览的最佳伙伴——地图。

特别是地铁1号线钟阁站下车，韩国观光公社大厦地下1层（1层为新韩银行）的观光指南展示馆内，同时还设有大韩旅行社的柜台，经营火车票预订等。年中无休。

观光指南所的ⓘ是其标志

派出所内的旅游指南

观光公社与警察合作，在外国人经常访问的地区的派出所，为游客提供旅游指南服务。当然，这些并不是派出所的本来业务，但是这里提供旅游指南的小册子、地图等资料，以及管辖区内的旅馆、餐馆等信息，它比普通的旅游咨询处更方便之处就是在发生纠纷情况时，可以迅速解决。现在，南大门、梨泰院、光化门、钟路、明洞等地的派出所正试验性地进行这种服务，如果有什么困难不妨前往咨询。入口处贴着的？是其标志。

派出所提供旅游指南的标志

免费宣传页

在酒店或旅游指南处，常有报纸形式的旅游宣传页。《今日韩国》《韩国观光周刊》《高丽宽景》等均免费提供。周刊种类很多，对游客获取各种信息很重要。

免费宣传页都登载最新信息

主要车站如下

600 机场—高速公汽总站—米那尔—贸易中心—蚕室—乐天世界

601-1 机场—广场酒店—高速公汽总站

601 机场—新村—汉城站—南大门—钟路1街—东大门

座席公汽

是市内公汽的一种，停车站较少。有几条快速座席公汽通往机场。

连接机场与市内的路线是63和68路2条。63经由光化门，前往市政厅。68经延世大学，绕汉城站、市政厅，终点在米特罗前。汽车的前窗与车门附近，用韩文和英文写着前行方向，用来与其他汽车路线相区别。

机场班车

机场班车，将机场与江南地区的城市内机场港无停靠地连接起来，前往江南的贸易中心、奥林匹克博物馆很方便。

该市内机场港可以接受办理飞机出发前2个半小时的登机手续及出境检查。

出租车

前往目的地，最准确最简单的方法就是乘出租车。但对外国人，出租车也有不打表、多向客人收钱的情况。上车之后，重要的是确认是否将计价器按下。因英语等几乎不通，所以要牢牢记准前往目的地的韩语发音。

在出租车站等车时，会有人上来拉客，很热情，但价格是一般价格的3～4倍，注意不要迷迷糊糊地上当。

前往地方城市的机场巴士

有的机场巴士也前往京畿道、忠清南·北道、全罗北道等一些地方城市。路线较多，游客使用方便的还是前往水原、扶余、大田、全州方向的班车。

座席巴士：
票价：₩1100
所需时间：40～50分钟
无人停售，需上车时付车费。
63市政厅↔机场
68 Metro Midopa↔机场

前往江南方向机场班车最方便

机场班车
票价：₩5000
乘车前购票
所需时间：约60分钟
发车：10分钟间隔
运行时间：7:00～22:15（机场发）
5:45～20:50（市内发）

乘出租车到市中心
中型出租车
票价：约₩18000模范出租车
票价：约₩3000。

出租车站指示牌

出国内线候机厅，向左约100米左右的⑨号站台是该线路的专用乘车场。

前往地方城市的巴士乘车场

从汉城到地方的交通

铁　路

连接主要城市、又为大多数人所利用的安全又准时的交通工具还是铁路。铁路，整体的气氛与中国相似，第一次乘坐也不会感到困难。但是，周末及春节、中秋等旅游季节，则非常拥挤，最好是提前买好车票。汉城市内，根据发车方向分汉城火车站、清凉里火车站等2个始发站。利用汉城火车站的占绝大多数。

汉城站　见折页汉城地图·2-D

除江原道及庆尚北道的一部分外，所有方向的列车均在此进出，是汉城最大的火车站。火车站用红砖建成。

车站的内部布局，需要穿过红砖的通道，上台阶，也就是铁路线位于横跨东西建筑的2层。从这一层下各个站台的楼梯的入口处，有前往不同方向的检票口，检票口之间是一大排售票处，售票窗口也与检票口相对应。该售票口也可以预售车票。

检票口的相反一侧，有很多的小卖店、餐馆，出发前用

汉城站

机场巴士

水原方向巴士

发车:20分钟间隔

运行时间:6:50～22:30

扶余方向巴士（经天安公州）

发车:120分钟间隔

运行时间:7:30～20:00

大田方向巴士

发车:60～90分钟间隔

运行时间:8:00～19:00

全州方向巴士（经63大厦）

发车:60分钟间隔

运行时间:7:00～21:00

汉城站

▶地铁1、4号线汉城站下车

서울역

新村号列车

出发抵达通告用罗马字标示

汉城站综合咨询处
☎392-7811

餐很方便。大厅中央的圆形咨询台，有英、日语的信息咨询。穿过中央大厅来到西侧，就是被叫做西站的汉城站的西部出口。汉城站大楼的地下，还有桑拿、浴池等，长时间旅行疲劳的话也可在此放松一下。

列车到达汉城站时，要穿过地下大厅，从抵达专用出口出来。该出口面对站前广场，向左能看见红色的车站大楼。地铁则可利用正面大马路下的1、4号线。

清凉里站
청량리역
▶地铁1号线清凉里站下车

清凉里站

地图见 P79 · 3-A

前往江原道及庆尚北道的一部分列车，京春线、岭东线、中央线列车在此站发抵。该站没有像汉城站那样的大楼设施，但与汉城站一样，站前广场的地下有地铁可以乘坐。

高速汽车

韩国的高速汽车，只要有高速公路的全国任何一个地

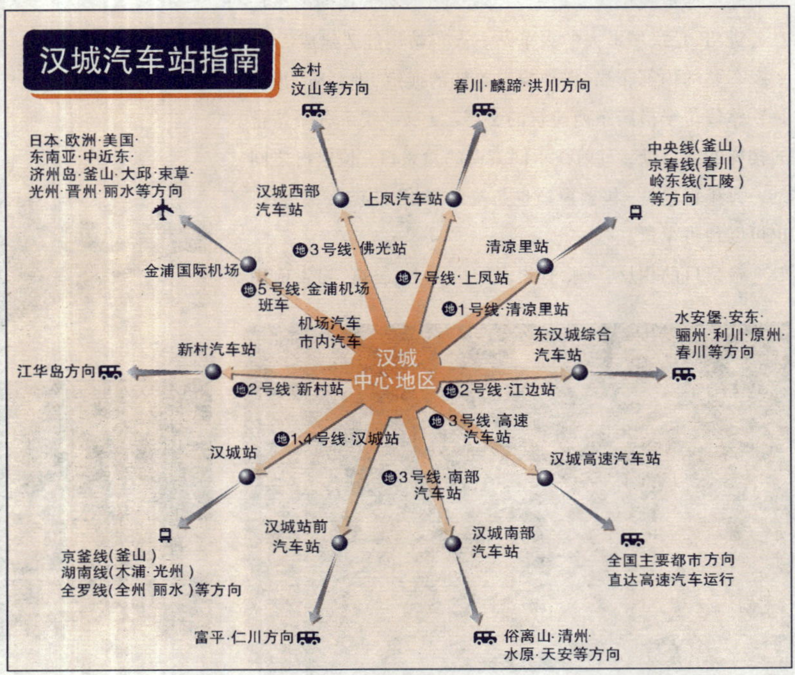

方都有它的身影。清晨从汽车总站出发，中午时分便可以抵达地方的主要城市，无论是多么小的小镇，换乘当地的公汽，傍晚就可抵达。

汉城市内的高速汽车站，分汉城高速汽车站及东汉城综合汽车站2处。前者，位于距离京釜高速公路入口很近的江南地区，后者位于前往中部高速公路途中的汉城市东部。一般提起高速汽车站，则是指汉城高速汽车站。

巴士车场。不要搞错自己乘坐的巴士

汉城高速汽车站

地图见 P80・2-C

它分成金字塔形状的漂亮的京釜线汽车站及古老的岭东湖南线汽车站2个建筑。

京釜线汽车站，顾名思义就是走京釜高速公路的高速汽车。它是前往大田、大邱、庆州、釜山方向的主干线。

岭东—湖南线汽车站，是从京釜高速公路中途转向，沿岭东高速公路与湖南高速公路方向的汽车站。岭东地区指江原道、湖南地区指全罗道。岭东线的利川、江陵、束草，湖南线的全州、光州、木浦等为主线。

汽车站内，根据目的地划分售票处。要事先看说明图及英文标记寻找售票处。不同的路线，有高速汽车与优等

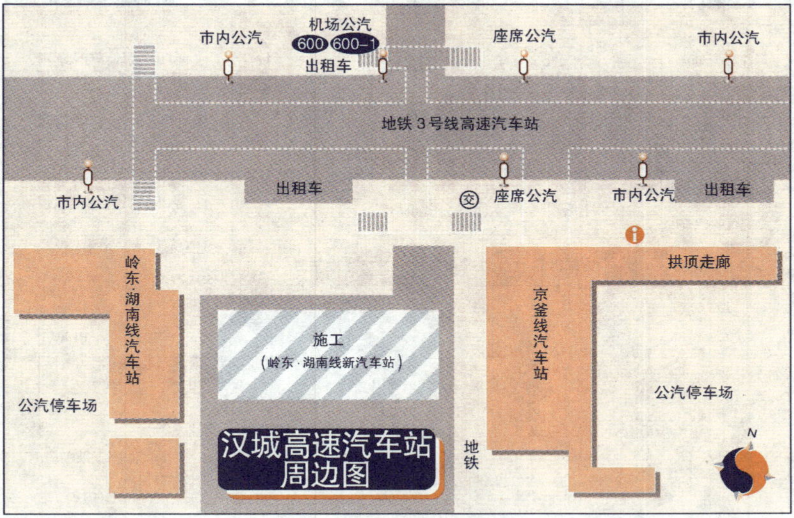

汽车停车场停满了汽车

优等高速汽车

高速汽车 2 种车票。优等高速汽车，是有三排座的豪华高速汽车，是普通高速汽车票价的 1.5 倍，检票口为红色。

两个汽车站之间，有地铁 3 号线高速汽车站。如果是京釜线汽车站，可以从大楼的地下直接前往车站。

汉城高速汽车站

汉城高速汽车站

서울고속버스터미널

▶地铁 3 号线高速汽车站下车

▶市内公汽

金浦机场 600、600-1 新世界百货 136、710。光化门、市厅 41 座席、46 座席。

观光咨询所

汉城高速汽车站前

☎537－9198

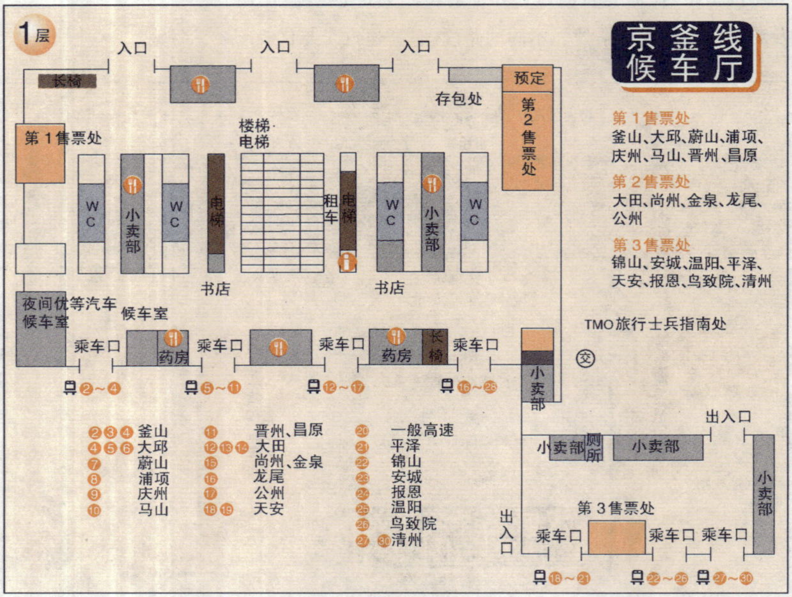

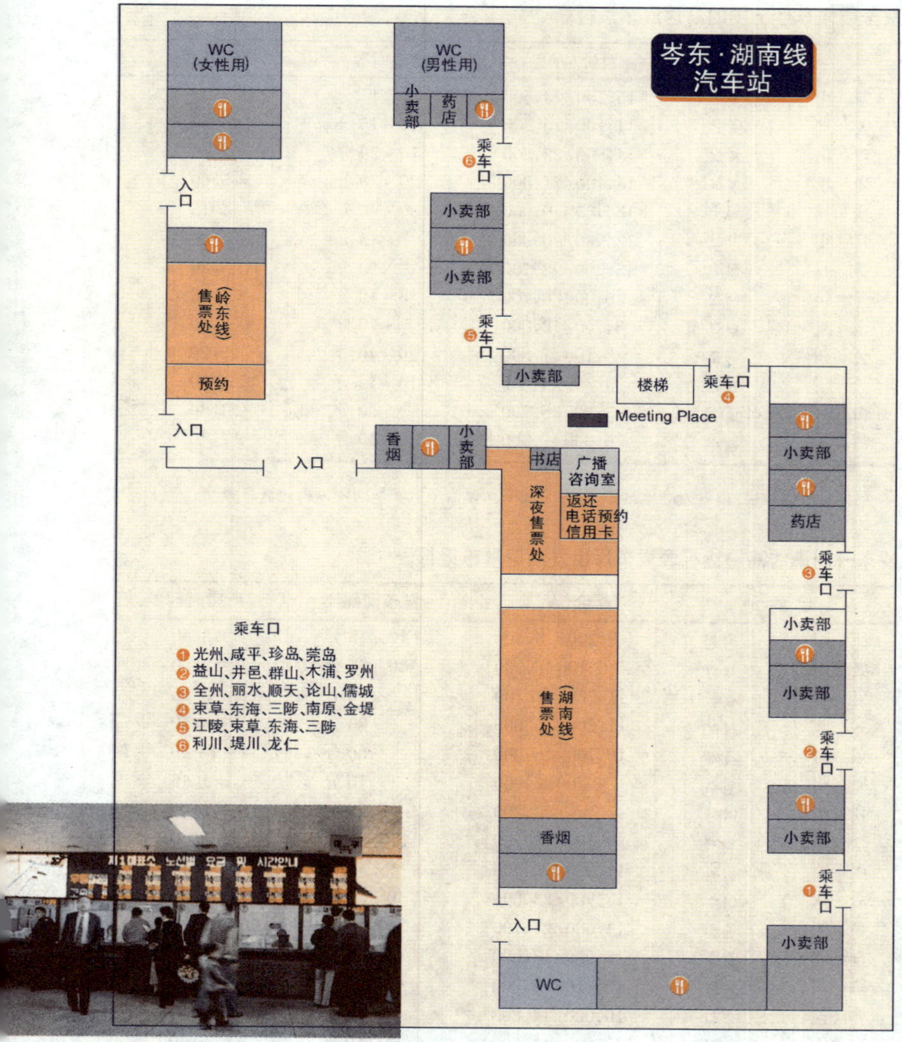
岑东·湖南线
汽车站
WC (女性用)
WC (男性用)
小卖部
药店
乘车口 ⑥
入口
小卖部
小卖部
售票处 (岭东线)
预约
乘车口 ⑤
小卖部
楼梯
乘车口 ④
Meeting Place
入口
香烟
小卖部
入口
书店
广播咨询室
返还
电话预约
信用卡
深夜售票处
小卖部
药店
乘车口 ③
小卖部
小卖部
售票处 (湖南线)
乘车口 ②
小卖部
香烟
乘车口 ①
入口
小卖部
WC
乘车口
① 光州、咸平、珍岛、莞岛
② 益山、井邑、群山、木浦、罗州
③ 全州、丽水、顺天、论山、儒城
④ 束草、东海、三陟、南原、金堤
⑤ 江陵、束草、东海、三陟
⑥ 利川、堤川、龙仁

车站售票处

京釜线候车厅出发的高速汽车运行表

目的地		票价(₩)	发车间隔	所需时间
釜　山	부산	15,700/23,400	15分	5:20
大　邱	대구	11,100/16,400	10~15分	3:50
蔚　山	울산	14,900/22,200	10~20分	5:00
浦　项	포항	14,100/21,000	20~30分	5:00
庆　州	경주	13,400/19,900	30~40分	4:15
马　山	마산	13,900/20,800	15分	5:00
晋　州	진주	15,300/22,700	20分	5:30
大　田	대전	6,000/8,700	5~10分	1:50
金　泉	김천	8,700/12,800	70分	3:00
公　州	공주	5,100/7,500	30~40分	2:20
天　安	천안	3,300/4,800	10~15分	1:00
牙山(温阳)	아산(온양)	3,900/5,700	30分	1:30
清　州	청주	5,000/7,300	5~10分	1:40

※票价栏内的数字,前者为高速汽车,后者为优等高速汽车。发车间隔以高速汽车为准。

岭东—湖南线高速运行表候车厅出发高速汽车运行表

目的地		票价(₩)	发车间隔	所需时间
江　陵	강릉	9,200/13,500	10~15分	3:50
堤　川	제천	6,100/8,900	30~50分	2:50
束　草	속초	11,700/17,300	30分	5:15
三　陟	삼척	11,200/16,600	90分	4:50
东　海	동해	10,700/15,800	60分	4~30
原　州	원주	4,700/6,900	10分	1:45
利　川	이천	2,800	20分	1:05
金　堤	김제	9,300/13,700	50~60分	3:10
南　原	남원	11,000/16,300	40分	4:10
丽　水	여수	15,900/23,800	40~60分	5:50
顺　天	순천	14,600/21,700	30~40分	5:20
全　州	전주	8,900/13,000	5~10分	2:50
儒　城	유성	6,100/8,800	30分	2:00
井　邑	정읍	10,000/14,800	20分	3:20
论　山	논산	7,900/11,600	20~40分	2:40
益　山	익산	8,700/12,800	20分	2:50
群　山	군산	9,500/14,000	20分	3:20
木　浦	목포	14,100/20,900	80~90分	5:20
荣山浦	영산포	12,600/18,700	60~70分	4:40
光　浦	광주	11,900/17,700	5分	3:55

※票价栏内的数字,前者为高速汽车,后者为优等高速汽车。发车间隔以高速汽车为准。

东汉城综合汽车站出发的高速汽车运行表

目的地		票价(₩)	发车间隔	所需时间
光　州	광주	12,300/18,200	20～40分	3:55
东光阳	동광양	15,800/23,600	60～120分	5:10
全　州	전주	9,300/13,800	40分	2:50
束　草	속초	11,700/17,300	90分	4:55
东　海	동해	10,700/15,800	150分	4:10
三　陟	삼척	11,200/16,600	150分	4:30
江　陵	강릉	9,200/13,500	30～60分	3:30
釜　山	부산	16,100/24,000	60分	5:20
大　邱	대구	11,600/17,100	30分	3:50
大　田	대전	6,500/9,500	20分	1:50
清　州	청주	5,300/7,800	20分	1:40

※前往束草、江陵、清州方向，也有从1层出发的市外汽车。束草方向的高速、市外汽车站相距很远，乘车前要确认清楚。

票价前栏内的数字，前者为高速汽车，后者为优等高速汽车。发车间隔以高速汽车为准。

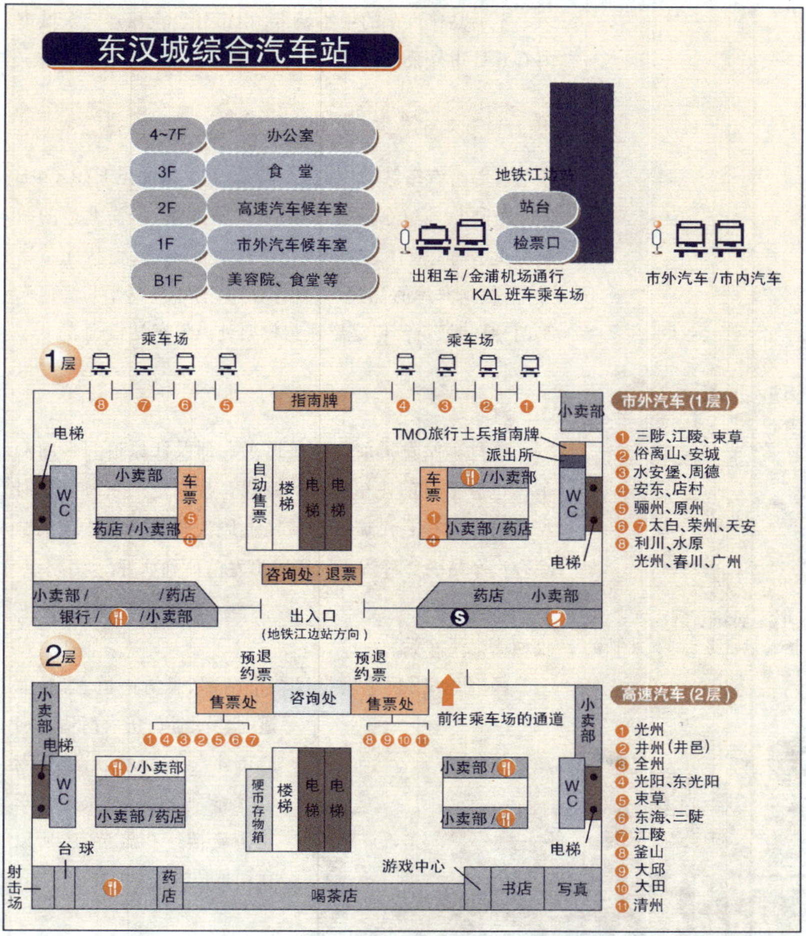

东汉城综合汽车站

东汉城综合汽车站　　　　地图见 P79・4-B

位于汉城市东部，地铁 2 号线江边站前的比较新的汽车站，距离乐天世界及喜来登华克山庄很近。该汽车站，是兼做高速及市外汽车两条线路的汽车站。高速汽车位于 2 层，市外汽车位于 1 层。

这里进出站的高速汽车与江南地区的高速汽车相比较，车辆及线路均不是很多。但长途市外汽车却有很高的利用价值。

东汉城综合汽车站
동서울종합버스터미널
▶地铁 2 号线江边站下车
▶KAL 班车服务从金浦机场路线中

市外公汽

不通高速汽车的中小城市，由市外公汽相连。汉城市内有 6 处市外公汽车站，分别前往不同方向。

大规模的汽车站

东汉城综合汽车站　　　　地图见 P79・4-B

前往京畿道东南与江原道、忠清北道、庆尚北道的线路在此发车。前往水安堡、安东方向的路线，也从此站出发。前往东海岸的江陵、束草等方向，有市外汽车与高速汽车两种同时运行。但是要注意售票处离发车站很远。

上凤汽车站

该汽车站发抵前往京畿道东北部及江原道一带的汽车，也有很多前往东海岸的路线。特别是从东海岸返回汉城时，同样是汉城，有前往上凤汽车站和前往东汉城综合汽车站的 2 种汽车，所以出发前要确认好。

上凤汽车站
상봉버스터미널
▶地铁 7 号线上凤站下车

汉城南部汽车站

顾名思义，这里发抵汉城市南部、忠清南道、忠精北道、全罗北道、庆尚南道方向的市外汽车。前往扶余、俗离山、统营等的路线，高速汽车几乎囊括这些旅游点，所以利用价值很高。

汉城南部汽车站
서울남부터미널
▶地铁 3 号线南部汽车站下车

汉城南部汽车站

汉城始发主要市外汽车运行表

车站	目的地		票价(₩)	发车间隔	所需时间
东汉城综合	水安堡	수안보	8,400	60分	2:30
	安　东	안동	16,700	30分	4:00
	骊　州	여주	3,300/4,900	60分	1:20
	利　川	이천	2,800/4,000	60分	1:00
	原　州	원주	4,700/6,800	15分	1:30
	堤　川	제천	7,300	20分	2:30
	太　白	태백	14,100	50分	4:20
	春　川	춘천	5,400	20分	1:40
	龙　仁	용인	2,300	30分	1:00
上凤	春　川	춘천	5,200	20分	1:30
	麟　蹄	인제	10,100	120分	3:30
	洪　川	홍천	6,400	1日8班	2:10
汉城南部	唐　津	당진	7,300	40分	2:30
	天　安	천안	3,300	10分	1:00
	公　州	공주	5,100	20分	2:20
	扶　余	부여	8,600	40分	3:00
	俗离山	속리산	9,400	1日9班	3:40
	清　州	청주	5,000	40分	1:30
	论　山	논산	7,900	1日13班	3:20
	水　原	수원	1,700	30分	0:50
汉城西部	汶　山	문산	1,000	5分	1:15
新村	江　华	강화	3,300	10分	1:10
汉城站前	富　平	부평	1,800	8分	1:00
	仁　川	인천	2,600	15分	1:20

小规模不同方向的汽车站

汉城西部汽车站

地图见 P78・1－A

也叫做佛光洞汽车站。发抵前往汉城市西北部的市外汽车。前往鳌头山统一展望台，需从这里乘市外汽车，前往金村方向。

新村汽车站

地图见 P78・1－B

前往江华岛方向的市外公汽的始发站。

汉城站前汽车站

地图见 P78・2－B

经京仁高速公路，前往江川方向的汽车站。

汉城西部汽车站

서울서부터미널

▶地铁3号线佛光站下车。

新村汽车站

신촌터미널

▶地铁2号线新村站下车。

汉城站前汽车站

서울역전터미널

▶国铁、地铁1、4号线汉城站下车。

背对红砖火车站大楼左侧。

品尝韩国烧酒与啤酒

从酒的消费量来看，比起烧酒，韩国人还是喜欢啤酒

韩国人好酒。韩国人喝什么样的酒，喝到什么程度呢？据国税厅的调查显示，韩国国民每人平均年消费量按瓶数计算如下①啤酒77瓶（500毫升标准），②烧酒48瓶（360毫升标准），③威士忌0.7瓶（700毫升标准）。

啤酒的消费量最多。韩国有东洋啤酒（股）、朝鲜啤酒（股）、真露库兹啤酒（股）三家碑酒公司。迄今为止，在啤酒市场上东洋啤酒的名牌“OB啤酒”事实上占据垄断地位。但这种状态自1993年开始发生了变化。

啤酒界进入战国时代，OB、海特、卡斯三足鼎立

首先是拥有名牌“皇冠啤酒”的朝鲜啤酒（股）公司的新产品“海特啤酒”，于1993年一上市便爆炸似地流行起来。该啤酒打着“用地下150米处的100%的岩石中的水制作的啤酒”的口号，引来大量的消费者接受了其口味。

同时，在海外以烧酒著称的真露（股）公司与美国库兹公司进行技术合作，成立真露库兹啤酒（股），于1994年6月开始销售“卡斯啤酒”。以“男人的啤酒”做形象，针对年轻人展开销售攻势。

由于竞争对手公司新产品的大流行及新啤酒公司的出现，“OB啤酒”虽然有一些很固定的消费者群，但其市场占有率也从1993年的69.6%迅速下降到1996年的40.5%。相反，原来市场占有率仅为2成的（股）朝鲜啤酒市场占有率则迅速提高到41.5%，超过东洋啤酒，占第一位。作为后来者的真露库兹啤酒，也稳占了18%的占有率。各公司为提高自身的市场份额，展开了精彩的宣传促销战。

高级烧酒陆续登场，口味从甜到辣

另外，在韩国，烧酒的人气程度也非常之高。很多人认为吃韩国菜喝烧酒最合适不过。“去喝一杯吧！”说这话的时候，即使是在啤酒屋，也往往是指“喝一杯烧酒吧！”烧酒成了酒的代名词。

因此，虽说烧酒很古老，但围绕着烧酒

一起干杯

很多种类的啤酒

市场从1996年左右开始，又呈现了新情况——为争夺市场份额而进行的高层次竞争不断激烈。

对于占绝对优势的真露公司（股）的“真露”酒，对手公司的斗山镜月（股）开发出用绿瓶子装的新产品“绿烧酒”。从1993年就开始研制的“绿烧酒”夺取了“真露”占绝对优势的一部分市场份额。

进入1996年，烧酒市场开始出现高档化倾向。位于全罗南道木浦市的宝海（股）公司，于1996年3月，向市场推出“金诗家”高级烧酒。“金诗家”是李氏朝鲜时期著名吟游诗人金炳渊（1807－1863）的俗称，相当于我国的诗仙李白。说到烧酒，人们有一种便宜、平民化的感觉，但盛入黑瓶子内，加上蜂蜜，醇香浓郁，给国民带来很大冲击，迅速流行。因而，作为地方烧酒公司的宝海（股）的1996年上半年的全国市场份额，即达到了11.5%。

“金诗家”的成功并没有使真露（股）与斗山镜月（股）保持沉默。真露开发出了圆瓶装的“清爽的烧酒”，斗山镜月（股）则推出了“青山里碧溪水”等高级烧酒。高级烧酒出现了“金诗家”、“圆瓶清爽烧酒”、“青山里碧溪水”三足鼎立的局面，迄今为止“圆瓶清爽烧酒”还是卖得最好。不愧是传统的真露，1997年1月，它占据了48%的市场份额。

从左：青山里碧溪水、金诗家、隔一个、圆瓶清爽烧酒

绿烧酒与真露

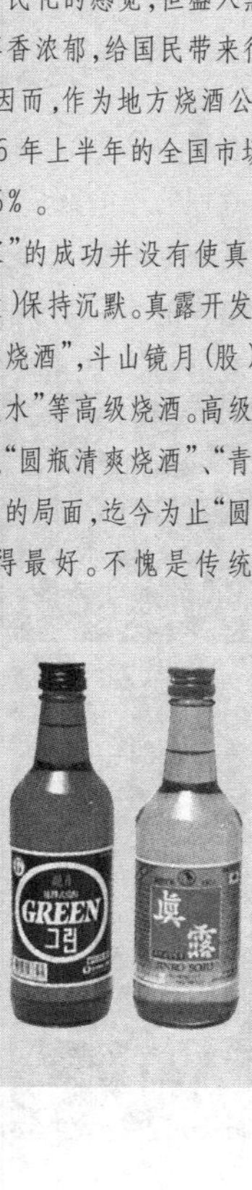

品尝各地特色烧酒，体验旅行之乐

韩国有一个规定，即在各地，总公司在本道的公司制作的烧酒必须占据50%的市场份额。如前所介绍的斗山镜月（股）位于江原道，宝海（股）位于全罗南道，但其烧酒也销往全国。釜山的“鲜烧酒”，庆尚南道的“白烧酒”，庆尚北道的“琴福酒”，全罗北道的“宝杯”，等均很有名。

此外，酒类里还有10年前占酒的总消费量的半数的米酒这种廉价大众酒，庆州（庆尚北道）的“庆州法酒”，安东（庆尚北道）的“安东烧酒”，汉城的“梦杯酒”等高级传统民俗酒。

古代流传下来的米酒，令人难以割舍

乘坐超特急“赛马吾尔”号横穿汉城～釜山列车之旅

440公里，4小时

韩国超特急“赛马吾尔”号
也称做“新村号”列车
从首都汉城直达港口城市釜山
一气横贯韩国南方的列车之旅，
令您尽情欣赏车窗外富于变化的自然景观
深刻体验韩国国铁引以为豪的服务。

从古典的红砖结构的汉城站开始“赛马吾尔”号之旅

从汉城市中心街贯穿市政厅、南大门向南走，前方见到的红砖结构的古典式的建筑就是汉城火车站。穿过高天棚的拱型大厅，上台阶来到2层候车厅，与建筑正面沉稳的构造相比，这里却相当热闹，有检票口、摊床、餐馆等等。

位于中央大厅的窗口，根据目的地方向、列车的种类分不同的柜台。我们要坐的就是大厅中央附近的新村号专用窗口。这里只讲韩语，不懂语言的话，要事先将必要内容写在纸上，递过去购买车票。

位于大厅中央的新村号专用窗口

新村号之旅从汉城站开始

每一个站台前都有检票口，提前 15 分钟左右开始检票

列车渡过汉江，63 大厦在右手

汉城～釜山

站在汉城站站台的女列车员

坐在舒适的躺椅上，尽享 4 个小时的列车之旅

卖票口旁的各个站台均有检票口，发车前15分钟左右开始检票。女列车员指导着乘客到指定的车厢。该列车还有餐车、软座车厢，编组车辆很长。注意不要误了发车时间。

在您落座豪华的车内不久，列车便发车了。开始了从首都汉城到港口城市釜山 440 公里、4 个小时的旅程。过了汉江铁桥，看到右手的位于汝矣岛的 63 大厦后，列车便开始加速，乘客们开始进入各自的沉思之中，或者开始聊起天来。

新村号列车比其他列车价格要贵，车内非常的沉稳。特别是座椅非常豪华，让人高兴。虽说是普通车，但很宽敞，所以才能看到很多人躺在躺椅上开始瞌睡。

欣赏田园风光品尝天安特产——核桃点心

列车过了京畿道的道厅所在地水原之后，车窗外开始呈现出悠闲的田园风光，不久又走过了天安。

坐在舒适的列车上欣赏窗外的田园风光

过了大田，列车开始穿山运行

车内售货的小推车

天安特产核桃点心

天安的特产是“核桃点心”，于是一到天安，车厢内便出现卖“天安核桃点心”的。实际上它与旅行目的地毫无任何关系，但购买的乘客却相当多。所到之处，人们都会将本地的名称作为旅游特产的代名词，很有意思。

车厢内有手推车，运送从餐车送来的盒饭、食物、饮料，很方便。

不久列车便抵达庆尚道与全罗道的交界处的交通要道——大田。

忽左忽右的秋风岭，让列车开始了曲线运行

列车过了大田，便来到了横在忠清道与庆尚道之间的真正的山区。

列车运行的最大的困难之处，

最难走之处——秋风岭

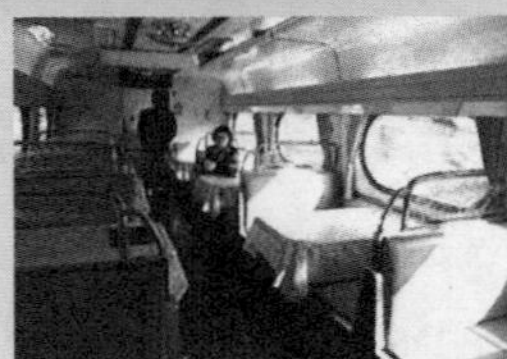

餐车隶属于汉城广场酒店系列，有好评

就是穿越叫做秋风岭的这个分水岭地区。这里交织着隧道、桥梁，忽左忽右。不过，到底是以高速著称的“新村号”，列车在这种复杂的地形条件下，仍以极快的速度划着曲线，瞬间便穿山而过。这时，配合着前后美丽的景色，餐车也开始送饭来了。

新村号的餐厅，以兼做厨房用的配膳柜台为中心，前后放置餐桌，很整洁。餐车由汉城广场酒店经营，很受好评。

从车窗向外极目远眺，山谷的盆地之中开始出现一些高楼，这就要到了沿线最大的内陆城市——以苹果与美女而著称的著名的大邱市了。

沿着洛东江雄伟的河流，终点站釜山近在眼前

列车沿雄大的洛东江而行

出了东大邱，过了庆山，又是一片山区。这一地区连一直平行运行的高速公路线也不知去向，车窗外是更加悠闲的农村景象。

我买了一盒车内的盒饭，只有一种，餐车准备的米饭还很热，配有纯韩国味的泡菜，还有矿泉水。

不久，车窗的右面出现了宽阔缓缓流动的蛇行的河流。这是韩国最长（北方除外）的大河——洛东江。列车朝向釜山，沿着平原飞速行进。

接近釜山市区，窗外的悠闲的田园风光为之一变，数不清的建筑物顿时出现在眼前。平地很少的釜山市区，住宅紧贴着山的斜面而建。列车开始减速，抵达终点釜山。下了渡桥，出检票口，前面就是繁华的釜山街道。

过了东大邱，再现出田园风光

车内销售的盒饭

接近釜山

抵达釜山站

普通公汽车站

汉城市内交通

市内公汽

虽说地铁很普及，但公汽仍然是汉城市民重要的交通工具。

从游客的眼中来看，汉城市内的公汽是

公汽车身每年都换新彩

①车辆多，几乎要堵塞道路，路线复杂。
②速度快，增减速太猛。
③令人恐惧的没有指示的车站牌及设施。

所以乘车的时候，大多时候要稍微当心一点。但是，一旦掌握了乘车方法，就会感到价格便宜，有的地方比地铁还方便，再没有比公汽更方便的交通工具了。

车身上标示着主要的经停站

市内公汽根据票价的高低依次为：小公共、一般公汽、座席公汽、直达座席公汽4种，每一种车辆大小及颜色都不同。

小公共汽车，运行于住宅区与最近的车站之间，路线被限定，游客乘坐的机会很少。

票价虽贵但乘坐舒适的座席公汽

一般公汽，也就是市内公汽。从数量上来说，这种类型的公汽最多，是市内交通的主要力量。票价，汉城市内均一票价₩500。乘车时需用现金支付，车内不找零。

座席公汽，是双人座的空调车。分为车前部只有一个上下车门的车型与像一般公汽一样中央有一个下车门的车型两种。它比一般公汽停车站要少，起着快车的作用，票价₩1000。一般公汽与座席公汽的路线号码有二者完全相同的与二者全无关系的两种。如果不确认好的话，以为是同样路线的番号，却给带到了意想不到的地方。

直行座席公汽，是座席公汽的高级品种，车内有公用电话、电视。途中几乎所有的车站都不停车，不以市内的短距离移动为主。票价：₩1100。对于频繁使用公汽的人及长期停留者，还是向您推荐巴士卡。分₩10000及₩20000的卡，乘车时不需另付费，很方便。一般公汽、座席公汽内的几乎所有车辆，都安置有卡片识读机。

面向初到者的市内公汽乘坐讲座

1. 确认路线番号

确认几路车前往要去的目的地，是先决条件。不懂韩语的人，可以在附近的小卖店购买公汽运行图查找，或者在车站的站牌处查询方向显示机（按一下前往的目的地按钮，便有车路线番号显示出来）。如果不懂韩语就只能用英语以笔谈的方式向路人询问。这时，如果带着用韩文书写的笔记本的话就会很方便。

方向显示机

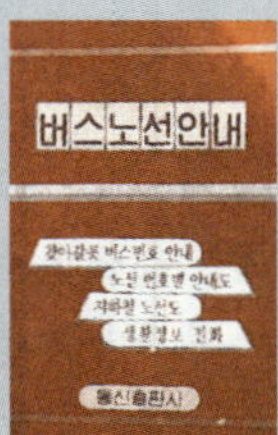

使用公汽路线指南乘坐公汽

2. 向公汽车冲刺

了解了汽车番号，也不能算完事大吉。因为，公汽有时一次来几辆，汽车站也是指一个范围，停车位置有时离得很远。而且，公共汽车绝对不等乘客。如果公汽来了，而你发现晚了，那就只能被甩下。所以应向汉城市民学习，汽车来了先冲上去。

3. 坐到目的地

在车内要抓紧扶手。有时公共汽车的晃动很剧烈，韩国人习惯于坐着的人给站着的人拿东西。如果有人向您的行李伸过手来，对汉城市民的这种热情你要大方地接受。下车前要按一下铃，如果是第一次去的目的地，可以把上车时用韩文写的笔记给周围人看一看，以请求帮助。

不要感觉向别人询问不好意思，即使汉城本地人，去不知道的地方也向附近的人寻问，因此，千万不要在意。

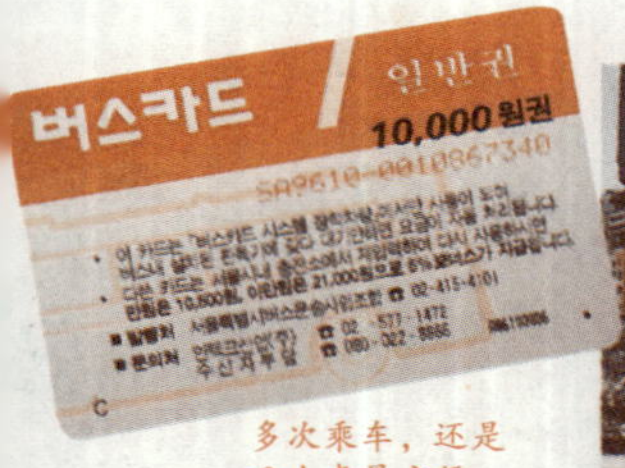

多次乘车，还是
巴士卡最方便

车站附近的小卖店可以购买巴士卡

使用的方法是，乘车时，将巴士卡在收钱箱旁边的卡片识读机内刷一下即可。票价刷得正确的话，圆灯就会闪亮。该巴士卡，可以在主要公汽停车站附近的亭子式小卖店购买。如果是金浦机场，可在国内线候机厅前的公汽站购买。

地　铁

地铁路线图
参照折页汉城地铁线路图

汉城的地铁，不同路线使用不同颜色，站内的指南显示连外国人也很容易看懂，哪怕是第一次乘坐也很方便。如果学会充分利用地铁的话，凭着自己的一双脚，市内的几乎所有景点都可以走遍。

汉城地铁 1～5 号线纵横市区，7、8 号线则直通郊外，总计共 7 条线路运营。此外，地铁还与首都圈内的电车相通，一张票就可以全部乘坐。

地铁运价起价₩500。汉城市内采用区域制。乘车时要看不同站的运价表确认运价。从市中心到大多数的目的地用最低运价都可以抵达，并不复杂。

车站内标有通过番号，最好事先确认下来。但并不是地铁全站的通过番号，要注意它仅表示该线路的第几站的意思。为保证万无一失，最好是牢固确认什么颜色的几号线的第几站。

车站内全面禁烟。早晚高峰时非常拥挤。为减轻这种号称“通勤地狱”的地铁拥挤状况，1 号线的最前部与最后部车厢为女性专用车厢，车厢上贴有显著的大标志。

地铁列车全部是站站停车，方向几乎都是到达路线的终点。只有 1 号线和 5 号线由于路线的关系，有多个终点。另外，2 号线是环绕市内的环城线的主干线，中途分出的支线由其他电车运行。

地铁站标志

为外国人准备的 地铁彻底乘坐术

下地铁3号线的电梯，就像前往洞窟深处一般。这里的天棚并不仅仅出于设计的考虑，还起到坚固的作用。3号线的所有站台，都有一种地层深处般的感觉。

地铁涵盖了主要的旅游景点。如果坐习惯了的话，将会是一个简单而方便的交通工具，因为现在还没有一份这样详细的地铁资料，所以有很多人对坐地铁感到畏惧。人们经常会有不懂韩文、看不懂标志等一些疑问。

这些令游客不安的问题，《走遍全球》全部为您解决。韩国地铁的内部构造，出于军事上的考虑是禁止拍照的，但我们获得了汉城特别市地铁公社的特别许可，得以拍照。

汉城地铁站中最复杂的是忠武路站，我们以该站为背景，用照片对地铁从购票到检票、换乘、站内情况等，进行说明。了解了这些内容就不会再畏惧坐地铁，地铁也肯定会成为您逛街的良好伙伴。

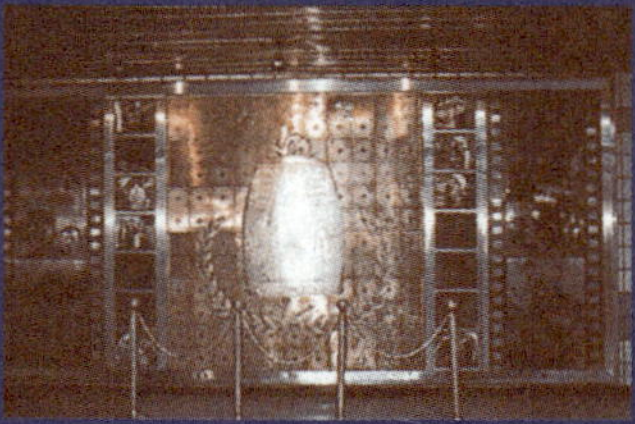

象征忠武路站的钟

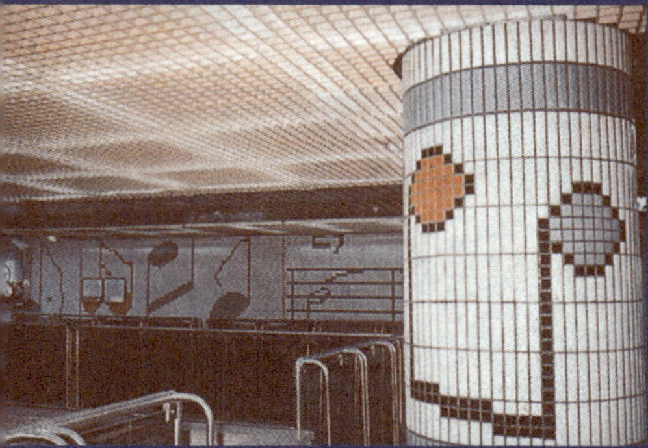

每个车站都施以特别的装饰，忠武路采用音符

入口

首先寻找地铁入口，黄色的标志 S，是 Subway（地铁）的缩写。

墙壁上的线，是该站地铁路线的颜色标志，本图片是3号线（橙色）与4号线（绿色）。

换乘

3 号线（橙色）换乘 4 号线（绿色）。

寻找乘坐路线的太极标志的显示板，沿箭头方向走。

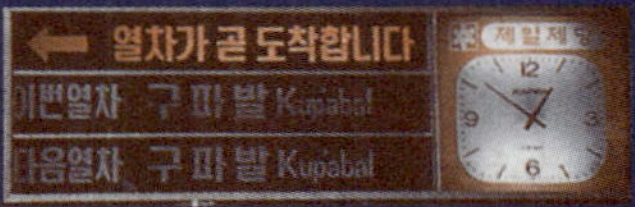

前往方向指示牌，白色显示是下一站及下一站的方向。橙色显示闪灯，表示列车进站。

站台的站名牌，用罗马文标记，每一端都有番号。

车辆前端有方向显示，用韩文及罗马字标示。

在站台

站台按路线划分，只要记住自己乘坐的路线的颜色，沿箭头方向走即可，非常方便。

一般都在窗口上方标示。但是一般都有韩文标识，因此使用本书和其他地铁较方便。

购　票

是第一道关卡。地铁票可以在自动售票机和窗口两处购买。用自动售票机购票时，要按照售票机上写着的顺序号操作，看起来难，实际上很简单。

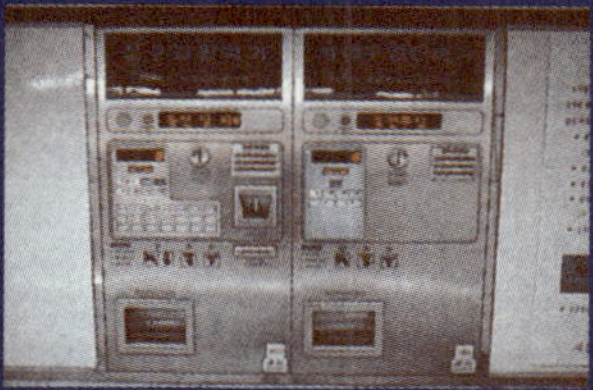

票也可以在窗口购买，无硬币时，这里购票方便。

先按左上角的按钮，红色显示出500。然后投入硬币，红色的数字就会减少。该系统用来显示余额。

检票口

全部自动检票。要注意，不插入票，挡板就不会倒下，人就进不去。

新开通的5号线检票口，同JR一样，插入票，门就会自动打开。

前往出口

出口用黄色表示。同时写有Way out。

车站内的小卖店出售报纸、杂志。

中型出租车

出租车

以往很难要、评价又不好的出租车，现在却空车很多，可以很容易地在街上叫到。出租车分中型出租与模范出租车2种。

街上跑的出租车，主要是中型出租车。开奥林匹克运动会时出现的这种1500cc 以上的出租车，也叫做88TAXI。车身以灰色及白色居多，车顶放有 TAXI 的指示灯。

出租车计程起价，2公里以内₩1300，此后每210米或每51秒跳₩100；深夜0时～4时加20%的深夜加收费。

针对外国游客的 2000cc 级的模范出租车，车身统一

了解汉城出租车情况，愉快乘出租车的方法

对游客很亲切的汉城出租车

“韩国出租车的服务态度有了很大的好转”，再次到韩国的人通常会这么说。在此以前，有的韩国的出租车司机不打计价器，提出“2 个人坐的话要收计程器上双倍的钱”等一些非法的要求，令游客很生气。本地人也有被这样宰客的现象。

口碑很不好的韩国出租车，从 1992 年出现模范出租车以来，状况有了很大改变。

模范出租车，以外国游客为主要服务对象，因而价格也较贵。但是，不用担心像过去那样被宰，服务又好，游客乘坐很方便。或许是向模范出租车学习，中型出租车的司机们对乘客的服务态度也好了起来。宰客、提出非法要求等现象几乎杜绝了。

虽说有模范出租车，但在数量上仍然是中型出租车占绝对多数，所以为防备万一，还是介绍一下使用中型出租车的基本知识。

黑车身的模范出租车

有时可以共乘

没有空车，着急的时候，乘客可向已经载客的出租车挥一挥手，大声报出自己去的地点，出租车会停下来示意“上车”。这是一种与先乘车者达成的满足司机增收愿望的共乘之习惯。

1982 年，该制度为不合法，因此没有正规的价格。通常，多数用（下车时的计价器数额）-（上车时的计价器数额）+（基

本为黑色，中央划有金色的线条。

该出租车起价，3公里以内₩3000，此后每250米或每60秒跳₩200。它比一般的出租车相对要贵，但有收据，并且没有深夜加收费。

模范出租车可用日语、英语预叫。拨打电话3431－5100就会有说日语、英语的接线员接听电话，约定可以提供接人的地点、前往的地点，以及要求司机会讲英语等等。

此外，韩国观光公社接受外国人服务研修的出租车都在后车窗贴有 Goodwill Guide Taxi 标志，会讲日语的出租车是绿色，会讲英语的出租车为红色，在路上打车时，这一标志非常明显。

出租车站，中型出租车，模范出租车

该颜色的标志贴在汽车后车窗

费用）计算。

反过来，自己在乘出租车的途中，有客人上车的话你也决不要吃惊。有人共乘，也许作为幸运的经验还令人高兴呢！

现在韩国政府为杜绝这种中型出租车的共乘习惯，正研究在价格系统上进行改正。具体的来说，如果3个人以上乘坐出租车时，司机可以获得加人补贴。通过这种改正方式，司机便愿意选择一个人的乘客，以补偿从共乘客获得的收入，进而改变这种不好的习惯。

要注意显示“call”标志的出租车

乘坐中型、模范出租车，乘车中的不愉快现象几乎很少了。但是，在一流酒店门前等客人的、与中型出租车同一类型、车顶上放着绿灯带“call”字样的出租车值得留意。

这种车瞄准游客，是一种宰客的出租车，往往车费很贵。

迷得有趣——汉城的地下道

汉城的主干道上人行横道很少，每个路口都有地下道或地下街。

其中，从广场酒店前乐天酒店南端前往明洞的小公洞地下街，有众多的面对外国人的礼品店、洋货店，是市内观光时不能不去的一个地方。下雨天，这条地下道同时成为连接乐天百货店与各酒店之间的近路。

另外，有几处复杂的地下道很容易使人迷路。比如，面对中央邮电局和新世界百货店路口正下面的地下道，地上看起来近在咫尺的台阶并不相通，往往令人反复地上来下去。还有市政厅广场地下道，也以易于迷路而闻名。竖、横、斜都有路可走，也常见到当地人迷路的情形。这些地下道都在汉城市内交通量非常多的地区。但是无论地下道多么麻烦，也要注意绝对不要做横穿地上的大马路那样的傻事。

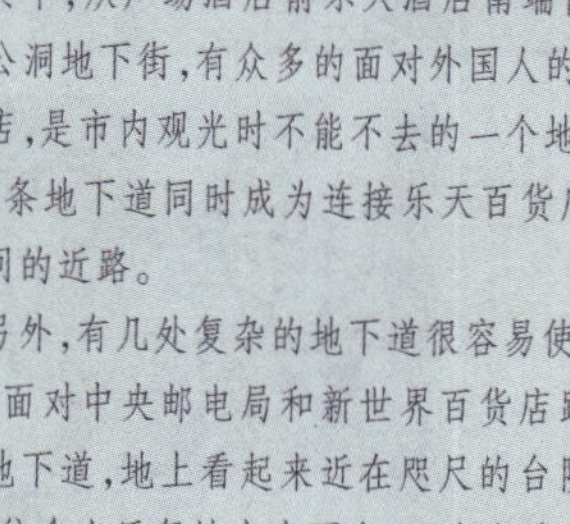

看好方向，再进地下道

凝聚了饮食、购物精华的

Myǒngdong 明洞 명동

人头攒动的明洞，是汉城的脸面

位于汉城正中心的明洞，以汉城第一繁华街而自居。在这条东西约700米，南北约800米的并不算大的区域内，广泛集中了一流的名牌时装店，以至于只要自我感觉良好就可自封专门的便宜洋服店。此外，还有高级餐厅以及平民餐馆。

最近，汉城到处都兴建起了繁华商业街，但明洞依然最能让人感受到汉城的乐趣之地。每到周末，那些“还是明洞好”的汉城人便拥挤到这条狭窄得连身都难以转动的堪称汉城容颜的明洞。

具有各种面孔的明洞，逛上一天也毫无倦意

明洞的主干道，是东西走向的明洞路与跨南北的大韩

投资金融大厦前的大路。明洞路北侧，是沉稳的办公区，南部则繁华热闹，是步行者天堂。

步行者天堂的西区，都是高级时装店，哪怕只是看一下橱窗内的展示品也很愉快。汉城以至于韩国的流行热，都是从这里兴起的。进入步行者天堂东区的小巷，则一下子充满了平民气氛。年轻的女性们大都集中在这一带，一边喝咖啡，一边赏街景。

乐天百货店的服装订做

在韩国很有名。如果正好赶上有晚会时，前一天订做的服装第二天夜里就可以送到家里。乐天百货店的服装订做的距离繁华街很近，游客又大多住在明洞所以很方便。这里的服装订做，采用穿上样品制作适合自己尺寸服装的方式。参加此处的晚会时会受到好评。

主要景点

明洞大圣堂 ◆ 명동대성당

位于明洞东部，是韩国天主教的总部。1898年，由法国神父考斯特兴建。红砖结构，哥特式建筑的教堂，高45米，是明洞的象征。

平时，教堂的周围比较安静，但到了星期日，夹着《圣经》的虔诚的信徒们都前来礼拜，人流不断。

明洞大圣堂
中区明洞2街1
☎774－3891
礼拜时间:6:30～21:00

购物 Shop

堆积如山的服装中寻找一件中意的
▶明洞衣类
명동의류

中区忠武路1街24－11 ☎776－1979
营10:30～21:45 休元旦、春节、中秋(各1天)
地图见 P112·1－B

位于沙威大酒店附近，是经营男士、女士便宜服装的百货店。1～5层的店内几乎没有橱窗展示，服装像大减价会场一样堆积如山，可从中挑选自己喜欢的服装。认真寻找的话，一天都不会厌倦。

百货店的整个一层都是 CD 店

▶米特罗美多吧

메트로미도파 ◆Metro Midopa

中区南大门路 2 街 123　☎754－2222
营 10:30～20:30　休春节、中秋(各 2 天)
地图见 P112・1－A

位于都心最佳地段的美都波百货店变成了时装专卖店，而整个地下一层则变成了 CD 商店。位于主干道一角、伸向明洞方向的地下服装廊还保持原样。

CD 店内的最新流行歌曲，都可以用耳机试听，有中意的歌曲不妨买来做礼物送人。

品种丰富又便宜的是化妆品店

▶迷你摩尔

미니몰 ◆Mini MALL

中区明洞 2 街 53－9　☎779－5233
营 10:30～22:00(周日，节日 11:00～21:30)
休年中无休　地图见 P112・2－B

该店一层为化妆品，二层为杂货，三层为鞋、装饰品，四层为内衣。

该店商品便宜的原因是，因为其利润比其他店要低。每年有 2 次打折时期，届时人很多，路都走不动。

在明洞配眼镜

▶罗马眼镜片

로마안경 콘텍트

中区明洞地下商街，　☎755－3040
营 10:00～21:00　休每月第 2、第 4 个周日、春节、中秋(各 2 天)

这是一条集中了众多眼镜店的号称眼镜街的地下街。检查视力 1 个小时即可完成。

我在此处配了一副₩50000的眼镜。隐形眼镜，有彩色、一次性多种，极便宜。

简单但不生厌的

▶雷羞妹

레즈메 ◆RÉSUMÉ

中区忠武路 1 街 24－2　☎776－4911
营 10:00～21:00　休春节、中秋(各 2 天)
地图见 P112・2－B

该店的西装不为潮流所左右，永远是那种不令人生厌的普通样式西装，颜色几乎以淡色为主。顾客多瞄准 20～30 出头的女性。

沉稳的店内，常有人们在静静地挑选服装。价格：₩200,000～。

多彩装饰的复合型综合大厦。

▶恩比自由市场

앤비 프리마켓 ◆envy Free Market

中区忠武路 2 街 65－1　☎778－7781
营 11:00～21:30　休春节、中秋(各 2 天)
地图见 P112・2－B

这里，有卖西装、帽子、皮包、小装饰品等等 50 多家店铺，宛如庙会一般。1

层有指甲沙龙，指甲美容₩1500。(约1个小时)。此外，还有包装柜台，经营手工制作的小装饰品的柜台。2层的写真屋可以用电脑制作艺术照片，印在普通的T恤上(₩15000)或杯子(₩8500)上。3层的咖啡店的香咖啡₩1000，手工制作咖啡的气氛，看一看也很有意思。

尽是便宜又时髦的服装

▶萨比斯吉

사비사지 ◆SSAVISAGE

中区忠武路1街22－5　☎772－9400
营 10:00～22:00　休 年中无休
地图见 P112·1－B

是面对女性的大型服装专卖店。这里以最快的速度、最便宜的价格提供最流行的服装。价格是市价的80%左右。

从1层到3层集中了T恤、汗衫、毛衣、西装、牛仔、内衣等众多商品，店内都是女性顾客。

可以订做，感觉良好的商店

▶苏达

소다 ◆SODA

中区明洞2街54－20　☎778－6288
营 9:30～21:00　休 春节、中秋(各2天)
地图见 P112·2－B

这是一家直接经营质量上乘、已有

定评的SODA与KISSA名牌鞋子的专卖店。明亮的店内奢侈地利用着空间展示着各种鞋子。此外，还经营DAKS的特许产品以及穿着舒适的大兵鞋。价格：男士鞋₩100000～180000，女士₩90000～150000。订做的话，另加送货费₩20000，约1个星期。

购买礼物，样样俱全的大型百货店

▶乐天百货店

롯데백화점 ◆SODA

中区小公洞1　☎771－2500　营 10:30～19:30　休 春节、中秋(各2天)
地图见 P112·1－A

是与地铁2号线乙支路入口站直通的大型百货店。"有困难时找乐天……"，一般没有时间购物时，在此处几乎都能够解决。9层是名牌商品的外卖场，10层为免税店，11、12层为有各种饮食的餐馆街。地下1层的烤海苔与泡菜也不能错过。

足底按摩解除旅行疲劳

▶刘昭榛足健康管理室

유소진 발 건강 관리실 ◆刘昭榛足健康管理室

中区乙支路1街188－3　总统酒店6层
☎773－6355　营 9:00～22:00　休 春节、中秋(各1天)　预 需要　地图见折页(汉城)3－c　明洞支店　地图见 P112·2－A

在韩国首开足底按摩的刘昭榛院

长，曾在中国、日本、欧洲学习按摩技术，并配以放松疗法、穴位疗法，创造出独特的按摩方法。

基本疗程约 1 小时₩50000。此外，还有空气按摩、石蜡按摩等选项（各₩10000）。穴位疗法，掌握身体的弱点，一套下来，确实感到脚掌变小，变轻松了。

汉城人喜欢的服装

▶红木坊

레드우드 ◆Red Wood

中区忠武路 2 街 8－1　☎777－1065
营 10:00～22:00　休年中无休
地图见 P112・2－B

这里的服装讲究搭配，紧紧抓住了汉城人的心理，因而很受欢迎。一般外套也很有魅力，丰富多彩。深得女孩子喜欢的设计，使你能体验出做一个汉城人的感觉。

餐馆 Restaurant

极辣！烤尤鱼拿手

Ⓡ根棒尤鱼

금봉섞어

中区乙支路 2 街 199－59　☎778－0086
营 10:00～22:00　休春节、中秋(各 1 天)
日不休　预不要　地图 P112・1-A

就在大都会酒店的旁边，画着一个大尤鱼标志。家庭般的用餐气氛是其特色。

向您推荐烤尤鱼。是将尤鱼拌上很辣的味道，蒸烤而成。如果再另要一份香肠会更增加香味。用餐时，要等锅中央发烫的时候再用。量很大，2～3 个人足够吃饱。烤尤鱼₩12000，香肠₩3000。

购物中快餐感觉的韩国料理

Ⓡ乐天饮食中心

롯데푸드코트 ◆Lotte Food court

中区小公洞 1　乐天百货店地下 1 层。
☎752－2500 营 10:30～19:30　休新年、春节、中秋(各 2 天)　地图见 P112・1－A

位于乐天百货店地下的干净的饮食中心，很多柜台经营多种菜品，可在柜台前用餐，也可以使用中心内的餐桌。要其他的单道菜也可以。

这里以拌饭、冷面、饺子等套餐为主，价格₩5000左右。地点在地下 1 层食品街的里侧、泡菜与海苔柜台的前方。

清淡味道的人气刀面

Ⓡ明洞饺子

명동교자

中区明洞 2 街 25－2　☎776－5348
营 10:30～21:30　休春节、中秋（各 2 天）
日不休　预不要　地图 P112・2－B

是明洞著名的刀面专卖店。这里的刀面有点像手擀面，清淡的汤与众不同。不辣，对食用过多辣食品之后的胃肠很好。

菜谱内有刀面、饺子、拌面，各₩4500。

完全变成了零食的紫菜饭

Ⓡ忠武紫菜饭

충무김밥

中区明洞 2 街 3－12　☎755－8488
营 7:00～24:00　休春节（2 天）、中秋（1 天）　地图见 P112・2－B

紫菜饭，有点像日本的寿司，是在摊贩及市场里都可以见到的大众食品。这里的紫菜饭为忠武风格，紫菜卷内只放白米饭，萝卜泡菜、尤鱼泡菜则另用小碟盛装。带汤的一套₩3500，只有此一种套餐。

早餐最佳的雪浓汤

Ⓡ味成屋

미성옥

中区明洞 1 街 45－5　☎776－8929
营 7:00～22:00　休春节、中秋（各 2 天）
日不休　预不要　地图见 P112・2－A

明洞尤尼斯克大厦前，进汉堡王左边道路顶头内的餐馆。雪浓汤，是在牛肉汤内加入米饭、面条而成，需要配调味。₩5500。

当地工薪族、OL 喜欢的

Ⓡ恩泽尔面食

엔젤분식

中区乙支路 2 街 109－1　☎711－3307
营 11:00～22:00　休第 1、3 个周日、新年（2 天）、春节、中秋（各 3 天）　日不休　预不要　地图见 P112・1－A

是一家位于明洞大都会酒店斜对面，距离办公区很近的面食馆。店内气氛随意，价格合理。推荐铁锅拌饭₩ 4500，便宜好吃。此外，面条类₩ 4500 起。

清淡味道的片儿汤，是韩国式的疙瘩汤

Ⓡ明洞韩阿利疙瘩汤

명동항아리수제비

中区乙支路 2 街 200　☎757－7736
营 10:00～21:30　休年中无休　日不休
预不要　地图见 P112・2－A

是用面粉合成小团煮成汤，放入黑茶壶内，再放上香菇、土豆等。同面疙瘩

汤很相似。

这里的疙瘩汤，不仅好吃，而且也反映了主人考虑到营养平衡方面的周到之处。米饭内有大豆。疙瘩汤₩4000。

猪头肉与猪蹄的专卖店

Ⓡ明洞万宝内

명동왕바우네

中区明洞 54－7　地下 1 层　☎776－9611
营 7:00～24:00　休年中无休
预不要　地图见 P112・2－A

它是将煮过的猪头去骨，再将其用布包好压缩，蒸制而成。此外，还有煮的猪蹄。食用时将肉夹在蔬菜叶子上，用泡菜、调料、黄酱等包起来食用。该家店铺早晨 5 点起就开始准备肉，由于长时间的煮蒸，猪肉的脂肪已全部被去掉，味道很素。它与凉面条一起食用则更好吃。

早晨豆芽汤加米饭₩4000，猪头肉套餐₩6000受欢迎。猪头肉₩15000，猪蹄₩20000。

想吃参鸡汤的话

Ⓡ百济参鸡汤

백제삼계탕

中区明洞 2 街 50－11　☎776－3267
营 9:00～22:00　休春节、中秋（各 1 天）
日不休　预不要　地图 P112・2－B

这是一家具有 30 年历史的参鸡汤专卖店，现在依然保持着创业时的传统的料理方法。用的鸡是从农场当天运来

的，肉质鲜嫩，很好吃。

特别是乌骨鸡很受欢迎。参鸡汤₩9000，乌骨鸡₩15000。

放开肚皮吃的人气店

Ⓡ大饱自助

다보부페

中区乙支路 1 街 87 号　三星大厦地下 1 层
☎753－0820　营11:30～14:30、17:30～21:00　休周日、节日　日不休　预不要
地图见 P112・1－A

有韩、日、西、中等近40种丰富的菜单。该店的主人每天夜里到市场去上货，自助餐均使用新鲜的材料。中午(12:00～13:00)顾客很多，最好避开。午餐₩7000，晚餐₩8000。

Fortunua，Naison 的真正的红茶

Ⓒ阿罗玛

아로마 ◆AROMA

中区明洞 2 街 55－9　☎755－9584
营 9:00～23:30　休年中无休　日不休
预不要　地图见 P112・1－B

是红茶专卖店，值得向真正喜欢红茶的人推荐。在这里可以用英国造的茶杯品尝 Fortunum 与 Maison 的红茶。有芒果味、草莓味、橙味等等，各₩6000。也有点心，₩6000。

推荐营养排骨汤

Ⓡ燕亭花园

연정가든

中区南山洞2街1-2　☎775-4918

营 11:30~22:00　休 春节、中秋

预 不要　地图见 P112·2-B

店内很清洁，店员非常亲切，气氛很好。

烤肉₩12000，啤酒₩4000，营养排骨汤₩6000。营养排骨汤，与一般的排骨汤不同，汤内要放入朝鲜人参、香菇、栗子、南瓜等等，是参鸡汤式的排骨汤，非常有营养。

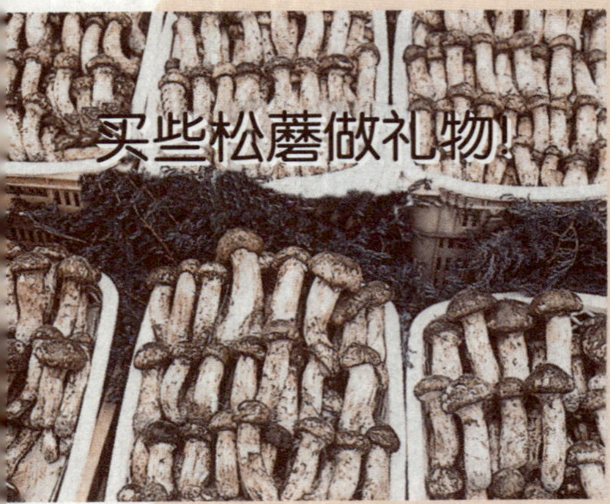

买些松蘑做礼物!

松蘑的等级鉴定要慎重

松蘑，是秋天里的口味之王，是高级物品。

如果恰好在9~10月份上旬到韩国旅游，虽然松蘑较其他礼物略贵，但还是值得推荐。1千克有20~25根，可以作为礼物分给很多人，大家一定会很喜欢的。

下面介绍一下如何购买松蘑。

韩国的松蘑

韩国的松蘑，主要产地在港川、麟蹄、太白。松蘑在白天采集、上货，前夜到达各地市场。然后，夜里用卡车运到汉城京东市场中的松蘑市场。

凌晨5点左右，松蘑市场便开始叫卖。

购买松蘑

在汉城购买松蘑最好是去市场。特别是南大门、东大门市场，一到季节，卖干物的店铺全变成了卖松蘑的了，1千克₩130000左右。百货店的价格是市场的3~4倍。

挑选品质好的松蘑的窍门

好松蘑的条件有3点：①体型中等(12~13厘米)，柄部粗、短，有弹性。②颜色淡茶褐色。③松蘑头多少有些伸展。

由于是购买高档商品，所以不要被市场气氛所左右，要慎重地多看一些店铺。

有时候店家将有损伤的松蘑也码放在筐内，所以最好把下面的也检查一下。

携带松蘑

购买后的松蘑，大多装在塑料袋内，容易受潮，最好重新用报纸包一下，保持良好的通风性，以便携带回国。

买卖双方激烈讨价的市场，勇者胜。

Namdaemun Market

南大门市场

남대문시장

狭窄的空间里挤满了顾客、商店、商品

汉城火车站附近、南大门东部的南大门市场，东西 500 米，南北 250 米。在这个狭窄的区域内，挤满了一万多家各类店铺，每天有上百万人光顾，是一个巨大的消费空间。虽说是市场，但店铺都集中在建筑物内，一般印象中的露天市场只是市场的一个极小部分。整个市场按照经营商品品种划分区域，购物很方便。

按区域划分市场指南

乘地铁 4 号线会贤站下车，从距离汉城站最近的出口

来到地上，街边大路上有很多登山用品商店，去市场可以从这里向北走。构成南大门市场中心的是从C栋到G栋的整齐排列的市场大厦。这些大楼群到西侧的南大门一带，是平房集中的小型商店区，以经营食品材料为主。有的商店门前装饰着猪头。卖高丽人参及松蘑的店铺也在这一带。

市场大楼从外面看好像只经营服装，实际上内部很有意思，商品很丰富。C栋与D栋的2层是民族工艺品的专卖市场，同楼的3层是厨房用品。D栋的1层则完全不同，是经营小装饰品的市场。

如果想品尝一下市场的特产、露天摊床的饮食，那么只要穿过C栋北侧的公汽大路到狭窄的小胡同内便可，你会为食物品种、数量之丰富感到吃惊。

想要的东西应有尽有，巨大的家庭市场

每到周末，这里便成了人们到访的购物中心，人多得有时连身子都转不动。人们都是为寻找在小市场上所找不到的珍奇的、便宜的东西而来。

对游客来讲，食品街也是不可多得之处。摊床上摆放着各种各样的食物，早、中、晚，吃都吃不完的种类。在南大门市场买礼物也最合适不过了。经营同种商品的有很多

观光指南处会览站侧入口
☎752-1913

家，购物时可以多转一些家询问价格。虽说是定价销售，但多少还可以讨价还价，如果一下子买很多东西，折扣率还很高。

购物时，要仔细检查商品，确认好质量。这里拉客的情况很多，要注意不要稀里糊涂地被拉到店里。另外，在混乱之中要注意扒手。

提防摊贩宰客，点菜前要问好价钱。

大家都想在难得的露天摊贩处用一下餐，但在南大门市场的摊贩里，有的很会宰游客，价格很贵。这种被骗的情况时有发生，所以在点菜之前一定要事先问好价格。尽量避开没有客人的摊贩，到当地客人较多的店内。

主要景点

南大门 ◆ 남대문

地图见 P120·1－A

1398年建成，正式名称叫崇礼门。其厚重的建筑风格，是威严的李氏朝鲜时期前期的代表作品，是汉城现存的最古老的木结构建筑物。其威武之姿，作为汉城的象征广为人们所喜爱。每到夜里，反射灯映照下的南大门，呈现出梦幻般的美丽。

南大门，明洞的眼镜店

想配价格在₩30000左右的眼镜，不同的眼镜店有很大差异。克里斯塔尔眼镜店引进最新的视力检查设备，具有视力检查资格，令人放心。

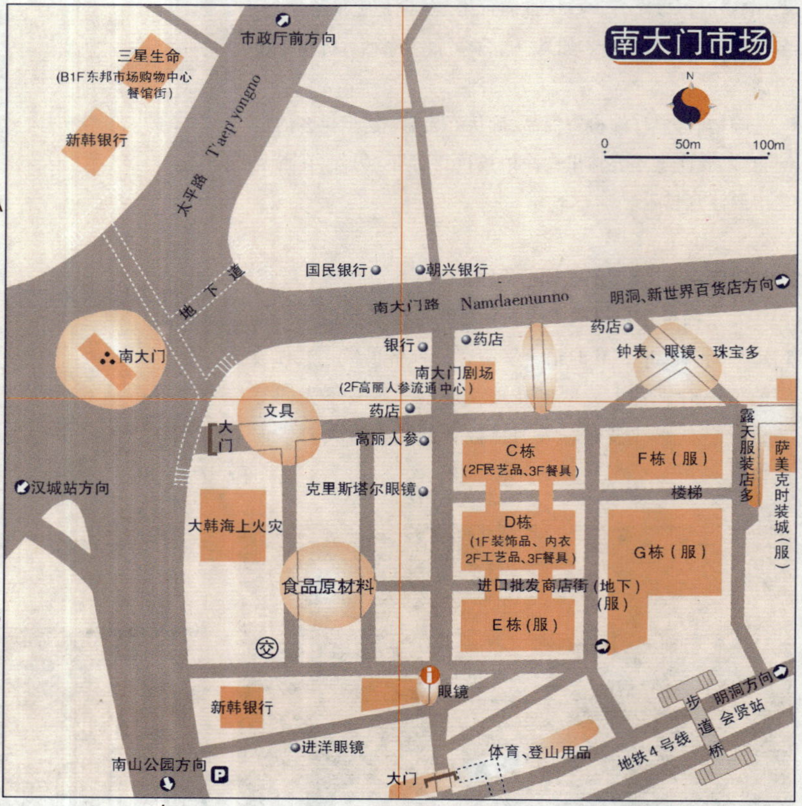

A
B
1
2

背景是高楼大厦的南大门

购买一次性隐型眼镜划算

购买一次性隐型眼镜，在汉城不同店价格不同，可以多询问几家，在最便宜的地方购买。

在市场购买儿童服装，便宜、漂亮、体积小

有孩子的家庭，劝您在南大门、东大门市场为孩子买衣服。南大门市场沿萨米克服装城大厦延伸的大路，有几家专卖儿童服装的露天店，是南大门市场中高档一点的。相反，在萨米克服装城内 1 层的儿童服装厅则有便宜的。另外，大楼的 7 层也有经营儿童服装的店铺，都明码标价，不习惯讲价者在此购物很方便。

东大门市场的儿童服装，位于第一平和市场大厦的妇女服装厅，斗山大厦、FREYA TOWN 内。

每个市场的儿童服装都色彩鲜艳，很容易找。多转一些店，就可以买到设计好、价格又合理的儿童服装了。

儿童服装体积小，不会成为负担，是送亲戚、朋友小孩的非常让人喜欢的礼物。

市场上见到的各种儿童服装

应该了解的招牌

汉城的街道到处都是韩国文字。初次到访者会东张西望地看着这些稀奇的韩文招牌……但是，渐渐就会对这些招牌上的像几何图形模样的文字感到一种压迫感，到底是一些什么意思呢?

在这些招牌之中，哪怕我们明白一二个招牌的意思，那么逛街的时候也会变得心情好，乐于逛街了。

在这里，整理出汉城街上经常出现的招牌，作为您在汉城逛街时参考。

超　市
수퍼(スポ)/슈퍼

本来是指大型超级市场，但是街头的小店也挂上这样的招牌，很有意思。

银　行
은행

旅行中您总会用上，外币兑换窗口在2层。

书　店
책

用汉字的话，写成册，就是书的意思。有时间的话可以看一下，语言不懂也没关系。

餐　馆
식당

肚子饿了的时候，可以找这两个文字。

香　烟
담배

奥林匹克时的“88”表达南北统一的愿望，该牌的香烟已是国家名牌。

花　店
꽃

多在市场的一角。

面　食
분식

餐馆的一种。以烤、炖泡菜，拌饭等快餐为主。文字原来是指用面粉制作的面类等食物。

药　店
약

各处最显眼的就是这个招牌。最好不要去拜访它。

饼　屋
떡

除饼之外，还经营传统的点心，店内还有一起用传统茶的地方，逛街累了的时候可在此处休息。

日本料理店
일식

招牌多用日文和汉字书写。虽写着日式，但从味道来看，是巧妙的“韩国式”日本料理。

喝茶店
다방

用汉字写的话是“茶房”。店内灯光较暗。如果一般用咖啡或红茶，应该去 cafe 和 caffee shop。

啤酒屋
호프

来自于德语，叫“beer hof”。

旅 馆
여관

参见 P491“韩国的住宿设施”。

卡拉 OK 歌厅
노래방

“闹来”是歌，“盼”是房间的意思。直译就是“歌房”。去热闹的地方到处都有这个招牌。别名叫“歌练习场”。

游艺厅
오락실

汉字写“娱乐室”，也叫“电子娱乐室”。

浴 池
목욕탕

汉字写“沐浴场”，很早就开始营业，先洗澡再观光。

입구	入口
출구 / 나가는곳	出口
미시오	推
당기시오	拉
화장실	厕所
남	男
여	女
안내	指南
휴게	休育
금연	禁烟
견본	样品
위험	危险
비상구	安全门
출입금지 / 통제구역	禁止出入
대피소	避难处
촬영금지	禁止摄影

位于汉城中心的绿洲

Namsan Park

南山公园

남산공원

位于山顶的八角亭

南山概况

海拔 265 米的南山，耸立于从汉城南面俯视王宫的位置，是李氏朝鲜时期首都防卫的重要关口，一直被视为都城的象征。

随着被称为汉江奇迹的飞速的城市发展，汉城市区不断扩大，原来位于都市南端的南山，现在则完全被包围在城市的正中心。山上郁郁的森林被完全保护起来，并分布

从汉城塔眺望的景色中央是青瓦台

着各种文化设施，是都市中的绿洲，广为市民所亲近。

山顶上的汉城塔，从市内的任何地点都能看到，是确定方位的坐标，也是游客的心理支柱。

从南大门开始前行吧

去南山有从南大门沿汽车路线的攀登方法和沿明洞太平洋酒店后面的胡同前往等 2 条路线。如果是第一次来，还是走南大门一线，容易寻找，景点又多。

从半山腰开始便是南山公园

背对南大门，南大门市场位于左边。沿坡路攀登，右边可以看见希尔顿酒店，左边高出的部分就是南山公园。

公园的广场以陡急的台阶为界，分成三个部分。各个广场以三国统一之父金庾信将军，独立运动领导者金九铜像为主，配有曾是汉城市电的车辆、小动物园、植物园等各种文物及设施。其中的抗日英雄安重根纪念馆，也务必参观一下。

前往山顶

从植物园后面前往南山山顶。沿有很多台阶的登山路走需要 30 分钟。如果害怕走这种陡峭的台阶，也可以乘缆车一口气登上山顶。缆车站在科学教育院的车道向东走，遇到岔路向左便是。

南山山顶上是一个小广场，从这里可以眺望汉城市中心以及周围的市区，还可以眺望到汉江。到山顶广场有汽车道通行，乘出租车可以直接抵达。

金庾信将军像

金九铜像

汉城塔
☎772－1660
缆车
票价:₩2400(往返₩3500)
发车:15分钟间隔
所需时间:3分20秒
运行时间:9:30～22:00
(冬季至19:00)
瞭望台
票价:₩2000
入场时间:9:30～21:00
(11～2月至22:00)

安重根义士纪念馆

安重根义士纪念馆
中区南大门路5街471
☎753－5033
门票:₩500
开馆时间:9:00～18:00
(12～2月至17:00)
休馆日:周一

高丽屋
中区笔洞2街80－2
☎2266－9101～3
休周日
地铁3、4号线忠武路站下
车餐厅
票价:₩40700、51700
(自助形式)
营12:00～14:00
18:30～20:30
预需要

高丽屋入口

主要景点

汉城塔 ◆서울타워

地图见折页·4－E

被彩灯勾勒出美丽轮廓的汉城塔

建于1971年，1980年10月向市民开放。

该塔建在265米的南山山顶，塔高136米，塔顶建有102米的电视塔。1～3层为普通瞭望台，4层为室外瞭望台(仅4～10月开放)，5层是每35钟旋转1周的休息室，从这里可以看到整个汉城，夜景很美。

入口与出口不同。下了电梯，便来到纪念品小卖部、游艺中心、餐馆层。出口则在纪念品小卖部旁的台阶。

安重根义士纪念馆 ◆안중근의사기념관

地图见折页·3－E

安重根在韩国被称做义士，韩国人民视他为民族英雄。1909年10月，他在哈尔滨刺杀了日本国首任驻韩长官伊藤博文。

该纪念馆是1970年为歌颂安重根的伟业，由汉城市民捐款兴建的。展示着安重根的书法、照片、法庭纪录，以及他参加抗日运动的足迹说明等。可见他不是一个简单的恐怖分子，而是一个有相当知识水平的独立活动家。

纪念馆前，有高举旗帜前进的安重根塑像与已故朴正熙总统亲笔书写的“民族正气的殿堂”纪念碑。

高丽屋 ◆한국의집

地图见折页·5－D

1981年开馆，建于南山山脚附近，主要介绍韩国的传统文化、生活风俗等。纯韩国式的建筑是模仿了李氏朝鲜时期王妃们的住所昌宁殿(景福宫)而建。

高丽屋的民族舞蹈

民俗剧场内，可以看到日传统舞蹈、清唱、传统乐器演奏等韩国宫廷、民俗艺术的精华演出。此外，还有品尝宫廷料理的餐厅，分宴席式标准的宫廷料理及自助餐2种形式。

民俗剧场
票价：₩20000
营 20:30～21:30
预 需要

南山　韩屋村　◆ 남산골 한옥마을 地图见折页·5-D

走进传统式样的入口大门，面前是有池塘与亭子的传统庭院。庭院内还有人工溪谷，被一种宁静的气氛所包围，丝毫体会不到是在喧闹的都市之中。庭院四季之景不同。左手有位于汉城市内的纯贞孝皇后尹妃娘家等保留了传统式样韩屋的韩屋村。其中的一间，变成了传统茶店，可以品尝各种传统茶、拌饭等。周六、周日的 14:00～15:00 有传统剧、假面舞蹈等的表演，可以切身感受韩国的传统。

再登上丘陵地，便来到可以眺望市内的时间密封舱广场。这里收集着与市民生活紧密相关的600个密封舱，预计在400年以后公开。

南山　韩屋村
中区笔洞2街84-1
☎2266-6937
地铁3、4号线忠武路站下车出口
开馆时间：9:00～18:00
休馆日：周二

石宙善纪念民俗博物馆

石宙善纪念民俗博物馆　◆ 석주선기념민

这里，可以说是李氏朝鲜时期的服装与装饰品的宝库。韩服不用说，还有豪华的新娘服、手工金丝刺绣、炫目的发髻装饰，所有这些都是已故石宙善女士一生所收集的物品。

馆内为顶吹式结构，分1层到3层4个展室。

第1展室，是与日常生活相关物品。第2展室，以宫廷服装为主。第3展室，是冠、身体饰物、腰带等身上的小物品。第4展室，则分别展示着从国王、王妃到侍女的服装。

石宙善纪念民俗博物馆
龙山区汉南洞山8檀国大学内
☎709-2187～8
从光化门，市政厅前乘市内巴士83、83-1、从延世大，梨大乘12座席公汽。

“檀大前”下车。能看到大学校门，进正面左侧是学生会馆，再往前走是李退溪纪念图书馆，之后再向左登山，上面有2个黑色建筑物，正对着的左侧的便是该博物馆。
开馆时间：10:00～16:00
开馆日：仅周二、周四
（公休日及大学休息日时休息）
馆内禁止拍照

合算的免税店购物

韩国旅游的乐趣之一，便是购物。在街上、市场内购买纯韩国造的东西，或者搜寻非常便宜的物品当然很有意思，但是以免税的价格购买世界一流名牌商品也同样魅力无穷。

汉城市内有政府公认的免税店20家。政府公认的免税店，也就是经过税务署与韩国观光公社严格审查，由政府发牌的免税店，经营的商品保证是真货。在政府公认的免税店购买的商品(民间工艺品除外)，可以不当场带走，而是在出境的机场交付。因此不会成为旅行中的累赘，非常方便。但要注意，出境时千万不要忘记在机场领取。

在任何一家免税店，同样的商品价格都大体一致，如果看中合适的东西最好当即买下来。特别是遇到连休日的时候，热销商品有时会断货，所以当机立断是免税店购物时要注意的。

乐天酒店免税店　호텔롯데면세점

中区小公洞 1 乐天百货店 10 层 ☎759－8380 营 9:30～19:30 休年中无休
乐天酒店大堂店 中区小公洞 1 乐天酒店 1 层 ☎759－8385 营 7:30～21:30 休年中无休
※金浦机场有分店

位于汉城中心部，乐天百货店10层，交通方便。经营的名牌商品种类在汉城最多。乐天酒店的1层大厅也有分店。

乐天世界免税店　◆ 롯데월드면세점

松坡区蚕室洞 40－1　乐天世界百货店 10 层。
☎411－5000 营 9:30～18:30 休年中无休 地图见 P79・4－C

位于蚕室乐天百货店10层。由于销售柜台的移动，面积更大了，在汉城市内是最大的。该免税店位于乐天世界内，所以在游乐之后购物最方便。

免税店内路易·威登等名牌商品种类丰富

新罗免税店　신라면세점

中区奖忠洞 2 街 202　新罗酒店别馆
☎2230－3662　营 9:30～19:30　休 年中无休　地图见折页·6－D　仅限于持出租车折扣券者，只要出示收据，便可实际支付模范出租车费₩5000。

位于南山山脚，新罗酒店院内，店内采用回廊方式，很易于购物，改装之后增加了新名牌，商品种类丰富。

东和 DFS 免税店　◆동화/DFS 면세점

钟路区世宗路 211－1　光化门大厦地下 1 层
☎399－3000　营 9:00～19:00　休 年中无休　地图见折页·3－B

沿世宗路，从景福宫步行 7～8 分钟的写字楼的地下一层。店内环境闲适，可以慢慢购物。

金浦机场免税店　◆김포공항면세점

第一候机厅店
金浦机场国际线第 1 候机厅内，☎665－2131
营 与飞机起降　时间一致　休 年中无休
第 2 候机厅店
金浦机场国际线第 2 候机厅内　☎664－1672
营 与飞机起降时间一致　休 年中无休。

位于金浦机场内，可以在乘机前的很紧张的时间内购物。高丽人参制品种类多。也经营酒、香烟类。

经营的主要名牌商品一览表

免税店名 / 名牌名称	乐天	乐天世界	新罗	东和
A·太斯特尼	●		●	●
班库利英·阿贝鲁		●	●	
埃多罗		●	●	
埃尔梅斯	●	●	●	●
埃尔梅吉多尼亚	●		●	
卡尔迪埃	●	●	●	●
古奇 Gucci	●	●	●	●
COACH	●	●	●	
费拉毛	●	●	●	●
夏奈尔	●	●	●	●
赛利努	●	●	●	
登喜路	●	●	●	●
迪芬尼	●	●		
芭　莉		●	●	
猎人世界			●	●
芬　迪	●	●	●	
布拉达	●	●	●	●
布鲁加利	●	●		
马库斯·马拉		●	●	●
路易·威登	●	●	●	●
罗埃贝	●	●	●	●

接触韩国的文化艺术

世宗文化会馆 ◆세종문화회관

钟路区世宗路 81－3　☎399－1514
地图见折页・3－B
每周六、日上演传统艺术、交响乐等

是韩国最大的文化设施。这里值得骄傲的是可以供 500 人同时演出的舞台与放置高 17 米、宽 12 米的巨大风琴的大厅。

这里以交响音乐会为主，还上演清唱、农乐等传统艺术。

艺术殿堂 ◆예술의 전당

瑞草区瑞草洞 700　☎580－1114
地图见 P78・2－D
地铁 3 号线南部汽车站下车。出地铁出口⑤乘小公共。在不是终点但能看到艺术殿堂建筑物时下车。
从文化门、市政厅前乘座席公汽㊷路在艺术殿堂下车。

该艺术殿堂的巨大的音乐堂及剧场，除有演出外，一直比较安静。美术馆、文艺馆经常举办展览。在周围优美的环境中，欣赏一下野外雕刻，散散步令人心旷神怡。艺术殿堂旁边是国立国乐院，来看演出之前，提早到此参观一下，走一走，不失为好办法。

国立国乐院 ◆국립국악원

瑞草区瑞草洞 700　☎580－3333
与艺术殿堂相邻，周六有常设国乐公演。
公演日：2 月末～12 月末的每周周六
公演时间：17：00～18：30　门票：₩8000～（售当日票，或在教保文库等市内主要书店提前购买）

国立音乐教育机构。1951 年设立，是韩国传统音乐的总部。这里为了使所有人都能接触亲近传统音乐，每周周六傍晚，都举办面向一般市民及游客的传统音乐会。

贞洞剧场 ◆정동극자

中区贞洞 8－11　☎773－8960
地图见折页・2－C
公演日：周二、周五（1999 年 2～11 月）
公演时间：19：30～20：50
门票：₩20000　30000

是将韩国最早的近代剧场"温加库莎"复原的小剧场，1995 年 6 月建成。以复兴、继承韩国传统艺术为目的。它将传统舞台、现代作品很好地结合起来进行各种演出。今年，特别是以外国人及游客为对象开设了每周周二、周五的"传统艺术常设舞台"。

汉城娱乐场 ◆서울놀이마당

松坡区蚕室洞 47　☎420－5180
地图见 P79・2－C
地铁 2 号线蚕室站下车
公演日：4～10 每周周六及周日、节日
公演时间：春秋 14：00 开始，夏 17：00 开始（每月有若干变更）
门票：免费

与雅乐相比可以充分享受百姓的民俗艺术的，就是位于石村湖畔的屋外公演场。

这里参加演出者男女老少都有。哪怕是体验一下韩国气氛，也值得到此一看。在这里，可以充分体会到韩国人是多么热爱他们的传统艺术啊！

汉城的王宫

1392年，李成桂建立李氏朝鲜王朝之后，便马上制定了迁都计划。他认为，当时高丽王朝首都开城（当时的开京）的土地“气”弱，因此欲将首都迁出。根据传统的风水地理说，他从多个候补中选定了最终的新都地点，即现在的汉城。

李氏朝鲜王朝，1394年开始迁都，除第2代国王的短暂时期外，汉城以后一直是李朝的首都。现在，王朝虽然消失了，但当时的王宫建筑依然保留着，令人想到往昔的权势之尊。

参观王宫，把我们的思绪驰骋于现在、未来、过去相互交织的这段历史街道的侧面之中吧！

中和殿

世宗大王像

悲剧历史的王宫

德寿宫

덕수궁

李氏朝鲜王朝第14代国王宣祖，迫于丰臣军队的侵略，暂时离开了国都。回京城后，由于景福宫被烧毁，便将成宗(第9代国王)的哥哥月山大君的私宅作为临时王宫，这就是现在的德寿宫。此后，国王将王宫搬到昌德宫，这里便成了一座离宫(当时叫庆云宫)。到了19世纪末期，李世朝鲜王朝的最末代国王再次在此听政。由于当时日本与俄国为争夺朝鲜的国家主权，便以此宫殿为背景展开了激烈的政治斗争。1905年，伊藤博文用暴力手段强制当时的政府在此王宫签订了剥夺韩国外交权的《保护条约》。1907年，对日本侵略进行最后抵抗的高宗被强制要求退位，继位的纯宗皇帝将王宫移到昌德宫。退位的高宗悲痛的晚年，便一直在此德寿宫(1907年改名)度过，直到1919年去世。

正因为近代以来德寿宫一直是作为政治中心的王宫，因此，德寿宫内保留着其他王宫所不具备的西洋式建筑（石造殿）、东西融合的建筑(静观轩)。此外，还有反映李氏朝鲜王朝全盛时期历史的自击漏。该自

入口的大汉门

现代结构的静观轩

西式建筑的石造殿，宫中是遗物展览馆

16世纪的水表、自击漏

击漏是中宗时期，1536年制作的水表，实际上当时制作得非常精密，具有复杂的自动报时装置，现在该部分已不存在。朝鲜，在比该水表更早的世宗时期的1434年，就已经能够制作最初的自击漏了，由此可知，当时的科技发展水平。

鲜花盛开的庭园是市民的绿地

德寿宫与其他王宫相比很小，又由于它位于汉城市政府的正对面、市内的最中心部，所以现在是市民最容易前往的公园。漂荡着宁静气氛的王宫内的宫殿的传统建筑与周围林立的高层建筑所形成的反差，正展现了汉城的传统与现代之间完美的结合。一年之中，特别是连翘、樱花、山杜鹃等盛开的春天的季节，到此参观的游客及休闲的市民络绎不绝。

咸宁殿

卫兵换岗仪式

从春天到初冬，每当游客多的周末，在大汉门前，都要举行再现李氏朝鲜王朝时期的王宫守门卫兵的换岗仪式。他们穿着王朝时期的华丽服装，整齐行进的样子很值得一看。

市民休息之地

德寿宫
中区太平路1街1　☎319-8809
地铁1、2号线市政厅下车
门票：₩700　休息日：周一
入场时间：9:00~17:30(11~2月至16:30)
宫中遗物展览馆
闭馆日：周一　入馆时间：9:00~16:30
卫兵换岗仪式
时间：14:00~15:30
星期：周六，周日（11月、12月仅周日，1月1日~3月19日休息）

李氏朝鲜王朝的正宫

景福宫

경복궁

李成桂（太祖），1392 年建立李氏朝鲜王朝，1394 年定都汉城，当时作为正宫兴建的就是景福宫。之后，到壬辰倭乱（1592 年丰臣秀吉侵略朝鲜）被烧毁时的约 200 年间，这里一直作为王宫，展示了李氏朝鲜王朝前期的历史。第四代国王世宗，集中学者创建韩文字、研究天文等科学技术活动都是在景福宫展开的。

景福宫被烧毁后相当长一段时间内被搁置，到王朝末期的 1865 年，为了重振摇摇欲坠的王朝之威，大院君（国王高宗的父亲）李昰应集中了国家的财力、劳力再次兴建了景福宫。

光化门

日本的破坏及其复原

但是，由于日本的殖民统治，景福宫内众多的建筑物遭到破坏，昌德宫也被移到其他地方（镰仓长谷寺大佛后，也有从此移去的建筑物）。而且拆掉了光化门，建起了巨大的朝鲜总督府，挡住了作为正殿的勤政殿。在没有高层建筑的时代，挡住过去的王宫而耸立着的朝鲜总督府，让在殖民地下生活的韩国人有一种非常大的压抑感。

岁月流逝。1990 年，为纪念汉城定都 600 年（1994），韩国政府开始了对景福宫内殿阁的修复工程。工

正殿—勤正殿

程要重建国王居住的康宁殿、王妃居住的交泰殿等 20 多个殿阁。

从日本殖民统治下解放后，旧总督府一直被作为政府的办公楼及中央博物馆。在景福宫重建工程中，1995 年，金泳三总统决定拆掉旧总督府，这个显示日本威容的建筑终于消失了身影。旧总督府被拆掉后，现在，从光化门正面望去，曾经被遮挡住的勤政殿、总统府青瓦台的屋顶便尽收眼底。

勤政殿，韩国现存最大的木结构建筑物

首先，我们参观一下景福宫的正殿——勤政殿。这里曾经是国王即位，举行正式大礼的场所。该殿是韩国现存最大的木质结构建筑物，与其背后的北岳山一道给人一种极强烈的印象。大殿中央的宝座及天井上的龙的雕刻，非常值得一看。

将目光转到宫殿外，我们也许能看到穿着婚纱及礼服的新婚夫妇。实际上，景福宫是新婚夫妇拍摄结婚照的著名景点之一。韩国人非常喜欢拍纪念照，很认真地摆出各种姿势一张一张地拍。

华丽的社交场所——宴会楼

穿过勤政殿后面的思政门，便是思政殿和千秋殿。思政殿，是国王处理日常政务的场所；千秋殿，则是国王与大臣们讨论学问的场所。

这些建筑的后面，连着近年施

宴会楼

建于池塘小岛上的香远亭

工修复的殿阁。不能再往前走了，参观到此应返回勤政殿后，再向西走。

修政殿，是内阁的办公厅，北面的湖面中浮着个巨大的建筑物，这就是一万韩元纸币上描绘着的庆会楼(国室 224 号)。由 48 根花岗岩石柱支撑的该建筑，是韩国最大的楼阁，这里除接待外国使节，举办宫中宴会外，还是科举考试的考场。

下面参观一下庆会楼东面并排着的新复元的建筑群。康宁殿，是国王居住的宫殿；交泰殿，则是王妃居住的地方。交泰殿里面有取自中国名山峨眉山的坛。

再往东的慈庆殿，是国王母亲的居所。像装饰石墙似的烟囱非常贵重，被指定为宝物。它是李氏朝鲜王朝时期最华丽的烟囱，上面绘有用十种物象表示的十长生图，有代表国王的龙，代表大臣的鹤，代表长寿的太阳、山、水等等。

向北走，有 2 个池塘，池塘中的小岛上建有香远亭，端正、富有美感。是国王听政之余的休息场所。

杀害闵妃事件浮雕

香远亭北侧，东方式的近代建筑是韩国传统工艺美术馆。有民间艺人现场表演传统工艺品的制作，并当场出售。

工艺美术馆东侧的不显眼的地方，有一块浮雕。该浮雕记录了 1895 年，日本公使三浦格梧在此杀害当时王妃的事件(杀害闵妃事件)。

从这里返回入口的中途，有国立民俗博物馆。在王宫东门的建春门周围，正进行着东宫的复建工程，不久这里将再现当时的楼阁。

国立民俗博物馆

景福宫 地图见折页 · 3 – A

钟路区世宗路 1 ☎732 – 1931

地铁 3 号线景福宫站下车 门票：₩700

休息日：周二

入场时间：9:00 ~ 17:00

(11 ~ 2 月至 16:00)

保留国王华丽生活遗迹的王宫

昌德宫(秘苑)

창덕궁

昌德宫，是李氏朝鲜王朝第3代国王太宗，于1405年建的离宫。丰臣秀吉侵略时被烧毁，之后重建。到景福宫再建成的19世纪中期为止，这里一直是国王处理政务的地方。

巧妙地利用了起伏的地形、自然环境，是该王宫建造上的特点，具有很高的文化价值。1997年，被联合国指定为世界文化遗产。下面我们就仔细地参观一下建筑史上具有很高价值的该王宫，看其内部是如何将建筑美与自然美融合在一起的吧。

昌德宫的正门，是敦化门。昌德宫，是在丰臣入侵后重建的，多次遭受火灾。敦化门，是1607年重建时的门，依然保留完好。

穿过敦化门，来到苑内，右手是一座石桥，叫做锦川桥，建于1411年，是汉城最古老的桥。

过石桥向里走，便来到正殿——仁政殿。该殿是主建筑结构，多重屋檐殿内采用顶吹式，内部装饰非常华丽。

仁政殿后面的宣政殿，是国王处理日常政务的地方。再往前走是熙政堂与大造殿。熙政堂是国王的住所；大造殿，是王妃的住所。这两个建筑，都是1920年从景福宫搬迁过来的。李朝最后的皇帝纯宗，至1926年去逝为止，一直是在熙政堂度过的晚年。由于当时他已经在此生活，因此熙政堂内部的装饰，以西洋风格的东西较多。

乐善斋，是从日本皇族梨本宫家下嫁给李朝最后的皇太子李垠的李方子度过晚年的地方。

秘苑，是一座保留了自然风景的庭园

昌德宫北部，是一个叫做秘苑的广阔的庭园。聆听着婉转的鸟鸣，在松鼠穿梭的森林中漫步，令人完全忘记了这是在汉城市内。历代的国王们在这种保留了自然景致的秘苑中，瞑想、狩猎、设宴，大概都会暂时忘记了日常政务的繁忙。

秘苑内部，建有小巧、端正的建筑，与周围自然很好地调和在一起。映花堂、芙蓉亭、鱼水门、宙合楼等，都是非常富有艺术性的建筑物。不同的季节，周围的自然景色分别呈现出不同的气氛。

演庆亭，在王宫的建筑物中使用了很稀有的丹青（具有鲜艳色彩的颜料）。该建筑，模仿了当时民间士大夫的住宅建筑，据说国王经常到此，来学习民间的生活方式。

昌德宫

钟路区卧龙洞1　☎762-9513　地铁3号线安国站下车

门票:₩2200　休息日:周一

参观时间:9:00~17:00(11~2月:至16:00)

英语导游:11:30、13:30、15:30

此外，还有日语、韩语导游，需选择参加入场。所需约1个小时，购票需在出发前20分钟(出发时间有时有若干变更)。

东朝向的明政殿

昌庆宫

창경궁

正殿、明政殿

涵仁亭

1419 年，李氏朝鲜王朝的第 4 代国王世宗，为其父亲第 3 代国王在此修建了寿康宫。之后，曾有一段时间被荒废。1483 年，第 9 代国王成宗，在为当时的 3 个王后修建宫殿以后，这里便开始叫做昌庆宫。丰臣秀吉入侵时，昌庆宫遭到巨大破坏，之后重建，至今。

正门弘化门，在丰臣入侵时免遭烧毁，它是李氏朝鲜时代初期建筑风格中最宝贵的建筑。弘化门的前面是正殿明政殿，明政殿面向东，是该王宫一个重要的特征（其他王宫正殿都与中国一样面南）。之所以这样建的理由，有的说是由于该王宫不是正宫，也有的说是由于该建筑受到高丽时期的传统的影响（有的人说现有的明政殿建筑本身，也是高丽时期的）。

伫立在寂静的王宫内，往事浮想联翩

明政殿的后面，就是近年复原的建筑物，国王的住所文政殿，接见科举考试中第者的场所涵仁亭，王族们的居住地景春殿、观庆殿等建筑。离它不远的地方有李朝时期的天文观测台。

过去，该王宫的院内还有博物馆、动物园、植物园等，来此参观的市民很多。此后，这些设施全部被搬迁，现在则完全变成了非常安静、沉稳的场所。

宫院的北部有池塘，周围长满茂密的树林，是更加悠闲安静的场所。这里有本世纪初期的建筑大温室，可以观赏到韩国固有的兰花品种。另外，屋外有种植韩国野草的植物园，内有惟韩国才有的贵重的野草，对植物有兴趣的人可以慢慢细致观察。

明政亭东朝向

昌庆宫

钟路区卧龙洞 1 ☎762－4868 门票:₩700
地铁 3 号线安国站下车 休息日:周二
参观时间:9:00～17:30(11～2月至16:30)

正殿

祭祀历代国王牌位的地方

宗庙

종묘

宗庙，是祭祀李氏朝鲜王朝历代国王及妃子牌位的地方。正殿内供奉太祖李成桂等19代的国王与王妃，永宁殿有其他国王、王妃及未继承王位但死后追封王号的王族的牌位。李氏朝鲜时期，按当时国教——儒教规则，每年都要在这里举行几次大的祭奠活动。

宗庙，由于是保留了以传统东方思想为基础的王朝仪式的场所，因而获得很高评价，被联合国列入世界遗产名录。

现在，每年5月的第一个周日，全州李氏国王的后裔家族们，便齐聚于此，举行按当时规模的祭奠活动。参加者全部穿着传统的服装，在庄严的雅乐之中举行大规模祭典仪式，很值得一看。

每年5月举行宗庙祭礼大典

永宁殿

市民的休息场所

宗庙内只有少量建筑，广阔而郁葱的林木是年轻的恋人、老年人们离开喧闹的街道，在幽静的气氛中约会、散步的地方。

面对钟路的入口（出口）前是宗庙市民广场，有休息用的长椅，还有出售冰淇淋、烤尤鱼的摊床。在这里还可以看到，在江南地区已经消失的只有旧市区中才有的“市民”休息时的情景。

宗庙市民广场

宗 庙

钟路区庙洞1 ☎765－0195

地铁1、3号线钟路3街站下车 门票：₩700

休息日：周二 参观时间：9:00～17:00

（11～2月至16:30）

昌庆宫与宗庙只要购一种门票，二者就可以同时参观。

国立中央博物馆

국립중앙박물관

1986年开始，旧朝鲜总督府经过改装，成为国立中央博物馆。1995年8月，在拆掉“殖民地时代的残渣”方针中，该建筑被拆掉，用以恢复景福宫的原形。将来，在市区南部的家庭公园内将建成新博物馆，预计2003年完工。

现在的博物馆，是由社会教育馆改扩建完成的，1996年12月正式开放，到新博物馆完工为止，这里将一直作为国立中央博物馆使用。国立中央博物馆收藏品达12万件，其中约4500多件常年展出。虽说博物馆规模小了一些，但却小巧玲珑，博物馆引进了LD、模型等新设备，从视听的角度增加人们对韩国历史与美术的理解。

博物馆中央大厅，为顶吹式，入口在2层。面对2层入口，从左侧绕过去，展示着韩国考古学上的不同时代的历史，分别有从先史时期到三国时期的考古遗物。1层有高丽与李氏朝鲜时期的陶瓷器与舍廊房，地下一层则展示着佛教金属工艺品、佛像、绘画等。此外，博物馆还有个人捐赠的收集品、计划展览室等。

2层 从先史时期到三国时期

从入口向左便是先史室，这里摆放初期铁器出土物、遗址的模型等，展示经过从旧石器、新石器时期

骑马人物土器

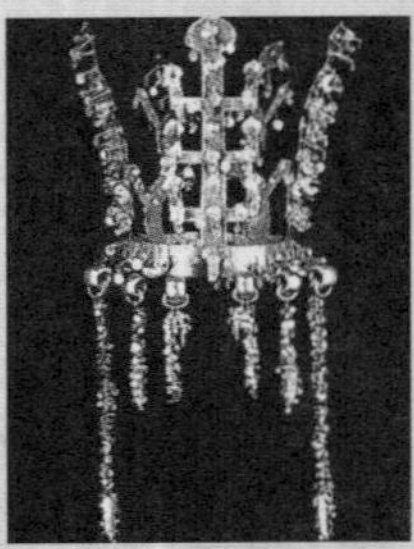
金 冠

到青铜器时期的文化。然后是原三国时代、高句丽、百济、伽耶、新罗等各个展室。原三国时代是指首先建立的三个国家——三韩时代。高句丽展室,展示着豪迈的轩丸瓦,古坟壁画残片。百济室内,展示着优雅的曲线轩丸瓦,带有绘画的砖,武宁王陵出土的王冠等。有关于伽耶的文献很少,历史不明,出土物王冠与马具值得一看。

在新罗展室,有从庆州古墓内出土的装饰物、王冠等,是新罗黄金时期文化的代表,非常有名。另外,骑马人物、土器等也显示了优秀的工艺水平。

统一新罗室内,展示着皇龙寺、雁鸭池等地的出土文物,这些出土文物反映了以庆州为中心的灿烂的唐式宫廷文化。

1层 从高丽到李氏朝鲜时期的陶瓷器

1 层按不同时期展示着韩国骄傲的陶瓷器。高丽青瓷采用中国宋朝时的青瓷技法,被称为绿宝石一样的颜色(翡翠色)闪闪发光,其中还采用了镶嵌的技法。

其次的是粉青砂器,在日本叫做三岛手,是从高丽青瓷的技法衰落的 14 世纪左右开始制作,是用白色土加釉彩制作的陶器。朝鲜白瓷室内,摆放着从 16 世纪后半叶开始制作的白瓷,没有花纹的纯白瓷、使用了钴的青花白瓷、用铁染成红色的辰砂白瓷等,很有系统。

舍廊房屋内,展示着再现了李氏朝鲜时期家父长的居室、起居间的情景,及文房用具、书画等。

白瓷铁绘云龙纹壶

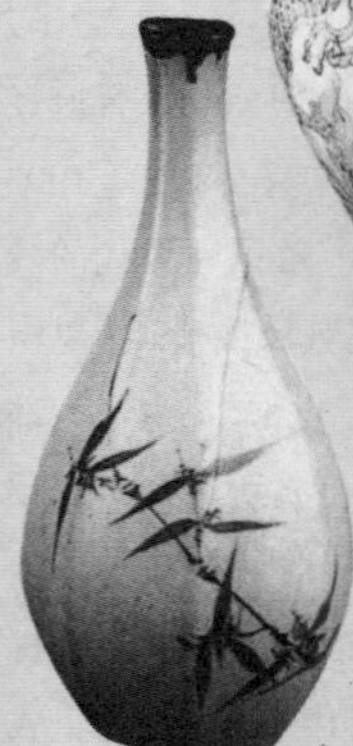
青华白瓷兰竹纹角瓶

青瓷镶嵌辰砂牡丹纹梅瓶

螺钿箱子

河回面

地下

1层 佛教雕刻与绘画，个人收藏品

佛像雕刻室内，展示着从三国时期开始到李氏朝鲜时期的佛像，特别是6、7世纪造像鼎盛时期所造的半跏思惟像等，值得看的很多。金铜半跏思惟像，是韩国的代表佛像之一。

金属工艺室内展示着舍利容器及高丽时期具有洗炼的花纹的镜子、水壶等。水晶与东垣纪念室内，展示着韩国著名个人收藏家的捐赠品。另外，井内赠室内，展示着以收集韩国瓦而闻名的井内功的捐赠品。每一种收集品，都可以从中看到收集家对韩国美术的很高的见识与对待收集的专一性。

姜世晃影帧

绘画室内，有李氏朝鲜时期的绘画，根据画家的变化展示不同时代的作品。在这里，可以欣赏到各时期有代表性的画家的作品。（编注：展示品博物馆会根据不同情况随时变换内容，图片只是馆藏品的代表性的一部分。）

国立中央博物馆 **地图见折页·3－A**

钟路区世宗路1 ☎398－5000
地铁3号线景福宫站下车 门票：₩700
休息日：周一、元旦
开馆时间：9:00～18:00
（11月～2月 9:00～17:00）

Chongno 钟路

종로

钟路地区的标志——普信阁

钟路地区，以普信阁为中心，这一带从李氏朝鲜时代开始就是商业街，现在也是汉城代表性的繁华街道之一。该地区以钟路大道为界，气氛迥异。北侧，写字楼较多，有以古董闻名的仁寺洞及塔普克尔公园；南侧，则以语言学校、咖啡屋、冷饮店居多，号称钟路大学，年轻人熙熙攘攘。

最热闹的地方，还是普信阁的东区。面对钟路的一带自不用说，走进里面的街道，有很多的店铺。以饮食店为主，还有很多面食店、咖啡屋、啤酒屋，以及相当多的快餐店。同明洞相比，这里整体上的平民气息较浓，令人很轻松。

靠近南大门路一带，是经营服装面料的店铺集中的地区，色彩鲜艳。在这一带漫步，能深深体会到一种身在韩国的亲切感。

主要景点

普信阁 ◆보신각

地图见 P148・1－C

位于钟路与南大门交汇处的钟楼。它是为在世宗时期

(1395 年)铸造的钟及钟阁移到现在的地方而修建的,1985 年,又进行了翻修。古代,早晚的钟声,是汉城城门开关的信号。现在,每年大年三十,要在此敲钟 33 下。

仁寺洞 ◆인사동

地图见 P148 · 1～2-A～B

以陶瓷器、古美术品而闻名。

该街道起源于 19 世纪末期, 那些从李氏朝鲜时期就在宫内服务的宫人们为生活所迫,将代代相传的家宝在此出卖,渐渐形成。

仁寺洞狭窄的道路两侧,陶瓷店、笔店(书法用品店)、螺钿细工店铺、假面店铺等传统工艺品店铺,鳞次栉比,而且到处都有画廊,引导着韩国的美术潮流。

里面的街道,保留有古代的韩屋,还有平民韩食堂、韩式料理店等各种各样传统料理。街上随处都有面向知识阶层的咖啡店、传统茶店等,来一杯也不错。

光化门 ◆광화문

地图见折页 · 3-A

是李氏朝鲜王朝的正宫景福宫的正门。

1922 年, 当时在勤政殿前建朝鲜总督府时, 有一个计划就是要拆掉光化门。为此,民艺活动家柳宗悦义愤填膺,发表了《为了朝鲜的建筑, 决不能失去》的文章, 阻止拆毁光化门。

此后, 光化门被移到了东侧的围墙附近, 1970 年又被移回到现在的位置。光化门匾额上的文字, 是朴正熙总统亲笔书写的, 在韩国的门匾额当中, 是很少有的用韩文字书写的。

光华门

青瓦台

地铁3号线景福宫站下车，沿景福宫围墙步行一周，约30分钟。

一般参观

4、5、9、10月：周五、六的13:00～17:00

在景福宫东侧广场的参观咨询处，分发当天的参观券（免费），名额限制在1300名。

青瓦台 ◆청와대 地图见折页·3-A

大统领府——青瓦台

青瓦台，是韩国政治权力的代名词，也就是总统府。过去，这里禁止游人出入，1998年5月开始，青瓦台内部也开放参观了。

从青瓦台东面走向的公路，隔着大门，可以眺望到名副其实的蓝屋顶的总统府全景。可以自由拍照，但周边的警卫非常严，气氛很紧张。它的地点正好在景福宫的背后，需要绕王宫一周才可以走到。

塔普克尔公园

钟路区钟路2街38-1

☎742-0553

参观时间：8:00～22:00

塔普公园的13层大理石塔

塔普克尔公园 ◆탑골공원 地图见P148·2-B～C

在李氏朝鲜王宫的保护寺——圆觉寺的遗址上，保存有用大理石砌成的13层的塔及龟碑石（均为国宝）。由于有这13层的大理石塔，因而又称“塔公园”。这里是1919年“3·1运动”的中心。公园内的12块浮雕，绘有韩国民众抵抗日本官宪的情景。

曹溪寺

钟路区坚志洞45

☎732-2115

曹溪寺 ◆조계사 地图见P148·1-B

是韩国佛教的最大宗派——大韩佛教曹溪宗寺院的总部。

院内，1395年修建的大雄殿雄伟壮观，前庭内建有舍利塔。大雄殿的左侧，有一棵树龄达500年的稀有的白松，是一株天然纪念物。

旧历四月八日，是释迦牟尼诞生日，在此要举行灯笼大会，众多的市民都来参拜。

钟 路

以手工面自居的特制炸酱面

Ⓡ万宝城

만보성

钟路区贯铁洞 32－5 ☎730－8944～5
营 11:00～22:00 休春节、中秋(各 2 天)
预不要

这里以用自家磨的面做成的炸酱面而骄傲。特别是叫做“耶那儿炸酱面”。

“耶那儿”就是“过去”的意思，表示该店的 20 年以前就起了这个名字。

这里还有单道菜。特别推荐“耶那儿炸酱面”₩3000。面类₩3800～4000，米饭类₩3000～10000。

大玻璃窗的明快的面食店

Ⓡ宾格雷面食

만보성

钟路区贯铁洞 14－7 ☎730－5341
营 9:00～22:30 休春节、中秋(各 1 天)
预不要

1 层 2 层均是餐厅，但 2 层天棚很低，要注意，走路不小心的话头就会撞到天棚上。点菜可以用放在桌子上的点菜单，在菜名的旁边记入数字，之后交给店员即可。烤尤鱼₩1000，欧殿₩1500，煎饺₩3500。菜都是摊贩上的菜谱，但也足够果腹。

可以外卖的紫菜卷饭

Ⓡ钟路紫菜饭

종로김밥

钟路区钟路 2 街 ☎732－1353
营 9:30～21:30(周日 9:30～)
休元旦、中秋(各 1 天) 预不要
地图见 P148・2－C

韩国式的紫菜卷饭，有点像快餐，可以很轻松地用餐。店门口可以看到店员做紫菜卷饭的情景，可以即食。不吃，就是只看一看她们麻利地做紫菜饭的情景，也够高兴的。

有蔬菜、泡菜、混合等 6 种，₩ 2000～。

仁寺洞

品尝韩国酱味的拌饭

Ⓡ天麻鲁屋

툇마루집

钟路区仁寺洞 4－2 ☎739－5683
营 11:30～22:00
休春节、中秋(各 1 天) 预不要
地图见 P148・2－B

这里的甜酱拌饭，是长时间蒸出来

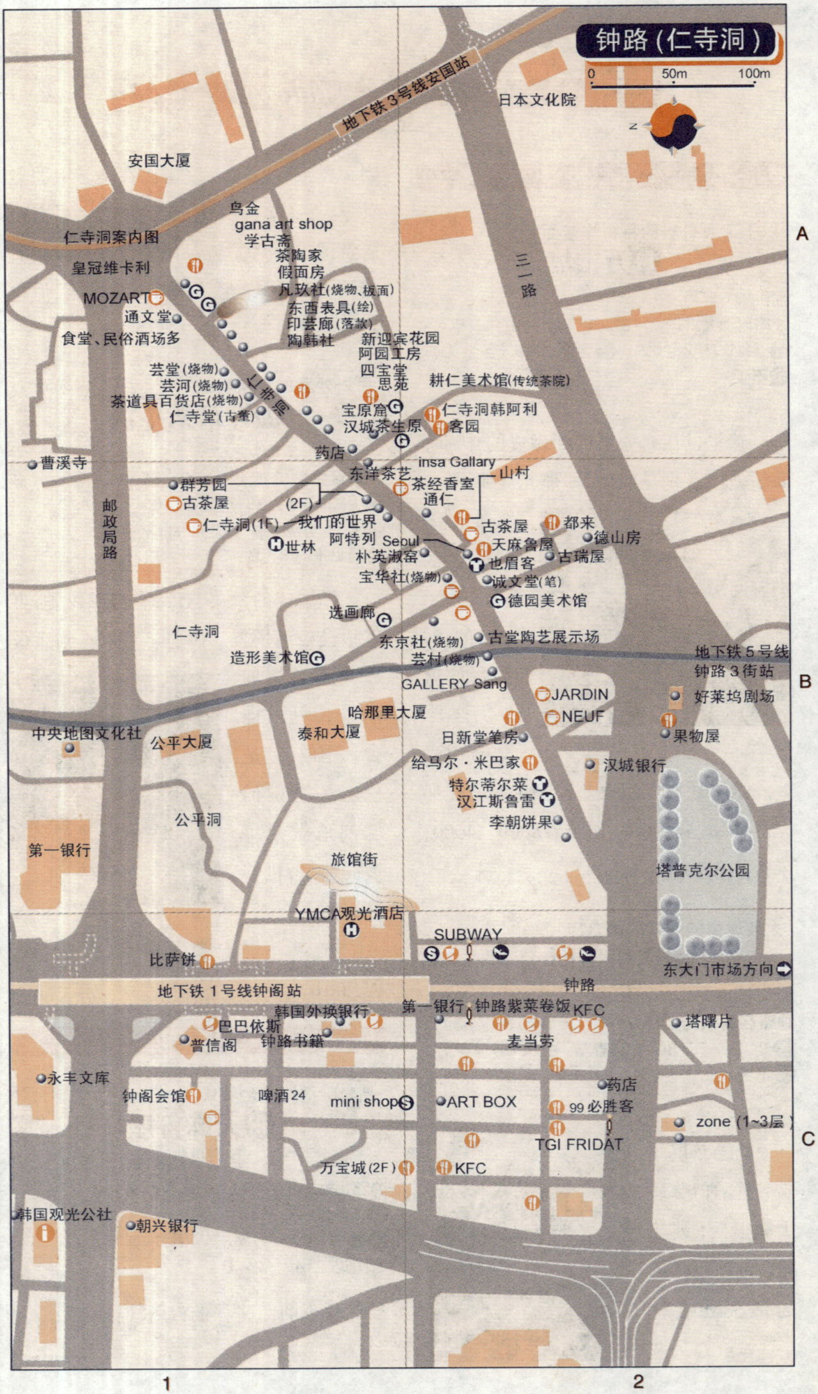

钟路（仁寺洞）
0
50m
100m
日本文化院
地下铁 3 号线安国站
安国大厦
乌金
gana art shop
学古斋
茶陶家
假面房
仁寺洞案内图
皇冠维卡利
MOZART
通文堂
食堂、民俗酒场多
凡玫社(烧物、板画)
东西表具(绘)
印芸廊(落款)
陶韩社
新迎宾花园
阿园工房
四宝堂
思苑
耕仁美术馆(传统茶院)
三一路
芸堂(烧物)
芸河(烧物)
茶道具百货店(烧物)
仁寺堂(古董)
宝原窑
汉城茶生原
仁寺洞韩阿利
客园
药店
insa Gallary
曹溪寺
东洋茶艺
茶经香室
山村
通仁
群芳园
古茶屋
(2F)
仁寺洞(1F)
我们的世界
世林
阿特列
Seoul
朴英淑窑
古茶屋
都来
天麻鲁屋
德山房
也眉客
古瑞屋
邮政局路
宝华社(烧物)
诚文堂(笔)
德园美术馆
选画廊
仁寺洞
东京社(烧物)
古堂陶艺展示场
造形美术馆
芸村(烧物)
GALLERY Sang
地下铁 5 号线
钟路 3 街站
JARDIN
NEUF
好莱坞剧场
哈那里大厦
泰和大厦
中央地图文化社
公平大厦
日新堂笔房
果物屋
给马尔・米巴家
汉城银行
特尔蒂尔莱
汉江斯鲁雷
李朝饼果
公平洞
第一银行
旅馆街
塔普克尔公园
YMCA观光酒店
SUBWAY
比萨饼
东大门市场方向
钟路
地下铁 1 号线钟阁站
第一银行
钟路紫菜卷饭
KFC
韩国外换银行
巴巴依斯
塔曙片
普信阁
钟路书籍
麦当劳
永丰文库
药店
钟阁会馆
啤酒 24
mini shop
ART BOX
99 必胜客
zone（1~3层）
TGI FRIDAT
万宝城（2F）
KFC
韩国观光公社
朝兴银行
A
B
C
1
2

的，很有农村的味道，是该店的名味。主人同时是诗人，所以仁寺洞的艺术家们常来此聚集。

甜酱拌饭₩4500，在米饭内加入葱、蔬菜，上面再加入甜酱，充分搅拌再吃。第一次吃的人，大概不习惯它的味道，但吃起来之后就不会在意了。传统酒₩6000～，很有名。

在宁静、沉稳的气氛中品茶

Ⓒ传统茶院

전통다원

钟路区宽勳洞 30－1　耕仁美术馆
☎730－6305　营 10:00～22～30
休年中无休

这家店 15 年前就已经有了，是传统茶店的先驱。因其位于从大街稍往里的耕仁美术馆的院内，气氛宁静、沉稳。大楼采用出租方式，店铺很多，但这里是用 30 年前的韩式房屋改造而成的，整个建筑都富有韩国情调。

茶院还有地炕式的房间，可以一边眺望美术馆的中庭一边品茶，度过一段悠哉的时光。

用温暖的绿茶喘口气

Ⓒ茶经香室

다경향실

钟路区宽勳洞 18　☎723－3651
营 10:00～23:00
休春节（1 天）　地图见 P148・2－B

专营绿茶的茶店。该店社长是诗人，对传统文化有很深的造诣，有著作。

点了绿茶，有时间的话，社长还会按照韩国茶道的规则，亲自为顾客斟茶。店内还售茶、韩纸、卡片等。

小鸟飞来飞去的传统茶店

Ⓒ古茶屋

옛찻집

钟路区宽勳洞 2－2　☎722－5019
营 10:30～22:30　休年中无休
地图见 P148・2－B

位于仁寺洞街，灯笼是其标志。走进小路，有一个全绿色的台阶，就是入口。该店是一家传统茶店，店的风格有些像韩国的农村，分 1、2 层。

2 层有 8 只小鸟自由地飞来飞去，一股田园气氛。主人说是“一些不会飞到外面去的鸟”，但藏在哪里，找起来却不容易。

一碗里面二种味道

Ⓡ都倍机之家

뚝배기집

钟路区贯铁洞 5－1　☎2265－5744

营 7:00～23:00(周日 12:00～)

休 周六　预 不要

走进钟路 ELS 的横街，拐角处有一个小而古老的店。每天中午，这里都有人排队。点了"鸡给"之后，还有用不锈钢容器盛装的米饭。吃法是根据自己的口味加入辣椒酱，将放在"鸡给"中的鸡蛋不上火直接拌在米饭里，像拌饭一样地吃。

"鸡给"的种类有几种。有用大酱手工制作的黄酱鸡给₩3000，有用微辣的纯豆腐做的鸡给₩3000。都相当好吃。

救世主一样的食堂

Ⓡ所闻南之家

소문난집

钟路区乐园洞好莱坞剧场旁　☎742－1633

营 4:00～22:00　休 年中无休

预 不要

继承了婆婆的业绩近 30 年的女主人，从 1950 年开始就谨守着店铺的结构及低价格。微辣的汤，进了喉咙便有一种清爽的感觉。加白菜的泥鳅汤₩1500。

这里的常客，几乎都是体力劳动者、失业者、聚集在塔普克尔公园的老人

们。有的客人，还特意跑来告诉店主找到了工作，足见该店很有人情味。

蛤蜊汁、清淡的肉汤

Ⓡ给马尔·米巴家

갯마을 밀밭집

钟路区仁寺洞 152　☎737－0229

营 11:00～21:30　休 春节、中秋(各 1 天)

预 不要　地图见 P148·2－B

汤，是在研究又研究的基础上开发出来的，只使用蛤蜊，清淡、爽口，蛤蜊的量及温度是关键。加入些辣椒末儿的话，味道也很好。肉汤₩4000，点菜时要比人数的量点得略少一些，也可以追加饺子(1 碟 6 个₩4000)。

令人中意的店内构造的传统茶屋

Ⓒ仁 寺 洞

인사동

钟路区宽勳洞 196－5　☎723－4909

营 10:00～24:00

休 年中无休　预 不要　地图 P148·1－B

漫步仁寺洞街时，会发现这家醒目的茶屋。推开木制的大门，大枣的香气扑

鼻而来。这里的茶全部是自家制，在入口处调制各种茶。

店内是一种传统的韩国式样，有一种奇妙的沉着感，令人很舒服。各种传统茶₩4000～(带点心)。

特受欢迎的，使用35种野菜的健康料理

Ⓡ山　村

산촌

钟路区宽勳洞14　☎735－0312
营 12:00～22:00　休元旦(2天)、春节、中秋(各3天)　预不要　地图见P148·2－B

该店用新鲜的蔬菜、野菜为主制作健康菜肴，一概不使用化学调味料，充分发挥出原料的自然味道。

该店店主金演植，是一个长年修行佛门的人，他研究佛门僧人的饮食，并加以整理推广。

整个店铺都散发出一种独特的气氛。晚上20:00开始还有民俗舞蹈演出，是在其他地方所难以看到的。套餐白天₩15000，晚间₩25000。

品尝纯豆腐的味道

Ⓡ客　园

객원

钟路区宽勳洞29－8　☎730－3609
营 12:00～22:00
休周日、节日　预不要　地图见P148·2－A

是以豆腐为主的餐馆，每天都从江原道运来新鲜的豆腐。有未加入卤水的很嫩的纯豆腐，润滑，口感好；坚硬的生豆腐，有大豆味道。这些，都是一定要品尝的。纯豆腐套餐₩4500，客园套餐₩5000。

购　物　Shop

钟　路

代表汉城、以至于代表韩国的大型书店

▶教保文库

교보문고

钟路区钟路1街1－1　☎397－3500
营 10:00～21:00(休息日20:00)　休元旦、春节、中秋　地图见折页·3－B

这是一家只有一层图书销售场的

"东方最大"的超大型书店，位于教保(大韩教育保险)大厦办公楼地下1层，整个一层都是书店。

该书店1981年开业，这种在韩国不曾有的大资本经营的大书店的出现，成为当时议论的话题。书店的开业也有一种由于韩国读书人数的增加，经营者为社会服务的感情在内。1991年，该店停业改装，当时有一种说法是该书店要退出市场，但改装后又奇迹般地开业了。

书店采用电脑管理图书存货，只要向店员说明想要的书，电脑马上就会找到。

与地铁站直接相通的，韩国最大的文具店

▶永丰文库

영풍문고

钟路区瑞麟洞 33　☎399－5600
营 10:00～21:00(休息日至 20:00)
休 新年、春节、中秋　地图见 P148・1－C

是1992年开业的综合图书中心，位于大型办公楼地下，内部很宽阔。从地铁钟阁站的通道可以直接进入书店。

地下1层、2层是图书货架、地下2层还有大面积的文具货架，号称是"国内最大"的，品种相当多，很便宜，纯韩国货，做礼物送人很合适。

买地图的话在这家店

▶中央地图文化社

중앙지도문화사

钟路区公平洞 125－1　☎730－9191～3
营 9:00～18:30
休 春节、中秋(各2天)　地图见 P148・1－B

是经营国立地理院地图的专门店。有25万分之1，5万分之1，2万5千分之1，5千分之1等4种地图。

柜台处备有用汉字书写的地图一览表与申请用纸。用纸上除了要写上地图名字以外，还要写上住址、姓名、职业、住民登录号等，还要将地图后面的管理序号写上，很严格。在法律上，韩国禁止将地图非法带往国外，违反者将被处以劳动改造。此外，这里还销售登山地图，该社发行的地图帐。

仁寺洞

经营最高级的陶瓷

▶东京社

동경사

钟路区仁寺洞 177～3　☎720－7151
营 10:00～18:00
休 春节、中秋(各1～2天)
地图见 P148・2－B

是经营三大陶艺家柳海刚、申相浩作品的著名的店铺。店内陈列着高品质的作品。

希望购买韩国最高级陶瓷的话，向您推荐该店，令人放心。

经营池顺铎作品

▶陶韩社

도한사

钟路区宽勳洞 30　☎734－3040

营 10:00～18:30(休息日:10:00～18:30)

休 新年、春节、中秋　地图见 P148·1－A

是经营池顺铎陶瓷作品的名店。宽敞的店内，展示着陶瓷作品，很容易观看。

此外，这里还可以用很适当的价格购买到池氏弟子的作品，如筷子架、茶具等。

品种全的陶瓷店

▶茶陶家

다도가

钟路区宽勳洞 72　☎735－8889

营 9:00～19:00　(周日 11:00～)

休 年中无休　地图见 P148·1－A

该店具有 30 年的历史，经营申相浩、朴陶元的作品。

这里有一人用的茶杯，带盖子的茶碗等，号称仁寺洞第一家。此外，还销售韩国的传统菜。

独特造型的面具店

▶假面房

탈방

钟路区宽勳洞 71　☎734－9289

营 10:00～19:00

休 新年、春节、中秋(各 1 天)

地图见 P148·1－A

是仁寺洞惟一的假面专卖店。展示、销售社长的弟弟在水原工场手工制作的假面。假面，是古典艺能的假面剧中使用的面具，以安东河回村的河回假面为主。河回假面，10 面为一组，有两班、僧侣、新娘、老女、狮子等种类，每一种表情都很幽默。

除了大小各样的假面之外，这里还有假面坠儿、胸针、装饰物等等。

普通工艺品齐全的

▶我们的世界

우리세계

钟路区宽勳洞 196－6　☎725－1216

营 9:30～20:00

休 年中无休　地图见 P148·1－B

主人开这家店的目的，就是想让更多的人了解韩国的传统工艺品。

哪怕是一个很小的小物件，都能让人感受到韩国风格。该店最适合寻找小东西。

选择李朝的古董家具

▶通　仁

통인

钟路区宽勳洞 16　☎733－4827
营 9:30～19:00
休 新年、春节、中秋（各 1 天）
地图见 P148・2－B

是经营古董的老店，店铺共 5 层。1 层与别馆是现代工艺品，2 层是李朝家具的复制品，3～5 层是古董柜台。在 1 层购买一些小东西，就会令人感受到通仁的好处。但是该店的主要内容还是在 3～5 层的古董。复制品家具非常的朴素，但是作为一种长期使用的东西，其韵味的深度，应该讲只有古董才具备。小

的东西从几十块钱人民币起，可以负责包装，运输到最近的港口。

该店的物品均明码标价，可以放心购买。

越用越觉得好的器皿

▶朴英淑窑

박영숙요

钟路区宽勳洞 197－4　☎737－6889
营 10:00～18:00　休 节日
地图见 P148・2－B

朴英淑曾在很多国家举办过个人作品展。在马路对面，还有展示朴英淑作品的美术廊，叫“汉城工作室”。

朴的作品有沿袭古典形状的壶，独创的

扇子
有体现个性的颜色的扇子，韩国味十足的扇子等各种各样。

在仁寺洞发现的各种礼物

有的店将其作为礼物，包装得很漂亮。

韩纸
多彩的韩纸可作为送人礼物，也可作为包装用。不散卖，需在店头选择小包装的。

器皿，日常使用的餐具类等等，每一个品种都能让人感受到从釉彩的美丽中所透出的润滑，在视觉、触觉上给人以愉悦。虽然其作品价格相当贵，但使用起来得心应手，长期使用更会感觉到它的好处。

以自然和时间为主题的车间

▶阿园工房

아원공방

钟路区宽勳洞 50　☎734－3482

营 10:30～19:30　休 周日、新年（2 天）、春节、中秋（各 3 天）　地图见 P148・1－A

这是一家即便是在经营金属制品、装饰品等为主的仁寺洞，也是非常引人注目的车间。作品全部手工制作，店主人及其姐姐、姐夫的作品为主。姐姐的作品以“自然”为题，姐夫的作品以“时间”为题。

用肉眼看不见的东西，作为主题表现起来非常困难，完全看接受者的艺术感觉，大多数人还是以“喜欢这个”这种

单纯的心情来购买的。此外，装饰品中的小东西有些感觉很好，特别值得推荐。

日常茶具丰富的

▶汉城茶生园

서울차생원

钟路区宽勳洞 31　☎730－2983

营 9:30～22:00　休 新年、春节、中秋（各 1天）

地图见 P148・1－A

经营以茶具及茶等日用品为主，价格也很便宜，适合于送礼。有成套的茶壶、茶杯、泡菜罐等。特别是单个的茶杯种类很丰富，好多让人感觉很好。

这里还销售茶叶，有很多是难以见到的种类的茶。

小型泡菜罐
真正泡菜罐非常大。这种小型的适合于放在餐桌上，也可以用来装酸梅干。

九折板容器
中间有隔板，很方便。开晚会时装菜显得很豪华。

点心盒或杯垫
色彩鲜艳的垫子，弄湿也没关系。

筷子架
大号的可以用来放餐刀及汤匙。

茶碗
中间茶色的筒内放入茶叶，再盖上盖子闷。筒的底部开有细小的孔，起到茶壶的作用。可以反复沏茶。

迷宫般充满活力的汉城最大的市场

Tongdaemun Market

东大门市场

동대문시장

❶白天也营业的斗山大厦
❷❸❺店铺，根据经营品种划分区域
Designer Club
❹ 800 家店入位的Designer Club
❻不但经营西装，还经营杂货、TEAM204

韩国最大规模的东大门市场，位于东大门以西地区。从地铁东大门到钟路 5 街站，一站半的地区是市场，面积非常之大。

一般所提到的东大门市场，是指以1904年开设的东大门市场为中心，东面的东大门综合市场，西面的广藏市场3个市场合并的地区。另外，与周边的平和市场、芳山市场等几个有个性的市场在一起，构成了一个巨大的消费区域。

每个市场都以面对商人的批发店居多，但基本上任何人都可以在其中购物。在原来的市场大厦中，以出口用衣料的第一平和市场和皮革衣类的光熙市场 2 家在游客中最有名。

另外，在东大门重点观光项目中，最近在购物者当中最引人注目的是集中在东大门运动场东部区域的时装大厦型的新的批发建筑群。从韩国各地而来的专业采购者们，都拥挤在这块便宜，优质的服饰、杂货制品地区。

同南大门市场一样，东大门市场也是按商品划分区域，很容易购买。市场内很复杂，商品货架与商品柜台，纵横交错，仿若迷宫，令人目不暇接。到这里来，不能不令人感受到汉城的活力，韩国的活力。

主 要 景 点

东大门 ◆동대문

地图见 P159・1－A

正式名称叫兴仁之门，1398 年建成，1869 年改建。李氏朝鲜时期，城东西南北各修了一个大门和小门。而现存的大门只有南大门与东大门。

东大门与其他门不同，门的外侧建有半圆形的外墙，这是为了防止外敌入侵而采用的瓮城式样。

旅游指南处
钟路 5 街站入口
☎272－0348
兴仁市场入口
☎253－0083

东大门市场漫步方法

从市场的象征东大门开始

从东大门前出发的话，首先应该去的是与地铁 4 号线东大门站直接相通的东大门地下商街。

这里，是以韩服布料为主的传统时装的专门市场。鲜艳色彩之间的差异，是惟韩国独有的。

走到地下商街的尽头来到地上，横在面前的是架着高架路的大街。这里没有人行横道，需走靠近路口东面的天桥。天桥上都有露天商贩在此做生意，令人吃惊。走过天桥，街道的一角是放着桌子、椅子的露天图章店，可以选择材料，当场刻图章。刻一个韩文的图章如何？

引人注目 深夜中的活力 东大门人气热点

东大门引人注目的新建筑群，百货店一样的漂亮外观是其标志。每个大厦内都集中着 3~6 平米左右的批发屋(店铺)，整个大厦都有一种批发大厦的感觉。狭窄的空间里裙子、内裤、夹克衫等按商品划分区域。几乎所有的商店都是由年轻女性来经营，销售对象也是年轻女性。

这里与过去的那种乱糟糟的市场气氛完全不同，反而是很明快，很易于购物。商品也不是像迄今为止的市场那样，同样设计的商品任何一家都有，而是每一家店都有自己的特色。价格也只是百货店价格的 1/2~1/3，几乎不打折。

像这样的建筑物有好几栋，当地的女性都有自己想去的商店。因为都是些小商店，所以也难说哪家好，最好的办法还是采用"从一头走到另一头，寻找中意的东西"。

夜里营业的大厦，深夜 1~2 点时最热闹，摩肩接踵。不管怎么说，这里都是一块未知的土地。逛深夜市场还是在地铁停运前回饭店，或者早晨闭店之前来，最重要的是，要格外注意安全。

白天营业，气氛明快，易于购物的斗山大厦 ◆**두산타워**

地图见 P159 东大门周边 · 1-B

营 10:00~5:00 休 周日 23:00~周一 21:00

地下 1 层，1 层是面对年轻女性的服装。2 层是儿童服，3 层是男士服装与杂货、装饰品，4~6 层为鞋。10 层的咖啡厅观景很美。

白天也营业，年轻女性欢迎的 ◆**미리오레**

Migliore 地图见 P159 东大门周边 · 1-B

营 10:30~5:00 休 周一

1~3 层为面对年轻女性的服装，4 层为男士服装，5~6 层为杂货。

面对家庭，接近于百货店气氛的 ◆**프레야타운**

FREYA TOWN 地图见 P159 东大门周边 · 1-B

营 10:30~5:00(不同楼层，不同店铺略异)

休 周二

地下 1 层为儿童服装，1~2 层为女士服装，3 层为男士服装，4 层为装饰品、杂货等，5~6 层为西装料，7 层为床上用品，8 层为鞋，9 层为玩具，11 层为餐馆街，12 层为桑拿。

独特设计的商品丰富，有近 800 家店铺入住的大规模大厦 ◆**디자이너클럽**

Designer club 地图见 P159 东大门周边 · 2-B

营 20:30~8:00(不同的店略异) 休 周六

地下 1~3 层是面对年轻女性的服装，4~5 层是男士服装

女性用品齐全，杂货丰富 ◆**팀204**

TEAM 204 地图见 P159 东大门周边 · 2-B

营 21:00~9:00(不同店略异) 休 周六

地下 1~3 层为女性服装。4 层为进口杂货、装饰品。

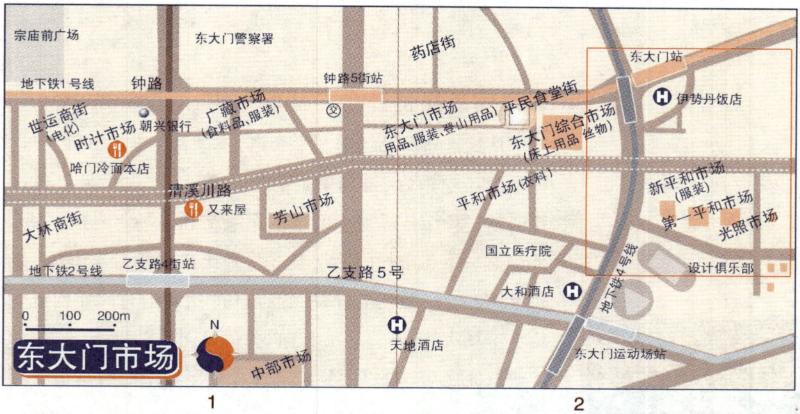
东大门市场
宗庙前广场
东大门警察署
药店街
地下铁1号线
钟路
钟路5街站
东大门站
伊势丹饭店
世运商街
(电化)
朝兴银行
广藏市场
(食料品,服装)
东大门市场
用品,服装,登山用品)
平民食堂街
东大门综合市场
(床上用品 丝物)
时计市场
哈门冷面本店
清溪川路
又来屋
芳山市场
平和市场(衣料)
新平和市场
(服装)
第一平和市场
光熙市场
大林商街
国立医疗院
设计俱乐部
地下铁2号线
乙支路4街站
乙支路5号
大和酒店
地下铁4号线
0
100
200m
N
天地酒店
中部市场
东大门运动场站
1
2

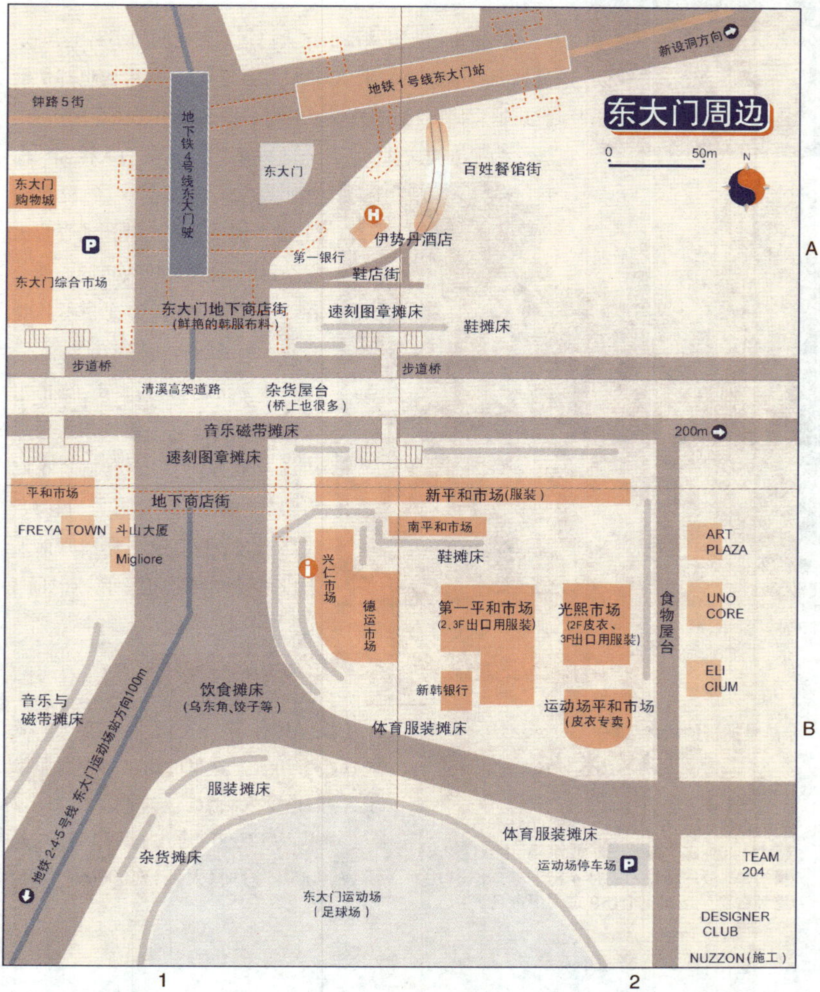
东大门周边
新设洞方向
地铁1号线东大门站
钟路5街
地下铁4号线东大门驶
东大门
百姓餐馆街
0
50m
N
东大门
购物城
伊势丹酒店
东大门综合市场
第一银行
鞋店街
东大门地下商店街
(鲜艳的韩服布料)
速刻图章摊床
鞋摊床
步道桥
步道桥
清溪高架道路
杂货屋台
(桥上也很多)
音乐磁带摊床
200m
速刻图章摊床
平和市场
地下商店街
新平和市场(服装)
南平和市场
FREYA TOWN
斗山大厦
Migliore
鞋摊床
ART
PLAZA
兴仁市场
德运市场
第一平和市场
(2,3F出口用服装)
光熙市场
(2F皮衣、
3F出口用服装)
食物屋台
UNO
CORE
ELI
CIUM
音乐与
磁带摊床
饮食摊床
(乌东角、饺子等)
新韩银行
运动场平和市场
(皮衣专卖)
体育服装摊床
地铁2 4 5号线 东大门运动场站方向100m
服装摊床
体育服装摊床
杂货摊床
运动场停车场
TEAM
204
东大门运动场
(足球场)
DESIGNER
CLUB
NUZZON(施工)
A
B
1
2

时髦商品品种齐全

从这里到运动场的几十米内，并排着小食摊，可以在这些小食摊吃饱后，再到附近的市场转一转。这里最值得推荐的就是位于该区域中心部的第一平和市场与光熙市场。

第一平和市场的 2 层及 3 层是出口服装专卖市场。光熙市场的 2 层是皮衣等皮制品市场。这周围有同样构造的几个市场大楼，不要迷失方向，要适可而止。

逛完之后，可以再到采购商人们多集中的购物区去看一看。

再来市场及其南面的东大门运动场之间的小路上，可以见到 designer Club、TEAM204等新建筑群。建筑内也都是批发店铺，百货店似的外观及时髦的商品吸引了众多的游客。

为了方便从韩国各地来的买家，几乎所有的大楼都从夜里10点左右开始营业，到凌晨关门，营业时间正好与普通的百货店完全相反。如果以逛夜市的心情去看一看，就肯定会为这些不睡觉的商人们的活力而仰天长叹了。

转完市场，来到大街上，沿东大门运动场步行到地铁东大门运动场站最方便。中途有很多小吃与杂货的摊床。地铁东大门有3条线路通过，但地铁在晚12时前发末班车，深夜购物时要留意时间。

餐 馆 Restaurant

总是拥挤的烤肉店餐

Ⓡ又来屋

우래옥

中区舟桥洞 118－1　☎265－0151

营11:30－22:00　休新年、春节、中秋(各2天)

预约：不要▶地铁乙支路 4 街下车，出出口①道旁右拐　地图见 P159 东大门市场・1

该店具有 50 年的历史，很多人特意老远跑来用餐。这里的烤牛排里脊很拿手，冷面也令人满意。

烤肉₩13000，烤牛排₩15000。盐烤₩20000。冷面(大碗)₩6000，(小碗)₩5000。

旅游路线中没有的食品专门市场 **新堂洞中央市场**

汉城市民的厨房

市民的厨房，洋溢着平民气氛

“提到汉城就要购物，提到购物就要去市场”，以这种三段论而闻名的市场，总是顾客盈门。位于中心地区交通方便的南大门市场自不用说，行家喜欢的东大门一带现在也是一个很好的旅游购物地区。但是这些地区都游客较多，市场所具有的那种平民化的易亲近感很淡薄，特别是在商品方面，有些游客并非想去看本地特产的人参、松蘑等，而是更想逛逛出售一般市民日常生活食品的市场。

因此，比起有数的大规模专业市场，这里介绍一下更有平民气息，商品也很丰富的新堂洞中央市场。

从东大门运动场乘地铁2号线，向蚕室方向坐一站地便是新堂。

地铁运行的马路以北的广阔的地区就是中央市场。地铁前后2个出口正中间的地方，便是市场的主干道拱顶市场。

眼前活生生的残害生物的市场，这一切都是为了美味……

在这里，有3处市场令人感到感情上难以接受。

①食用动物市场

②活杀鸡、家畜市场

③刺身的专卖店街

当然这里也有很多经营普通服装、小吃、水果等的摊床，不忍看到残忍场面，可以在此慢慢享受。

①从带顶棚的主干道，沿一直向西的道路行近几十米，就会看到店头的小笼子内圈着的鸭、兔等小动物，以及用锁链拴着的大狗、山羊等。比起这些牲畜的味道，可怜的气氛更浓厚。在冷藏的冰箱中还可以看到已经被剥下的狗腿，令人害怕。

②从主干道来看，是集中在与①正相反的一直向东的道路内。数不清的店铺，尤其是有相当数量的活杀现场让人吃惊。这一带，出售头、足、骨头、内脏等，占绝大多数。

最后的③是用于美食的刺身专卖店街。在有顶棚的主干道下面有地下街，入口的台阶稍微不太好找，最靠近大街的部分是最大的刺身专卖店街。街上走累了的话，可以在此要一点鱼刺身，来一杯烧酒。

前往方法

地铁2号线新堂站下车。马路的北侧一带就是市场。

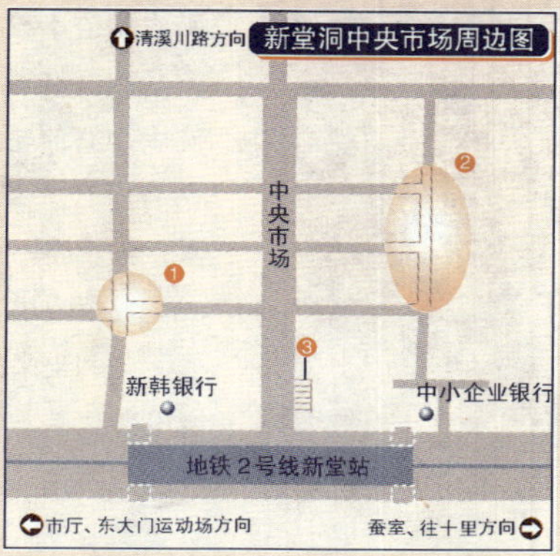

Taehangno

大学路
대학로

韩国最新文化的发源地

大学路是剧场、画廊等集中的文化气息较浓的地区。在这些与艺术相关连的设施周围，点缀着以文化人为对象的咖啡屋、酒吧，与这条艺术之街的现代气氛互相辉映。

大学路名称的由来，是由于韩国首屈一指的名校汉城大学的本校曾经就在此地。1975 年，随着汉城大学校园迁到汉城市区南部，原地进行了重新规划，形成了现在大学路的轮廓。走进小胡同内的咖啡街，道路纵横井然有序。

大学路一带最具有艺术气氛的是，从地铁 4 号线惠化站到马罗尼埃公园这一带。马罗尼埃公园，是汉城大学迁移后规划出来的象征性的广场。环绕该公园的有韩国艺术文化振兴院、美术会馆、文艺会馆、艺术会馆，文化界的人士经常往来于此。另外，每到周末，公园的广场上经常有街头音乐会、绘画、舞会等艺术家们的表演，非常有名。

大学路的另一副面孔——小胡同内不能错过

大学路不仅仅是大马路，当然还有画廊、小剧场，有个性的咖啡屋，大多点缀在马罗尼埃公园的后面。

另外，对那些比起艺术还是食欲好的人来说，这里也有面向年轻人的饮食街。出地铁站朝公园相反方向的惠化洞大街方向走，过派出所向左便是。该街道内从小吃店到啤酒屋，样样俱全。到了夜晚则更加热闹。

香气扑鼻的烤尤鱼摊

韩国人经常边走边吃烤尤鱼。这个老太太的石头烤尤鱼，在这周围一带是独一份。从傍晚4点左右（休息日从早晨开始）一直开到夜里11点。地点在出惠化站③出口向汉城大医院方向走10米左右的路上。

餐馆 Restaurant

时髦外观的烤肉屋

Ⓡ骆山花园

낙산가든

钟路区东崇洞1－36　☎742－7470

营 11:30～23:00　休 年中无休

预 不要　地图见P164・2

从外观来看，丝毫也看不出是烤肉店，装修得非常时髦，在大学路一带很有名气。口味绝对有保证，使用的材料都是店主人直接向地方上订的货，非常新鲜。

回头客很多。有时将烤肉、烤牛排混合在一起。烤牛排₩12000，烤肉₩9500，石锅拌饭₩6000，冷面₩4800。

温辣的炒年糕

Ⓡ新堂洞炒年糕

신당동떡볶이

钟路区惠化洞166－4　☎745－9473

营 10:00～23:00　休 年中无休

预 不要　地图见P164・2

新堂洞是以美味的炒年糕而闻名的地方。该店是大学路的分店，每到周六、日顾客非常多，要排队。

新堂洞炒年糕₩2000。还可以追加饺子、拉面、鸡蛋、欧殿等。按预算点菜的话，应要得适量，一个人以₩3000～4000为准。

舒适的韩定食店

Ⓡ爱、客人、大妈

사랑방 손님과 어머니

钟路区东崇洞 25－11　☎765－8200
营 10:00～22:00　16:30～21:30
休年中无休　预不要　地图见 P164・2

韩定食店。菜谱：爱定食₩ 9000，客人定食₩ 16000、大妈定食₩ 25000。推荐客人定食：泡菜 3 种，烤牛排、烤鱼等

16 种，还有甜点。

这是一家用住宅改装的店，坐在其中用餐很舒适。如果想品尝韩国传统风味及酒的话，这里绝不会令人失望。传统酒₩ 9000～。

味道、服务、价格三项俱佳的烤肉店

Ⓡ牧　童

목동

钟路区惠化洞 89－1　☎742－7424
营 11:00～22:00　休春节、中秋（各 2 天）
预不要。过惠化洞大街右侧的信号灯处有一个大的招牌，左侧有一个加油站。

值得推荐的是，用精心挑选的优质的国产牛肉，蘸上秘传的调料的烤牛排及烤肉。另外，这里的白菜泡菜曾得过总

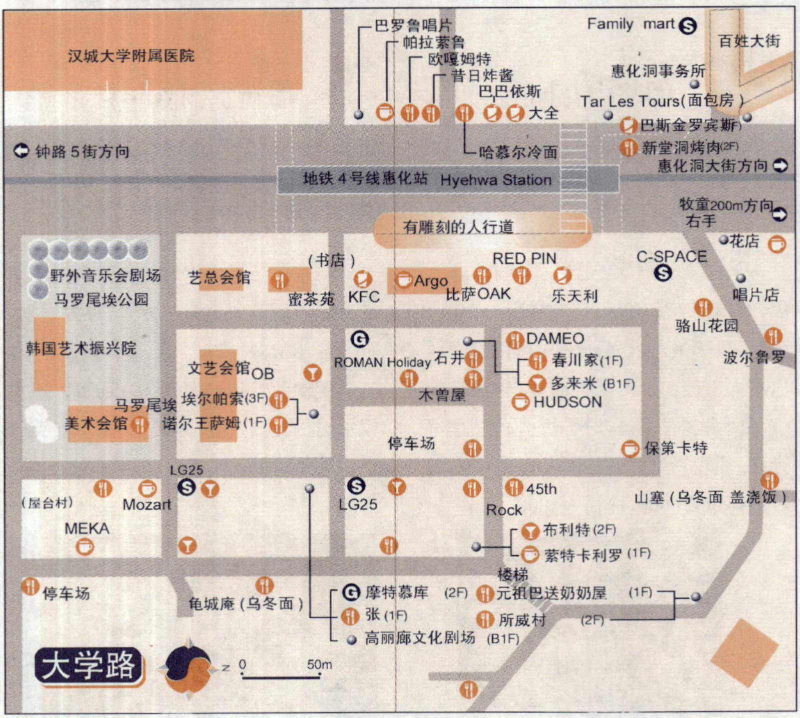

统奖，曾代表韩国参加过在日本举办的国际食品展，味道绝对有保证，是用材料及传统技术创造出来的绝品。此外，该店的饺子也在 KBS 电视台的比赛中得过大奖。创造出这些口味的均是店女主人尹贞子。尹女士会亲自向来吃烤肉的客人传授吃法，其热情的人品迎得了众多的回头客。

烤牛排₩ 12000，烤肉₩ 9500，煎饺₩ 5000。

卡拉 OK 包房唱一曲

▶1、2、3

도래미

钟路区东崇洞 1－157　J.J 大厦　B1F
☎766－5198
营 13:00～24:00　休年中无休
地图见 P164・2

一间包房 1 小时₩15000（增加 1 人追加₩1000），也可以租 30 分钟，容纳 5 个人左右。一开始要决定使用时间，付费（可以追加），点饮料（软饮₩1000～）。在点歌单上写上歌曲的号码交给店员，

曲子便会一首一首地放出来，一次最好点 10 首，效率最高。

50 年的传统风味，老奶奶做的牛尾汤

Ⓡ元祖巴送奶奶屋

원조박소선할매집

钟路区东崇洞 1－42　1 层　☎764－7030
营 9:00～22:00　休年中无休　预不要
地图见 P164・2

传统牛尾汤店。它是用朝鲜特有品种的牛腿加入中药，长时间煮出的汤，对身体很好，爽口且好吃。虽然时光迁移，但认认真真做出的汤与过去没有丝毫变化。传统，是该店最值得骄傲的。

牛尾汤₩7000，含牛尾的牛尾汤₩12000，乌鸡牛尾汤₩12000。

在汉城突然热起来的烤鸡肉排

Ⓡ春川家

춘천집

钟路区东崇洞 1－57　J.J 大厦 1 层
☎743－8445　营 12:00～24:00
休年中无休　预不要　地图 P164・2

烤鸡肉店。在此可以品尝到正宗的春川风味，很受欢迎。辣椒酱是基本的调料，烤肉虽然有些辣，但习惯了的话辣味就自然消失，很好吃。

吃过肉后，可以要米饭。用充分加入调料的铁板做出的炒饭很好吃。夏天可以要冷面。用肉汁和泡菜汁做的江原道

特产荞麦面很好吃。无骨烤鸡肉 1 人份 ₩5000、 ₩2900。

品尝韩国味的韩定食店

Ⓡ所 威 村

술뫼마을

钟路区东崇洞 1－42　2 层　☎747－5644
营 10:00～22:00　休春节　预不要
地图见 P164・2

是一家韩定食店，店内装饰着很多过去的工艺品，感觉好像是民俗村。

菜肴有白天的肉拼盘等所威定食3种，8种小菜₩6500；晚间小菜为11种，凉菜有南瓜粥、色拉、点心。甜点有自家制的斯佳瓜传统酒₩4500～。数量很多的晚间定食₩11000～16000。

美国老店

Ⓡ DAMEO

다메오

钟路区东崇洞 1－55　2 层　☎743－9464
营 11:00～23:50　休年中无休
预不要　地图见 P164・2

想要体验美国风情的话，还是到美国老店。在安静、宽敞的店内坐一坐，会忘记了时间的流逝。

华克山庄出身的厨师烧烤的牛排、奶油蛋糕一套₩5500，值得推荐。咖啡的种类也丰富，可以续杯。晚间还有鸡尾酒(₩5000)。

放入圆滚的土豆的炸酱面

Ⓡ昔 日 炸 酱

옛날짜장

钟路区明伦洞 4 街－90　☎741－4265
营 11:00～21:30　休第 2、4 个周日
预不要　地图见 P164・2

店员在顾客面前做手拉面，虽然有点粗，但很好吃。因为是过去风格的炸酱面，所以蔬菜切得很大，其中还放有土豆。不油腻，可一口气吃光。

昔日炸酱面₩2500。推荐韩国糖醋猪排₩4000。

悠闲的放松一下的咖啡屋

©哈得孙

은과나무 ◆HUDSON

钟路区东崇洞 1－53 ☎744－2255

营 11:00～24:00 休 年中无休

预 不要 地图见 P164・2

夜晚被美丽的反射灯映照的餐馆兼咖啡屋，转动不停的招牌是其标志。高高的天棚，奢侈的空间，悠雅的气氛，品上一杯咖啡，别具情调。

咖啡、红茶₩4000，通心粉₩6000，牛排₩13 800。夏天可以使用花园酒廊。

购 物 Shop

沉稳的装饰物品店

▶银与木

헤드슨

钟路区东崇洞 1－79 ☎765－9702

营 13:00～21:00 休 周一

店如其名，这是经营用银、木头为材料，手工制作的装饰品的商店。店内摆设沉稳。慢慢寻找，可以发现中意的装饰物件。客人大多为 20～50 岁左右。以耳饰₩8000～，项链₩20000～等为主。

西大门独立公园

서대문독립공원

独立门也是地铁的站名，模仿巴黎凯旋门建造

抗日独立运动的活证人

8月15日，是日本战败纪念日。同时也是韩国的光复节，是持续了35年的日本殖民统治结束、民族解放的日子。为纪念那些为争取祖国光复而义无反顾地投身到抗日运动的烈士们的爱国心与独立精神，也为将这段苦难的历史在人们的记忆中永远保存下去，韩国政府建立了西大门独立公园与西大门刑务所历史馆。

监狱向我们表达的是语言所无法表达的沉重感

在公园院内，建有历史馆与监狱的部分为收费参观处。售票处位于刑务所时期的大墙与入口处、保存完好的监视塔的下面。穿过砖结构的大门，面前是伴随着收费公园而修整后的刑务所历史馆。沿着1层、2层、地下1层的指向向前走，可以看到录相及展览，其中最令人感到震惊的是地下的拷问室及拘禁室，这里用实物大小的木偶，表现残酷的拷打场面。

从拷问室经地下监狱，回到历史馆的后面，便来到红砖瓦建造的监狱的入口。这些大型的监狱，均是日本统治时期1920年建造的。进入天棚很高的微微发暗的走廊，一排排均是用铁门窗做成的小房间。原来在电影与电视中所看到的景象，在这里亲眼所见，实在是难得的体验。

其次，还有一个要确认的就是死刑场所。出了红砖监狱的后方，沿着山丘斜面的围墙，向广场方向前进。斜面下方被墙壁包围的静静伫立的木造平房建筑是死刑处。周围像时光停止了一般的寂静。

历史馆的拷问场面，往往成为议论的话题。这些监狱与设施作为近代史的活生生的证人，是很有存在价值的。乘地铁可以轻松地前去造访，在汉城停留的自由活动时间内，一定要去看一看。

刑务所时期的围墙依然保留着

从小窗看监狱的内部

独立运动纪念之一雕像

西大门独立公园：西大门山岘底洞101番地

☎363－9750～1

门票：₩1000

入馆时间：9：30～18：00（冬季至17：00）

休馆日：周一（节日时第2天），新年、春节、中秋（各1天）

前往方法：地铁3号成独立门下车，出出口④便是。

It' aewon 梨泰院 이태원

外国人集中的地方

10年前左右，这里购物客人中70%～80%是与美军基地有关者,1988年奥运会后日本客人迅速增加。现在来自中国的游客人数也在大幅度上升。

这里无论是招牌还是叫卖声，夹杂着英语、日语、汉语,令人感到这里是一个国际性气氛的购物城。

商店经营的商品每年都有变化，10年前，以古董、珍珠等美国人喜好的商品居多。但从5～6年前开始,则成了日本人喜好的韩国制造的名牌商品为主了。现在为赶上日本的流行,主要以皮革制品、定做商品为主。

梨泰院名称的起源，可以追溯到16世纪壬辰倭乱时期。当时将异国人(日本人)居住的城镇、养育与异国人之间的孩子的地方等叫做“异他人”、“异胎院”。

现在,这里与美军军事基地有关,与外国的购物客人有关,所以无论过去还是现在,梨泰院都是外国人集中的地方。

前往方法

▶市内公汽

23(从钟路、汉城站)

79-1 (从南大门市场、新世界百货店)

81(从退溪路、汉城立站)

773 座席(从新村、贸易中心)最方便。

▶出租车

从市政厅附近乘中型出租车约₩3000，模范出租车₩4500。过南山3号隧道要另付₩100的通车费。

以汉弥尔顿酒店为中心分成白天与黑夜

以汉弥尔顿为中心的主干道分成东、西2部分。

西部是购物区，叫卖声不绝于耳。

东部是日落以后活力焕发的欢乐街，集中了迪厅、酒吧、卡拉OK等。夜里的吵闹声很重，要注意。

主要景点

战争纪念馆 ◆ 전쟁기념관 地图见 P78·2-B

战争纪念馆
龙山区龙山洞1街8
☎709-3114
地铁4号线三角地站下车。出靠近明洞的出口，朝梨泰院方向步行3分钟。
门票：₩2000
休息日：周一（休息日的情况下第2天休息）
参观时间：9:30～18:00（11～2月至17:00）

汉城塔耸立的南山的南部，梨泰院所在的龙山区，是军事基地所在地。日本统治时期，日本军队集中于此，此后继承日军的是战后的美军。韩国警备军队，在城市的正中央，保留一种独自的气氛。

龙山地区，最近随着军事设施的迁转、开放等，开始重新考虑起土地的利用问题。作为整备计划的一环，在国防部前的一块地，花了5年的时间，建成了现在的纪念馆。战争纪念馆由雄伟的展示馆与宽阔的广场构成，也曾有传闻说这里将作为国立中央博物馆的新址，足见其面积有多大。

战争纪念馆不仅展示陈列兵器、资料等，也以歌颂为

战争纪念馆。前面广场展示着战斗机

祖国而战的众多烈士的伟业，将其爱国精神世代留传下去为目标，这些反映在各个地点的各个方面。另外，值得特别提示的是，这里不仅仅以近代以后的战争为展示对象，而且还包括了从古代到现代的所有战争。所以，如果对军事展示没兴趣，那么哪怕当一天的韩国对外关系史的专家，也是很有意思的。

战争纪念馆展示的物品总数达到近 8000 件，走完 1 圈的话也是相当费力的。对历史感兴趣的可以看前半部分展览。对朝鲜战争、韩国军队的情况感兴趣的可以看后半部分。当然，日本统治时期的韩国军队的历史是空白期，没有正面展览。如果想连续看历史，进一步了解的话，还劝您到天安的独立纪念馆去看一看。

购物 Shop

讨价还价是购物的第一步

无论有无购物目的，人们到此都还是沿此主干道走一趟，这样就可以先体验梨泰院的气氛，习惯于各种叫卖声，知道商品的大概价格。

如果万一有购物的想法，对卖主所说的价格也不要完全听之任之，要学会说“比萨达”(贵)，用来砍价，这是梨泰院的好处所在。这种讨价还价，开始的时候可能会不习惯，习惯了的话会很有意思。

另外，如果有人向您推销您不想要的东西的话，就要断然说“不要”，含含糊糊的话最后就容易被强制购买。

轻松订做衬衣

▶汉弥尔顿衬衫

해밀톤셔츠◆Hamilton shirt

龙山区梨泰院洞 128－9　☎793－5693
营 10:00～19:30　休 春节、中秋 (各 2 天)、12 月 25 日　地图见 P172·2

店铺的入口很狭窄，进深也只有几米。一面墙上都挂着布料，用标签标着棉、纤维等的质地及价格，很容易挑选。这里男女衬衣等可以订做。

首先选择中意的布料，请店主给剪裁，下摆可以从样品中选样。订做价格根据布料而不同₩19000～，2 天左右做完，最好事先确认。

订做皮鞋全由它

▶波斯特尼安

보스토니안

龙山区梨泰院洞 58－5　☎789－9653
营 10:00～19:30　休 第 2、4 个周三，新年、春节、中秋(各 2 天)　地图见 P172・1

穿上合脚的皮鞋该多舒服。该店制作的皮鞋很结实。

订做时，先量剪左右脚的脚底，做出纸型，再测量脚背上三个高度，很简单。然后，再指定设计、颜色、鞋跟儿的高度。皮鞋的式样可以参考店内已有的鞋子、样书等。女士、男士均₩50000～，需3～4天。

出口服装的折扣店

▶XO

엑스오

龙山区梨泰院洞 64－12　☎797－1468
营 9:30～22:00
休 年中无休　地图见 P172・2

经营年轻人便服，出口美国的服装很便宜。不同的 T 恤₩15000等，名牌种类也很多，狭小的店内总是年轻人、美国人多。

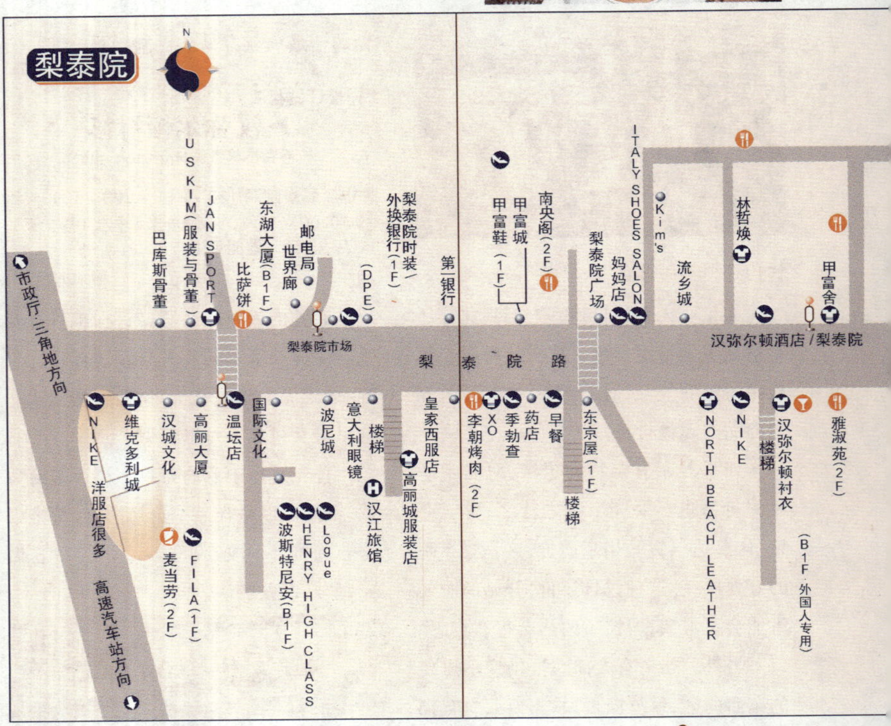

古董家具屋
▶古典家具贸易
고전가구무역

龙山区汉南洞 737－1　☎796－6194
营 10:00～21:00　休春节、节日
地图见 P173・4

在梨泰院经营传统家具的店铺之中，该店最大。对古典家具感兴趣的人，可以用合适的价格购买到韩国特产。写字桌₩30000～，价格合理。桌子、柜子等要另付运费，种类齐全。

以红色招牌为标志的皮包店
▶妈妈店
마마샵

龙山区梨泰院洞 119－26　☎796－6410
营 10:00～21:30　休新年、春节、中秋（各 1 天）　地图见 P172・2

面对梨泰院大马路，红色的招牌是其标志。墙上挂着的皮包类质量好，设计精湛。

女店主金妈妈总在店内，热情麻利。

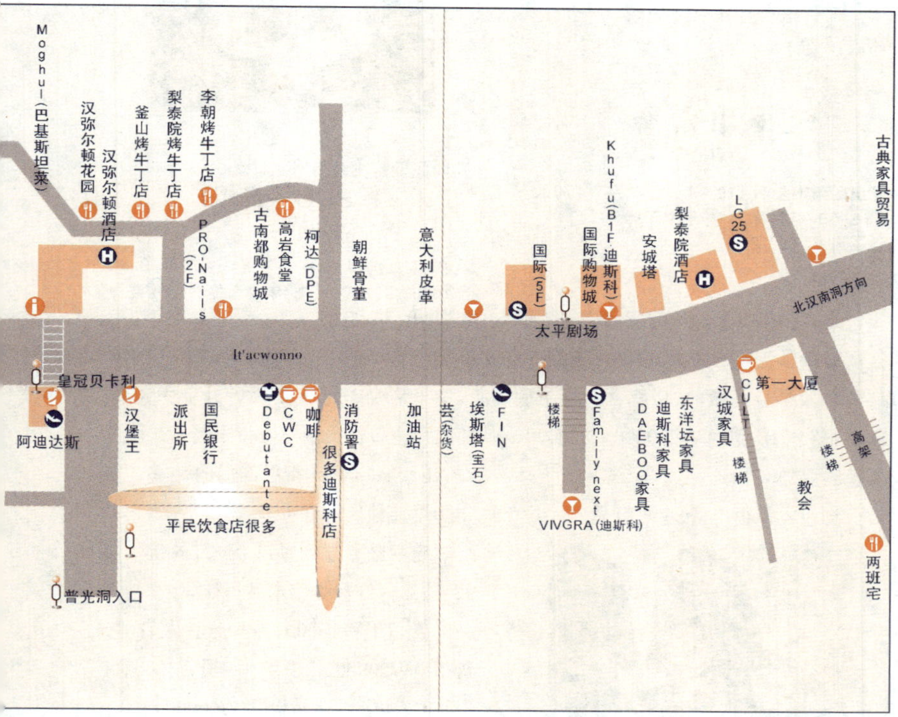

样样俱全的购物中心

▶汉弥尔顿百货商店

해밀톤스토아◆HAMILTON. STORE

龙山区梨泰院洞 119－25　营 9:00～20:00
休第 2 个周二　地图见 P173·3

该购物中心是梨泰院的象征，从服装、皮包、皮鞋到陶瓷、眼镜，无不应有尽有。可以一边比较着各家店铺，一边购物。

推荐 1 层的东京皮包(36 号)、宇成贵金属(27－1 号)、装饰品(37 号)、汉城鞋（41 号），2 层的 JOY 服装（26 号）、WING 服装（16 号），4 层的 Value 订做补衣(3 号)等。

老皮衣店

▶甲 富 舍

갑부사

龙山区梨泰院洞 119－4　☎797－7080
营 9:00～21:00　休年中无休
地图见 P172·2

具有20年以上历史的皮衣店。1、2层摆放着色彩各异的大衣。可以订做，有原料的时候早晨订做的，傍晚就变成了成衣。价格：羊皮黑色₩250000～350000，彩色的要加30000。

皮包类也很丰富，也可订做。

现代设计的鞋店

▶意大利鞋沙龙

이태리슈즈사론◆ITALY SHOES SALON

龙山区梨泰院洞 119－26 New World plaza
1 层　☎798－9095　营 9:00～21:00
休年中无休　地图见 P172·2

货架上摆满了鞋，全部有特色，是该店自家工厂的产品。

男士鞋₩80000～，女士鞋₩60000～，价格适中。也可以根据杂志、目录、照片上的样子订做。

购物间歇阶段修指甲

▶PRO－Nails

프로네일즈

龙山区梨泰院洞 123－7 2 层　☎796－9224
营 10:30～22:00　休年中无休　预需要
地图见 P173·3

该店是一家夫妻店，开业于 1985 年。店主曾在美国学习指甲艺术，得过 Acrylic Sculptured 指甲部门的奖赏，取得指甲连锁店的许可。

店主服务细致周到，修过的指甲精致、美丽得好像是艺术品一样。

修指甲₩15000，需40分钟左右。修脚指甲₩20000，指甲艺术一册₩3000。指甲软的人可购买人造指甲(₩60000)。

丰富的时髦皮包

▶亨利高级皮具

헨리하이클래스 ◆HENRY HIGH CLASS

龙山区梨泰院洞 58－5　☎794－4033
营 9:00～20:30　休 年中无休
地图见 P172・1

富有高级感的店铺结构及其展示品，在梨泰院中是最引人注目的。

价格不便宜，从米兰进口的现代设计的多彩的皮包很值。

以5个小时就完成订做而自居的

▶北海皮革

노스비치레저 ◆NORTH BEACH LEATHER

龙山区梨泰院1洞 67－1　☎793－6098
营 9:30～21:00　休 年中无休
地图见 P172・2

该店在韩国的百货店里还有几家分店，商品全部都有质量保证。订做一般需2～3天，加急可以5个小时做成。设计方面，领子、袖口等有3000多种样子，40多种颜色，可以做出有特色的服装。价格：夹克₩200000～，半长米大衣₩250000～，裙子₩80000～。

餐馆 Restaurant

有英语菜谱的中国餐馆

Ⓡ雅淑苑

아서원

龙山区梨泰院洞 128－1　☎795－4012
营 11:00～21:30　休 第1、3个周三、新年(2天)、春节、中秋(各3天)　预 不要
地图见 P172・2

烤牛排、烤肉吃厌了但快餐又难以忍受时，向您推荐吃中餐。梨泰院便宜、好吃又干净的店就是这家。

夜晚，点些汤、菜等，举行一次中国宴会很让人高兴。炸酱面₩2500、炒饭₩3500。外国人多，所以也有英语菜谱。

用筷子撕开的——特别烤牛排

Ⓡ汉弥尔顿公园

해밀톤가든 ◆HAMILTON・GARDEN

龙山区梨泰院洞 119－25　汉米尔顿酒店内
☎794－0171　营 11:00～22:00　休 年中无休　预 不要　地图见 P173・3

以烤肉为主，也有参鸡汤、冷面等，可根据饥饿情况点餐。

其中烤牛排是绝品，它是将肉绞成肉馅，做成汉堡包形状，可以用筷子撕开。因为是烧烤出来的，所以，烟气味不大，韩国的年轻女姓很喜欢。烤牛排₩13000、酱烤肉₩20000。

山崖式样的台阶为标志的

Ⓡ李朝烤牛排

이조갈비

龙山区梨泰院洞 112－3　☎798－1504
营 10:00～23:00　休年中无休　预不要
地图见 P173・3

在汉米尔顿酒店后的烤肉店街中最有名。该店位于 2 楼，入口不太好找，其标志是楼梯像山崖一样。

菜谱有烤肉₩10000，冷面₩6000，

参鸡汤₩9000。最受欢迎的是，该店有独特调料的炭烤牛排₩13000。肉很香。夏天还可以开野外烤肉宴会。

对健康很好的蔬菜品种多

Ⓡ两 班 宅

양반댁 시골밥상

龙山区汉南 2 洞 653－25　☎795－4301
营 24 小时营业　休春节、中秋（各 1 天）
预不要　地图见 P173・4

这里以蔬菜的量及种类的丰富而自居，对健康非常好。店内有 22 种蔬菜，并写有蔬菜的作用，单看一下就令人感觉有利于健康。米饭有五谷米（黑米、小豆、小米、糯米等）。

白天用餐推荐“鸡给”（炖泡菜）、鱼定食（₩5000）。

在梨泰院美国味最浓的

Ⓓ那休比尔俱乐部

낫슈빌클럽

龙山区梨泰院洞 128－9　☎798－1592
营 9:30～2:00　休年中无休
地图见 P172・2

是外国人的专用店，几乎没有韩国人。以汉堡包为主，烤的程度可以自己提出要求。这里放映录像，有时放映韩国尚未公开上映的电影。进了该店，感觉就像到了美国一样。

稍微过一下现代派的梨泰院夜生活

Ⓓ J. J

JJ마호니즈

龙山区汉南洞 74－7－7　古南都凯悦酒店内
☎797－1234　营18:00～1:00　休6月6日
地图见 P78・2－B

位于南山古南都凯悦酒店的 J・J 是韩国年轻人非常喜欢的夜生活之地。进了大门感到气氛很优雅，店内分成面对恋人的与进行乐队演奏、跳迪斯科的等 2 个空间。

这里以酒精类饮品为主，种类很丰富。

尽享秋日之美景——道峰山

도봉산

前往道峰山的人们

金刚庵

春天赏樱花、秋天看红叶的著名胜地

四季的美景，虽然国家不同，但内容却有相通之处。道峰山是以春天樱花、秋天红叶之美，且从汉城可以轻松前往的游乐地而闻名韩国，尤其是以登山之地而倍受欢迎。选择秋天里的某一天，我们全身心地赏一下红叶吧！

从市政厅乘地铁1号线，前往议政府方向约50分钟，终点倒数第3站便是道峰山站。有道峰这一站名，下车时一定要留意。地铁从回基开始已经走出地下，从车窗向外眺望，市中心的喧闹已经变成了悠闲的气氛。快到目的地前，从车窗左手就可以看到道峰山。雄伟的道峰山，在阳光映射下更加美丽。

道峰车站，穿着登山服的、轻装出来郊游的、穿高跟鞋的女性，各种打扮的人都有。这些男女老少的大融合，从车站开始就排起了长队，向山的方向行进，蔚为壮观。穿过站前宽阔的马路步行10分钟，便来到大停车场，再往前走，路旁有饮食店、礼品店，非常热闹，真不愧是旅游景点。下山的人很多，多彩的服装加上欢声笑语，像上班高峰时一般热闹。

秋天的回忆——美丽的红叶与人们健康的精神风貌

付了进山费，登上绿色的坡道，视野一下开阔起来。从耀眼的红叶当中，可以远望到山顶。路旁有长凳供人休息，惬意舒适。再往前走，过了左侧溪流上的小桥，便来到道峰山金刚庵石桥下。红叶点缀的宁静的风景，令人忘记了下界的喧闹。从这里再往前走便是山道了。

悠闲地漫步，欣赏着红叶，溪谷里传来年轻人的歌声，这一切真是令人愉快。不经过溪流上的石桥，直接沿着河流走也可以到达山顶。

回程时，从停车场乘座席公汽③路，约50分钟便可到达明洞。与明洞的人流、车流完全迥异的红、黄色彩的道峰山的美景，以及游人们健康的精神风貌，是我们难以忘记的秋日的回忆。

以道峰山为背景留个影

进山费₩700　进山时间:9:00～17:00

交通:地铁1号线道峰山站下车。或者座席公汽③路终点下车(汉城站～大都会～道峰山)

代表韩国的学生街

Shinch'on and Ehwa woman's univ 新村与梨大 신촌 이대

新村一带无论在汉城还是在韩国，都是有名的大学密集地区。新村地区以位于该地区中心的拥有广大校园的延世大学为主，东邻梨花女子大学，周边有西江大学、弘益大学、明知大学等著名大学。

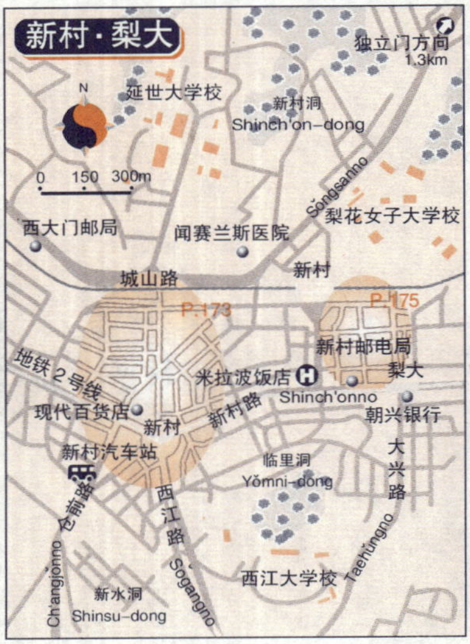

该地区的景点大体上分成三大块。从大学门前到面对大众的美食街的新村，名门女子大学、女性喜好的梨大前，以及受现代派们支持的弘大前。

新村地区的中心街道，是从地铁2号线新村站到延世大学正门一带，也就是所

梨花女子大学

说的大学的门前街。延世大学，在韩国是与高丽大学齐名的私立名牌大学。

该大学门前大道约 400 米左右的距离内，到周边的小胡同内，有众多餐馆、小酒馆、咖啡屋等。顾客不仅有学生，还有周边的工薪族等一般客人，夜晚则更加热闹。

特别是从大街的中央左右开始，沿国铁新村站方向斜着的一条街沿线，有很多以独特风味自居的饮食店，享有“最大美食地区”的美名。现在，这里虽说是学生街，但实际上已呈现出优秀的繁华商业街的景象。

梨大是韩国第一的名牌女子大学。梨大前的主干道，从地铁2号线梨大站到大学方向，有很多经营时装、小物件的商店。这里实际上比起梨大的学生来说，还是购物客人居多。小胡同里有很多值得发掘的店铺，不能错过。购物结束后，向国铁新村站方向走，就可以来到新村美食地区。

在梨大前修改西装尺寸

从梨大正门前到国铁新村站之间的大路，有很多**수선**的招牌。这些招牌是指改码，是修改西装尺寸的意思。快、便宜是其特征。修改裙子₩5000～，全部修改₩15000。如果顾客不多的话，10分钟即可完成。价格与手工技术，不同的店略有差异。

PC 房（PC방）与游戏房（게임방）

1998 年开始在学生街快速发展起来的 PC 房，在韩国年轻人中间大受欢迎。它既是游戏中心，又是互联网、PC 通信、收集信息的场所。而网吧则不同，它只有键盘与 CD。不同的店，费用的支付方法等各不相同，₩2000可以玩一个小时。24 小时营业的地方很多，清洁而且气氛明快，最适合于约会。

购物 Shop

新 村

这是韩国的百货店

▶现代百货店

현대백화점

西大门区沧川洞 30－33　☎320－3000
营 10:30～20:00　休 春节、中秋（各 2 天）
地图见 P181・1－C

该百货店的地下一层有巨大的食品超市。韩国的家庭主妇们拥拥挤挤地购买快餐食品、辛辣调味料等，很有意思。在超市购物，语言不通也没有关系。该超市与地铁站相通。

这里还有一大乐趣，就是付帐后可以立即食用。寿司、炸大虾、猪手、拌饭、猪排等都可以在饮食角即时食用。

此外，该百货店 6 层是文具、小物品

专卖场。地下2层的年轻人广场，有西装、装饰品、CD店等。

梨　大

值得发掘的物品丰富的时装店

▶演　出

연출

西大门区大岘洞56－40　☎362－7745
营10:30～22:00　休年中无休
地图见P184·2－B

位于梨大站前的大道，招牌上写着巨大的“演出”两个大字。

这里纯棉的T恤、外套等相当之多。T恤₩5000～，外套₩7000～。外套装等也可以便宜地买到。另外，有时还可以发掘到EXPRESS、罗尔芙·罗兰等名牌。

餐　馆　Restaurant

新　村

第一次就让人习惯的烤猪排专卖店

Ⓡ济州岛猪排

제주도통갈비

西大门区沧川洞41－21　☎363－5112～3
营11:00～22:30　休春节、中秋(各1天)
预不要　地图见P181·2－A

提到“卡尔比”一般都是指烤牛排，但在韩国也经常吃叫做“端济卡尔比”的烤猪排。烤猪排有一种只有猪肉才有的香味，而且价格便宜，可以痛吃一顿，很有魅力。

该店在韩国的杂志、电视上都有介绍。肉质、味道都很好，特别受欢迎。要注意该店稍微远离大马路，位于入口的济州岛的石像葛鲁邦(石人像)是其标志。“卡尔比”1人份₩6500～。

春川名菜，鸡肉“卡尔比”

Ⓡ春川炒鸡饭

춘천집닭갈비

西大门区沧川洞52－51　☎325－2019
营11:00～24:00　休年中无休　预不要
地图见P181·1－A

春川炒鸡饭是住在韩国的外国人也很喜欢的一道菜。在铁板上放上鸡肉、蔬菜混合起来用辣椒酱炒，最后放入另要的米饭，做成炒饭。

无骨炒鸡饭₩5000。没有骨头，易吃，特推荐。

村一番（面条 1F）
Hi Net（国际咖啡 /B1F）
国铁京义线
加佐站方向
新村站方向
延世大方向
新村韩屋家
ONE'S LIFE (2F)
药店
药店
KODAK
教会
萨罗斯 (2F)
V·M·G(PC面包)
库姆特面包
粉食
堂堂卡拉 OK
弟弟（中华）饼
Bell
游戏中心
苏铁（民俗酒场）
LG25
韩美食品
春川
巴斯金罗宾馆
50m右手
卡温穷里（传统茶 /B1F）
新春金库
西班牙房 (B1F)
斗农(1F)
白花酒幕(2F)
高博士家冷面
饮食店街
风味美（民俗酒场）
实用宣言
MANOR
白头烤肉（猪肉）
OBZee
Falling In
新村自助 (3·4F)
KAKEHASHI 日本语喝茶
大金
济州岛顿烤肉
NEO PC (PC
巴利昌特（面包）
明洞烤肉
关西（日式拉面）
延世烤肉
SCARLET (2F)
化妆品
碧蹄力烤肉
味味
果物屋
THEMA
新村烤肉
东莱葱饼
毛菜阿香（民俗酒场）
Pizza Mall
Familly most
Mecca (PC /4F)
NIKE
罗松
元祖春川烤鸡肉(2F)
He sad
ZIPPO (1F)
烤肉大街
泗泉力
新村营养中心（鸡肉）
皇冠贝卡里
鸟鹊桥（烤鸡肉）
烤猪排大街
果物屋
库鲁特文具中心
燧肉兄弟II
WHISKISS
(1F)
温阳庄旅馆
烤猪排
LG25
2002 年世界杯（游戏中心）
CASS CABIN
药店
汉堡王(B1F)
公共厕所
泰利姆（唱片）
LG25
旅馆街
公园
西蒙庄旅馆
王子饭店
Free Time
新村娱乐室（游戏中心）
九月山
地下道
他布(化妆品)
ART BOX
磁带屋
国民银行
早晨罗利（文具）
知识眼镜
现代百货店（B1F超市、B2F青年广场）
肯德基 KFC
新村布店鸡给
NUMERO UNO（必胜客）
东园
弘大入口站方向
弘益文库
梨大站方向 800m
金刚制靴
麦当劳
新村路
新村市场
场
米拉波饭店方向
地铁 2 号线新村站
Shinch'on Station
(1~8F)
电影院 (9·10F)
新村大街
韩美银行
乐天利
100m右手
兰陵罗巴
新村
N
韩国外换银行
新村市外汽车站
西江大方向700m
0
50m
A
B
C
1
2

与纯韩国式的茶点共度宁静的时光

Ⓒ卡温努里

가온누리

西大门区沧川洞 33－14　☎337－0791

营 11:00～23:00　休 春节、中秋（各 1 天）

预 不要　地图见 P181・1－A

在咖啡店与酒馆都有很多的新村，这是一家很少有的纯韩国式的饮茶店。幽静而宽敞的店内，经常可以看到静静地品茶的学生模样的人。

店内的中央舞台，每到月末还有国乐等的演出。该店的点心类，一半是本店自制。各种韩国传统菜₩3000～（含点心）。

家庭菜与唐顿酒

Ⓡ风味美

품앗이

西大门区沧川洞 52－120　☎325－7041

营 12:00～24:00　休 年中无休　预 不要

地图见 P181・1－A

这是一家民俗酒馆，有一种宾至如归的感觉。受欢迎的菜肴是韩国式什锦

烤饼₩ 8000，海鲜烤饼₩ 8000，鱼仔烤饼₩ 8000，海贝酱汤₩ 8000 等。露天摊床的菜谱上还有家常菜，量很多，可以几个人共用。此外，喝上一杯美味的唐顿酒（₩5000），更是风味独特。

好像成了韩国学生一样

Ⓡ波特木

버드나무

西大门区沧川洞 52－157　☎332－8387

营 10:00～24:00　休 新年、春节、中秋

预 不要　地图见 P181・1－A

顾客 95% 是学生，用餐时间时非常混乱。价格便宜，有烤年糕、泡菜、土豆等的拼盘自助。饭后有饮料可用，这大概是受欢迎的秘诀。推荐石板烤中肉饭₩ 3500，烤牛排₩5000。如果 3 个人点同样的东西，那么还有免费的炖泡菜汤。

学生们欢迎的布甸鸡给

Ⓡ新村布甸鸡给

신촌부대찌개

西大门区沧川洞 30－8　☎338－5470

营 11:00～22:00　休 春节、中秋　预 不要

是炖泡菜的专卖店，主人声称在布甸鸡给方面不逊色于任何一家店。店内很宽敞，老婆婆端来材料当场制作。年

轻人很喜欢这里。用餐时间，总是顾客盈门。

点菜时，可在炖泡菜（₩5000）上追加火腿与拉面。

充分体验纯韩国式的民俗酒馆

Ⓡ德　乐

뜨락

西大门区沧川洞 4－79　　☎392－5345
营 15:00～24:00　休年中无休　预不要
地图见 P184・1－A

在这里可以一边品味古代的韩国风情，一边用葱饼、泡菜汤等，再喝上一杯马克利、唐顿酒。这家店在新村的多家民俗酒馆中，感觉气氛最沉稳、超群。

推荐：爽口的生马克利酒₩3500，并非总有，看运气。海鲜葱饼₩8000，纯豆腐鸡给₩7000等。

父子两代、血肠一筋

Ⓡ九 月 山

구월산

西大门区沧川门司 30－5　　☎336－2069
营 8:30～23:00　休春节、中秋（各 2 天）
预不要　地图见 P181・1－A

血肠的制作是用猪的大肠，其中加

入猪肉馅、内脏、血等约 30 种材料，调味后慢火蒸 2 个小时左右，取出后，再蒸一次制成。第 2 代店主李炯祐告诉我们制作美味血肠的秘诀，就是除掉猪肠的臭味很费工夫。

血肠（小）₩12000，（中）₩17000。不喜欢血肠的人，可向您推荐清淡味道的烤血肠₩4000。

梦幻般的牛里脊刺身绝品

Ⓡ碧蹄烤牛排

벽제갈비

西大门区沧川洞 13－20　　☎392－8308
营 11:30～22:00　休年中无休
预食用生肉时要预约　地图见 P181・2－A

这里只经营肉类，有 4 家直接经营的牧场，很重视鲜度。值得骄傲的生牛排（150g ₩23000），它是取肋骨最好的部分的第 4、5、6 块，用香油、盐拌，吃起来很清淡。另外，牛里脊刺身（150g ₩35000）每周一～六的 16:00 以后每碟 4 片，食用的人需要预约。

釜山名产，东莱葱饼

Ⓡ东莱海鲜葱饼

동래할매파전

西大门区沧川洞 ☎322－9483

营 15:00～3:00 休 年中无休 预 不要

地图见 P181・1－B

在汉城也可以品尝到釜山东莱葱饼。菜谱上只有海鲜葱饼及猪手葱饼。葱饼₩9000，相匹配的马克利酒（₩5000）。这里最适合于用完晚餐后的第二次用餐。可外卖。

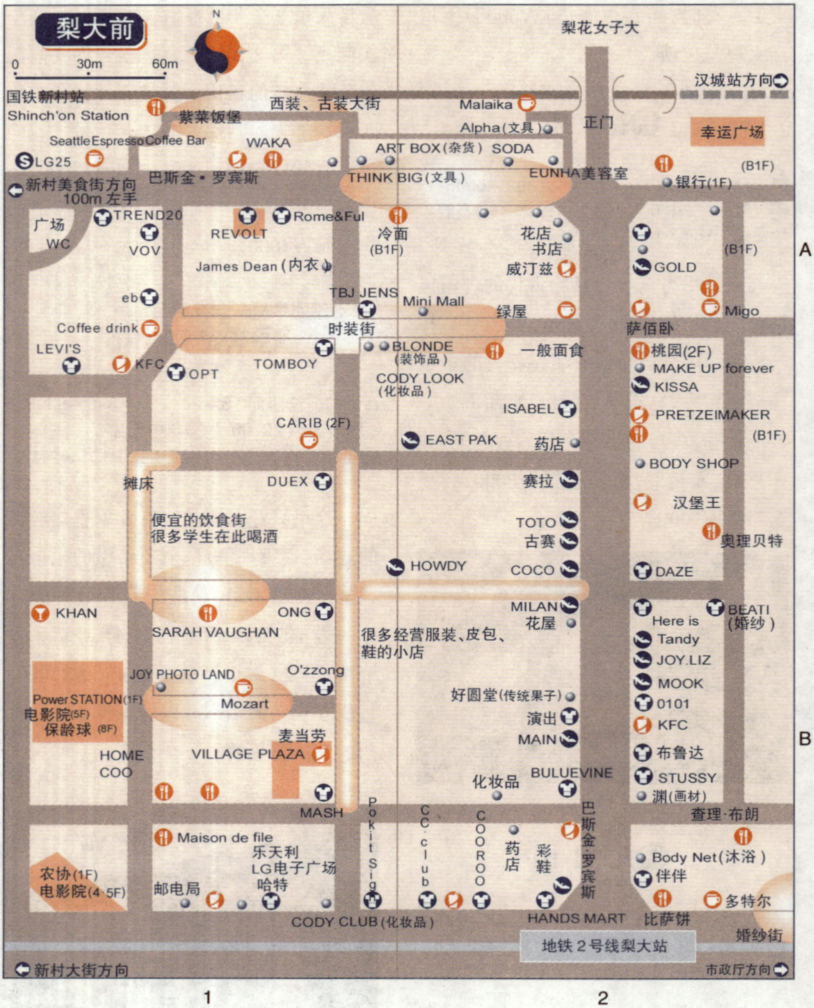

想要制造欢乐气氛,去民俗酒馆

Ⓡ吉普拉吉

지푸라기

西大门区沧川洞 53－6　☎334－5511
营 11:00～2:00　休年中无休　预不要
地图见 P181・1－A

在最近增加的民俗酒馆中，这是一家味道、服务、气氛都令学生们特别喜欢的店。

受欢迎的菜谱有葱饼（₩8000），毛炖江(₩12000)等。马克利酒(₩5000)。该店自诩的杏仁、梅、大枣鸡尾烧酒(₩5000),值得推荐。

梨　大

像冰冻甜橙状的汤很好吃

Ⓡ友村器冷面

유촌칡냉면

西大门区沧川洞　☎312－6785
营 10:30～21:00　休春节、中秋　预不要
地图见 P184・1～2－B

是冷面的专门店。墙壁上虽然没有标上大、中、小,但是有肉冷面及拌冷面2种。冷面是用对身体很好的葛根制作,比普通的面要黑，没有异味。汤像冷冻甜橙一样,放在上面的芝麻香味浓郁。

冬季里，除此以外还有煎饺及杂碎汤，在有地暖炕的房间里吃上一碗冷面很惬意。价格:大₩5000，中₩4500，小₩4000,女性的话中碗就足够了。

服务生全为非常时髦的男店员

Ⓡ普 通 人

보통사람

西大门区大岘洞 60－7　☎365－7889
营 10:30～21:00　休年中无休　预不要
地图见 P184・2－A

在宽敞的空间里摆放着以绿色为基调的木制桌、椅,感觉很青春。顾客 90% 为女性,大概也许正因如此,店员则全部是男性,青一色的男服务生。有年轻韩国女性喜欢的紫菜饭(₩2500)与年糕(₩3000)。不喜欢吃辣的的人可要豆腐皮乌冬面。可乐等饮料₩700,比快餐店还便宜。

骄傲的大酱汤味的石锅拌饭

Ⓡ秋鲁郎面食

줄란분식

西大门区沧川洞 54－31　☎313－9618
营 8:00～21:30　休第 1、3 个周日，春节、中秋(各 3 日)　预不要
地图见 P184・2－A

这是一家与时髦的鞋店、美容店并排而立的梨花女子大学前的石锅拌饭专营店。石锅种类有 10 多种,此外,其他内容也很丰富,价格₩3500，的确是学生街,很便宜。

该店自诩的就是石锅拌饭，石锅内放入青菜叶,味道为大酱味。石锅敲起来“当当”有声。此外,还有辣炒尤鱼的尤鱼拌饭。另外,作为副食出现的年糕汤,也是女大街中的独一家。

轻松品尝的韩国式快餐

Ⓡ紫菜饭煲

김밥버거

西大门区大岘洞 34－38　☎365－8005
营 10:00～22:00　休春节（1 天）、中秋（3 天）　预不要　地图见 P184·1－A

推荐奶油蛋糕

Ⓒ Migo

미고

西大门区大岘洞 60－7　☎362－6971
营 8:00～21:30　休新年、春节、中秋(各 2 天)
预不要　地图见 P184·2－A

从梨花女子大学正门前大道略往里走的该店，顾客大都是女孩子。很大的一块蛋糕可带回，₩2200 左右，采用自助形式。

使用水果的鲜奶油蛋糕很好吃，这里向您推荐普通奶油蛋糕。咖啡采用咖啡壶服务，可以续杯。混在梨大的学生中，来一顿“汉城——美味蛋糕”不也很好吗？

紫菜包饭店这一带很少，这家值得推荐。该店位于地下，刚刚开业，店内很美，服务也热情。

推荐鸡蛋紫菜饭₩3000。鸡给₩3000、拉面等₩2500也很好吃。所有的菜均是百姓味道，很适合肠胃。饭后还有橙汁服务。可外卖。

宁静沉稳的学生街　弘益大学

继新村、梨大前的第三个重点，就是被一部分人所瞩目的弘大前。正如其名，它是指弘益大学周围的意思。弘大在韩国美术界是最受好评的学校。大学附近散落着画材店、美术用品商品，飘荡着一股浓郁的艺术气氛。

也许是新村、梨大前一带过于大众化，失去了本来的学生街的气氛。而安静、沉稳的弘大前虽说交通有些不便，但特意到此造访的摩登族也不少。

最近的车站为地铁 2 号线弘大入口站，从这里到大学慢走 10 分钟左右。大学前面什么都没有，景点有以下 2 处。

第一处是出地铁站后的紧邻的往大学方向的狭窄的胡同。这是集中了以学生为对象的摊床、酒馆、现代的酒吧等，是地道的弘大前。路很窄，但却是令人安心的一段空间。

另一处是大学前的丁字路向右，遇到叉路再向右往前的一部分区域。这里点缀着像江南地区的最新的咖啡屋、酒吧等。但是这一带白天人流很少，很闲散，感觉好像不是面对游客的。

Yŏŭido 汝矣岛 여의도

汉江上的小岛汝矣岛，25年前曾是军用飞机场，而现在则以其拥有国会议事堂、广播电台、63大厦、巨大的广场、公寓群等成为汉城的副都心，展现着韩国的新容颜。

汝矣岛上，公司与居民都是从其他地方迁移过来的，因而它是一个新街镇，感受不到任何的传统气氛，城市规、划井然有序。可以说，在这里实现了韩国的理想与梦想，是汉城的中枢。

汝矣岛，从麻浦大桥穿过汝矣岛公园到汉城大桥约1.8公里，从国会议事堂到63大厦约3公里，是一个面积很大的岛。想要参观景点的话还有相当一段距离，所以利用市内公汽的话，会提高效率。有时间的人，也可以在公园租借一辆自行车，环岛一周，很有意思。

主要景点

汝矣岛公园 ◆여의도공원 地图见P190·1

全长1350米，面积40万平方米。这家巨大的广场

纯福音中央教会

公园位于汝矣岛的中心。

从公园的一端走到另一端有1公里多，与其将其看做一个广场，莫如将其视为飞机跑道，让人联想到这一带曾是一个军用飞机场。但是，正是这个巨大的空间，确实在现代韩国发挥了主广场的作用。1992年，总统选举时，广场里黑压压地挤满了人群，各位总统候选人分别发表着各自的演说，其情景，让人记忆犹新。平常的政治、宗教集会也在此举行。

在没有集会的周日，大概有3万人到此休闲，有弹吉他的、溜旱冰的、跳舞的等等，称得上是城市里的绿洲。

63大厦 ◆63빌딩 地图见 P190 · 2

正式名称为大韩生命63大厦。进了大门内有餐馆街、购物中心、水族馆。到60层的瞭望台，最好乘坐观景电梯，从该电梯中眺望风景非常之美。63大厦实际上地面上是60层，其余3层在地下。

63大厦

☎784-0063

瞭望台门票：₩5500

水族馆门票：₩8000

营 10:00~20:00

休 年中无休

要注意高速电递有的看不到外面的景色。

从瞭望台可以俯瞰新旧汉城。旧市区可以看到汉城塔、梨泰院。新汉城若向汉城江南方向眺望，可以看到高速汽车站、鹭梁津市场。另外，将视线移到脚下，可以看到国家的政治中心绿圆屋顶的国会议事堂、KBS(韩国放送公社)、LG双塔。

该大厦内除此之外，还有电影院、游泳池、桑拿、健身场、音乐喷泉、广场等，如果全部玩一圈儿的话，需一天的时间。

国会议事堂 ◆국회의사당 地图见 P190 · 1

现在的国会议事堂，雄伟壮观，建成于1975年9月，总计花费了6年的时间及当时金额的135亿韩元的巨资。

围绕建筑物的24根柱子，采纳了国民的多种意见，中央的圆拱型屋顶象征议会政治的本质，就是圆满地解

决问题。据说，柱子的数目、形状参考了景福宫的庆会楼。

韩国放送公社 ◆한국방송공사 地图见 P190・1

韩国放送公社（KBS），相当于中央电视台，是国营的电视台。位于汝矣岛公园对面的该电视台主楼，1976年12月建成。主楼后方建有曾将奥林匹克现场比赛直播发送到全世界的国际放送中心。

汝矣岛除此之外，还有KBS别馆及文化电视台（MBC）、汉城电视台（SBS）等2家民间电视台总部，是韩国广播电视文化的中心。

汉江游船 ◆한강유람선 地图见 P190・2

汉江，是横贯汉城东西的大河，江上有游船运行。坐在游船上可以看到与从陆地上所见不同的汉城副都心的全景、江边沿岸的著名景点，并亲身接触到汉江。

游船路线有沿汝矣岛、蚕室周围的环线与在汝矣岛、蚕室间单程移动线等2条路线。

汉江游船
环线
价格：₩6800
所需时间：60分钟
运行时间：10:30~12:00 14:00~16:00（汝矣岛发）
运行时间不同季节有变更，要确认。

汝矣岛码头
☎785-4411
市内公汽 30-1、37、48、53、823 汝矣岛中高下车。

蚕室码头
☎416-8611
▶地铁2号线新川站下车。
奥林匹克博物馆的东北。徒步5分钟。2个码头均在汉江沿岸的体育公园内。

餐馆 Restaurant

店主为著名演员的烤肉店

Ⓡ住新店

주신정

永登浦区汝矣岛洞 44－1 大永大厦地下 1 层
☎784－6662 营 11:30～22:00
休年中无休 预不要 地图见 P190·2

该店是由经常在 KBS 电视剧中演出的演员金正义经营的烤肉店。4 年前开业的该店，由于金先生的名气，生意非常兴隆。不好吃的话，可以换肉，该店就有这种自信。

稍微泛出绿色的米饭，是用富含铁元素的雪岳山的著名的五色药水煮出来的，非常好吃。以烤肉为主的菜谱₩11000～，白天牡蛎炖豆腐₩5000，很受在汝矣岛工作的上班族的热爱。

浮在汉江上的水上餐厅

Ⓡ闹得那鲁

노들나루

永登浦区汝矣岛洞 85－1 ☎785－4411
营 11:30～22:00 休年中无休 预不要
地图见 P190·2

原来是位于鹭梁津的码头的名称，

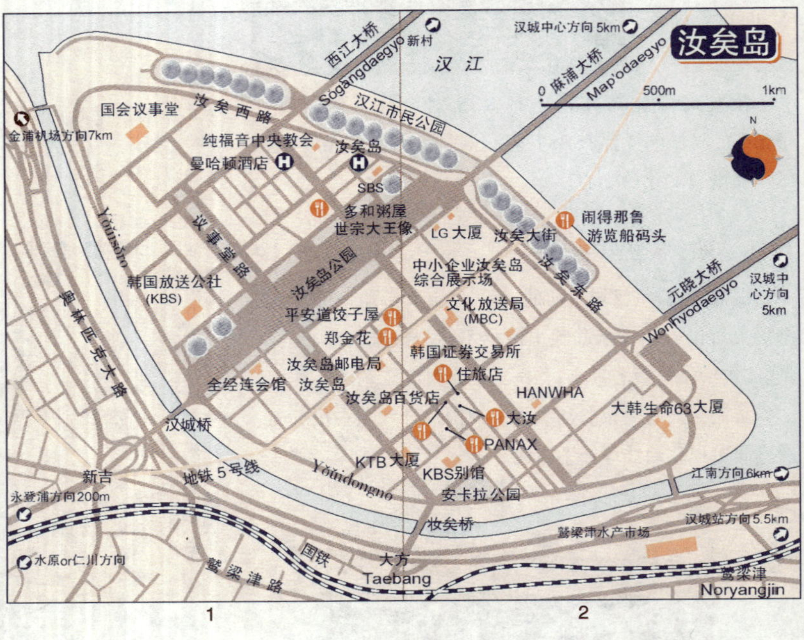

现在则成了汝矣岛汉江游船码头旁像船一样浮着的栈桥兼餐厅的名称。周围也许是因为没有繁华街，夜景有些单调，但到酷暑时节到此乘凉，心情格外好。

栈桥的 2 层为餐馆，一层为咖啡屋。眺望景色均无太大差异。从市中心去的时候，可以从乐天百货店前乘市内公汽㊽路。

汉堡牛排₩15500，以西餐为主。

量足够大的猪肉土豆汤

Ⓡ郑 金 花

청기와

永登浦区汝矣岛 25－5　新松大厦地下 1 层
☎783－7184　营 8:00～22:00
休 节日　预 不要　地图见 P190・1

该店以使用的肉量大而闻名，土豆可以追加，推荐您肚子饿了的时候去那里用餐。

这里用来炖汤的肉首先要放一晚，去血味，再和白菜一起用火炒，之后再煮。出锅的时候，可以感觉到真正的韩国式韵味。猪肉土豆汤定食₩4500。

尝一尝特大水饺

Ⓡ平安道饺子屋

평안도만두집

永登浦区汝矣岛洞 25－5　东和大厦地下一层
☎782－6592　营 11:00～22:00(周日至 15:00)　休 周日、节日　预 不要　地图见 P190・1

该店的饺子非常有名，中午时附近的上班族都拥挤到该店。该店的饺子量大，馅儿有豆腐、豆芽、泡菜、猪肉等，有利于健康，而且无可挑剔地好吃，不觉中有时会吃撑着。

此外还有其他菜谱。推荐水饺₩4500。

有利于肠胃的粥

Ⓡ多和粥屋

다화죽집

永登浦区汝矣岛洞 3－25　　正友大厦 1 层
☎783－9808　营 7:00～21:00　休 周日
预 不要　地图见 P190・1

该店的主人与著名粥专门店大汝的店主是亲戚，口味已有定评。味道很重的粥是用煮牛骨的汤制成。推荐加入香菇、牡蛎、春菊等的木耳粥(₩7000)，饭后向您推荐用香蕉、草莓、苹果等混合的果

材料是关键的参鸡汤

Ⓡ PANAX

파낙스

永登浦区汝矣岛洞 25－5　☎780－9037
营 10:00～22:00　休新年（1 天）、春节、中秋(各 3 天)　预不要　地图见 P190・2

是汝矣岛上最受欢迎的参鸡汤店。该店参鸡汤美味的秘诀就在于，用新鲜的材料制成的纯粹的甜味。制作方法很简单，但使用的材料很好。

参鸡汤（₩9000），有利于旅行中消除疲劳。推荐有利于女性美肤效果的乌骨鸡(₩15000)。

前去参观电视节目的现场录制

MBC

现在韩国的流行音乐组合，在国内外颇受欢迎。想要免费看到这些节目，可以去参观电视节目的公开录制现场。

每周三播放的 KBS(韩国放送公社)歌谣 TOP10，周六播放的 MBC(文化电视台)音乐舞台节目，都可以轻松地参加。喜欢韩国流行音乐的人自不用说，对不曾听过的人来说，参观一下电视台也是一次难得的机会。

参加方法很简单。KBS 播放前一天即每周二，直接与视听者咨询台电话联系，或去位于新村的新村文库、钟路的永丰文库领取整理券。然后根据当日领到的整理券的指南，到 KBS 新馆公开大厅排队等候。KBS 节目录制时，即使没有整理券只要有空余的站席，当日前往入场也是可能的。

MBC 也需要在市内的书店领取整理券。在江南高速汽车站 1 层的汉佳拉姆文库，从周四的 1 时开始发放。二者都很受欢迎，不早去的话便领不到。

拍摄当天，那些女学生们为了获得好座位，早早便来到现场，场内的气氛相当活跃。KBS、MBC 等因为现场转播，进行简单的说明后，便开始节目录制。歌手们依次陆续登场时，会场里会被异常的欢呼声所笼罩。还有一些歌迷用横幅或招贴画写上歌手的名字，给予声援。当快公布优胜歌手时，会场的气氛达到最高潮，所有的声音都被欢呼声所压倒。

随着音乐的普及，过去韩国的大学生们只听西洋音乐，现在则喜欢听韩国的流行歌曲。韩国音乐界出现群雄割据的局面，比之从前更有活力。

电视录像场面非常值得推荐，应该去看一下。

KBS 视听者咨询室　☎781－1300
MBC 人气歌谣 BEST50　☎780－0114 内线 3268

体验:泡菜的腌渍教室

在韩国旅行中经常会遇到这些事,要了韩国菜就一定会有泡菜一起上来,泡菜是饮食之友。泡菜的制作,只要不怕麻烦,方法并不难,根据风味可以做出细微的差别。每个家庭所做的泡菜都有自己独特的风味。如果能学会自己做韩国泡菜的话,那么,就更能体验快乐的韩国之旅了。

田贞源女士是韩国料理研究专家,向我们传授泡菜的腌渍方法。田女士在大学专攻法国文学,毕业后曾做过设计师。为了做新娘,她去了料理学校学习,并成为料理高手的婆婆的助手,结婚后则完全进入了料理界。曾担任料理专家学校的讲师,1989 年独立创立了田贞源料理研究所,此后,广泛活跃在电视、杂志上。她著作很多,在文化中心教授家庭料理,还担任大学的讲师。

田女士向我们讲授泡菜的腌渍方法及韩国式葱饼的制作方法。星期及时间的设定,都很随意,对没有时间的游客来说也很适合。这里与普通的料理教室不同,有一种在家的感觉。学习做料理,且可以试尝,很有意思,还可以将自己制作的泡菜带回去做礼物。

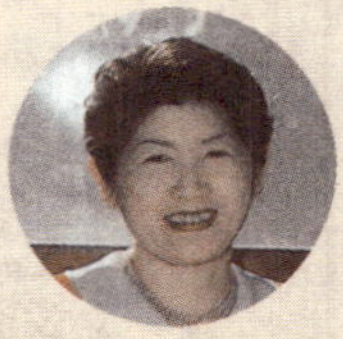

微笑的田贞源女士

1. 泡菜材料

2. 将 1 中除白菜以外的材料切成相同长度

3. 将 2 中的材料用辣椒等调味料混合

4. 将 3 在白菜叶子间薄薄涂抹。不能太多,太多则卷不起来

5. 将 4 放入容器内,便是一个好礼物

也可以教授葱饼的制作方法

讲习内容

白菜泡菜,葱饼(如果希望学习其他内容也可以咨询)

价格:每人₩60000(含材料费,2 个人以上。1 个人参加时₩100000)。还可按客人的要求前往住宿的酒店迎接,车内可乘座 3 人,1 辆₩20000)

咨询地址:田贞源料理研究所

汇城特别市瑞草区瑞草 3 洞 1487 -132　2 层

☎535 -1432

＊有关讲习日,要事先商量(根据情况,有时也不讲习)

乐天世界

Lotte World

乐天世界冒险城

乐天世界冒险城是游乐园中的拌饭

从汉城中心地区乘地铁30分钟，便来到位于江南部——蚕室的最大的游乐园——乐天世界。

乐天世界的构思花费了5年，总投资约6500亿韩元，占地4万坪（1坪＝3.3平方米），总面积18万平坪。1990年3月，石村湖的魔鬼岛开业，使乐天世界尽显全貌。

乐天世界，还包括有535间客房的酒店，柜台面积达1万坪的大规模百货店，有400家专门店入住的购物城，以及总面积达2万坪的世界最大的室内主题公园。无论从哪一点来看，都是迄今为止韩国所有的规模最大的设施。

乐天世界娱乐城，总投资3000亿韩元，是韩国第一家主题公园。设计者是在沃尔特·迪斯尼驰名的理查德·巴特古利率领的美国巴特古利·阿苏西公司。

作为世界最大的室内游乐场——乐天世界室内游乐场（LWA）的面积和设施都是超一流的（2万坪）。在地上5层、地下3层的巨大的空间内，张贴着约6000块玻璃。室内常年保持着最佳状态，可以说是全天候的娱乐场。

该LWA虽说是世界最大的室内游园场，

但有时也显出它的狭窄。在这被限定的空间中，多种多样的娱乐设施很好地组合在一起，空间没有任何的浪费。地下3层的滑冰场，其冰质之白有如米饭一般，而各种各样的娱乐项目则仿佛是各种调料，组合起来则正像是韩国的拌饭(拌饭是韩国的一种名吃，是在米饭上放入各种材料，拌起来吃)。

在LWA内漫步、参加娱乐活动，仿佛就像是在搅动拌饭。这种享受拌饭的感觉，是在真正的迪斯尼内所没有的LWA的韵味。

门票种类	价格(₩)	
	白天	夜间
特别券	23000	15000
Bigs	20000	13000
入场券	11000	8000

特别混合民俗博物馆门票。夜间入场券从17:00开始使用

娱乐项目使用费	价格(₩)
S	4000
A	3500
B	3000
C	2500
D	1500

乐天世界 地图见P79·4-C

松坡区蚕室洞40-1 ☎411-2000

▶地铁2号线蚕室站下车

乐天世界娱乐场

门票:₩11000 休息日:年中无休

入场时间:9:30~23:00

世界单轨车，可绕 LWA 一周

擎天柱，从 70 米
高空一落而下

注意会被打湿。
热带丛林冒险

乘战斗机，击退画面中的敌人。
录像电子飞机

森林探险船

气球之旅

龙头舞动很恐怖。
辛巴特历险

LWA 推荐的娱乐项目

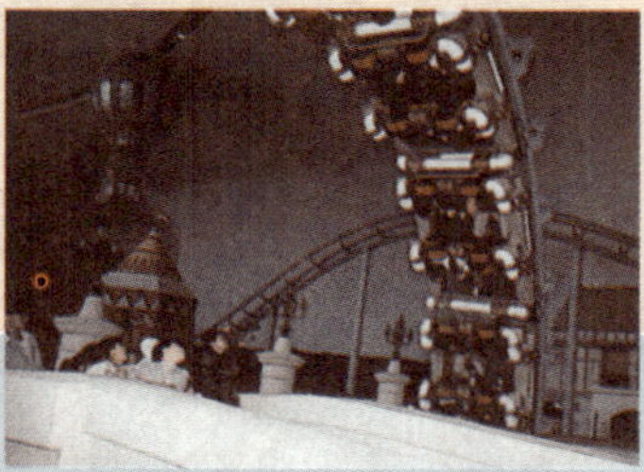

回转车

一到夜里，霓红灯灯火辉煌的旋转木马

穿韩服拍照

进幽灵城前
首先在餐桌
前听说明

海盗船

LWA 内最大的娱乐项目。大游
行14:00、19:30,2次

乐天世界民俗博物馆

乐天世界民俗博物馆，从构想到1989年完工花费了3年半的时间，耗资₩300亿。在这里可以课堂式地接触到朝鲜民族的传统文化，很受游客欢迎。

该民俗博物馆，分历史展示馆、模型馆、演舞场、传统市场等4个部分。

历史展示馆

按历史年代分成先史时代厅、高句丽厅、百济厅、伽倻厅、新罗厅、高丽厅等6个厅。

展厅内的主要展示物有表现各时代生活方式的全景图、实物、模型等，还有在一起的出土文物、寺院模型等。

该展厅值得注意的是新罗时期的黄金制品仿制品，虽说是仿制品，但金冠等三件展品，是用纯金制成。

另外，这里还有百济厅的公州武宁王陵墓，新罗厅的庆州佛国寺石窟庵的精巧的小模型等。虽然是在汉城，但在这却里可以见到地方遗址。

模型村

再现了李氏朝鲜时期的王宫样式、百姓生活，是将原建筑物缩小了1/8以后的模型。

入口处，展示着景福宫内的宫中礼仪的一个模型。模型中，人数达到几百人，令人为其规模之大而感叹。

另外还有反映百姓生活的内容，讲述着人的一生，根据春、夏、秋、冬不同季节而展示着不同内容，很有意思。

每一种模型，制作得都很认真细致，用布做成的偶人，表情各一，看一看都让人高兴，没有厌倦感。

演舞场

在李氏朝鲜时期，作为地方衙门的广场上设立的演舞场，定期上演各种农乐、广场剧等。

公演每天4次，12:00～16:00公演内容与时间，不同时期内容不同，需要在入口处的信息处确认。

传统市场

再现了李氏朝鲜时期的市场，出售螺钿细工、陶器等传统工艺品，现场制作表演等。

另外，在古代气氛之中，可以体验到不同的韩国风情。

只利用该厅时，门票免费。

在传统市场可以用餐

乐天民俗博物馆
购物大厅3层　　门票：₩4000
休息日：年中无休
入馆时间：9:30～23:00
（传统市场：11:00～23:00）

Apkujǒng dong 狎鸥亭洞 압구정동

前往方法

▶地铁3号线狎鸥亭站下车。从狎鸥亭站玉水站最近的检票口，出①出口便是狎鸥亭洞的中心区的第一区，从这里可以前往各个地区。

出⑤出口，便是第4地区的西面。出①出口向左公寓群相连，走约100米有信号，过大马路向右，右手便有座席公汽的车站，略向左走便有一般公汽的车站，座席公汽⑫、㉚、63-1、567路第一站、一般公汽⑪、㉑、63-1、63-2、78-1、117、222、710、716第2站便是麦当劳。

这些区间步行的话，12~13分钟左右，不很远。

李氏朝鲜时期，两班韩明浍根据自己的号修建了一座叫做“狎鸥亭”的亭子，这就是该风流地名的由来。现在这里已建成了高级公寓林立的汉城、江南最现代化的街道。

游览狎鸥亭洞，需把握4个地区。

第一个地区，是以麦当劳为中心，位于宣陵路与王子饭店所在的中安大道之间的地区。特别是罗迪欧大街，集中了WARNER BROS、艺术廊等以流行为主的店铺，这一带到处都可以见到穿戴最新潮的年轻人们。进入左右的小路，现代派的酒吧SANTAFE，年轻人很多的Gia Pasta，充满个性的时装店、咖啡屋、餐馆等鳞次栉比。这一带是汉城最时髦的地区。

第二个地区，是加利百货店东馆的东侧到

大的交差路口的600米左右的地区。这一带宽阔的狎鸥亭路的左右，集中了Gucci、plada等海外一流的名牌店，也有韩国著名的时装店。另外还有一些可以打折的名牌商店。这是一条微微让人有些紧张感气氛的街道。

第三个区域，是从鸟山公园南侧入口附近，到东侧的安静的住宅街。乍一看像是普通的住宅，却是一个喝茶店。走进店内，坐在摇椅、沙发上，品着咖啡的清香度过一段休闲时光。在周围的小路散步时，也可以发现味道完全不同的店铺。要想领略一下美国化了的新韩国的一个侧面，或说体验美国气氛的话，这里是最好的地方。

第四个地区，是可以尽享饮食之乐的地区。彦州路西侧有很多能品尝独特韩定食风味的大型店铺。鸟山大路那里也有几家有名的店铺，有很多人专门老远跑到这里来。现代百货店前有年轻人喜好的餐厅及咖啡屋。

购物 Shop

熟悉的品种一应俱全

▶华那·布鲁斯(WB)

워너 브라더스 스튜디오 스토어◆Warner Bros Studio Store

江南区新沙洞662－2　☎514－1231
营 11:00～20:30　休 春节、中秋(各3天)
地图见P202·2－A

熟知的Warner Bros的特色商品一应俱全，充满了美国气息。

该店位于年轻人很多的罗迪欧大街的正中，在极其醒目的大型店中，有以T恤等衣类为主的服装、垫子、钟表、摆饰、杯子、餐具、儿童服装等。所有商品都是直接进口商品。整齐的店内有大型的放映着电影的画面，播放着悦耳的音乐。

NY 的修甲专业店

▶纽约粉指甲

핑크네일 오브 뉴욕 ◆ Pink NaiL of New York

江南区新沙洞 661－7　　大厦 3 层
☎ 515－8586－7　营 10：00～18：00（周日 11：00～19：00）　休 春节、中秋（各 1 天）新年、圣诞（各 1 天）　预 最好预约
地图见 P202・2－A

总店位于纽约布尔克林，是韩国指甲美容专门店的第一家分店，该店 1997 年获得国际美容节（I. B. S）大奖及其他奖项。李先生等都是在美国学习 8 年以上的专业美甲师，很多从业人员都具有特别营业许可。

作为专业店，该店拥有最高级的设备，有 300 多种颜色与 800 多种设计，可以根据顾客的需要来修饰。

这里的修甲项目有改善指甲质量，调整指甲的长度等项目。脚指甲方面，也有脚指甲美容、除角质、柔软足部等。正规美指甲(30 分钟)₩ 25000，正规美足(60～90 分钟)₩ 50000。

意大利商品外销店

▶萨鲁迪 21

살디 21 ◆ Saldi 21

江南区新沙洞 657－37　☎547－4321
营 11:00～20:00(周日、节日 12:00～19:30)
休 春节、中秋(各 2 天)　地图见 P202・2－A

是意大利进口名牌服装的大型外销店。1 层为男士服装，2 层为女性服装，根据品牌划分柜台，到处都有 70%～80% 的打折标志。

经营的名牌有 D、G、GIORGIO ARMANI、EMPORIO ARMANI、MANI、CERRUTI 1881、ANTONIO FUSCO 等。在 1 层的服务柜台还有红茶、咖啡可饮用。

年轻人很喜欢的流行商品的综合店铺

▶流行大街

메인스트리트 ◆ MAIN STREET

江南区新沙洞 664－6　☎540－6966
营 11:00～21:30　休 春节、中秋(各 2 天)
地图见 P202・2－A

3 层建筑的流行服饰综合店。1 层为一般女性服装、装饰品、鞋子等；2 层为男女便装、体育服装；地下为装饰

品、服装等。店内设计装饰非常时髦。

普通服装方面，主要是由设计师专门设计。2层有从美国直接进口的KANI；地下的装饰品也有一种独特的魅力，很受年轻人欢迎。

江南地区现代化的百货店

▶现代百货店

현대백화점

江南区狎鸥亭洞429　☎547－2233
营 10:30～19:30　休 新年（2天）、春节、中秋（各3天）　地图见P202·1－A

该店自1985年开业以来，确立了其高档百货店的地位，在韩国效率协会进行的顾客满意度调查中连续3年获得第1名。这里以江南地区的居民为对象，以经营女性服装、杂货、无农药食品等为特征。

这里的路易·威登等海外著名品牌商品丰富，有时在免税店已卖光的商品在这里也可以找到。

清洁且设备良好的汗蒸炉

▶天地然

천지연

江南区新沙洞598－3　☎539－8010
营 24小时营业　休 年中无休
预 需要　地图见P202·1－B

是江南地区新建的，干净且设备完整的大型汗蒸炉。同汗蒸炉一样，还有松木桑拿、艾蒿桑拿、高丽人参浴池、锗元素浴池、牛奶浴池等。还有竹盐、牛奶、水果、海藻等的美容按摩，指压、搓澡按摩等也可以。客人很多，最好是预约。整套价格₩82000，含洗浴费、搓澡、按摩、洗脸、香波等。

餐馆 Restaurant

汉城本地人非常喜欢的大型自助店

Ⓡ庆福宫自助餐

경복궁뷔페

江南区新沙洞620　☎549－2797～8
营 12:00～15:00、18:00～21:00
休 新年（2天）、春节、中秋（各3天）
预 周末必需　地图见P202·1－A

仅主厅便有500个座位，菜品达100多种，很丰富，是很受欢迎的韩式自助餐馆。宽敞的院内古色古香的建筑，乍一看好像令人难以接近，实际上它比饭店内的自助餐更有百姓味道。

菜品不用说有韩式，还有日、西、中式各种，甜点类也是应有尽有。价格白天₩17000，晚间₩19000。

尝试尤鱼料理

Ⓡ欧迪加姆

오대감

江南区新沙洞 580－5　2 层　☎549－7038
营 11:30～22:30　休新年、春节、中秋（各 1 天）　预必要　地图见 P202・1－A

是尤鱼料理的专业店。菜谱可以说是彻底地使用了尤鱼。有烤尤鱼、砂锅尤鱼、炒尤鱼、炸尤鱼、尤鱼肠等等。白天的时候，有尤鱼定食₩4000。各种单道菜从₩6000 起。

百姓式的韩国乡土料理

Ⓡ田舍食膳

시골밥상

江南区新沙洞 549－9　☎546－1567
营 11:30～23:30　休每月一次不定休，春节（1 天）　预不要　地图见 P202・1－A

在外国的连锁店不断增加的江南地区，从年轻人到上年纪者都开始了回归到令人感到亲近的韩国百姓乡土料理中来了。

该店基本菜谱有炖泡菜、烤鱼，米饭套餐的田舍食膳₩5000。如果是 1 人份有 12 种，2 人份则有 30 种副菜。而且可以自由续菜。不够吃的人可以要烤肉₩8000，黄花鱼₩6000。傍晚自家制的堂堂酒₩5000，很受欢迎。料理很地道，在城市内可以感受到乡土的情趣。店内的装饰方面也很下了一番的功夫。

清淡的奶油蛋糕很受欢迎

Ⓒ卡贝拉里

카페라리

江南区新沙洞 640－5　☎518－9627
营 10:00～23:00　休年中无休
地图见 P202・2－A

在江南能吃上好吃的蛋糕的店铺在不断增多。

该店装饰很现代，挂有很多绘画，飘散着高雅的艺术气息。在沉稳的气氛中品尝美味的咖啡与蛋糕更让人感到舒适。

每位客人的咖啡杯子都不相同，每杯₩4500。蛋糕一块₩4000～。

以山野菜为主的韩国传统家庭料理

Ⓡ草 香 气

풀향기

江南区新沙洞 622　☎545－0415～6
营 12:00～22:00　休第 1、3 个周日、春节、中秋（各 2 天）　预不要　地图见 P202・1－A

以草香命名的店名名副其实，店内飘荡着一股自然的香气。被自然、健康的

风味所吸引的年轻人、家庭们令店内总是顾客盈门。

这里一概不用人工调味料、肉、鱼类，但却非常好吃，而且量很大。其中，还有店家独自开发的炸豆腐是拿手菜。推荐草香气定食₩15000。在该店用餐，可以唤起我们在现代社会中已渐淡薄的久远的记忆。

著名的煎饺店

Ⓡ饺子家

만두집

江南区新沙洞 661－1　☎544－3710
营 12:00～20:00　休春节、中秋（各3天）
预不要　地图见 P202·2－A

该店的饺子很大，馅儿有豆腐、牛肉、葱等。汤的味道也适度，很受欢迎。用清爽的调料配上泡菜等食用，真是有利于健康的饮食。

这里开业约20年来，一直是采用相同的菜谱、相同的味道，有很多歌手、演员、政治家等是这里熟知的客人。

清爽的口味很令女性喜欢

Ⓡ伊利欧那拉

이리오너라

江南区新沙洞 627－17　☎545－2195～6
营 12:00～15:00　17:30～22:00（周六、周日、节日 12:00～22:00）
休春节、中秋（各3天）　新年（1天）　预不要（4名以上需要）　地图见 P202·1－B

口味很淡很容易接近的韩定食店。外观为茶色石质结构，店内明快，装饰简洁。推荐₩18000的韩定食套餐，有南瓜汤、肉、鱼、炖泡菜等20多道菜。

店名伊利欧那拉，是古代贵族访问别人家时所说的“对不起”、“拜托了”……等意思。

度过寂静的时光

Ⓒ吉　姆

줌◆ZOOM

江南区新沙洞 650－20　☎543－5666
营 9:00～24:00　休年中无休
地图见 P202·2－B

稍微远离市区喧闹的一个小咖啡店，位于从乌山大路到乌山公园路旁的右侧。

店内很安静、简洁，也可以在窗外的走廊内品茶。

咖啡₩4000，桔子汁₩5000，还有柚子茶₩5000等传统茶。

文井洞 ●문정동
外销店巡礼

宽阔的马路两侧，排列着很多店铺

以年轻人为主，很多人都到文井洞来，他们的目标就是该地区不断增多的服装、皮包、鞋等的著名名牌商品的外销店。大型综合店及单独店铺有 50% ~70% 折扣，各店铺竞相打出便宜的招牌。

大多数店铺面对宽敞的大马路，很容易找到要找的店。国际名牌方面有 NIKE、Renoma、REEBOK burbery、ellesse、FILA、Jack nisklaus 冠军、Jack Nicklaus、Inter crew、head 等。韩国名牌有 GV2、Mook、NIX、EnC、Bean polo 等。特别是男士服装很多，是这一地区的特色。店铺一般 10:00 ~22:30 营业。

文井洞位于汉城的东南部，乘地铁 8 号线在文井站下车，出离蚕室最近的出口①向左步行 5 分钟，遇第一个大信号向右拐就进入外销店地区。

文井洞外销店地图

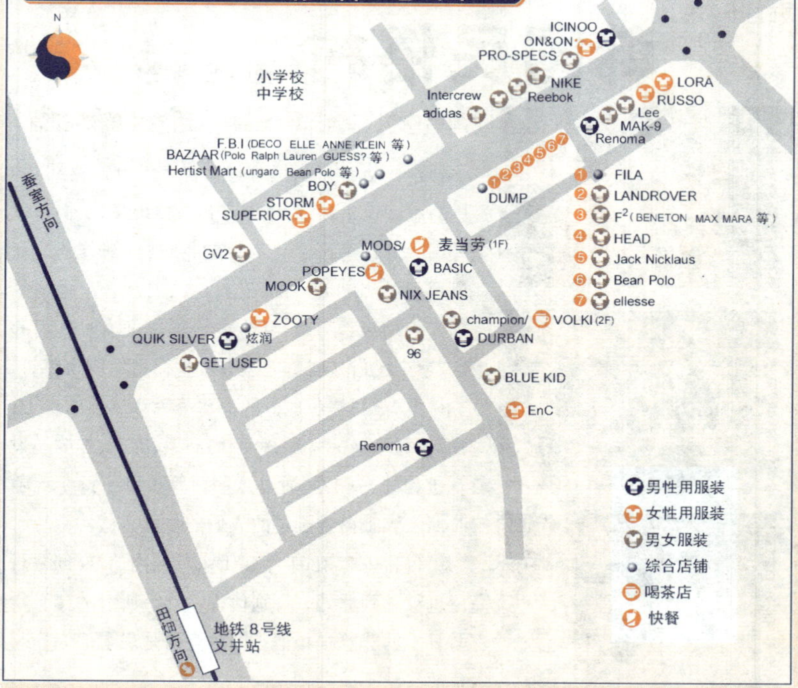

从汉城出发的1日游 1

韩国民俗村 ◆ 한국민속촌

可以穿上宫廷服装照纪念相

卖糖块的大叔，如果您购买了他的糖块，他就用剪刀将糖剪断

占卜

飞越时空纵览李氏朝鲜时期，活生生的博物馆

韩国民俗村，建于1974年，位于汉城以南约400公里的京畿道龙仁市。以保存韩国传统文化，向后代及外国人介绍韩国文化为目的。在被郁郁苍苍的森林所覆盖的约30万坪的民俗村内，展示着李氏朝鲜时期人们的风俗习惯，活生生地再现了当时人们的生活。整个民俗村就是一座有着生命力的博物馆。

村内有143栋各地方的民房等毛草屋顶的房子，与132栋瓦屋顶的官厅，官僚的高屋，寺院，作为私设教育机构的书院等。通过这些建筑可以了解李氏朝鲜时期士农工商各阶层的人们的生活方式。

民俗村内有 1861 年建于水原城内的 99 间两班高屋也被移到此处，特别值得一看。所有的建筑物都与日本的建筑很相似，需留意的是房子的制作与屋顶的形状不同。

韩国民俗村入口

毛草屋顶的过去的农家。不同的时代建筑样式有微妙的差异

这里还再现了烧陶窑、冶炼屋、柳编、竹编、织布、造纸、制糖等的制作现场，还有中药店等，与历史上的毫无二致。村内穿着民族服装的人们进行现场表演，出售制作的商品。

礼品店也处于闲静的气氛之中

在公演场随着音乐翩翩起舞的游客们

位于村内中央的公演场，每天在固定时间段上演农乐、走钢丝等民俗艺术。农乐是自古以来朝鲜民间最让人感到亲切的艺术。演出时，游客们可以随着音乐与演员们翩翩起舞。

过去的农具，现在摆放得仍像每天使用一样

从金莲寺走出的僧侣。仿佛令时间停止了一般

在公演场举行的农乐演出。要确认好时间千万不要错过

走钢丝、结婚仪式、假面剧与演出不断

走钢丝是由流浪艺人们传下来的技艺（重要无形文化财产第 58 号）。演出时，演员随着伴奏的鼓点（可以两面敲打的朝鲜大鼓）在钢丝上跳来跳去，非常惊险。

周日这里还有再现传统形式的婚礼、咸镜北道的假面剧之一的狮子舞（北青的狮子舞，重要无形文化财产第 15 号）、京畿道地方著名的假面剧松坡山台剧（重要无形文化财产第 49 号）等演出。入场时需确认好演出时间，不要错过。

市场风格的食堂

米汤小卖店

士族的房屋，翘起的屋顶是其特征

在露天市场小憩

这里有经营传统工艺品的小卖店。用餐的场所也都装饰成古代式样的市场风格。葱饼加朝鲜米汤，仿佛又让人回到了李氏朝鲜时期。

韩国民俗村
龙仁市器兴邑甫罗里107　☎0331-283-0088
入场时间:9:00~18:00　门票:₩8500
前往方法　从汉城到北原
▶从地铁 1 号线市政厅站到水原
所需时间 57 分钟　价格:₩950
从水原到民俗村
▶市内公汽㉛、㊲路，所需时间:40 分钟
价格:₩850
▶前往民俗村方向的免费公汽
运行时间:10:30~15:00
发车间隔:凑齐人数发车
一点注意事项
在位于水原站前广场的民俗村指南所购买入场券后，就可以得到一张免费乘车券，从广场内有小指示牌的地方乘车。
其他路线
▶从蚕室乘坐座席公汽 100-2 路。

板门店 ◆판문점

朝鲜战争爆发

1945年8月15日，从日本残酷的殖民统治中解放出来的朝鲜民族，马上开始了独立国家的建设工作。但是，受美苏两个大国冷战的影响，建立统一国家的愿望落空了。1948年8月，以北纬38°为界，南半部建立了大韩民国；9月，北半部建立了朝鲜民主主义人民共和国。1950年6月25日，朝鲜半岛进入战争状态，朝鲜战争开始。

从贫寒的山村到声名雀起的板门店

1951年7月在开城召开了为停战而进行的预备会谈。此后，谈判场所移到了距开城东部10公里左右的过去叫做板门的小地方。仅有4间茅草屋顶的该场所，以板门店的名字，一跃成为世界注目的地点。之后经过长期谈判，终于在1953年7月，中朝两国军队与联合国军之间缔结了停战协定（当时反对停战的韩国代表没有签名。另外，签订停战协定的建筑位于现在共管地区800米左右的北方的非武装地带，从汉城一侧不能参观）。

自由之家

朝鲜一侧和平的村庄

朝鲜的板门阁

世界史上最长的停战协定

根据停战协定，在板门店设置了由双方代表构成的军事停战委员会总部，另外设立了中立国监视委员会总部，监视委员常驻此地。签字以后，板门店成为迄今为止世界上最长的管理停战的场所，其间在此召开了多达500次的军事停战委员会正式会议。

今天的板门店与其说是军事停战委员会的所在地，不如说是具有强烈南北对话色彩的舞台。其中，南北间对话取得了一些诸如灾害时期的粮食援助、一部分离散家庭的访问，实现艺术、体育、南北交流等方面的成果。

京义线分隔地点

军事分界线

韩国一侧的士兵

连接南北的惟一的陆上窗口

在横穿朝鲜半岛中央的军事分界线限制了人们自由往来的今天，板门店担负着连接南北的惟一陆上通道的作用。在进行南北半岛政治、文化、体育等方面的交流时，双方的代表也通过此地访问对方。

当然，通过板门店往来的仅限于南北半岛两方政府的批准人士，一般人是绝对不能自由通行的。90年代，持政治目的的南方人未经政府允许，经第3国进入北方的事例时有发生，他们返回南方时也通过这个象征分隔的板门店。但这种行为违反了国家保安法，一旦越过停战线，就会被马上逮捕（特别是1990年访问北方的女大学生的林秀卿回韩国，当时在南北双方引起很大的反响）。

朝鲜民族都认为南北半岛既对峙、又各自存在，妨碍了南北间自由往来。现在的朝鲜半岛的状况，本来应该成为一体，而却被迫处于一种“分裂”状态。因此，恢复其本来面貌，再次实现“统一”，直到今天仍然是全民族的愿望。

曾经是东西德国分裂象征的柏林墙，在东西对立结束后，被彻底推倒。同样，朝鲜半岛如果克服了“分裂”状况，板门店也会重现往日悠闲的田园风景。朝鲜半岛以及全世界都真诚地盼望着这一天的早日实现。

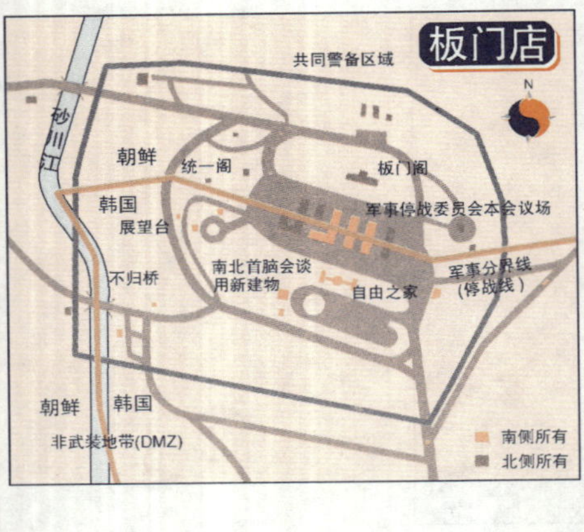

前往板门店的方法

需参加大韩旅行社或中央高速观光的板门店旅行团。所需时间7小时，价格含午餐₩55000。在出发24小时前要用自己的姓名、国籍、护照号预约。在抵达军事分界线附近有很多限制。禁止穿牛仔裤、T恤、短裤、拖鞋、运动鞋、军服、迷你裙等，10岁以下儿童不能参加。出发当日遇紧急会议、异常状态时，需中止旅行（或延期、或返还部分旅行费用中止旅行），或者变更为在板门店前的旅行。必需携带护照。

大韩旅行社(KTB)

汉城特别市中区小公洞1　乐天酒店3层

☎778－0150

出发时间:9:00(时间有时变更)

出发日期:周一～周五

中央高速观光(KVA)

汉城特别市中区奖忠洞2街202　新罗免税店1层　☎2253－8479

出发时间:11:00　出发日期:周一～周六

爱宝乐园

에버랜드

爱宝乐园，作为综合型的娱乐设施在规模、游客数量上都可以进入世界最佳10强，最近尤其引人注目。从汉城地铁2号线河边站乘直通车40分钟，便会抵达位于京畿道龙仁市的爱宝乐园。广大的园内有游乐园、动物园、游泳池、速度之路，以及美术馆等各种设施，而且不仅限于这些已有设施，将来还有要建高尔夫球场、豪华酒店等的计划。

现在的设施大体上由拥有游乐园、动物园的节日世界与拥有冲水道、游泳池的加勒比海，及拥有全长2124米的赛车跑道的速度之路三个部分组成。

节日世界还可以分成4个区域，有垂直轨道的无可挑剔的幻想特急，眼花缭乱的回转飓风，集中了速度感的美国乐园。从地上54米高可以俯看节日世界的宇宙观览车，回转木马和家庭都可以参加的魔术

岛。乘船通过密林急流的亚马逊特快，放着老虎、狮子、鹿等约3000头动物的野生动物园，四季鲜花盛开的四季节庭园，冬季可以滑雪、滑小雪橇的欧洲乐园，娱乐项目非常丰富，一天是无论如何也玩不完的。

作为世界最大戏水乐园而被特别关注的加勒比海毫不逊色于节日世界里的冒险世界。在这里还可以冲浪，高度达2.4米的波浪泳池，长得见不到头的流动泳池，从高26米一冲而下的滑水让人体验到失重的感觉。当然这里还有可以悠闲地沉缅于度假地气氛的咖啡屋、消除疲劳的桑拿等设施，这些都可以充分享受水世界的乐趣。

此外还有很多设施，不仅限于娱乐公园方面，涉及的范围很广。爱宝乐园距离汉城仅40分钟的路程，是韩国最新的旅游热点，一定要去看一看。

前台服务员微笑地迎接客人

酒店与韩式旅馆 Hotel

首都汉城世界级水准的酒店很多，从价格1夜超过200美元的5花级酒店到₩8000左右的旅馆等丰富多彩。

住宿主要集中在以下地区：

①汉城中心部（住宿设施最充实）

汉城市中心（市厅、明洞、钟路周围），从高级酒店到旅馆各种各样。

这一带离汉城站很近，乘汽车、地铁很方便，第一次到汉城访问的话，最方便。

②南山周边

耸立在汉城中心的南山周边，有以高级酒店为主的几家酒店，地点不同有时交通不便，选择酒店时要注意。

③江南

汉江南部的江南地区不断建造出新建筑。乐天世界、奥林匹克体育馆就位于江南地区。前往明洞、市政厅附近可乘地铁，约30～40分钟。

高速汽车站位于江南地区，很方便。

酒　店

汉城的酒店集中在市政厅、明洞、钟路等地区。

几乎所有的了解以上酒店的前台都通日语，大多的特1级酒店有日本餐厅。

特1级酒店

以最高的设备与服务自居的

Ⓗ汉城洲际酒店

인터콘티넨탈서울◆Inter－continental Seoul

江南区三成洞159－9　☎555－5656
FAX559－7995　部597　Ⓢ250000
Ⓣ270000　Ⓒ VMAJD
交地铁2号线三成站步行0分钟。KAL
地图见P79・3－C

该酒店以韩国传统家具及西式内装修气氛的房间而闻名。大厅采纳自然光，明亮。交通很方便，可步行前往附近的贸易中心。

悠闲的气氛与服务

Ⓗ汉城新生酒店

르넷산스 서울호텔◆Renaissance Seoul

江南区站三洞676　☎555－0501　FAX553－8118
部500　Ⓢ240000　Ⓣ240000
Ⓒ VMAJD
交地铁2号成线站三站步行1分钟。KAL
地图见P79・3－C

客房在汉城酒店之中特别大，配备

交交通工具　KAL（大韩航空班车停车酒店）　部房间数　Ⓢ单间价格Ⓣ双人间价格（ⓈⓉ均为₩不含税，服务费）　Ⓒ信用卡、V（VISA）、M（MASTAR）、J（JCB）、D（DAI NAS）

的家具自然，富有文化气氛。有班车前往梨泰院，很方便。

最新设施完备的

Ⓗ汉城丽兹·卡尔顿酒店

호텔릿쯔카르톤◆Ritz－Carlton Seoul

江南区驿三洞 602　☎3451－8000
FAX3451－8280
部 402　Ⓢ 265000　Ⓣ 290000
Ⓒ VMAJD
交地铁 2 号线江南站步行 8 分钟。KAL
地图见 P79·3－C

1995 年开业的酒店。健身、泳池等最新设施完备。用淡色调统一起来的客房宽阔、悠闲。

代表韩国的最高级酒店

Ⓗ乐天酒店

호텔롯데

中区小公洞 1　☎771－1000　FAX756－8049
部 1486　Ⓢ 300000　Ⓣ 330000
Ⓒ VMATD
交地铁 2 号线乙支路入口步行 0 分钟。KAL
地图见折页·3－C

是位于汉城市中心的代表韩国的酒店。服务、设备无可挑剔。客房装修高档，服务周到细致。

一定要住一夜的韩国第一的酒店

Ⓗ新罗酒店

신라호텔

中区奖忠洞 2 街 202　☎2233－3131
FAX2233－5073
部 500　Ⓢ 245000　Ⓣ 280000
Ⓒ VMAJD
交地铁 3 号线东大入口步行 10 分钟。KAL
地图见折页·6－D

该酒店位于曾是迎宾馆的院内，服

务也堪称世界一流，有定评。客房使用木质材料，创造出温馨气氛。酒店旁边有免税店。

拥有 80 年历史的传统的酒店

Ⓗ威斯汀朝鲜酒店

웨스틴 조선호텔

中区小公洞 87　☎771－0500　FAX752－1443
部 478　Ⓢ 260000　Ⓣ 260000
Ⓒ VMAJD
交地铁 2 号线乙支路入口站步行 5 分钟。KAL
地图见折页·3－C

具有 80 年传统的汉城古老的酒店。传统与现代设备完美的结合，创造出在其他酒店感受不到的气氛。院内有史迹。

汉城站前，交通方便

Ⓗ汉城希尔顿

서울힐튼

中区南大门路 5 街　☎753－7788
FAX754－2510
部 1625　Ⓢ 260000　Ⓣ 260000
Ⓒ VMAJD
交地铁 1、4 号线汉城站 10 分钟。KAL
地图见折页·3－E

耸立在汉城站前的最高级酒店。客房内配置现代的家具，营造出温暖的气氛。泳池、健身等设施完备。

耸立在德寿宫前的高级酒店

Ⓗ汉城广场酒店

서울프라자호텔◆Radisson Seoul Plaza Hotel

中区太平路2街23 ☎771－2200
FAX755－8897
部 490 S 230000 T 250000
C VMAJD
交地铁1、2号线市政厅站。KAL
地图见折页·3－C

在汉城的最高级酒店中，该酒店位于购物、观光最超群的位置。客房宽阔、气氛沉稳。

以赌场闻名的度假酒店

Ⓗ喜来登华克山庄

쉐라톤 워커힐

广津区广壮洞21 ☎453－0121
FAX452－6867
部 623 S 220000 T 220000
C VMAJD
交专用班车20分钟间隔。KAL
地图见P79·4－B

汉城惟一的可以享受赌场乐趣的度假酒店。另外，还以其他酒店没有的外国人舞蹈、民艺等的艳舞表演而闻名。客房豪华。

最适合长期停留的最高环境与设施

Ⓗ瑞士古南都酒店

스위스 그랜드호텔

西大门区弘恩洞201 ☎3216－5656
FAX3216－7799
部 400 S 250000 T 280000 C VMAJD
交地铁3号线弘济站乘出租车5分钟，从机场乘专用班车(1小时间隔)。KAL
地图见P78·1－A

位于白莲山麓的度假酒店。周围被绿色环绕，空气清新。有汉城第一大的泳池，只有瑞士才有的美肤设施，为长期停留客人提供的服务很多。

可以尽享乐天世界

Ⓗ乐天世界酒店

호텔롯데월드

松坡区蚕室洞40－1 ☎419－7000
FAX417－3655
部 533 S 240000 T 240000
C VMAJD
交地铁2号线蚕室站下车即是。KAL
地图见P79·4－C

是拥有世界最大游乐园的乐天世界的附属酒店。有滑冰场、免税店等，可以游玩、购物，不会感到无聊。

外国要人多使用的

Ⓗ凯悦酒店

그랜드하얏트호텔

龙山区江南洞747 ☎797－1234
FAX798－6953
部 605 S 300000 T 300000
C VMAJD
交地铁4号线三角地乘出租车15分钟。KAL
地图见P78·2－B

位于南山山脚，外观给人留下深刻印象。泳池、桑拿、健身等体育设施完备。户外的泳池冬季时又是冰场。

特 2 级酒店

体育设施完备的

Ⓗ新世界酒店

호텔 뉴월드

江南区三成洞 112 ☎557－0111 FAX557－0141

部 250 Ⓢ 107200 Ⓣ 109200

Ⓒ VMAJD

交地铁 2 号线宣陵站步行 10 分钟。KAL

地图见 P79・3－C

以泳池、高尔夫等体育设施完备而闻名。酒店后面有散步路，是著名的三陵公园。客房家具考究，气氛沉稳。

1993 年开业的法国系列的高级酒店

Ⓗ诺波特尔国际酒店

노뷔텔앰배서다호텔◆Novotel Ambassador

江南区站三洞 603 ☎567－1101

FAX564－4573

部 339 Ⓢ 220000 Ⓣ 245000

Ⓒ VMAJD

交地铁 2 号线站 3 站步行 15 分钟或乘出租车 5 分钟。KAL

地图见 P79・3－C

1993 年开业的酒店。法国系列的精练的服务及健身、泳池、超市等现代设施是其特征。在国贸中心与梨泰院之间有班车运行。

商务客人多使用的

Ⓗ总 统 酒 店

프레지덴트호텔

中区乙支路 1 街 188－3 ☎753－3131

FAX752－7417

部 303 Ⓢ 120000 Ⓣ 160000

Ⓒ VMAJD

交地铁 2 号线乙支路站步行 2 分钟。KAL 乐天酒店下车

地图见 P79・3－C

位于市政厅前，可以步行去明洞、景福宫。客房宽阔很舒适。有可以眺望德寿宫、南山的客房，风景非常优美。酒店以商务客居多。

以传统舞蹈的舞台自诩的

Ⓗ索菲特尔国宾酒店

소피텔앰배서다호텔◆Sofitel Ambassador

中区奖忠洞 2 街 186 ☎2275－1101

FAX2272－0773

部 450 Ⓢ 160000 Ⓣ 200000

Ⓒ VMAJD

交地铁 3 号线东大入口步行 5 分钟 到梨泰院有班车运行，1 小时间隔。KAL

地图见折页・6－D

周围被绿色环绕的传统酒店。客房以奶色为基调，富有高级感。这里以韩国舞蹈的舞台而闻名。到梨泰院有班车运行，购物方便。

团体客人欢迎的酒店

Ⓗ世宇宗酒店

세종호텔

中区忠武路 2 街 61 ☎773－6000

FAX755－4906

部 231 Ⓢ 170000 Ⓣ 180000

Ⓒ VMAJD

交地铁 4 号线明洞站步行 3 分钟。KAL 乐天酒店下车。免费班车机场—酒店每天 3 班

地图见折页・4－D

位于以购物街著名的明洞的边缘。

客房以灰色基调为主，明快。配备了传统家具的房间更富有韩国风格。

眺望景福宫的绝好位置

Ⓗ高 丽 酒 店

커리아나호텔

中区太平路 1 街 61　☎730－9911
FAX734－0665
部 280　Ⓢ 175000　Ⓣ 205000
Ⓒ VMAJD
交地铁 1、2 号线市政厅步行 3 分。KAL
地图见折页 · 3－C

位于市政厅前绝好的位置，可以步行前往景福宫、明洞。可以眺望市内的客房,安静、清洁。商务客人多。

高丽人参浴很受欢迎

Ⓗ首都大酒店

호텔캐피탈

龙山区梨泰院洞 22　☎792－1122
FAX796－0918
部 300　Ⓢ 145000　Ⓣ 145000
Ⓒ VMAJD
交地铁 4 号线三角地乘出租车 10 分钟，从机场有班车每天 3 班。
地图见 P78 · 2－C

以人参桑拿而声名雀起。住宿客人可以半价洗浴。从客房可以眺望南山、汉江的夜景。到梨泰院步行 10 分钟。

到高速汽车站步行 5 分钟

Ⓗ汉城宫殿大酒店

서울 파레스호텔

瑞草区盘浦洞 63－1　☎532－5000
FAX532－0399
部 278　Ⓢ 160000　Ⓣ 160000
Ⓒ VMAJD
交地铁 3 号线高速汽车站步行 10 分钟。2 号线瑞草站乘出租车 10 分钟。KAL
地图见 P78 · 2－C

位于距离高速汽车站步行的距离内，早晨出发非常方便。有健身房等设施,可以悠闲地住宿。

乘地铁可直达汝矣岛、机场

Ⓗ汉城假日酒店

호리데인 서울호텔

麻浦区桃花洞 169　☎717－9441
FAX715－9441
部 367　Ⓢ 130000　Ⓣ 160000
Ⓒ VMAJD
交地铁 5 号线麻浦站步行 1 分钟。KAL
地图见 P78 · 12－B

1997 年,该店作为假日酒店集团的一员开业。客房为美国风格，宽阔、重厚。地铁 5 号线与机场、市内相连，非常方便。

以汉城最好的瞭望点而自诩

Ⓗ塔 酒 店

타워호텔

中区奖忠洞 2 街山 5－5　☎2236－2121
FAX2235－0276
部 218　Ⓢ 130000　Ⓣ 160000
Ⓒ VMAJD
交地铁 3 号线东大入口站步行 15 分钟，乘出租车 5 分钟。KAL 免费班车，酒店～东大门地铁站～东大门运动场站,30 分间隔。
地图见折页 · 6－E

以汉城最好的瞭望点而自居。客房色调明快,全木质家具,气氛沉稳。被自然环绕的院内有网球场、跑步路等设施。

位于明洞中心的高级酒店

Ⓗ汉城皇家酒店

서울 로이얄호텔

中区明洞1街6 ☎756－1112 FAX756－1119

部 311 S 176000 T 203500

C VMAJD

交 地铁2号线乙支路入口站步行10分钟，4号线明洞站步行5分钟。KAL 乐天酒店下车。从机场可乘免费班车，每日3班。

地图见折页·4－C

位于繁华街明洞中心，房间均为隔音门窗，很安静。色调为现代色调，气氛明快。院内有著名的庭园。

以被森林环绕的安静的环境而自诩

Ⓗ奥林匹亚酒店

올림피아호텔

钟路区平仓洞108－2 ☎2287－6000 FAX396－6633

部 269 S 160000 T 160000

C VMAJD

交 地铁景福宫站乘一般公汽 135 、135－1、600 路终点。从机场乘出租车仅需30分钟，₩1万左右

地图见 P78·2－A

位于汉城北面，北汉山脚。周围被绿色环绕，空气清新。游客以到此度假者居多，从客房可以眺望汉城夜景。

有健身设施，可以眺望汉江的酒店

Ⓗ里贝拉酒店

호텔리베라

江南区清潭洞53－7 ☎541－3111 FAX546－6111

部 163 S 160000 T 160000

C VMAJD

交 地铁三成站步行20分钟 出租车10分钟

地图见 P79·3－C

具有最新设备的新酒店。酒店内有泳池、健身器、跑步机等体育设施。整洁的房间可以眺望汉江的夜景。

1级酒店

新改装完工的

Ⓗ三井酒店

삼정호텔

江南区站三洞604 ☎557－1221 FAX556－1126

部 163 S 120000 T 145000

C VMAJD

交 地铁2号线江南站步行8分钟。KAL 诺波特尔国宾酒店下车。

地图见 P79·3－C

1993年改装的客房，设备很新。房间颜色统一为绿色，有可以眺望市中心部的房间。餐厅很完备。

位于市内但很安静的酒店

Ⓗ新汉城酒店

뉴서울호텔

中区太平路 1 街 29　☎735－9071
FAX735－6212
部 129　Ⓢ 100000　Ⓣ 120000
Ⓒ VMAJD
交地铁 1 号线市政厅步行 2 分钟，5 号线光化门步行 10 分钟。KAL 高丽酒店下车
地图见折页·3－C

位于市政厅后面，便于出行。设施虽有些旧，但客房沉稳、清洁。

新装修而更整洁的

Ⓗ新国际酒店

뉴국제호텔

中区太平路 1 街 29　☎732－0161
FAX732－1774
部 135　Ⓢ 88000　Ⓣ 110000
Ⓒ VMAJD
交地铁 2 号线市政厅站步行 2 分钟。KAL 高丽酒店下车　地图见折页·3－C

位于市政厅后面，旅游、购物都很方便。装修工程已经完工，客房为清洁的奶白色。价格、设施很适中。可以眺望到德寿宫。

大浴场及桑拿闻名

Ⓗ丰田酒店

풍전호텔

中区仁岘洞 2 街 73　☎2266－2151
FAX2274－5732
部 177　Ⓢ 110000　Ⓣ 110000
Ⓒ VMAJD
交地铁 2 号线乙支路 4 街站步行 5 分钟。地铁 3 号线忠武站步行 5 分钟。
地图见折页·5－C

位于以电影街著名的忠武路，以大浴场及桑拿闻名。客房很宽敞。离地铁近，交通很方便。

南大门前的新酒店

Ⓗ君王酒店

렉스호텔

中区会贤洞 1 街 65　☎752－3191
FAX755－9548
部 93　Ⓢ 110000　Ⓣ 110000
Ⓒ VMAJD
交地铁 4 号线会贤站步行 2 分钟。
地图见折页·3－D

位于南大门市场正前方，去南大门、明洞旅游很方便。客房是 1994 年刚改装的，很干净。

充分享受梨泰院

Ⓗ汉弥尔敦酒店

해밀톤호텔

龙山区梨泰院洞 119－25　☎794－0171
FAX795－0457
部 155　S 70000　T 100000
C VMAJD
交地铁 4 号线三角地站出租车 10 分钟。KAL 到凯悦酒店，乘酒店免费班车 5 分钟。
地图见 P173·3

位于购物街著名的梨泰院的正中，很方便。客房简洁沉稳。酒店服务人员态度很亲切。

位于汝矣岛正中，最适合商务的

Ⓗ曼哈顿酒店

맨핫탄호텔

永登浦区汝矣岛洞 13　☎780－8001
FAX784－2332
部 182　S 120000　T 120000
C VMAJD　地图见 P190·1
交地铁 5 号线汝矣岛步行 10 分钟，从机场乘出租车 20 分钟₩6000 左右。

位于汝矣岛广场与国会议事堂之间，是汝矣岛上最大的酒店。商务客人较多，写字间很充足。客房有一种高档次的气氛。

早晨出发最方便的

Ⓗ东汉城酒店

동서울호텔

城东区九宜洞 595　☎455－1100
FAX455－6311
部 101　S 90000　T 90000
C VMAJD
交地铁 2 号线江边站步行 5 分钟。KAL 东汉城汽车站下车
地图见 P79·4－B

位于东汉城汽车站步行1分钟的地方，早晨出发最方便。房间干净、明亮。从业人员亲切，会告诉客人汽车的乘坐方法。

欧美商务客人欢迎的

Ⓗ皇冠酒店

호텔크라운

龙山区梨泰院洞 34－69　☎798－4111
FAX796－1010
部 157　S 100000　T 100000
C VMAJD
交地铁 4 号线三角地站出租车 10 分钟。KAL 凯悦酒店下车然后乘出租车 10 分钟
地图见 P78·2－C

到梨泰院步行 5 分钟的距离，很方便。从业人员很亲切，令人心情愉快。

旅游方便，南山山脚的

Ⓗ太平洋酒店

파시휘호텔

中区南学洞 2 街 31－1　☎777－7811
FAX755－5582
部 119　S 130000　T 140000
C VMAJD
交地铁 4 号线明洞站步行 2 分钟。KAL 乐天酒店下车　地图见折页・4－D

位于明洞边缘，很安静。到南山缆车站 5 分钟距离。购物、观光都很方便。

2 级酒店

便宜的客房价格是其魅力

Ⓗ大都会酒店

메트로호텔

中区乙支路 2 街 119　☎752－1112
FAX757－4411
部 83　S 45000　T 67000
C VMAJD
交地铁 2 号线乙支路入口站步行 2 分钟。KAL 乐天酒店下车

地理位置很好，观光、购物都很方便。客房沉稳。

位于明洞正中，最适合购物的

Ⓗ沙威大酒店

사보이호텔◆savoy

中区忠武路 1 街 23　☎776－2641
FAX755－7669
部 103　S 54000　T 74000　C VMAJD
交地铁 4 号线明洞站步行 3 分钟。
地图见 P112・2－B

位于明洞繁华街的正中位置，购物最方便。酒店无论游客、商务客均接待。客房虽略旧但很整洁。

韩国人也非常喜欢的商务酒店

Ⓗ汉城观光酒店

서울관광호텔

钟路区清进洞 92　☎735－9001
FAX733－0101
部 78　S 60000　T 64000
C VMAJD
交地铁 1 号线钟阁站步行 5 分钟。
地图见折页・3－B

去光化门、仁寺洞等市中心的旅游点很近，方便。韩国商务客人多用，对外国人服务也很周到。

家庭气氛是其魅力

Ⓗ汉城 YMCA 酒店

서울YMCA호텔

钟路区钟路 2 街 9 ☎734－6884 FAX734－8003
部 79　S 38000　会员 10% 折扣
T 52000　C VMAJD
交地铁 1 号线钟阁站步行 3 分钟。

位于汉城的中心街钟路，出行方便。房间很正统，但一应俱全。面向学生背包客，有关门限制，过 12 点要走后门。

可以步行前往明洞、南大门

Ⓗ新东方酒店

뉴오리엔탈호텔

中区会贤洞 3 街 10　☎753－0701
FAX755－9346
部 83　S 40000　T 60000　C VMAJD
交地铁 4 号线明洞站步行 2 分钟。KAL 乐天酒店下车
地图见折页・4－D

可步行前往明洞，南大门，观光方

便。客房很大，舒适。从业人员亲切。

3 级酒店

以干净的客房而自诩的酒店

Ⓗ中心酒店

호텔센트럴

钟路区长沙洞 227－1 ☎2265－4120
FAX2265－6139
部 72 S 60000 T 65000 C VMAJD
交地铁 1、3、5 号线钟路 3 街站，2 号线乙支路 3 街站 地图见折页・5－C

位于铁路的中心位置。大堂、客房均很整洁。价格相对良好的设施让人感觉便宜。地铁通往市内主要地点，交通很方便。

前往东大门步行 0 分钟

Ⓗ东方酒店

이스턴호텔

钟路区昌信洞 444－14 ☎741－7811
FAX744－1274
部 50 S 50000 T 60000 C VMAJD
交地铁 1、4 号线东大门站。
地图见折页・7－B

位于东大门正前，前往东大门市场非常方便。客房小巧玲珑，基本设施齐备。

便于出行的忠武路的安静的酒店

Ⓗ阿斯特利亚酒店

아스토리아호텔

中区南学洞 13－2 ☎2268－7111
FAX2274－3187
部 97 S 55000 T 77000 C VMAJD
交地铁 3、4 号线忠武路站步行 2 分钟。
地图见折页・5－D

距离前往市区要道的地铁 3、4 号线很近，便于出行。从业人员很亲切、麻利。客房向阳，整洁温暖。

韩式旅馆

在繁华街想要便宜住宿的话还是找旅馆。旅馆集中的地区在 YMCA 的后面、世家文化会馆的西侧，很方便观光。另外，东大门市场的东侧、从汉城站到南大门市场之间也有。高速汽车站附近的“庄级旅馆”很多。

从安东方面开来的列车停靠的清凉里站附近，也有很多住宿旅馆，但要注意有很多是有伤风化的旅馆。

亲切、环境最好的

Ⓗ大祐旅馆

대우여관

中区北仓洞 65－1 ☎755－8067、777－6017
FAX777－6016

出地铁市厅站⑦号出口广场酒店旁，沿太平路向南大门方向走，广场酒店正后面数第 3 个胡同向左拐，进餐馆街的正中心，就有一个丁字路口，向右拐再向左走，再稍向右走，有一个小胡同，胡同右拐角楼的一部分就是旅馆。拐过拐角第 2 个大门就是入口，抬头看 2 楼的墙壁上用汉字写着旅馆的名字。

是一家小巧玲珑的旅馆，房间小但内装修漂亮。有浴缸、厕所。双人间每晚₩28000。

外国背包客休息的场所

Ⓗ大元旅馆

대원여관

钟路区唐珠洞 26－1　☎738－4308

地铁 5 号线光化门站下车，步行 2 分钟。出④号出口来到地上，向右走。马路对面有 LG25 的招牌，沿右侧的小路前行 70 米左右，左侧便是。该旅馆客房全部是地暖炕式房间，附近有超市、盒饭房，很方便。淋浴、厨房共用的多人间₩9000，单间₩13000，双人间₩16000。

便宜值得推荐的

Ⓗ成道旅馆

성도여관

钟路区内需洞 120　☎737－1056

从大元旅馆步行 5 分钟，距离汉城市警察署近，治安很好。

店主会讲英语。带电视、淋浴的房间₩18000，无电视淋浴房间₩13000。冬季有地暖炕，很暖和，值得推荐。

仁寺洞附近便宜、住宿舒适的好地方

Ⓗ大元旅馆

성도여관

钟路区仁寺洞 224　☎735－1558、730－6244

沿 YMCA 东侧的"7·11"（餐馆名）拐角处向北拐，进第二个胡同向左，可以看见胡同里面写有"DEWON INN"的招牌。单间₩15000，淋浴、厕所共用，带电视。建筑、设备虽旧，但房间经改装很清洁。有公用洗衣机。

这里闲散客人多，适合于收集信息。店主会讲英语和日语。

就在仁寺洞、钟路的旁边

Ⓗ勇进旅馆

용진여관

钟路区乐园洞 76　☎765－4481 FAX747－1447

地铁钟路 3 街站出口④，或者乘机场公汽 601 路在钟路 3 街下车步行 5 分钟。地铁出口附近是一个交叉路口，进西侧乐园商店街时装廊下的韩一银行与圣德韩医院间的胡同。第一个丁字路口有黄色招牌，顺着招牌向右走，珍宝酒店的旁边便是。

该旅馆分普通房间与韩式房间 2 种，主人会讲日语、英语，很亲切。店主夫人喜欢清洁，房间打扫得很干净。

1晚含淋浴₩20000，淋浴公用₩16000～。

距离车站近，合理价位的旅馆

Ⓗ清进旅馆

청진여관

钟路区清进洞 152　☎732－4359
FAX739－8453

出地铁钟阁站第一银行旁出口，沿从钟路后的第一个胡同（韩一馆前）向西走 200 米左右的右侧即是。是一家 4 层建筑的旅馆。

在汉城市内，1 晚₩23000，属便宜一类。对想逛旧市区的人来讲，它处于非常方便的位置，是一家让人放心住宿的旅馆。

亲切的老妈妈经营的旅馆

Ⓗ东山旅馆

동산여관

钟路区仁寺洞 153－5　☎732－2658
FAX733－2912

位于 YMCA 和塔普克尔公园中间地段。沿仁寺洞古董街走 150 米左右，左侧有面馆，再沿它前面的胡同向左拐，走 30 米左右的右侧便是。

房间全部是地暖炕式，气氛安静。老妈妈英语很好，非常亲切。价格带浴室、厕所的房间每人₩17000，2人₩20000。厕所、淋浴共用的，1人₩12000，2人₩14000。

有长期停留者的旅馆

Ⓗ文化旅馆

문화여관

钟路区云泥洞 69　☎765－4659

安国站下车，沿三一路的云岘宫的前面向左拐的左手。旅馆的老妈妈态度亲切。单人间₩13000、15000，也有双人间。附近还有几家旅馆。

塔普克尔公园附近

Ⓗ大宇旅馆

태우여관

钟路区乐园洞 133　☎765－1605

从塔普克尔公园步行5分钟。从面对钟路的公园的正面沿东面（地铁1号线钟路3街站方向）30米处的拐角（有乐器店的建筑）向左拐，步行150米左右，进右侧的住宅银行乐园洞营业所与食堂中间的胡同走30米左右的地方。

建筑很旧，不能说是漂亮，但主人夫妇非常热情。旅馆旁有浴池及超市，非常适合居住。带浴室、淋浴、厕所的房间₩15000～。

城市酒店风格外观的

Ⓗ世林酒店

세림호텔

钟路区宽勳洞 192－17　☎739－3377

地暖炕式房间单人间 1 晚 ₩35000。虽然面积不太大，但带冰箱、空调，可看卫星电视。室内摆放有古董式的家具。浴室非常干净，1 层大堂前有录像带，可以用房间的录像电视看。

东大门附近

Ⓗ客人旅馆

선님여관

☎744－2073

出地铁东大门站 4 号线④出口走 100 米左右，向有小路的方向右拐的第一家旅馆。

带浴室、厕所、电视的房间，地暖炕西式房间 1 晚₩ 20000。

外国背包客很多的

Ⓗ韩国旅游中心

PHILKOREA TRAVEL CENTRE

钟路区中学洞 111　☎725－4416
FAX725－4419

PHILKOREA NET HOUSE 网吧经营的旅馆。上述的地址也是网吧的地址。首先，要去网吧预约住宿。去网吧，乘地铁⑤号线光化门下车，沿②出口去景福宫方向。沿栗谷路向右拐，《高丽时报》前。旅馆从这里步行 10 分钟左右。

多人间₩15000，双人间₩16000，公用厕所、淋浴，厨房完备，有简单早餐。

釜山

부산
Pusan

地区号:051

旅游咨询所
釜海国际机场
☎973－1100
釜山站前
☎441－6565
釜关渡船中心
☎465－3471
釜山旅游
☎080－460－1001
(通话免费)
海云台
☎746－8316

充满活力与明快的港口城市釜山,是仅次于汉城的韩国第二大城市。现在,釜山是韩国国内最大的港口,但在15世纪初期,它只不过是一个叫做富山浦的渔港而已。当时,该地区的中心是现在距离此处10公里内陆地区的东莱。改名釜山,是在此以后的事情了,釜山名称来源于山的形状像一个铁釜。

著名的关釜渡轮,将下关与釜山连结在一起。釜山,是日本船只抵达的惟一的韩国本土之地。由于地理位置近,自古以来釜山在各方面与日本的联系都非常深。

釜山的四个重点地区

釜山市,大体上分成四个地区。南浦洞地区,以龙头山公园为中心。西面地区,则是年轻人活跃的地区,随着釜山乐天世界的开业,整个街道都充满了活力。东莱地区,有温泉、釜山大学、梵鱼寺等。广安里海云台地区,则是被大海的香气所包围的韩国首屈一指的度假地。

旅游咨询所,位于釜山站前、釜关渡轮码头内、金海机场国际线到达厅内,在这里可拿到市内地图、旅游小册子,并会被亲切地告知旅游景点的前往方法。

繁华街从南浦洞站周边开始

市区的中心部位，在中央路与九德路沿线。地铁釜山站—中央洞站—南浦洞站，是办公街。繁华街，从南浦洞站—鱼贝市场站。从有南浦洞站、市政厅大楼的六差路大街向西的大道，排列着釜山第一的繁华街光复洞、时装店、酒吧屋等，是釜山流行潮流的发源地。

再往前是国际市场。市场周边的胡同，老式的日本式商家一家挨一家，仿佛来到异乡之中的异乡。

再过一个区域南面的小路，是南浦洞的饮食街。每到傍晚，当地人热闹非凡，让人感到普通百姓的生活气氛。从这里再向西走，便来到大映剧场、釜山剧场等电影街。沿九德路再向南走，便是鱼贝市场。

漫步时确定方位的标志——釜山塔

从市内的任何一个地方都能看到龙头山公园的釜山塔，所以在自己散步不明方向时，可以寻找釜山塔确定方位。

釜山站前的新港口酒店背面一带，被叫做俄罗斯城，多是俄罗斯船员集中的地区。

釜 山

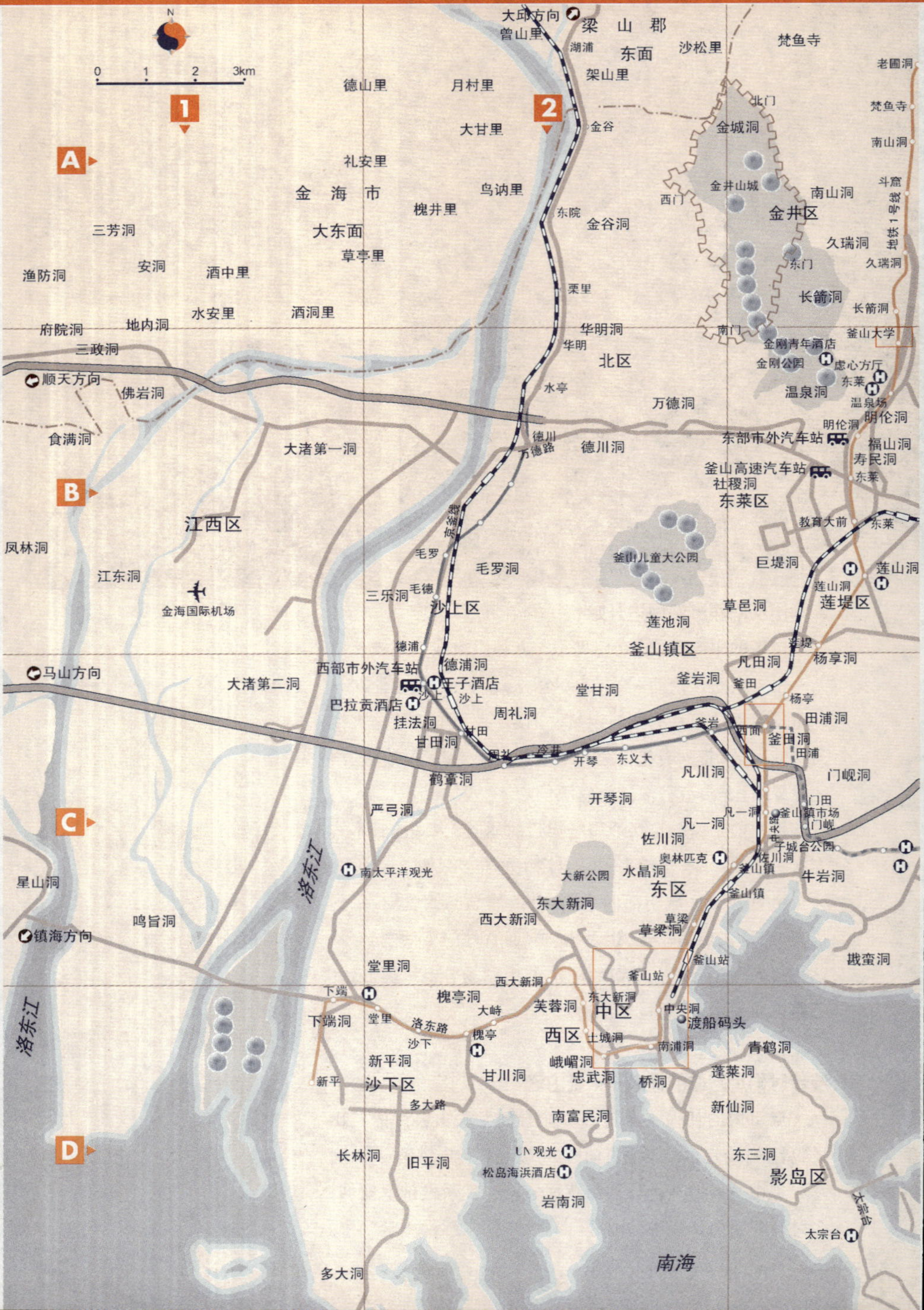
N
0 1 2 3km
1
2
A
B
C
D
大邱方向
曾山里
梁 山 郡
湖浦
东面
沙松里
梵鱼寺
老圃洞
架山里
德山里
月村里
大甘里
金谷
北门
金城洞
梵鱼寺
南山洞
礼安里
金井山城
南山洞
斗窟
金 海 市
乌讷里
西门
金井区
地铁1号线
槐井里
东院
金谷洞
久瑞洞
三芳洞
大东面
东门
久瑞洞
草亭里
渔防洞
安洞
酒中里
栗里
长箭洞
长箭洞
水安里
酒洞里
南门
釜山大学
府院洞
地内洞
华明洞
金刚青年酒店
三政洞
华明
金刚公园
虚心方厅
顺天方向
北区
东莱
佛岩洞
水亭
温泉洞
温泉场
万德洞
明伦洞
明伦洞
食满洞
德川
东部市外汽车站
福山洞
大渚第一洞
万德路
德川洞
寿民洞
釜山高速汽车站
东莱
社稷洞
东莱区
江西区
教育大前
东莱
凤林洞
毛罗
釜山儿童大公园
巨堤洞
莲山洞
江东洞
毛罗洞
莲山洞
毛德
金海国际机场
三乐洞
沙上区
草邑洞
莲堤区
莲池洞
德浦
釜山镇区
莲堤
杨亭洞
马山方向
西部市外汽车站
德浦洞
凡田洞
大渚第二洞
王子酒店
釜岩洞
堂甘洞
釜田
沙上
沙上
杨亭
巴拉贡酒店
周礼洞
田浦洞
挂法洞
釜岩
甘田
西面
釜田洞
甘田洞
冷井
田浦
周礼
开琴
东义大
凡川洞
门岘洞
鹤章洞
开琴洞
门田
严弓洞
凡一洞
釜山镇市场
凡一洞
门岘
佐川洞
子城台公园
奥林匹克
佐川洞
南太平洋观光
大新公园
水晶洞
釜山镇
牛岩洞
星山洞
洛东江
东区
釜山镇
东大新洞
西大新洞
鸣旨洞
草梁
镇海方向
草梁洞
戡蛮洞
釜山站
釜山站
堂里洞
西大新洞
下端
槐亭洞
东大新洞
中央洞
大峙
芙蓉洞
中区
洛东江
下端洞
堂里
洛东路
渡船码头
沙下
槐亭
西区
土城洞
南浦洞
青鹤洞
新平洞
峨嵋洞
忠武洞
桥洞
莲莱洞
新平
沙下区
甘川洞
多大路
新仙洞
南富民洞
UN观光
长林洞
东三洞
旧平洞
松岛海滨酒店
影岛区
岩南洞
太宗台
太宗台
南海
多大洞

大邱方向
杜邱洞
老圃洞
3
仙洞
五伦洞
釜谷洞
书洞
忠烈祠
鸣藏洞
安乐洞
送亭洞
柏吉洞
瓦馀里
长田里
铁马面
九七里
熊川里
日光面
横溪里
4
机 张 郡
万化里
西部里
古村里
大罗里
安平川
安坪里
盘松洞
清江里
机张邑
内里
盘如洞
庆州方向
海云台区
佐洞
松亭洞
松亭
长山
中洞
水营江
水营洞
水营
胜堂
佑洞
望米洞
王子酒店
民乐
情报团地
海云台
中洞
水营
民乐洞
海云台
冬柏
广安洞
广安
丽晶凯悦釜山酒店
朝鲜海滨
海云台
水营区
冬柏公园
金莲山
海滨酒店
广安里
大渊洞
南川洞
南川
水营湾
大渊
UN墓地
南区
釜山湾

釜山近郊
德裕山国立公园
德裕
伽 山国立公园
星州
西大邱
大邱广域市
庆山
庆州国立公园
佛国寺
海印寺
高灵
庆 尚 北 道
庆州
全州
全 罗 线
马耳山道立公园
八公山
居昌
京釜线
云门寺
文武王海中陵
全 罗 北 道
白云山
咸阳
绀岳山
黄溪瀑布
陕川
洛东江
昌宁
密阳
加智山道立公园
蔚山
咸阳
通度寺
广寒楼
南原
华严寺
智异山
宜宁
庆 尚 南 道
下南
谷城
智异山国立公园
求礼
晋州
南江
马金山
金海
机张
东海
昌原
西马山
马山
全 罗 南 道
庆全线
晋州
釜山
广域市
海云台
双溪
白云山
泗川
莲花山
玉泉寺
镇海
加德岛
松岛
曹溪山道立公园
顺天
光阳
昆阳
巨济岛
兴南
顺天
南海大桥
面海
闲丽海上国立公园
统营

口岸信息

釜山，海、陆、空口岸分布在市内各处，需要事先确认各口岸的前往方法、所需时间等。特别是各口岸之间的移动，必须将交通的拥堵计算在内，留出富裕的时间。

地　铁

釜山站

釜山站
부산역
▶地铁 1 号线釜山站下车

发抵从汉城出发的京釜线、木浦方向的庆全线、庆州方向的东海南部。中央线，是釜山出发、抵达的大部分列车的始发站。

站前有旅游咨询处、出租车站、机场方向的班车站等。站前广场有地铁，可方便地前往市内各处。

釜山站

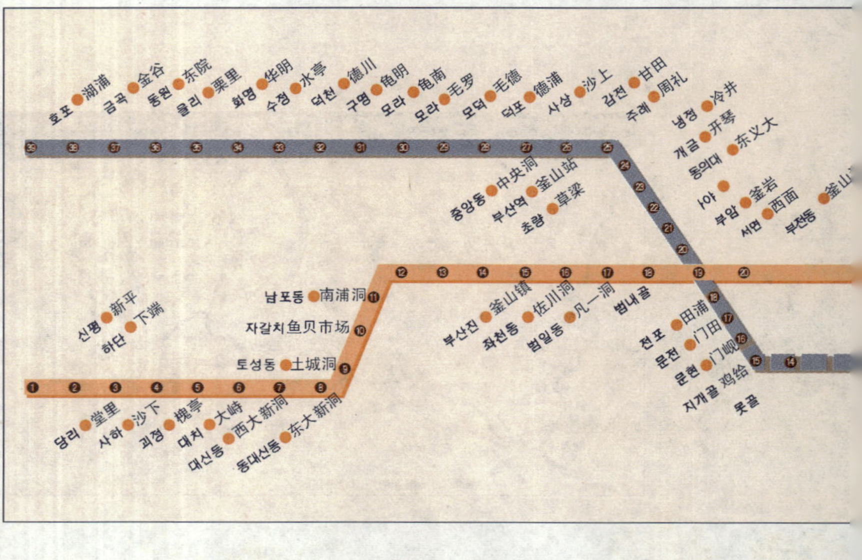

汽 车

高速汽车站

高速汽车站

位于距离市中心约10公里，东莱温泉附近。

汽车站前运行的市内汽车，候车厅一侧是前往东莱温泉、金海机场、海云台方向，过马路对面一侧是前往西面、釜山站、市政厅方向的汽车。

东部汽车站

地图见 P231 · 3 – B

从高速汽车站向东北方向约1公里。发抵从釜山前往北方的汽车。距离地铁站近，很方便利用。

西部汽车站

地图见 P230 · 2 – C

位于釜山市西北沙上，也叫沙上市外汽车站。六角型的现代化建筑，发抵从釜山前往西部方向的汽车。

东部汽车站

西部汽车站

高速汽车站

고속버스터미널

▶从地铁1号线东莱站乘市内公汽 181 路，停车站在与地铁平行的宽马路的对面。

▶市内公汽

从南浦洞、釜山站、西面乘 306 座席。从机场、海云台方向乘 307 座席。从釜山站约40~50分钟。

东部汽车站

동부버스터미널

▶地铁1号线明伦洞站下车位于宽马路出口的对面。

西部汽车站

서부버스터미널

▶地铁2号线沙上站下车。

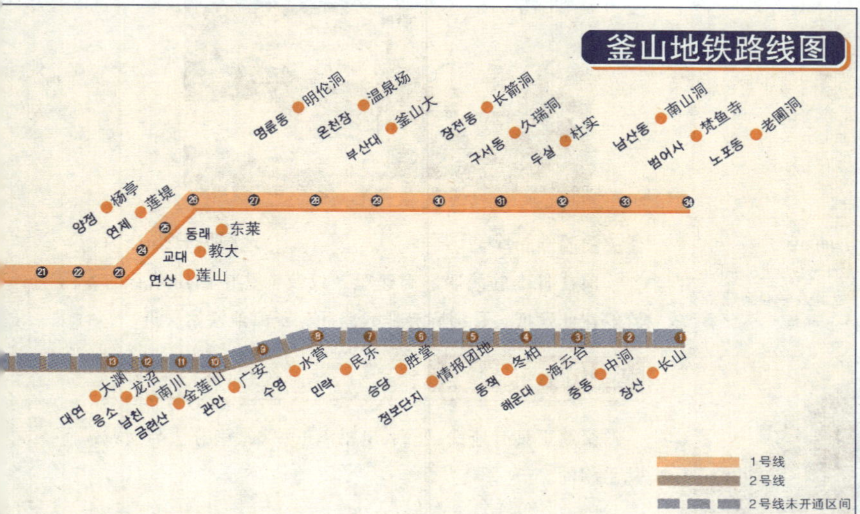

飞 机

金海国际机场

地图见 P230·1-B

釜山的空中大门。位于从市区以西约 15 公里的地方。现在，由于国内线、国际线航班的增加，使用该机场的机会比以前更多。

国内线除汉城、济州方向的干线之外，木浦、光州、群山、江陵等乘汽车及铁路不太方便的城市，都有直航线路连结。这些线路只要时间合适，利用价值很高。

客 船

国际与国内航线候船厅分别是独立的建筑，相距 600 米左右，要特别注意。

沿岸客船候船厅

地图见 P230·A-B

位于市内中心、市政厅的后面。乘前往济州岛的渡船或南海岸风景地去的轮船时，多使用该候船厅。

售票窗口，根据前往的目的地划分。前往济州岛等旅游地的航线旅行高峰期间非常混乱，最好事先预约。

沿岸客船候船厅

釜关渡船候船厅

地图见 P230·A

前往日本的渡船、高速艇，以及前往中国山东省的渡船在此发抵，是国际渡船候船厅。距离地铁站很近。

釜山的市内交通

交通工具有地铁、公汽、出租车三种。乘坐方法与汉城几乎相同。

金海国际机场

김해국제공항

▶**KAL 班车服务**

☎973-2168~71

价格：₩4500

发车：20~30 分钟间隔

运行时间：

市内发：6:00~20:00

机场发：7:00~22:00

所需时间：50 分钟（到釜山站）

▶**市内公汽**

从南浦洞乘 310 座席。

从海云台、高速汽车站乘 307 座席。

运行间隔：5:00~22:00

发车：10~20 分钟间隔

所需时间：约 50~60 分钟（到南浦洞）

▶**出租车**

价格：约₩12000（到釜山站）

所需时间：约 40 分钟

从机场到地方城市

▶**庆州高速汽车站方向班车**

所需时间：1 小时 30 分钟

发车：60~90 分钟间隔

价格：₩9000

运行时间：8:30~20:00

▶其他昌原、马山方向、蔚山方向等的路线。

沿岸客船候船厅

연안여객선터미널

▶地铁 1 号线中央洞站下车。出 6 号出口一直走，第一个路口向左拐正面。从车站步行 5~6 分钟。

釜关渡船候船厅

부관훼리터미널

▶地铁 1 号线中央洞站下车。上到地面沿路口向东。步行 4~5 分钟。

釜关候船厅

车水马龙的釜山市内

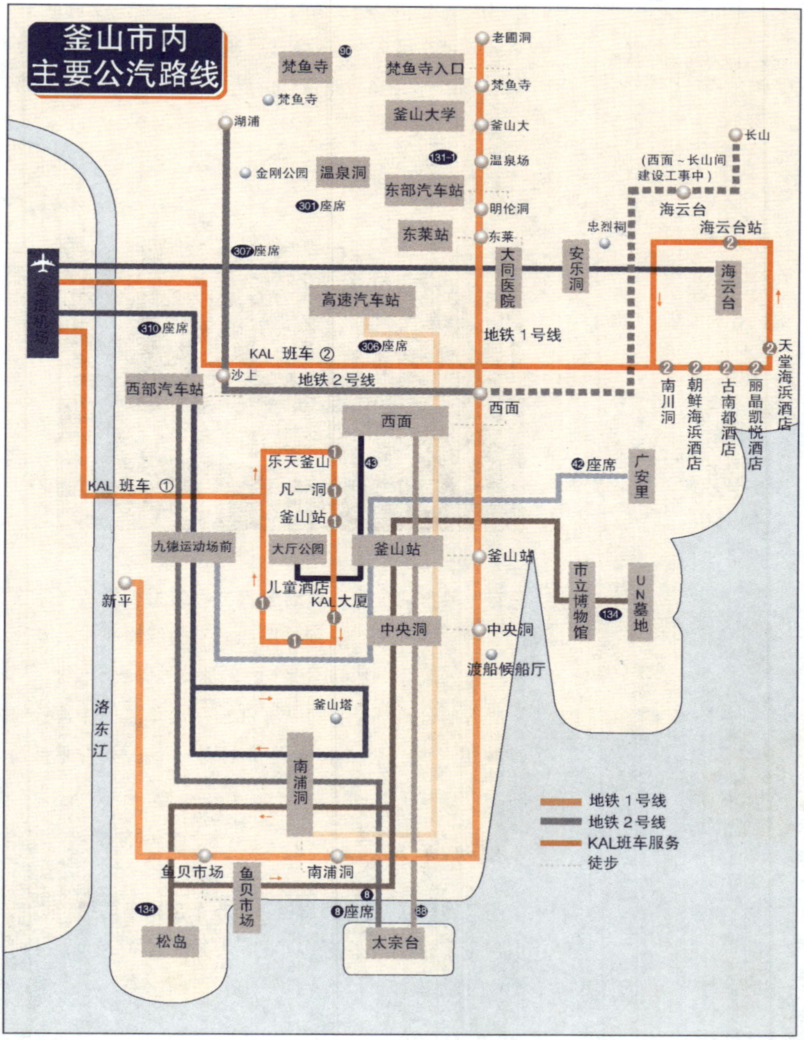

釜山市内
主要公汽路线
梵鱼寺
梵鱼寺入口
老圃洞
梵鱼寺
釜山大学
釜山大
湖浦
温泉场
长山
(西面～长山间
建设工事中)
金刚公园
温泉洞
东部汽车站
301座席
明伦洞
海云台
海云台站
东莱站
东莱
忠烈祠
307座席
大同医院
安乐洞
海云台
金海机场
高速汽车站
310座席
地铁 1号线
306座席
KAL 班车 ②
天堂海滨酒店
沙上
地铁 2号线
西部汽车站
西面
南川洞
朝鲜海滨酒店
古南都酒店
丽晶凯悦酒店
西面
乐天釜山
43
42座席
广安里
KAL 班车 ①
凡一洞
釜山站
九德运动场前
大厅公园
釜山站
釜山站
儿童酒店
KAL大厦
市立博物馆
UN墓地
新平
134
中央洞
中央洞
渡船候船厅
釜山塔
洛东江
南浦洞
地铁 1号线
地铁 2号线
KAL班车服务
徒步
鱼贝市场
鱼贝市场
南浦洞
8
134
8座席
88
松岛
太宗台

地铁站表示

地铁
价格：₩450（一站）₩500（2站）

地　铁

有贯通市内南北的1号线和横贯东西的2号线（一部分在施工）。1号线和2号线在繁华街西面相交。地铁沿线景点很多，旅游时可以充分利用起来。

向使用地铁机会多的长期停留者推荐的是，地铁、汽车共用的个人卡“哈那罗卡”，基本卡金额有₩3000、₩1000的，可在确定金额后购买。使用卡片者乘地铁时打15%的折扣。卡片在各站窗口销售。通过检票口时，只要将卡片插入检票机即可。

市内公汽

市内公汽

市内公汽
一般公汽
价格：₩520（凭卡乘车时₩500）

座席公汽
（价格：₩1000）

特级座席公汽
（价格：₩1200）

有一般市内公汽、座席公汽、停站很少的特级座席公汽3种。同样车号、同样路线，有的线路有一般及座席两种公汽运行，要留意汽车的车身及号码表示。

所有的公汽都是先付费，在前门上车。使用地铁、公汽共用卡时，将卡在收费箱上刷一下，费用便自动扣除。

出 租 车

与汉城相同，分一般出租车与模范出租车两种。起价，一般出租车₩1300，模范₩2000。从深夜12时到凌晨4时有20%的加价。

釜山第一繁华街

Namp'o-dong

南浦洞
남포동

每到夜里，繁华无比的南浦洞周围

从地铁南浦洞站、市政厅前到龙头山公园、国际市场一带，叫做南浦洞或者光复洞，是釜山第一的繁华街。主大道，是沿地铁走向的大道北侧横贯东西的光复路。时装店林立的都市风景气氛，与汉城明洞毫无二致。

沿光复路中途向北拐，寻找热闹的胡同，可以直达衣类、装饰品等摊床很多的国际市场。

另外，来到鱼贝市场站附近向大海的方向走，那里有最大的电影院街，每到休息日年轻人都爱来这里，使这里整日热闹非凡。周边有很多快餐、小吃的摊床。

天气不好的时候，可以返回到地铁站，在地下街散步。与南浦洞相对，中央洞站一侧有乐天一番街，鱼贝市场一侧有高隆购物商店及各种各样的地下商店街。

主要景点

龙头山公园 ◆용두산공원　　　地图见 P239・A－B

龙头山公园

位于釜山市中央的小山上，整座山全部都是公园。这里是市民休息的场所，整日人流不断。

公园中央花钟的后面，有壬辰倭乱时救国海军将领李舜臣将军的塑像，注视着日本方向。另外这里还有可以眺望市内的釜山塔。

龙头山公园

☎245－1066

▶从市内到公园的入口有3个。苏拉博尔酒店斜对面的坡道、塔酒店后面的台阶，以及从光复路的带屋檐的台阶。其中，最容易识别的是光复路的台阶。从光复路入口面对皇家酒店沿主大道走，右侧便出现带屋檐的台阶，沿该台阶一口气登到顶，便是公园的广场。

入园时间：9:00～22:00

釜山塔 ◆부산탑　　　地图见 P239・B

1974 年建成的釜山塔瞭望台高 118 米。

乘高速电梯来到瞭望台，釜山街景尽展眼前。北面，从京釜线终点釜山站出发的铁路一直延伸到很远很远。东面，是大小船只交汇的釜山港。南面，正下方是釜山第一繁华街——光复洞、南浦洞，海边有鱼贝市场。大海的对面，是指向空中的住宅街影岛。西面，是国际市场及拥挤的繁华街。晴天时，可以看到远方的对马岛。白天自不用说，从傍晚到夜里，景色格外迷人，可以尽享海港的夜景。

瞭望台下狭窄的台阶旁有咖啡店，下行的电梯从这里开始。下了电梯有小卖店，旁边有科学展示馆、海洋水族馆。

釜山塔

门票：₩2100

海洋水族馆

门票：₩1300

釜山港 ◆부산항　　　地图见 P239・B

位于沿岸客船候船厅的北面，亲水公园是从岸边眺望

亲水公园

进出港口船只的最好的地点。特别是能从正面看到釜关渡船。如果想从海上眺望海港景色，可乘坐从沿岸客船候船厅出发的含餐的游览船、豪华游轮。有分别含午餐、日落餐、晚餐等的各种游船，路线及服务内容也各异。

豪华游船
테즈락크르즈
☎463－7680
午餐游船
时间：12:00～14:00
船票：₩30000（含餐费）
日落餐游船
时间：15:30～17:00（仅周六、日）船票：₩20000
晚餐游船
时间：19:00～21:00
船票：₩40000（含餐费）
上船地点：沿岸客船候船厅

国际市场 ◆국제시장

市场以细长的两幢大楼为中心，直跨南北。主建筑物由连络桥相连，1层有经营金属制品、餐具、日用品的商店。2层以服装为主，颜色则以韩服的鲜艳色彩为主。

国际市场，人与商品同样多

在釜山所能看到的东面，大多是以服装为主的，还有经营鞋、皮包、登山用品、录音机、录像机的电器店。釜山银行的后面，有很多饮食摊床。

鱼贝市场 ◆자갈치시장

地图见 P239・B

从南浦洞的电影街朝港口方向向南，有靠海而建的建筑，便是著名的鱼贝市场——茶卡卢奇（韩国语小石头的意思）市场。

建筑物分两幢，均是底层卖鱼类，上面一层为餐馆，可以当场烹制。

太宗台
☎403－0773
▶市内公汽
从中央洞、釜山站乘（88），从南浦洞乘❽、❽座席。

门票：₩300
入场时间：8:00～18:30（11～2月到17:00）
环岛公汽
票价：₩500
间隔：20～30分钟

太宗台 ◆태종대

地图见 P231・3－D

釜山中心部经釜山大桥连结起来的影岛的东南端，海浪涛涛的玄界滩半岛，便是太宗台。它以完成统一三国的新罗王太宗武烈王曾光顾此地休息而命名。

环太宗台一周4千米，每20～30分钟便有环岛公汽运行，在主要景点停车，上下自由（上车时付费）。可以在灯塔或瞭望台处下车。

从瞭望台可以看到拍打悬崖峭壁的海浪，令人感到惊险无比。

购 物 Shop

购皮衣就在这一家

▶李时装

이패션

中区国际市场 6 工区 A 栋下层 10－11 号
☎246－6867　营 9:00～20:30
休 节日、春节、中秋(各 1 天)
地图见 P239·B

位于国际市场的皮衣店，创业于1960年。虽然店铺不太大，但皮衣很多，一直挂到天棚，远处一看便知。

店主李先生从祖父开始三代经营皮衣。欧洲客人来买皮衣的很多。

种类丰富的皮包店

▶新时代皮包

뉴시대가방

中区新昌洞 4－15　☎245－6362
营 9:00～21:00
休 春节、中秋(各 1 天)　地图见 P239·B

位于国际市场东侧的皮包店。皮包

种类丰富，很受外国客人的喜爱，约好的话，可开车到饭店或机场迎接。

眼镜架种类丰富的

▶威仪眼镜

윙크안경

中区新昌洞 4－18　☎241－6644～5
营 9:00～21:00
休 新年、春节、中秋(各 1 天)
地图见 P239·B

国际市场东侧入口附近的眼镜专卖店。配备最新设备，全自动制框机。

配镜，普通眼镜 2 小时，带色、带度数的眼镜 3 小时，价格便宜，很合算。

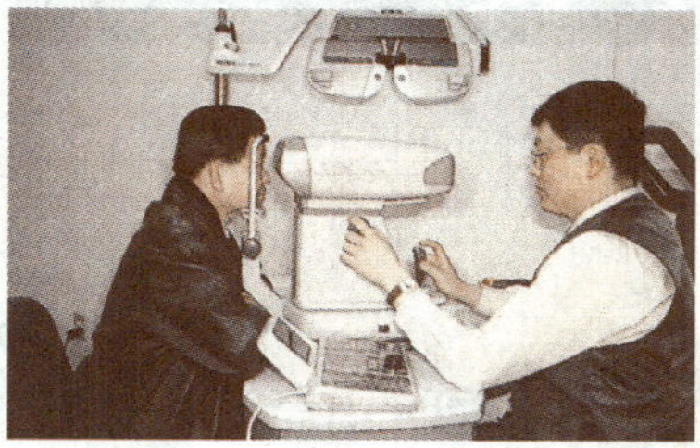

位于中心部的免税店

▶东和免税店

동화면세점

中区中央洞 6 街 69　☎462－1681
营 9:00～18:30　休 年中无休
地图见 P239·B

面对市厅向左 2 分钟，很醒目的白色 MBC 大楼 1 层和 2 层。免税店规模很小，但地理位置好，时间很短也可以逛逛，很方便。以名牌商品为中心，韩国工艺品很多。

MBC 大楼 1 层有 JAL 的柜台。

购买皮衣

▶仙都寺

성두사

中区新昌洞 2 街 14 ☎246－3943
营 9:30～20:30 休年中无休
地图见 P239·B

背对优那百货店向国际市场方向走，第一个左拐弯处的拐角。1层、2层陈列着皮衣。柔软的羊皮衣₩100000起，价格公道。流行款很多。

选定好商品之后，可以像做游戏一样的讲价，很有意思。如果是4～5个人，还可以有面包车到饭店迎送。

登场于南浦洞的汉城极便宜的店铺

▶明洞衣类

명동의류

中区光复洞 2 街 7 ☎247－1366 营 10:30～22:00 休休年中无休 地图见 P239·B

汉城明洞的购物热点明洞衣类釜山店，于1998年12月开业。从男士、女士服装到小物件、杂货等大量商品非常便宜，与总店明洞店完全相同。

在光复洞四海坊的正对面，5层建筑的大楼墙面写有“M”标志。

餐馆 Restaurant

很有人气的冷面屋

Ⓡ元山麦屋

원산면옥

中区昌善洞 1 街 37 ☎245－2310
营 11:00～21:30 休第 3 个周三、中秋、春节（各 3 天） 地图见 P239·B

当地人很多，几乎没有空座位。

平壤冷面（₩5000）不太辣。要先向服务员付钱。鸡杂汤随便喝，味很好。

全州拌饭专卖店

Ⓡ比萨堡

비사벌

中区光复洞 1 街 12－1 ☎245－0058
营 12:00～21:30 休春节、中秋（各 1 天）
地图见 P239·B

全州名吃石锅拌饭₩4000，很多客人来用。

另外，爽口的小菜和饭后的小吃也很有名。

在南浦洞吃参鸡汤

Ⓡ南浦参鸡汤

남포삼계탕

中区南浦洞 3 街 12 ☎245－5075
营 8:30～22:00
休中秋、春节（各 1 天） 地图见 P239·B

南浦洞有好几家参鸡汤店，该店以口味好而闻名。用整只鸡、人参炖的汤非常好吃。一人份₩8000。

著名的饺子专卖店

Ⓡ四 海 坊

사해방

中区光复调 ☎245－7303

营 12:00～22:00 休春节(2天)、中秋(1天)

预不要 地图见 P239·B

釜山人没有不知道这家著名中华料理店的。在光复洞一带，也是数得上的老店铺。

受欢迎的菜谱有水饺₩3000、煎饺₩3200两种。另外不愿意吃辣的人，还有炸酱面₩2800。

大有人气的日本的乌冬店

Ⓡ喜　乐

희락

中区南浦洞4街5 ☎245－2656

营 11:00～22:00 休元旦(2天)、春节、中秋(各3天) 预不要

地图见 P239·B

从南浦洞的凤凰酒店向市政厅方向稍走，沿第一条道路向左，在众多的摊床之中走30米右侧的2层。

店长李先生说，为了开这家店，去日本30多次，专致于乌冬面，反复研究，又受到日本乌冬专家的技术指导，才达到现在的味道。乌冬₩3500～6000，天妇罗套餐₩8000。

飘荡着桔肉香气的

Ⓒ雪 绿 园

설록원

中区光复洞3街6#2层 ☎245－9607

营 9:00～22:30 休年中无休

位于大楼的2层，打开门一股桔肉的香气飘然而出。这是一家传统菜店，每到傍晚，隔着夕阳射进屋内，很有情调。

柚子茶、生姜茶、梅子茶等很受欢迎。

各种传统茶₩2500～。也销售茶具。

用着面包和蛋糕，休息一下

Ⓒ莫 扎 特

모짜르트◆MOZART

中区光复洞3街1 ☎246－7911

营 9:00～20:30 休春节、中秋(各1天)

地图见 P239·A

使用带木纹的家具富有自然感。1层是面包和蛋糕的小卖店，可在此购买，在2层食用。

红茶、咖啡各₩2800，蛋糕₩1500。

鱼贝市场 ◆자갈치시장

走在品种繁多的新鲜鱼贝的摊床之间
学着韩国主妇的样子讨价还价
定会有令人欣喜的收获

新鲜的各种鱼类便宜、数量多

“茶卡卢奇”就是小石头的意思。整个市场很大，一般人来购物，要到自古以来沿海而建的3层建筑和斜对面很新的新东和大厦两个地方。

一般釜山人一个月来这里一、二次购物，平常购物则多在附近的市场。但遇到家里来客人或者有喜事时，则要到此地购买很多便宜又新鲜的鱼类。当然，住在附近的居民也有每天来此购物的。

每天清晨不到，鱼摊贩等专业人士们便开始忙碌起来，中午前后购物者开始多起来。釜山因为是港口城市，所以釜山人好像都很喜欢吃鱼。

在市场转一圈儿，选择当日最好的鱼

购物时，不需要特别选择店铺。因为经常是各家店铺经营的种类不同。若时间充裕，两个大楼最好都转一圈。购买时要从鱼贝类的新鲜度、质量来询问价格。转了几家之后，就会大体明白当天的行情。

总体了解之后，再看经营的商品，

决定"在此购买"的店铺。这种办法，是长年做主妇得出的经验。首先问一下欲购商品的价格，做出想购买的样子，最后如果价钱不合适可以不买，再回到原来相中的那家店铺。

讲价钱，认真定胜负

讲价钱全凭水平。在其他店询问的价格，在此发挥了作用。最近鱼贝市场不像以前那么打折了，如果能便宜10%便是大获成功了。有时候，还有讲不下来的时候，但不管怎样，还是需要努力。

鱼贝市场的好处，购买的鱼可以在楼上食堂马上食用

在这里购买的鱼，可以在楼上烹制成喜好的口味。烹调费则作为市场的共同基金。鱼的种类以旧楼的那一边居多……不同的建筑物，气氛有相当大的区别，最好选择喜欢的。

新建筑1层为鱼市场兼简易食堂，2层为干物市场（销售尤鱼、紫菜等），3层则为食堂。在这里，即使是在1层的鱼市场，也可以吃到刺身。但在1层只能吃刺身，在3层的食堂却可以根据口味

做成不同饮食。店铺都是地暖炕式的，很沉稳，富有韩国味。

用鱼骨做成的辣汤是市场美味

首先在1层选择鱼贝类。然后店主会将您带到跟自己有关系的3层的食堂，让人烹制。不但可以做成刺身，做成的火锅也很好吃。做刺身的时候，不但要有贝，最好也要有鱼。鱼头及鱼骨最后会被做成辣汤，非常好吃。但因为非常辣，不喜欢辣的人，可以要求不放辣椒。

在1层购买的鱼，顷刻间做成了刺身

这才是鱼贝市场，叫卖声不绝于耳

位于前面的建筑物，1层是鱼市场，2层是食堂。在1层购买的鱼要在2层的食堂烹制，方法同上，但这里是圆桌。上了台阶，就会听到店主人的叫卖声，有种压倒人的气氛。

港口城市釜山的精华，鱼贝市场是非常值得一看的。

3 层的食堂

2层销售干货

在食堂烹制成合适的口味

数据（鱼贝类自带）

餐费₩1000

烹制费₩2000

辣汤烹制费₩5000（4人份）

Sŏmyŏn 西 面 서면

西面

▶地铁1、2号线西面站下车。

最近，作为副都心的繁华街而快速成长起来的地区就是西面。西面，距离旧市区以北6公里，是年轻人聚集的热闹非凡的街道。1995年，在该地区乐天百货店和现代百货店开业以来，新的时装店、咖啡屋、餐馆等不断出现，整个街道焕然一新。

出地铁西面站来到地上，有五条大道汇集的巨大的路口，就是西面大街。以此为起点沿中央路向港口方向南进的数百米的马路两侧一带，形成了细长的繁华街。

隔中央路东侧，太和百货店旁宽阔的大街，便是繁华街的中心，快餐店、面向年轻人的咖啡屋、餐馆，以及时装店、文具店鳞次栉比。该地区南面一带则集中了很多预科学校，洋溢着青春的气息。

另外，中央路的西侧，有一条胡同是西面市场，挤满了出售寿司卷、煎饼、中国包子、水果、化妆品、日用杂货等的摊床。穿过胡同便是乐天百货

店及周围的商店街。乐天百货店南侧一带，每到夜晚，卡拉OK、酒吧的霓灯灯火辉煌。

釜山镇市场、现代百货店，位于从西面向南第2站的凡一洞站附近。从釜山镇市场到国际酒店之间，餐馆、卡拉OK、酒吧很多。

主要景点

拉斯维加斯歌舞——拉斯维加斯剧场

◆라스베가스 시어터 地图见P248

是一座演出正宗的拉斯维加斯歌舞及韩国民族舞蹈的晚宴剧场，可以一边用餐一边欣赏节目。300坪的舞台上有各种乐器、冰环、喷水、水流巨大的瀑布等，丝毫不逊色于拉斯维加斯的设施。

由拉斯维加斯、巴黎的著名舞蹈演员们演出的歌舞，以及其间的魔术、动物表演等，快乐、惊险，逗笑不止。最后的压轴戏，是精美绝伦的韩国民族舞蹈，由国立舞蹈团团长导演，总计40余名的乐天剧团的舞蹈演员演出国立中央管弦乐团团长的作品，色彩斑斓，优雅，不愧是压轴戏。

拉斯维加斯剧场
釜山镇区釜田2洞503釜山乐天酒店3层
☎810－7000
费₩70000，₩60000（含晚餐），₩45000（含一杯饮料）
营 18:20～20:00（入场17:30～）21:00～22:40（入场20:20～）
休年中无休
预最好预约

釜山镇市场

◆부산진시장 地图见P230·3－A

地铁凡一洞站下车，向港口方向走约3分钟，右侧有经营服装为主的3层建筑便是釜山镇市场。市场前面有陆桥。

1层为布料、韩服衣料、手工制品，2层为女性服装、男性服装，3层为服装原料、运动服、儿童服装，地下1层为食品原料、皮包、杂货、餐具类。广阔的卖场内，狭窄的通道两侧摆满了服装，体现出韩国人的购买力。

釜山镇市场
东区凡一2洞290
营8:00～19:00
休第1、3个周日购物

名牌商品充卖的免税店

▶乐天釜山免税店

롯데부산면세점

釜山镇区釜田洞 503 乐天百货店釜山店 8 层
☎810－5000
营 9:30～18:30　休 年中无休
地图见 P248

位于乐天百货店 8 层，从销售面积来看是韩国最大的免税店。宽阔的卖场内有 110 种名牌、1300 种商品。以紫水晶、陶瓷器为主，韩国特产、工艺品很丰富，而且还有泡菜。

购买的商品可以在釜山、汉城的任意一个机场领取。

韩国最大规模的百货店

▶乐天百货店

롯데백화점

釜山镇区釜田 2 洞 503　☎810－2500
营 10:30～20:00　休 年无休
地图见 P248

从地铁西面站来到大街，向西步行 3 分钟，有一个令人瞠目的大建筑就是乐天百货店。号称韩国最大规模的该百货店有丰富的商品，明快、豪华的装饰，舒适的气氛。

从地下 2 层到地上 7 层都是销售场。各种商品的设计、价格、摆放都很有特色，特别是韩国产的名牌商品很合算。

地下 1 层为食品销售场，地下 2 层为杂货类、食品等，很便宜。

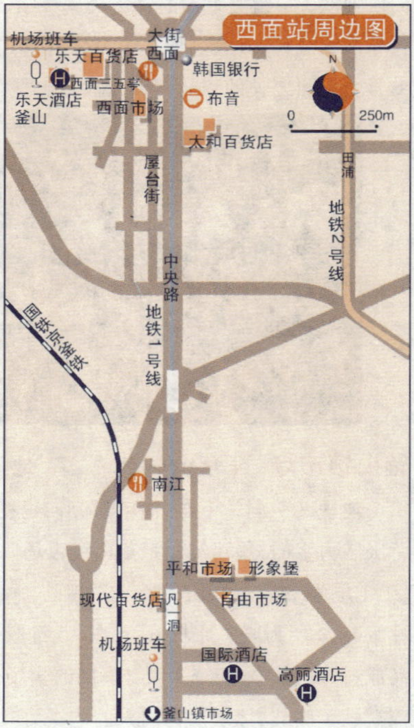

以服装为主的大型购物中心

▶形象堡

이지벨

釜山镇区汎川洞 839－48　☎636－7093
营 10:00～20:00　地图见 P248

乘地铁 1 号线在凡一洞站下车，可看到大街对面现代百货店的侧面有一个高耸的新大厦，便是形象堡。店内像百货店一样，价格与普遍市场一致，当地釜山人非常喜欢。

游客欣赏的是 2 层与 12 层。2 层是改良韩服，是改成现代风格的韩服。12 层为韩国传统工艺品专卖场。这里比市内的礼品店品种要丰富，价格也便宜。如果要在釜山购买礼品的话，可以到此一游。

餐馆 Restaurant

韩食不用说，日、西、中式都有

Ⓡ乐天百货店餐馆街

롯데백화점식당가

釜山镇区釜 2 洞 503　乐天百货店釜山店 9 层　☎810－2500　地图见 P248
营 10:30～20:00　休 年中无休　预 不要

位于乐天百货店9层，不仅有韩国餐馆，还有日式、西式、中式等各种餐馆。

集体或者家庭用餐时，可从众多的菜肴中，选择喜欢的菜品。

各个餐馆都干净整洁，服务员手脚麻利，令人心情愉快。这里是最适合初次体验异国风情的地方。

韩、西、日式齐备的自助餐

Ⓡ拉·赛恩

라센◆La Seine

釜山镇区釜田 2 洞 503－15　釜山乐天酒店 2 层　☎810－6390

营 12:00～15:00、18:00～20:00

年中无休　预周末要预约　地图见 P248

位于釜山乐天酒店 2 层，可以一边俯瞰多罗皮卡尔花园，一边享用丰富的餐饮。

餐厅内有现场乐队演出，130种高级饮料供客人慢慢品尝。白天，₩24000、夜晚，₩27000。

在西面小憩的话

Ⓒ布　音

북소리

釜山镇区釜田洞 160－5　☎802－9509

营 10:30～22:30

休春节、中秋(各 1 天)　预不要

地图见 P248

外界的喧闹仿佛是另外一个世界，这是一家安静、沉稳的传统茶店。位于一个杂楼的 2 层，入口很难找。进了茶馆有一种传统的气氛。

各种传统茶₩ 2500～。

在一个场所品尝各种韩国菜

Ⓡ西面三五亭

서면삼오정

釜山镇区釜田 2 洞 257　☎806－9540

营 11:30～22:00　地图见 P253

休春节、中秋(各 1 天)　预不要

位于西面市场入口的 4 层建筑的韩食店。2 层叫西面亭，有一般的菜谱。冷面、拌饭、烤肉汤₩ 4500。

1 层参鸡汤₩ 8000，3 层的悦话室可以吃到烤肉、烤牛排等。

在豪华的气氛中用餐

Ⓡ南　江

남강

釜山镇区汎川 1 洞 881－45　☎636－5866

休年中无休　预不要　地图见 P248

是韩国传统饮食专门店。不同楼层的菜谱内容不同。1 层以杂碎汤、冷面等单道菜为主，可以当做快餐用。2 层以炭火烤肉为主。3 层则是韩定食(韩式套餐)、宫廷菜等专门套餐。宴会时还可以使用纯韩国式的高雅的地炕式座席。

冷面₩ 5000，宫廷菜套餐 ₩ 50000 起。

Tongnae 东 莱

동래

东莱地区与港口城市釜山面貌迥异，被称做高山与温泉之乡。

东莱温泉，自古以高效温泉而闻名，地下温泉场站西侧，是该地区的中心。

东莱地区西部耸立着金井山。金井山城墙绵延 17 公里。有东门、南门、西门、北门等 4 个城门，是重要的关口，现在是市民们最大众化的郊游路线。

金井山山脚，有金刚公园，山北侧山腰处有韩国五大寺之一的梵鱼寺。

另外，金井山内还有桃花源一般的卖山羊肉的名家金城洞。

从横跨山顶、金井山山脚的釜山大学校园到地铁釜山大学站一带，近年来发展迅速，面貌大变，正在向贸易地区发展。

公园内形成郊游路线

主要景点

金刚公园 ◆금강공원 地图见 P230・3-B

金刚公园
东莱区温泉洞 27-9
☎555-1743
(缆车:522-1762)
入园时间:9:00~17:00
休息日:年中无休
门票:₩300
缆车费:往返₩3500(单程₩2100)

被市民所喜爱的金刚山麓的自然公园，内有游乐园、植物园、动物园等。从园内乘缆车(1250米)到山顶，可以眺望到很远的海云台。从这里开始沿南门再到东门，很多人将此一线作为金刚山城的郊游路线。

金刚公园，从地铁温泉场站步行约15分钟。从车站稍往回走，进右侧的宽马路，沿超级购物中心前一直走即可。穿过两侧有葱饼店的楼门，登上排列着气球店的坡道左侧，便是金刚公园的正门。

虚心厅 ◆허심청 地图见 P230・3-B

虚心厅
东莱区温泉洞 212
☎555-1121
营 5:30~20:00
休 年中无休
预 不要
入浴费:₩6600
按摩费:₩10000(男性)、₩12000(女性)

是温泉场地区最大、最现代的建筑物，从地铁温泉站步行10分钟。这里是与其现代的外观相衬的新都市型健康城，有约1500坪的浴室(4、5层)、食堂街(2层)、大小宴会场(3层)等各种完备的设施。

温泉为酸性很弱的食盐温泉，矿物质含量高是其特征。露天浴池、柏浴、中药浴、桑拿等齐备，也有按摩服务。对畏寒、神经痛、风湿、动脉硬化、便秘等有疗效。

梵鱼寺 ◆범어사 地图见 P230・3-A

东莱温泉以北约8公里，金井山北麓的安静的寺庙梵鱼寺。用“鱼”作为该寺庙的名字，源于古代传说：这里曾有一个涌出清澈泉水的大岩石，一条从天而降的金鱼在此处嬉水……正如传说所说，这座绿色环绕的山寺的确令人感感到清爽与沉稳。

到寺庙中心大雄殿，要穿过3个山门，走6分钟左右的山道。寺庙创建于新罗时期。当时的建筑已在壬辰倭乱时被烧毁，现存的是1717年重建的建筑。只有大雄殿左手的三层石塔是惟一的新罗时期的作品。

大雄殿（正殿）及其他殿堂均被指定为国宝，没有国家的许可，不能重新涂色，因此，仍然保留着数百年前用从草木果实中提取的自然涂料而上的颜色。颜色虽已褪却，斑驳陆离，但更让人感到了禅寺的韵味。

走进大雄殿，最值得注目的是龙纹天棚。几条龙交织在一起，令人惊叹其复杂的设计。龙纹全部是用一根木头雕刻出来。这种类型的天棚，在韩国国内惟梵鱼寺独有。

此外，梵鱼寺内还有木制的地狱审判像排列而成的地狱殿（大王殿）等。

梵鱼寺

▶地铁1号线梵鱼寺站下车沿地铁出口❺和❼之间的坡道上200米；乘左手的公汽站的市内90路，约10分钟。

▶市内公汽
从高速汽车站乘 301 路座席。

门票：₩1000

参观时间：9:00～18:00

梵鱼寺

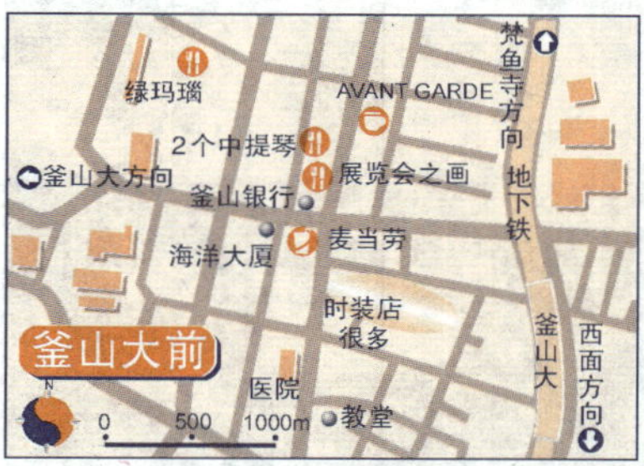

忠烈祠
▶市内高速
从高速汽车站、大同医院（地铁1号线东莱站）乘 307 路座席，安乐大街下车。门票：₩100。

忠烈祠 ◆충렬사

地图见 P231·3-B

忠烈祠，是供奉在丰臣秀吉侵略朝鲜时，与日军展开激战而牺牲的釜山地区75名烈士的牌位的书院式样的祠堂。祠堂的纪念馆内展示着再现了当时战斗场面的绘画与资料。

平时到访这里的人很少，很安静，每年5月25日，很多的市民则要齐集于此，举行祭祀活动。

餐馆 Restaurant

年轻人欢迎的自助餐

Ⓡ绿玛瑙

그린매너

金井区长箭3洞401-5 ☎515-0012
营 12:00~22:00 休 春节、中秋（各3天）
地图见 P253

46种菜肴齐备，自助₩6500，让人高兴的价格。从烤肉、刺身、寿司到冰淇淋，可根据自己的喜好选择。

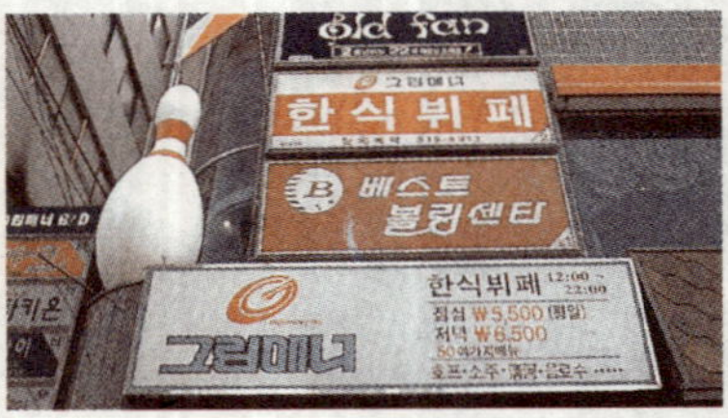

店内清洁，服务员的服务很好，可以轻松、放心使用。它位于建筑的2层，大楼左上角的保龄球瓶是其标志。

门口的2个中提琴是其标志

Ⓡ2个中提琴

두개의 비올라

金井区长箭3洞417-34 ☎514-0042
营 12:00~23:30 休 年中无休
地图见 P253

位于大楼地下的很宽敞的餐馆，桌子、椅子很悠闲，优雅的装饰伴随着悠扬的钢琴曲，飘散着一股欧洲餐馆气氛。

大厅内白色钢琴的现场演奏，从每晚7时到7时40分，咖啡₩2000，牛排₩7000，套餐₩17000~。

沉稳气氛中用茶

Ⓒ展览会之画

전람회의 그림

金井区长箭 3 洞 417－8　☎512－9347

营 10:00～24:00　休春节、中秋(各 1 天)

地图见 P253

像画廊一样装饰着绘画，安静而沉稳气氛的咖啡屋。地毯、藤椅、木质的天棚，以及飘散于沉静空间的管弦乐，让人感觉舒适、悠闲。该咖啡屋位于釜山银行并排的眼镜店上石台阶的 3 层。

咖啡₩2500，鲜橙汁₩4000，啤酒₩3500，鸡尾酒₩5000～等。

店铺整体是一幅艺术作品

Ⓒ先锋派

아방가르드◆AVANT GARDE

金井区长箭 3 洞 416－25　☎517－0537

营 14:00～24:00　休年中无休

地图见 P253

由两位艺术家倾心创造运营的特色咖啡屋。墙壁上悬挂着绘画，还嵌入了自行车的车轮作装饰。精心挑选的唱片从唱机里飘出吉普赛风格的乐曲，仿

佛时光停止了流动一般。

以大楼 3 层的绘画为目标，上左侧的台阶，听着店里的音乐就可以找到该店。咖啡、红茶、橙汁₩2500、啤酒₩3000。

东莱名吃葱饼

Ⓡ东莱粉丝葱饼

동래할매파전

东莱区福泉洞 367－2　☎552－0792

营 11:00～22:00　休春节、中秋（各 3 天）

预不要

地铁明伦站下车。稍向回走向左拐，过桥，再一直走 15 分钟可看到位于右侧的东莱区政厅。前方右拐角有釜山银行，沿十字路口向右拐，进右侧的胡同向左便是。该店以历史及传统而自诩，70 年口味不变，由第 4 代女主人金女士继承保持。该店葱饼曾献给李王品尝。这家的葱饼好吃的秘密就是不用面粉，而用大米、糯米做原料。

一边聆听金女士的介绍，一边悠闲地在地暖炕式的房间里，品尝本店独有的风味吧。葱饼小₩11000、大₩16000。

全国瞩目的海滨度假地

Kwang-an-ri

广安里

광안리

广安里

▶釜山站前汽车站乘42路座席，水营区厅下车。

所需时间：约30分钟

一到夏季，釜山以及全国的赶时髦的年轻人们便汇集于此，使广安里成为流行色的发源地而广为人知。温暖季节的周末，家族及年轻人们汇集海岸，整个广安里变成了一个大舞台。每当夜晚，敏感于流行的年轻人们也会驱车来此，被海岸沿线的现代派的店铺深深吸引。

广安里由悠悠的宛如一张弓似的约2千米的海滨沙滩及海岸沿线的各种各样富于个性的店铺构成。

前往广安里，在水营区厅站下公汽，往回走30米。向左拐，是进广安里时装店街的入口，鳄鱼、贝纳通等品牌非常醒目。沿肯德基向左走，便来到广安里海岸西南端。从这里向左约1千米的海岸沿线，是各种建筑式样的时装街。很多店铺之间有面向年轻人的经济型烤肉店、快餐店。

再往前走，便来到平房建筑的刺身店等飘荡着旧时气氛的古董地区。

穿过老妈妈们的叫卖声，来到民乐城大厦，也叫刺身中心。1层购买活鱼，楼上烹制。

广安里的游园地

好像海边一样，有鱼贝类的摊床

再往前走，摊床林立，还有人气第一的迷你游乐园。

广安里海岸，可乘㊷路到时装街与古董街之间的马路，向里走便是。每到夏天，可以看到彻夜在海边唱歌、游戏的人群。

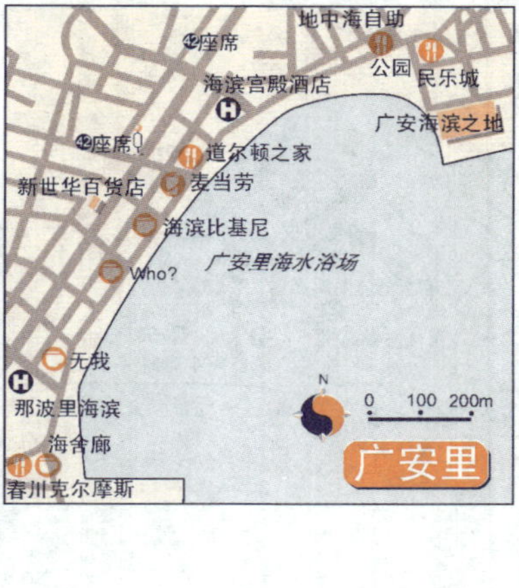

主要景点

海云台 ◆해운대 地图见 P258·3－A

海云台

▶市内公汽

从南浦洞、釜山站乘 2001 特级座席。从釜山站约 40 分钟。从机场、高速汽车站、大同医院（地铁 1 号线东莱站）乘 307 座席。从机场约 50 分钟。

釜山第一的海水浴场海云台，是根据新罗时期访问该地的博学的崔致远的号而命名的。

海岸附近有二三个出租自行车的，可以租车从海岸线此端到彼端游览。另外，在摊床处还可以品尝到海味。这里的海味与海云台的名声一样，以价格奇贵而闻名。

有朝鲜海滨酒店的山茶花岛，是歌曲《回归釜山港》里提到的著名的场所。海云台，同时也以温泉和海云台烤肉而闻名。

传说中的咖啡屋

Ⓒ海滨比基尼

비치비키니

水营区广安 2 洞 197－9 ☎757－5777

营 10:00～2:00 休年中无休 预不要

地图见 P257

在广安里海岸沿线各种富有个性的建筑物中，是最显眼的。玻璃天棚上挂着滑翔机。在浪漫的天空与大海之间，委身于豪华、适舒的沙发内，放松一下吧。

咖啡、橙汁类₩3500，啤酒₩4500。

欣赏乐队演奏

Ⓒ无 我

무아

水营区广安 2 洞 204 ☎754－9870

营 11:00～2:00 休年中无休 预不要

地图见 P257

位于广安里海岸西侧乐天利旁的小楼 4 层。楼的入口右侧有 2 台放映乐队歌手演出的电视。

歌手每 1 个小时换 1 次。平时 18:30 分开始到1:10分，周末从14:00开始到23:40之间可以观赏到乐队演奏。店内墙壁、桌子上满是涂鸦。可以一边喝咖啡(₩3000)一边品味当地的学生气氛。

原木为标志的咖啡屋

Ⓒ丘上人家

언덕위의집

海云台区中 2 洞 1509－7 ☎743－2212

营 9:00～2:00 休年中无休 预不要

地图见 P258

位于海云台可看到月亮的小山的山脚，在一边赏月一边回家的中途，道路左侧城堡一般的皇家国王酒店的旁边。是用原木修建的咖啡屋。从这里可以眺望到海云台与广安里的全部海岸。

咖啡₩3500，啤酒₩4000，意大利面条₩7500～8500，比萨饼₩13000～等。

看十五的月亮最合适的

Ⓒ赏月之家

달맞이집

海云台区中 2 洞 1489－1 ☎742－3386～7

营 11:00～22:30 休年中无休 预最好预约

位于海云台海水浴场东侧，建在赏月丘上，可眺望大海，代表海云台烤肉特色的大型店铺。从海云台游船码头前，上左边的坡道过铁路路口后，有一个大的路口。沿右侧的道路走约 15 分钟上山

釜山乐天世界

釜山乐天世界位于西面，享受着副都心的荣光。酒店、百货店、度假设施完备的综合型娱乐场所。来到此处，可以毫无厌倦地游玩一整日。

食

❶酒店的餐厅
❷百货店 9 层的餐馆街

如果不知吃什么好，还是去 9 层的餐馆街

椰子树丛生的茂密的花园中，可以自由散步

购

❶韩国最大的乐天百货店釜山店
❷拥有东方最大卖场面积的乐天釜山免税店
❸酒店内的店铺

免税店右后方为酒店

娱

❶酒店 3 层的拉斯维加斯剧场
❷酒店 43 层的瞭望台与宇宙水族馆

在酒店 3 层的拉斯维加斯剧场可以欣赏到真正的艳舞

健身俱乐部的室外泳池。室外还有可以按摩的桑拿

酒店 43 层有高 170 米的瞭望台，可以俯瞰釜山港，夜景很美。并设的水族馆使用 CG 创造出的不可思议的鱼，游动在大型水槽之中

丘，左侧可看到麝香葡萄。从这里向左拐，走100米的左角，有一个宏伟的大门。

烤肉₩10000，烤里脊₩8500，冷面₩5000，啤酒₩3500等，另外有迎送车，可以到饭店接送。

酒店与韩式旅馆 Hotel

国际都市釜山的住宿设施，从每晚超过100美元的超5花级酒店，到每晚₩8000左右的游客旅人宿，应有尽有。决定住宿时要根据旅行方式或活动范围来定。

住宿设施集中在以下地区。

①龙头山公园与中央洞附近（含南浦洞附近）。

离港口近，市场散步很方便。从高级酒店到旅人宿丰富多彩。

②釜山站附近

高级酒店和旅人宿很少，中级餐馆较多，适合于不习惯个人旅行的游客和商务客人。

③海云台海滨附近

与济州岛齐名的韩国为数不多的国际型度假地海云台海滨，离市内40分钟，最适合于希望在海边悠闲度日的人。但去街上散步不方便。除有3~4家国际水准的5花级酒店之外，还有“温泉旅馆”。

④高速汽车站附近与东莱温泉

高速汽车站附近有很多₩25000左右的庄级旅馆。另外，从汽车站步行20分钟的地方有著名的东莱温泉。

⑤其他

郊外的松岛有很多吃海鲜料理的旅馆。另外，离市内1个半小时的釜谷温泉是韩国著名的综合度假地，住宿设施很完备。

酒　店

釜山的酒店集中于车站与中央洞、南浦洞附近地区和海云台度假酒店群两个地方。

在都市的绿洲中度过舒适的酒店生活

Ⓗ釜山乐天酒店

호텔롯데부산

具有度假特性的豪华酒店。舒适的房间共806间，低层有中、日、西、韩等各种各样的餐厅，可以品尝到精美的食品。巨大的建筑物之中建有一个巨大的热带花园，可以在自然之中悠闲地饮茶。同时这里还有真正的拉斯维加斯的剧场演出。另外，从43层的瞭望台，可以俯瞰釜山港。

海云台优雅的度假凯悦生活

Ⓗ釜山凯悦丽晶酒店

하얏트리젠시 부산호텔

远离釜山港口的喧嚣，非常优闲。位于以海水浴场而闻名的海云台的凯悦酒店，是不会令游客失望的度假酒店。

这里不愧是世界级的凯悦酒店，有室内泳池、健身房、桑拿，可以享受海云台的温泉等，各种设施完备。日、西、韩式餐厅也一应俱全。

距鱼贝市场、南浦洞不远的

Ⓗ三和观光酒店

삼화관광호텔

中区南浦洞5街81　☎246－4361
FAX246－4181　地图见 P239・B

位于出地铁鱼贝市场站南侧。沿凤凰市场对面向鱼贝市场方向走，旁边有LG25。房间很干净，电视可以看到CNN等。距离繁华街的南浦洞、国际市场近。是参观凌晨开始便热闹非凡的鱼贝市场的好地方。一晚双人间₩35000。

附近有便宜的餐馆街

Ⓗ东新酒店

동신호텔

中区中央洞1街23－24　☎253－2361
FAX253－2366　地图见 P239・B

从地铁南浦洞站步行8分钟。沿釜山酒店旁的道路向南走100米，到白桦树林前右边有一个胡同，进胡同30米右侧便是。是一幢6层建筑的酒店，1层为咖啡屋。

有西式及地暖炕式房间，双人间均₩35000。

釜山站旁的

Ⓗ摩纳哥酒店

모나코호텔

东区草梁1洞1213－19　☎463－6265～6

沿釜山站向阿里朗酒店方向拐角向左走，位于去广场酒店的中途。

1晚双人间₩25000，带浴室、厕所、电视。

鱼贝市场站附近

Ⓗ乔伊斯酒店

초이스호텔

中区南浦洞6街74－1　☎245－2698
FAX244－7435

出地铁鱼贝市场②出口即是（上台阶就在眼前）。

房间内有冰箱、电视，很整洁。环境也很好，可以散步到市场、龙头山公园。双人间1晚₩30000。

旅 馆

想在繁华街便宜住宿的话，可以选择中央洞周围的旅馆、旅人宿。价格₩8000~20000很合适。旅馆当中的高级“庄级旅馆”位于从中央洞到靠近塔酒店一带。另外,高速汽车站附近有很多。想在海云台便宜地住宿，还是选择离海岸有段距离的“海云台温泉”为好。

不管怎样,便宜是最值得推荐的

Ⓗ金刚旅人宿

금강여인숙

中区东光洞 5－27 ☎469－3600

地图见 P239・A

距中央洞站3分钟,渡船码头10分钟。从中央洞的交差点，沿通地铁的中央路向釜山站方向走，第1个拐角向左拐,上正面的台阶,写有“金刚旅人宿”招牌。房间很窄,不太干净,但很便宜。厕所、淋浴公用₩10000,很便宜。离旅馆50米处有浴池。

旅人宿前的道路叫做东光洞路，是百姓街感觉的缓坡，到了夜里有卖欧殿的摊床。

便宜、清洁、离车站近的

Ⓗ汉城庄旅馆

서울장여관

中区中央洞4街54 ☎469－7001

地图见 P241・A

地铁中央洞站下车约2分钟。位于东亚日报社后头。

带淋浴、厕所、电视的地暖炕式房间双人间1晚₩25000。

瞄准照像馆

Ⓗ南东庄旅馆

남도장여관

东区草梁洞1街1053－3 ☎43－2626

出地铁釜山站5号出口右拐正面。1层为照像馆,2层为前台。上照像馆右侧的台阶,左手是入口。

客房非常清洁,带浴室、厕所、电视的韩式、西式房间1晚₩25000。

酒店级别的干净的旅馆

Ⓗ三祐庄旅馆

삼우장여관

东莱区温泉3洞1248－10

☎505－3667~8

位于高速汽车站的对面。非常清洁。浴室、厕所、电视、冰箱完备,给换床单。

服务很亲切。价格:1晚₩25000。

清洁、安静的环境

Ⓗ晓泉庄旅馆

효천장여관

中区瀛州1洞626 ☎469－9766

乘KAL班车1号线在大韩航空前

下车。沿旅行社与咖啡屋之间的道路走,再沿医院拐角向左拐的右侧便是。

店主很亲切。带浴室、厕所、电视的韩式、西式房间1晚₩20000。

7层建筑的大酒店

Ⓗ泉一温泉酒店

천일온천호텔

东莱区温泉1洞142　☎553-8191
FAX553-8190

房间很宽敞,家具很新。浴池100%的温泉水。深深的浴池内有洗浴场。

靠山一侧的房间,可以眺望金刚公园。1、2层是东莱温泉,有最有人气的温泉设施,住宿者可以免费洗浴。

地铁出温泉场站向西面站方向走150米,过第一个步行桥,再向金刚公园方向走150米,沿大路口岗楼旁的道路走100米,便来到虚心厅前。再向左拐,尽头便是。

西式、韩式均1晚₩37000。

釜山站附近合适的住宿

Ⓗ凤凰庄旅馆

봉황장여관

东区草梁2洞467　☎467-2003~4

从釜山站(国铁、地铁均可)先行5分钟,位于交通非常方便的地方。房间非常宽敞,床、梳妆台、桌子、电视等设备齐备。还有浴室、厕所。房间有10平方米以上,1晚₩20000,相当便宜。

釜山站前干净的房间

Ⓗ东一庄旅馆

동일장여관

东区草梁洞1街

出地铁釜山站1号出口,沿饼屋的拐角向右手山的方向拐,沿坡道向上走,位于右手的淡茶色的大楼。大门用汉字写着"东一庄旅馆"。

带浴室、厕所的韩式房间₩25000。

从鱼贝市场步行5分钟

Ⓗ金刚酒店

금강호텔

西区忠武洞1街28-2　☎244-5521

7层建筑,从4层到7层都是旅馆。客房40间,西式。带浴室、厕所、化妆台,很宽敞,容易使用。

从6层可以看到正下方的鱼贝市场。带浴室、厕所房间1晚₩30000。

位于东莱温泉

Ⓗ万友庄旅馆

만우장여관

东莱区温泉洞45-13　☎555-0947

东莱市场旁靠山一侧的安静的旅馆。距离市场、餐馆、超市很近,很方便。

3层建筑,16个房间。西式、韩式房间均₩20000。

釜山主要酒店一览表区号:

酒 店	所在地・电话号码	价格单人间(₩)	说 明	地区
特级酒店 ★★★★★				
乐天酒店 Hotel Lotte Pusan	釜山镇区釜田洞 503-15 ☎810-1000 FAX:810-5110	S/T217800~	1997年3月开业。同设的剧场是韩国最大的购物中心。	⑤
釜山凯悦丽晶酒店 Hyatt Regency Pusan Hotel	海云台区中洞 1405-16 ☎743-1234 FAX:743-1250	O/V205700~ M/V175450~	凯悦系列饭店之一。设备无可挑剔。	③
天堂海滨酒店 Paradise Beach	海云台区中洞 1408-5 ☎742-2121 FAX:742-2100	M/V242000~ O/V193600~	海云台豪华酒店之一,有温泉。	③
威斯汀朝鲜海滨酒店 Westin Chosun Beach	海云台区佑1洞 737 ☎742-7411 FAX:742-1313	O/V217800~ M/V181500~	位于海云台冬柏岛的酒店,有泳池。	③
海云台古南都酒店 Haeundae Grand Hotel	海云台区五洞 651-2 ☎740-0114 FAX:700-0504	O/V157000~ M/V133100~	有一次容纳2000人的大浴场和50米的泳池,海水浴场就在眼前。	③
特2级酒店 ★★★★★				
克默多酒店 Hotel Commodore	中区盐州洞 743-80 ☎466-9101 FAX:462-9101	O/V115000~ M/V90000~	龙头山公园附近像"宫殿"一样耸立的豪华酒店。	①
索拉伯尔酒店 Hotel Sorabol	中区大渚洞1街 37 ☎463-3511 FAX:463-3510	O/V132000~ M/V110000~	位于街中心,去国际市场只有一条道。从酒吧眺望夜景很美。	①
1级酒店 ★★★★				
凤凰酒店 Hotel Phoenix	中区南浦洞5街 8-1 ☎245-8061 FAX:241-1523	S/T73000~	鱼贝市场前。离繁华街近,很方便。	①
国际酒店 Kukje Hotel	东区凡-2洞 830-62 ☎642-1330 FAX:642-6595	S 55000~ T 77000~	离中央市场近,前往繁华街乘地铁10分钟。	①
釜山观光酒店 Pusan Tourist Hotel	中区东光洞2街 12 ☎241-4301~9 FAX:244-1153	S 63000~ T 99000~	位于釜山塔山脚,离中央洞、南浦洞近。	①
皇家酒店 Royal Hotel	中区光复洞街2街 2-72 ☎241-1051 FAX:241-1161	S/T60000~	面对时装街,市场散步方便。	①
王子酒店 Arirang Hotel	东区草梁洞 1204-1 ☎463-5001 FAX:463-2800	S/T48000~	面对站前广场,交通极方便。有日本餐厅。	②
巴拉贡酒店 Hotel Paragon	沙上区挂法洞 564-25 ☎328-2001 FAX:328-2009	S 84700~ T 108900~	建于西部汽车站沙上的新酒店,设备完备。	⑤
皇家国王酒店 Royal Kingdom Hotel	海云台区中2洞 1509-2 ☎744-1331 FAX:741-5757	S/T69300~	海云台地区较经济的酒店,韩国式白色建筑给人印象深刻。	③
东莱观光酒店 Tongnae Tourist Hotel	东莱区温泉洞 212 ☎555-1121 FAX:555-6717	S 70000~ T 110000~	东莱温泉旅馆群中最高级的酒店。可以只使用浴池。	④
2级酒店 ★★★				
松岛海滨酒店 Songdo Beach Hotel	西区岩南洞 541-6 ☎254-2000~9 FAX:254-5092	S 48000~ T 57000~	是海水浴场海鲜店很多的松岛上最豪华的酒店。	⑤
塔酒店 Tower Hotel	中区东光洞3街 20 ☎241-5151 FAX:243-1005	S 40000~ T 45000~	位于中央洞旅馆街的酒店之一。离港口、繁华街近。	①
3级酒店 ★★				
广场观光酒店 Hotel Kwangjang Tourist	东区草梁3洞 1200-17 ☎464-3141~5 FAX:464-4150	S/T42000~	面对站前广场。有桑拿,韩式房间便宜。	②
荣进观光酒店 Youngjin Hotel	中区南浦洞5街 88 ☎246-4856 FAX:246-5419	S/T38000~	位于离鱼贝市场很近的繁华街。购物方便。	①

★星级价格中不含税、服务费。地域番号参照P260页。O/V靠海侧房。M/V靠山一侧客房。

庆州

경주

Kyŏngju

位于庆尚北道东南部的庆州市，曾是公元前 1 世纪开始到 935 年而繁荣的新罗的首都。特别是在新罗与唐朝联合消灭了高句丽、百济，又将唐朝势力从朝鲜半岛驱逐后，庆州成为朝鲜半岛政治、文化中心而繁荣起来的国际都市。但是，由于新罗的灭亡、都城的衰退，以及由于 13 世纪元军的入侵，庆州的发展遭到破坏，以致庆州现在不过是一个人口 28 万人的地方城市而已。但庆州市内到处可以看到古墓、寺庙的遗址等，城市整体好像是一座没有屋顶的博物馆。庆州以韩国第一旅游之地而闻名，是外国游客一定要访问的地方。1996 年，石窟庵与佛国寺被列入联合国世界遗产名录。

庆州的景点分 4 个地区

庆州于 1968 年 12 月 31 日，被韩国政府指定为国立公园。庆州国立公园的范围很广，主要景点大体分成市中心南部、市区东南约 16 公里处的佛国寺，含石窟庵在内的佛国寺地区；大型酒店林立的度假地普门观光团地；史迹所在的南山地区；其他地区等。

地区号:0561

前往方法:

▶汉城高速汽车站
所需时间:4 小时 15 分钟
发车:30～40 分钟间隔
价格:₩13400 /₩19900

▶国铁汉城站(京釜成)
所需时间:4 小时 11 分钟
发车:1 天 4 班(含夜间 1 班)
价格:₩26300

▶釜山高速汽车站
所需时间:1 小时 20 分钟
发车:60 分钟间隔
价格:₩3100 /₩4500

▶国铁釜山站(釜山市内)(东海南部线)
所需时间:约 2 小时
发车:1 天 3 班
价格:₩4700

▶大邱高速汽车站
所需时间:50 分钟
发车 20～30 分钟间隔
价格:₩2600 /₩3800

市中心南部，史迹密集地区

访问庆州的游客，可以在庆州东站、高速路站、市外汽车站下车。这些车站所辖东西地区便是庆州市的中心地区。两个地点由众多的市内公汽连结，步行也只有15~20分钟左右的距离。位于中间的东城路、元晓路、中央路周围商店很多，是繁华街。

市中心南侧一带集中了大量史迹，可以步行游览。其余地区乘市内公汽效率较高。

旅游咨询处
咨询时间:9:00~18:00
(11~2月到17:00)
高速汽车站
☎772-9289
庆州站前
☎772-3843
佛国寺
☎746-4747
庆州观光弘报馆
☎745-0753

旅游咨询处，是六角形的青瓦屋顶建筑

有关市内公汽、住宿设施等旅游信息，可以在旅游咨询处咨询。这里有免费地图，可以讲英语、日语，服务人员很热情。庆州市运营的旅游咨询处，有庆州站前广场，高速汽车站旁，佛国寺前停车场3处，均是六角形青瓦屋顶的建筑，很容易辨认。另外庆尚北道开设的庆州观光弘报馆，位于普门观光团地的国际会议场前，在这些地方也可以得到地图及各种信息。

庆州正向国际型的旅游城市努力奋斗，因此对游客的照顾非常周到。对不懂韩文的外国人用罗马字标示的指南比较普及，很易于旅游。

旅游咨询处。青瓦屋顶是标志

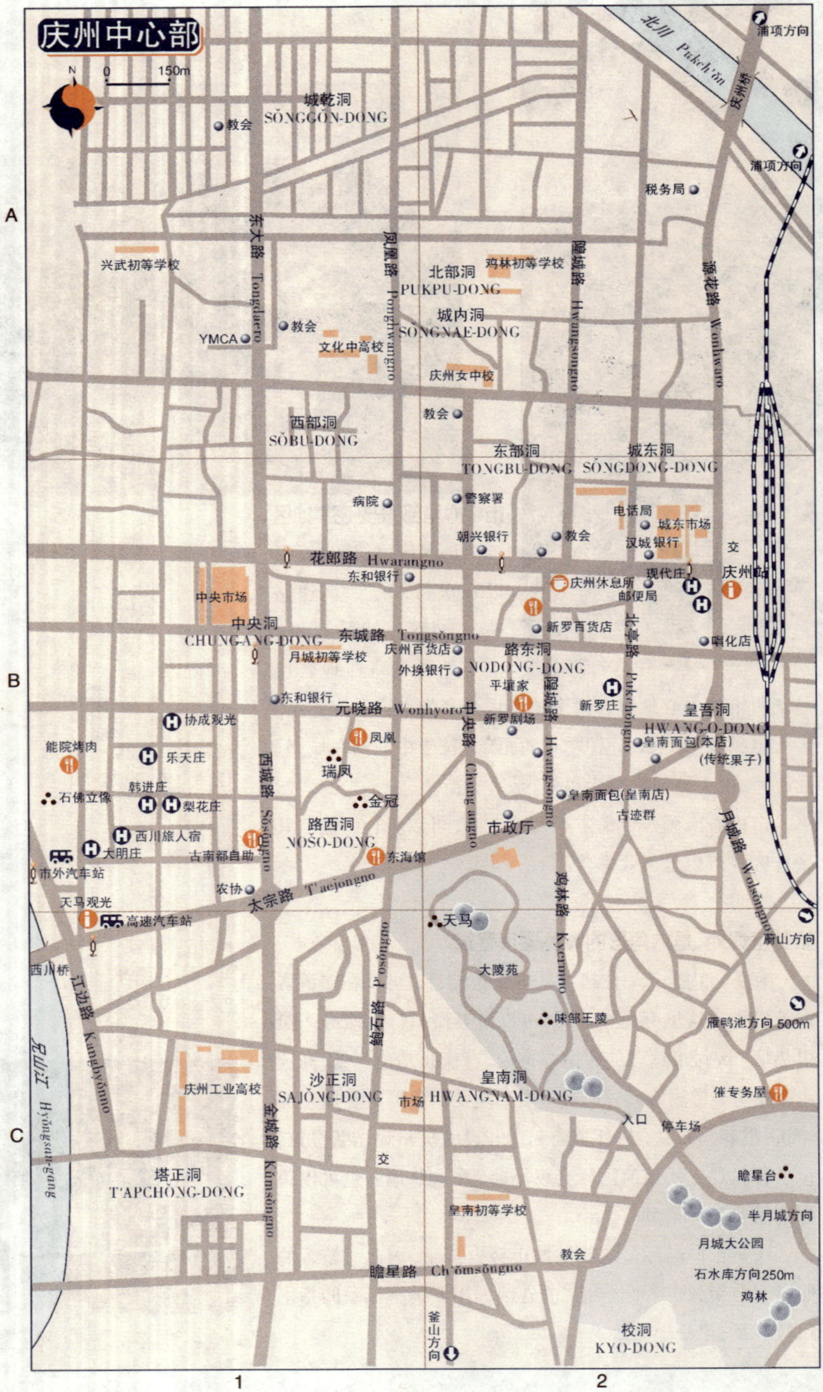

庆州中心部
N
0 150m
城乾洞
SŎNGGŎN-DONG
教会
北川 Pukch'ŏn
浦项方向
庆州桥
浦项方向
税务局
A
东大路 Tonglaero
凤凰路 Ponghwangno
兴武初等学校
北部洞
PUKPU-DONG
鸡林初等学校
隍城路 Hwangsongno
源花路 Wonhwaro
教会
YMCA
城内洞
SŎNGNAE-DONG
文化中高校
庆州女中校
教会
西部洞
SŎBU-DONG
东部洞
TONGBU-DONG
城东洞
SŎNGDONG-DONG
病院
警察署
电话局
城东市场
朝兴银行
教会
汉城银行
交
花郎路 Hwarangno
东和银行
现代庄
庆州站
庆州休息所
中央市场
邮便局
中央洞
CHUNGANG-DONG
东城路 Tongsŏngno
新罗百货店
庆州百货店
路东洞
NODONG-DONG
唱化店
北亭路 Pukchŏngno
月城初等学校
外换银行
B
平壤家
东和银行
元晓路 Wonhyoro
中央路 Chungangno
新罗庄
皇吾洞
HWANGO-DONG
协成观光
新罗剧场
凤凰
皇南面包(本店)
(传统果子)
能院烤肉
乐天庄
瑞凤
西城路 Sŏsŏngno
韩进庄
石佛立像
梨花庄
金冠
皇南面包(皇南店)
古迹群
路西洞
NOŠO-DONG
市政厅
西川旅人宿
月城路 Wolsŏngno
大明庄
古南部自助
东海馆
市外汽车站
农协
太宗路 T'aejongno
天马观光
鸡林路 Kyerimno
高速汽车站
天马
蔚山方向
西川桥
浦石路 P'osŏkno
大陵苑
江边路 Kunghyŏnno
兄山江 Hyŏngsan-gang
味部王陵
雁鸭池方向 500m
沙正洞
SAJŎNG-DONG
皇南洞
HWANGNAM-DONG
庆州工业高校
市场
催专务屋
金城路 Kŭmsŏngno
入口
停车场
C
交
塔正洞
T'APCHŎNG-DONG
瞻星台
皇南初等学校
半月城方向
月城大公园
教会
瞻星路 Ch'ŏmsŏngno
石水库方向250m
鸡林
釜山方向
校洞
KYO-DONG
1
2

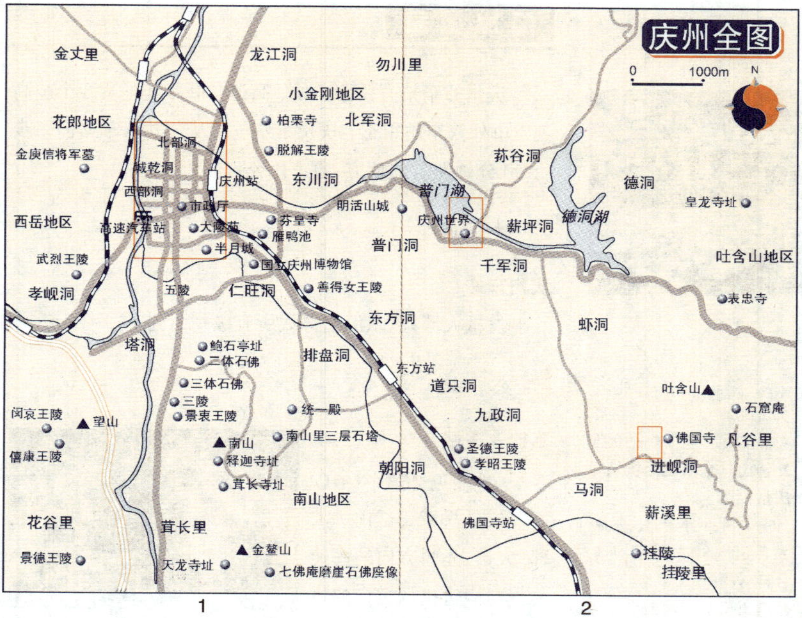
庆州全图
0 1000m
N
金丈里
龙江洞
勿川里
小金刚地区
花郎地区
柏栗寺
北军洞
北部洞
金庾信将军墓
脱解王陵
城乾洞
庆州站
东川洞
西部洞
市政厅
明活山城
普门湖
莳谷洞
德洞
皇龙寺址
西岳地区
高速汽车站
大陵苑
芬皇寺
雁鸭池
庆州世界
薪坪洞
德洞湖
半月城
普门洞
武烈王陵
国立庆州博物馆
千军洞
吐含山地区
孝岘洞
五陵
仁旺洞
善得女王陵
东方洞
表忠寺
虾洞
塔洞
鲍石亭址
二体石佛
排盘洞
东方站
三体石佛
道只洞
吐含山
石窟庵
三陵
统一殿
九政洞
闵哀王陵
望山
景哀王陵
南山里三层石塔
佛国寺
凡谷里
僖康王陵
南山
释迦寺址
圣德王陵
孝昭王陵
朝阳洞
进岘洞
茸长寺址
马洞
南山地区
花谷里
茸长里
佛国寺站
薪溪里
景德王陵
金鳌山
挂陵
天龙寺址
七佛庵磨崖石佛座像
挂陵里
1
2

普门郊外高尔夫球场
庆州朝鲜高尔夫球场
H
庆州现代
H
庆州观光教育院
H 庆州观光
H 庆州朝鲜温泉
水车公园
H
庆州观光弘报馆
庆州朝鲜
H
东和屋
六部村(国际会议场)
普门湖
Pomunho
湖畔庄
普门塔
H 普门
庆州希尔顿
H
薪坪川
Shinp'yŏngch'ŏn
庆州世界
新罗村
明活山城方向
N
0
1000m
普门观光团地
佛国寺·
庆州民俗工艺村方向

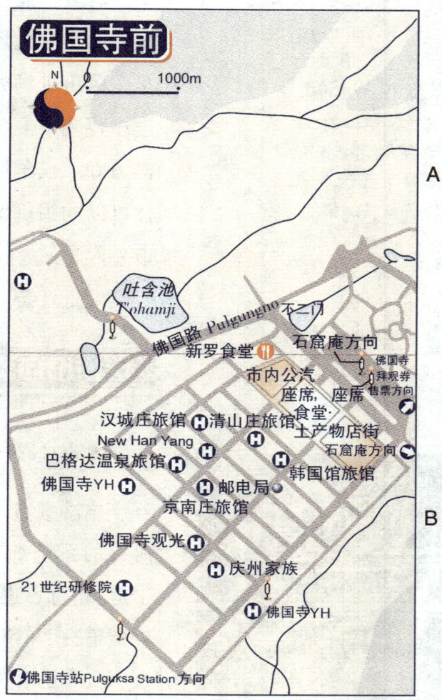
佛国寺前
N
0
1000m
A
H
吐含池
T'ohamji
佛国路 Pulgungno
不二门
新罗食堂
石窟庵方向
佛国寺
拜观券
售票方向
市内公汽
座席,
座席
食堂·
汉城庄旅馆
清山庄旅馆
土产物店街
New Han Yang
巴格达温泉旅馆
石窟庵方向
H
韩国馆旅馆
佛国寺YH
邮电局
京南庄旅馆
B
佛国寺观光
H 庆州家族
21世纪研修院
H 佛国寺YH
佛国寺站Pulguksa Station 方向

口岸信息

庆州的车站有铁路车站、高速、市外汽车站 3 个。高速、市外汽车站很近，庆州车站位于从公共汽车站向东步行 20 分钟左右的地方，通市内公汽。

庆州站

铁 道

庆州车站

发抵大邱线、东海南部线所有级别的列车。

公 汽

高速汽车站

地图见 268 · 1－C

发抵汉城、釜山、大邱、大田、光州方向的高速公汽与周边机场方向的班车。有直达浦项机场方向与釜山金海机场方向的班车。蔚山机场方向的班车途中经由普门观光团地、佛国寺。在车站内的旅行社可以购买机票。

高速汽车站

市外汽车站

市外汽车站

地图见 268 · 1－C

发抵江陵、密阳、海云台等方向的汽车。

机场班车

金亚交通　☎774－9025

▶釜山（金海国际机场～庆州）

所需时间：1 小时 30 分钟

发车 60～90 分间隔

价格：₩9000

▶蔚山机场～佛国寺～普门观光团地～庆州

所需时间：50 分钟

发车：1 日 8 班

价格：₩4500

▶浦项机场～庆州

所需时间：50 分钟

发车：1 天 5 班

价格：₩4500

庆州市内交通

市内公汽

旅游景点可以乘市内公汽前往。市内中心地区，几乎所有的系统都经过高速汽车站—中央市场—庆州站的主干道，初行者也很容易懂。从高速汽车站前乘车时，要过人行横道，在马路对面的停车场上车。

汽车的种类有一般公汽与座席公汽 2 种。都是从前门

市内公汽

一般公汽

价格：₩600

座席公汽

价格：₩920

市内公汽

上车，先付车费。付₩1000纸币时，可以找零。

对旅游最方便的路线是经普门观光团地、佛国寺、博物馆又回到汽车站的循环⑩、⑪（逆行）路，但是如果乘上与乘车路线逆行的汽车的话，便会浪费时间，所以要确认好车号。

出租车

虽然有计价器，但是讲价上车的情况较多。

如果短时间想提高效率的话，还可以包一辆车。只要在地图上标上自己想去的地方，用韩文写上交给司机即可。包车时1天（9:00～16:00）₩100000～₩150000左右。

观光大巴

1天运行2班。路线：

汽车站→普门观光团地→佛国寺→民俗工艺村→芬皇寺→国立庆州博物馆（周一休馆）→雁鸭池→鸡林→瞻星台→大陵苑→鲍石亭→金庾信将军墓→汽车站

出租车车站

观光大巴
天马观光行社
☎745－3100
出发时间：8:30（每天运行）10:00（不定期）
所需时间：约7小时
价格：₩10000（不含门票、餐费。佛国寺发车后，以后的门票由导游在车内收集）。观光大巴的路线有若干的变更。

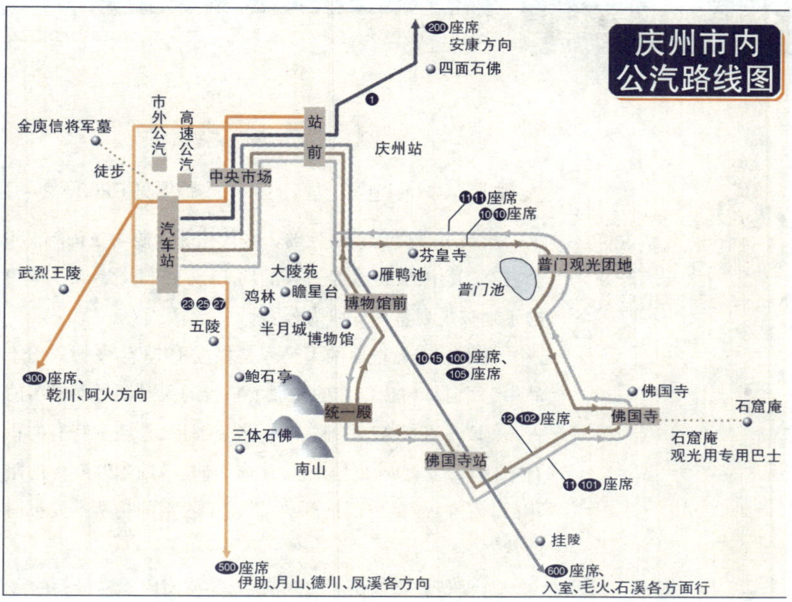

这是一条急行军路线，没有慢慢参观史迹的时间，最适合想高效率参观主要景点的游客。导游只会讲韩语。

该巴士由高速汽车站旁的有私设旅游指南招牌的旅行社经营。从高速汽车站前出发，如果预约的话，从普门观光团地内的各酒店、庆州高隆酒店、佛国寺也可以上车。

自行车

租自行车
价格：₩7000

庆州站前与大陵苑前、普门观光团地内有自行车出租屋。骑自行车效率较高。但要注意从大陵苑到博物馆史迹集中的一带，禁止自行车驶入。

大陵苑

大陵苑入口

主要景点

大陵苑
▶从市内中心向南步行10～15分钟，门票：₩880
入场时间：9:00～18:00
(11～2月至17:00)

大陵苑 ◆대능원

地图见 P268・2－C

庆州市皇南洞，已被确认有传味邹王陵为主的约250个古墓，其中的20余个古墓的约15万坪(1坪≈3.3米²)的土地被规划整理好辟为公园。

位于公园最里面的天马冢是根据1973年发掘的出土品中，用白桦树皮制作的障泥上描绘的天马图形而命名的古墓。该墓直径47米，高12.7米呈圆形，是新罗特有的积石木椁墓，发掘时出土了冠、耳饰、马具等约12000件的陪葬品。现在，陵墓内部已开放，再现了古墓的构造及发掘时的状态。

与天马冢隔池相邻的双圆墓，是公园内规模最大的皇南大墓(南北114米、东西82米),出土了3万多件的文物。

瞻星台 ◆첨성대 地图见 P268·2-C

据《三国遗事)(高丽时期编纂的历史书)中记载,瞻星台是第27代善德女王在位时(632~647年)所建,是东亚现存最古老的天文台。它有双重地基,由花岗岩砌成圆筒形,共27个台阶,中部朝南有一个窗口。底座直径4.93米,上部2.85米,高达9.11米。此外,基座由12块大石头砌成,从底座到窗户下方12层,从窗口部到顶端12层,均用石头砌成,石头总数365块,据说都是用来表示一年12个月的意思。在古代,观察星体运行不仅用于农业、治水,对取得战争胜利也很重要。

由于车辆通行的振动将会使瞻星台受到破坏,所以近年来,瞻星台周围开始禁止车辆通行,到附近的古墓群也只有步行前往。瞻星台已被用做于韩国70元的邮票图案,作为新罗文化的象征而广为人知。

瞻星台
▶从大陵苑步行2~3分钟
门票:₩160
入场时间:9:00~18:00
(11~2月至17:00)

东亚最古老的天文台瞻星台

半月城 ◆반월성 地图见 P269·庆州全图·1

是新罗的王城。由于形状宛如半月,因而叫半月城、新月城。据《三国史记》记载的"月城"推算,它建于第5代娑婆王22年(101年)。半月城东西900米、南北260米,面积6万坪。有长达1800米的城墙,围绕南部则是利用河流构成的自然防护河。

现在半月城均被深深的林木覆盖,只剩有砌城墙用的石头、基石,难以猜想其古代时的样子。近年,在半月城山丘下复原了挖掘出来的建筑物遗址的池塘。西南部的南川还保留有新罗时期的石桥月精桥等的遗址。

半月城的东面保存有李氏朝鲜时期的天然冰窖——石冰库。它是用约1000块花岗岩砌成的拱型贮藏库,进深18米、宽7米、高6米,石库的上部开有换气孔。据记载,该冰库是第22代智证王(500~514年在位)时期作为夏季藏冰而建的石冰库,现在的石冰库是1741年(李氏朝鲜第21代英祖王时期)改建的。

天然贮冰库石冰库

半月城
▶乘市内 600 座席,雁鸭池下车

临海殿与雁鸭池

雁鸭池 ◆ 안압지 地图见 P269 · 庆州全图 · 1

雁鸭池，是一个东西 200 米、南北 189 米的钥匙型池塘。池塘岸边残存的楼阁建筑物遗址是以池塘为海而命名的临海殿。据《三国史记》记载，文武王十四年(674 年)“宫内掘池筑山，种植花草，饲养珍奇兽类”，可以认为雁鸭池是王宫附属的苑池，作为游园、迎宾馆使用。

临海殿是招待宴请外国使节的迎宾馆，也是新罗王族们临池设宴的建筑物。在 1975 ~ 1976 年的发掘中，出土了多达 3 万件的各种文物，由此可以认为雁鸭池是新罗宫廷人实际使用、生活的场所，从这些遗物还可以联想到当时优雅的宫廷生活。现在，出土文物分主题常年展示在庆州国立博物馆第 2 展室，参观展览可以了解到积极吸取唐代文化的新罗华丽的宫廷生活方式。

雁鸭池这一名称，是李氏朝鲜时期以后的产物，在此以前叫做月池。之后，大概是由于种植的草、花等已经枯萎、凋败，园内原来饲养的珍奇野兽也难觅踪影，只有大雁和野鸭等在荒芜的园中栖息的凄凉场景而改名叫雁鸭池的吧。

雁鸭池

▶市内乘 600 座席、雁鸭池下车。

门票：₩600

入场时间：9:00 ~ 18:00

(11 ~ 2 月至 17:00)

鸡　林 ◆ 계림 地图见 P268 · 2 – C

鸡林，是传说中金氏的始祖金阏智诞生的树林。

脱解王 (57 ~ 80 年在位) 时期的某天深夜，国王被尖锐的鸡叫声吵醒。由于还不到黎明，国王感到很奇怪，顺着鸡的叫声向树林方向看去，见到树林中放出不可思议的光芒，便派使臣前去调查。

使臣沿着光芒，来到大树下，发现树下有一个金柜，旁边有一雄鸡高声鸣叫。国王知道后，便亲自前往，在打开金

鸡林

门票：₩160

入场时间：9:00 ~ 18:00

(11 ~ 2 月至 17:00)

传统的树林——鸡林

柜的瞬间，柜中出现一个眉目清秀的男婴。国王遂将这个孩子起名叫金阏智，金氏家庭由此诞生了。此后，这块树林也根据雄鸡鸣叫而被称做鸡林。

五　陵 ◆오릉

地图见 P269・庆州全图・1

从市中心向南 1.5 公里左右，过南川附近便是五陵。松林中的 5 座古墓，传说是从新罗始祖赫居氏到第五代婆娑王的 5 个王陵，但还没有确证。

据传说，赫居世死后，追随他而死去的王妃死前许下了来世仍不分离的愿，因而人们便在国王的旁边为她修了陵墓。其他陵墓是第二代的南解王、第三代的儒理王、第五代的婆娑王。

五陵
▶市内公汽 500
门票：₩ 220
参观时间：9:00～18:00
(11～2 月至 17:00)

有 5 个陵墓的五陵

国立庆州博物馆 ◆국립경주박물관

地图见 P269・庆州全图・1

博物馆内展示着以庆州为中心的该地区的考古美术品，尤以新罗王朝华丽的装饰品与佛教题材的美术品为主。博物馆位于邻近半月城的 2 万坪的绿地内，展厅分本馆、2 个别馆及按主题划分的野外展场。本馆内展示有先史、原三国时期的石器、土器、统一新罗时期绚丽的佛教美

国立庆州博物馆
▶市内公汽 600 座席、博物馆下车
门票：₩400
闭馆日：周一、元旦
参观时间：9:00～18:00
(11～2 月到 17:00)

术的名品。另外，绿地内还建有以从庆州古墓出土的文物为主的第一别馆，从雁鸭池出土的文物为主的第二别馆。2个别馆均位于本馆的旁边。另外，野外庭园展示着圣德大王钟、高仙寺三层塔以及从附近寺院出土的石佛等等。

①本馆先史·原三国室

这里展示着在庆州及其周边地区收集的新石器、青铜器、初期铁器等先史时期与原三国时期的文物。新石器与青铜器时期的文物数量很少，初期铁器时期与原三国时期的考古文物，以及庆州地区的岩画拓本等，则很有系统。

②美术工艺室

这里展示着跨越千年的、盛开着绚烂文化花朵的新罗遗址中出土的美术工艺品。展品中的大部分，是从1976年开始经7年发掘出土的新罗最大的寺院皇龙寺的文物。

尤其是从塔址中出土的舍利庄严具，用华丽的花纹、人面表现的圆形瓦当、土器等值得一看的文物很多。另外，受佛教火葬的影响，统一新罗时期出现的骨壶等，也是反映古代新罗人生死观的代表性文物。

③菊隐纪念室

这里展示着耳鼻咽喉医生李养璿博士捐赠的他个人历经30年收集的从青铜器时期到高丽时期的666件文物。展品中，统一新罗时期的马具，伽倻时期的骑马人物土器等一些在考古学、美术史上很有价值的文物很多，这反映出李博士对韩国古代美术具有很高的鉴赏水平。菊隐是李博士的雅号。

第一别馆(古墓馆)

这里按各个古墓分类展示着从庆州市内的古墓中出土的随葬品。以日本殖民统治时期1921年发掘的金冠冢、瑞凰冢为主；还有1970年代调查发掘的鸡林路古墓、天马冢、皇南冢等等。另外，也一并展出近年来从政来洞古墓、月城洞古墓等出土的文物。其中，金冠、腰带、耳饰、手镯、玉器等物品，至今仍然反映出被称做“黄金之国”的新罗的豪华。此外，十二支像、土偶等土器、玻璃制品等文物也很多。新罗的金冠上的“出字型”立饰、鸟形与蝶形的冠饰，很类似于西伯利亚出土的冠，反映了当时新罗与北方文化之间的关系，很有意义。

第二别馆(雁鸭池馆)

展示着从雁鸭池及其周边发掘出的文物。作为展示从一个遗址中发掘出的文物的独立展示馆，这在韩国是独一无二的。雁鸭池，是文武王完成统一三国后的674年修建的，当时叫做月池。但在新罗灭亡后也随之荒废，李氏朝鲜时期的文人墨客从雁鸭飞腾其中而将其命名为雁鸭池。

雁鸭池的考古发掘工作，在1975~1976年间进行，确认了26个建筑物遗址、排水设施、入水口等，出土文物达3万余件。出土品中以生活用品为多，这是因为雁鸭池被作为宫廷内的宴会场所的缘故。出土文物中有泛舟用的木舟，各种建筑装饰品，华丽花纹的瓦当、砖以及酒宴上使用的酒杯(每面上都刻有“饮酒三杯”或“唱歌饮酒”)，可以从中推测当时华丽的宫廷生活，很有意思。

庭园展示文物

博物馆的庭园内，展示着以圣德王钟为主的、庆州地区寺院出土的石佛、石塔等约200件佛教文物。院内深处的高仙寺三重塔，是建筑水库时移到此地的，除獐项里造

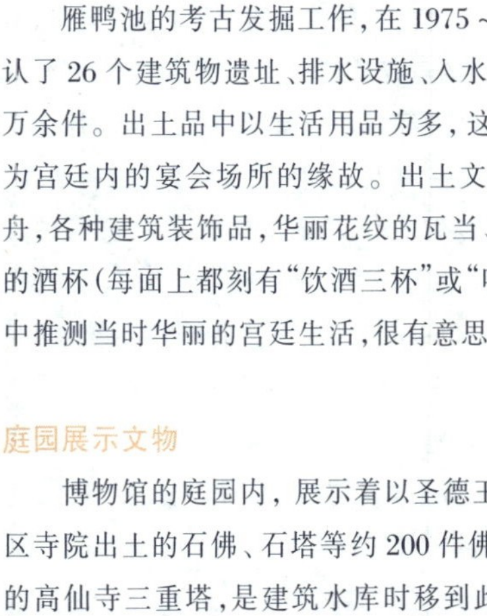

高仙寺三重塔

佛教镇压中，失去头的石佛

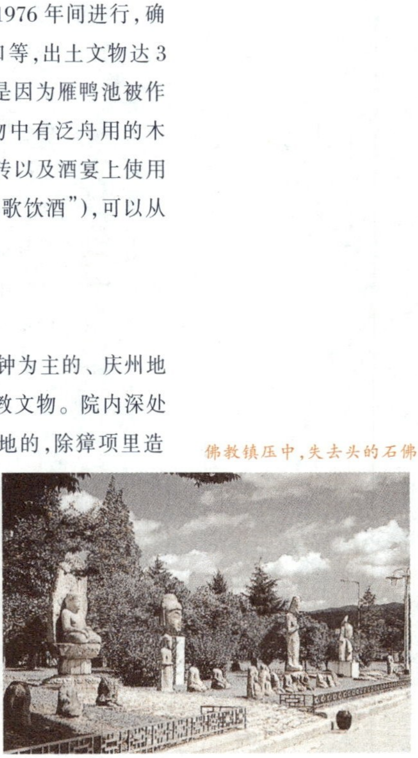

保留了凄惨传说的埃米莱钟

如来像，位于南山的石佛、佛头等佛教遗物外，还展示有石槽、碑石、建筑材料等。掉了头的石佛数量很多，均是从芬皇寺遗址出土的文物，传说是因李氏朝鲜时期对佛教镇压而破坏的结果。

另外，圣德王钟原本是新罗第35代景德王打算为纪念死去的父亲圣德王而铸造的，但因铸造失败，他的儿子惠泰王继承父亲遗志，于771年铸造完成。高3.3米、口径2.25米的巨大的钟，表面雕刻着优雅的飞天像与莲华文的浮雕。

该钟叫埃米莱钟。源于一个凄惨的传说，是讲该钟在制造完成后，撞击也不出声音，又重新铸造了几次结果都是一样，于是人们认为这是一种凶兆的前奏。当天晚上，奉天寺的住持听到钟神的声音:“若僧托钵时，有一个寡妇带着龙年某月某日某时出生的幼女，如果将幼女与钟熔化在一起，那么灵魂就会留在钟里而鸣叫”。听了此话的僧人，寻到了母亲，并说服她们。面对女儿悲惨的命运，慈悲的母亲有一天终于下定决心，带着孩子来到圣德王前，由若僧亲手将幼女投到铜的坩锅内，钟终于铸造成功。读经的时候，钟便发出悦耳的声音，仿佛在洪亮的钟声中有一种幼女呼喊母亲的声音“妈妈……”,低沉而悲切。

现在已不能直接听到埃米莱的钟声。只是在12、14时规定的时间内，播放钟声录音带。

芬皇寺 ◆분황사 地图见 P269 · 庆州全图 · 1

芬皇寺，是634年第27代善德女王创建的寺院。寺庙修建当时，南北线上有中门、塔、金堂、讲堂，极其宏伟。但由于多次的火灾及元军的入侵，建筑物被烧毁，现在则是一个只保留了基石的寂静的寺院。

现有的石塔分三层，推断当初为五层以上。这是用灰黑色的安山岩制的砖石砌成的横砖石塔。第一层四方的中

芬皇寺

▶从高速汽车站，庆州站乘市内座席⑩、市内公汽⑩路。

▶从佛国寺、普门观光团地乘市内公汽⑪、座席⑪路

门票:₩1000

参观时间:日出~日落。

央设有龛室，两侧有 8 个仁王浮雕像。另外，基座的四角有石狮子库。寺院内有水，以“药水”闻名，参拜者可以饮用。

芬皇寺石塔

金庾信将军墓 ◆김유신장군묘

地图见 P269 · 庆州全图 · 1

金庾信将军墓

金庾信将军是 7 世纪服务于武烈王与文武王，为统一三国而立下战功的名将。他的陵墓位于市区西北面的松花山，以围绕陵墓的 12 尊漂亮的保护石像而闻名。12 尊石像穿普通服装，手拿武器，巧妙地表现了动物的特征。墓碑上为纪念金将军功绩，刻有新罗大角干最高级的称号。

金庾信将军墓
门票：₩330
参观时间：9:00~18:00
(11~2 月至 17:00)

武烈王陵 ◆무열왕릉

地图见 P269 · 庆州全图 · 1

被葬者是新罗第 29 代王太宗武烈王(654~661 年在位)，该陵墓是惟一的武烈王陵。武烈王，以新罗与唐朝的同盟为基础，在巩固了三国统一基础的同时，积极吸收当时先进的唐朝文化，为促进文化落后的新罗的繁荣贡献了力量。王陵周长 112 米、高约 13 米，呈圆形。陵墓周围露出巨石的一部分，据推测是为防止陵墓的坍塌而建。

王陵的前方 400 米保存有龟形的陵碑，现在龟趺和螭首上只留有碑座，当时龟趺背上刻有碑文的碑石已不存在。在螭首的中间，刻着“太宗武烈王之碑”8 个文字，2 行，表示陵墓的被葬者是武烈王。龟的下颚处刻有宝相华文，龟甲的周围刻有飞云文，堪称是新罗石造美术的杰作。

武烈王陵的龟趺，浮雕很美

武烈王陵
▶市内座席公汽 300
门票₩330
参观时间：9:00~18:00
(11~2 月至 17:00)

佛国寺

佛国寺 ◆불국사 地图见 P269 · 庆州全图 · 2

佛国寺

▶从高速汽车站庆州站乘市内公汽⑩、座席⑩、⑪、座席⑪约 30 分钟。下车后，至山门步行 5~6 分钟。

门票：₩ 3000

参观时间：7:00~18:00 (11~2月 7:30~17:00)

国宝

白云桥、青云桥、七宝桥、莲花桥、多宝桥、释迦塔、金铜阿弥陀如来坐像、金铜毘卢遮那如来坐像。

建于庆州市区以南约 15 公里的吐含山（745 米）平整的斜坡上的佛国寺，是来韩国访问的外国游客必定要到访的寺庙。它是代表韩国的名刹，享有很高的声誉。创建于第 23 代兴王在世的 525 年，当时叫做华严法兴寺。第 35 代的景德王 10 年（751）由大百金大城重建，之后的惠恭王 10 年(774)金大城死后，国家继续将其完成(《三国遗事》)。

寺庙创建以后，经过多次翻修。特别是李氏朝鲜宣祖 26 年（1593），丰臣秀吉军队侵略时纵火将木质建筑全部烧毁，现存建筑是李氏朝鲜后期以后的建筑物及 1973 年按复原的李氏朝鲜样式而重建的建筑。重建的建筑全部是在创建当时的石坛和基石上修建的，伽蓝配置、多宝塔、释迦塔等石造建筑物，至今仍然保留着创建当时的样子，是宝贵的遗址。

通往佛之国的大门——紫霞门与安养门

穿过东侧入口处的一柱门，再过了有四天王像的天王门，进正对面松林之间，左右展开双翼的宽阔的伽蓝便出现在眼前。佛国寺的伽蓝朝南，建在全长达 92 米的花岗岩的石坛上。由以大雄殿为中心的东区和以极乐殿为中心的略低一点的西区构成，均有回廊围绕。

直通大雄殿东面的紫霞门前，建有叫做青云桥和白云桥的石台阶。通往极乐殿的西面的安养门，建有莲花桥和七宝桥。这四座桥是从俗世通往净土之桥，过了这些桥就象征着站在了佛国的入口。此外，将东面分隔开来的泛影楼（钟楼）的基柱呈云雾状，象征为须弥山（佛教中的世界中心）。

梁石与基柱用花岗岩石砌成，优美、富有力量、轻快感，历经1200年，表现了新罗非凡的造石技术（现在，过桥的2个门禁止通行，参观者需从寺院右侧的入口进入伽蓝内）。

伽蓝的东部地区——2个石塔与大雄殿

佛国寺的伽蓝，建于山脚坡面，大体分成东西2个区域。紫霞门深处的东区，从北向南排列着无说殿（讲堂）、大雄殿（金堂）、双塔（多宝塔与释迦塔）、泛影楼（钟楼）及经楼。这种在金堂前建有双塔并列的伽蓝配置，是从7世纪后半期到9世纪的统一新罗时期发展起来的，起源于中国的唐朝，在日本奈良的药师寺也可以见到。

复杂、匠心独运的多宝塔

多宝塔由多个主题重叠而成，未曾见过有类似之物。中心是巨石，四角配有石柱是第一层。上面放有石板屋盖，特别是四面用高栏围绕，雕刻有竹状的柱子，八角三重塔身、莲花。最上层是八角的石板。这种富于变化的复杂的设计，匠心独运，使石塔整体都保持一种均衡的美，被称为新罗石塔的白眉。塔高10.4米。

通称释迦塔的三层石塔，与复杂的多宝塔相对照，以端正简洁为美。这种形式的塔是统一新罗时期的典型建筑，是模仿木造塔的外观而建造的。1966年，从第二层的舍利孔与金铜透雕的外函、玻璃舍利瓶发现了无垢净光陀罗尼经。尤其是该陀罗尼经产生于8世纪中期，是现存的最古老的木板印刷经文，价值很高。现在，舍利容器展示在国立庆

以端正简洁为美的释迦塔

州博物馆和国立中央博物馆。

双塔后面的大雄殿，是佛国寺的中心，也是正殿(金堂)。大雄是表示释迦大德的语言。该大雄殿是在1765年创建的基础上重建的，是李氏朝鲜时代后期代表性的佛殿建筑。

大雄殿的中央，安置着本尊释迦牟尼佛，左右是菩萨像、佛弟子像。侧壁中央供奉着文殊菩萨和普贤菩萨，有十六罗汉坐像。周围本尊释迦牟尼佛，现在仍然受到人们的信仰，常常可以见到五体投地的虔诚的信者。大雄殿前的立石灯，各个部分均匀端正，推定是8世纪中期的作品。大概站灯前有很多参拜者跪拜，所以前面放有跪拜石。

佛国寺

伽蓝的西区域——阿弥陀如来的极乐殿

通往安养门深处的寺庙的西侧是极乐殿。这是表示阿弥陀如来居住的西方极乐净土，中心的极乐殿安置着统一新罗时期的金铜阿弥陀如来坐像。在近几年的补修中，佛像表面贴上了金箔。该佛像是代表从8世纪来到9世纪的统一新罗的金铜佛像。

另外，北侧的里面高一个台阶的地方，是1969年以后复原的观音殿，毘卢殿。

毘卢殿内安置着的金铜毘卢遮那如来坐像。该坐像与阿弥陀如来坐像一样代表了统一新罗的佛像雕刻水平。

石窟庵 ◆석굴암

地图见 P269・庆州全图・2

位于与佛国寺东部相连的吐含山(745米)山顶附近，是一座面对日本海建造的人工石窟寺院。创建者与佛国寺一样，据说是金大城，确切的难以判定。此后由于李氏朝鲜时期对佛教的镇压，该寺庙在历史的舞台中被长久地遗忘了。1900年左右，被偶然在此避雨的邮递员发现。荒废的石窟庵在日本殖民统治时期曾进行了修补，70年代则建成为现在的木质建筑物。

石窟庵，由长方形的前殿、通道、拱型的主殿构成。前殿有八部众像，通道入口左右有仁王像，通道的左右壁镶嵌着四天王像的浮雕。

位于山中央的石窟庵

主殿内八角台座上端坐着如来像，右手呈指地的降魔触地印。其周围有梵天、帝释天、文殊菩萨、普贤菩萨、十大弟子，另外本尊的后面雕刻有十一面观音浮雕。最上部的龛室内安置有佛、菩萨坐像，用花岗岩砌成的拱型天棚，镶嵌着本尊头部的背后和天棚中央配有莲花瓣的圆光环。用花岗岩精彩雕刻的石佛的庄严形象与计算精密的石砌物，均是新罗文化的结晶，是代表韩国的文化财产(现在为了进行内部保护，均安装了玻璃罩，除登记的信徒之外，内部禁止进入)。

本尊如来坐像，结加趺坐，端坐于雕刻有莲花纹的八角台座上，手掌呈降魔触地印。该右手指地的触地印，是释迦牟尼在菩提树下悟道成佛时，魔王阻挠释迦牟尼成佛，释迦用指指地面使魔王们降伏时的手印。本尊就是释迦牟尼佛。高 3.42 米，膝宽 2.6 米的巨像，充满威严，富有生命感，令人似乎忘记了这是一尊石造像。

另外，本尊面向东南，晴天时，可以看到山尽头的日本海，冬至和夏至的阳光则可以照到本尊的额头。过去，也传说着本尊遥望东南的日本海，是由于 8 世纪中期日本和新罗的关系恶化，为了防止日本的入侵而建。但是从本尊视线所及的遥远之处，是完成了三国统一的文武王的感恩寺、葬于海中的王陵等来看，似乎也反映出象征东方的青龙与信仰太阳之间的关系。

石窟庵

▶从佛国地旅游咨询处前的停车场内部石窟庵方向的专用公汽站乘车。9:40~16:40 每 40 分钟发车和 17:20 发(冬季 9:40~15:40 每 40 分钟发和 16:30 发)。

价格:往返₩2000

从这里乘出租车往返₩30000。

乘汽车、出租车抵达石窟庵停车场后，从山门约走 1 公里的山道。另外，从佛国寺也有郊游路线可以步行到石窟庵，约 3 公里，所需 1 个半小时左右。

门票:₩3000

参观时间: 6:30~18:00 (11~2月7:30~17:00)

挂陵 ◆괘능

在庆州的新罗古墓之中，最保留了原形的便是挂陵。周长 76 米的古墓，从最近发现的碑

参道旁独特的石像。挂陵

挂陵

▶从市内乘600路座席，挂陵下车，步行10分钟。
门票₩200
参观时间：9:00~18:00（11~2月至17:00）

文来看推定为第38代元圣王(在位785~799年)的陵墓。

陵墓是一个在广大的陵园中用石造的化妆石围绕的圆形坟墓，侧面根据不同方位雕刻着用铠、兜鍪武装的十二属相的浮雕。鼠(子)的石像朝北，顺序为丑……等表现干支的石像，装饰着古墓的侧面。每一尊像都将动物拟人化，富有幽默感。前往陵墓的参道上有成对儿的石柱、狮子像、新罗的文官、武官的石像，特别是长着胡须的武官像的表情更像西域人，令人回味。

普门观光团地

▶从高速汽车站、庆州站乘市内公汽⑩、座席⑩路
▶从佛国寺乘市内公汽⑪、座席⑪路

普门观光团地 ◆보문관광단지

地图见 P269・普门观光团地

从市中心向东6公里，在人工湖普门湖地区有普门观光团地。

普门湖

这里有高级酒店、网球场、庆州游乐园世界、水族馆、美术馆等。它是代表韩国的度假区，在158平方公里的湖面上，可以乘游船畅游。

水车公园

新罗的建国神话　葫芦中诞生的初代王

新罗过去有6个村庄，每个村庄都有圣地、圣山，始祖从天而降成为村长。

前汉的地节元年（BC69）3月，6个村子的村长率领村子里的人集中到叫做阏川的圣地，商谈迎接君主建立国家的事情。那时，在位于南山山脚的萝井湖畔发生了异变，像闪电一样的东西从天伸向地面，而且有一匹白马在不断地鞠躬。村长们感到不可思议，向白马的地方走去，发现有一个紫色的葫芦（韩语葫芦的发音与朴的发音相同）。割开一看，里面出现一个童子，容颜端正，用泉水沐浴后全身放光。

6个村子的村民为童子的容颜而无比欢喜，都说“这是一个优秀的天子，一定要找一个优秀的王妃”。后来人们在阏英井发现了一个鸡笼，旁边有一个童女，容貌无与伦比，只是嘴唇像鸡嘴一样尖。童女在月城北面的河流内沐浴，沐浴后嘴巴突起的部分脱落了。人们便选定这美丽的女神为王妃。等到童子和童女到13岁的时候，6个村长便推举童子为王，建立了国家。国王名叫朴赫居世，是新罗的第一代王。

该神话中，国王是从天而降的，王妃则是水神的女儿，太阳与水是必须的条件，与当时的农耕生活非常符合。也说明，新罗的政治体制是以村落共同体为基础的。

高速汽车站附近的烤肉屋

Ⓡ能院烤肉

노원숯불갈비

庆州市路西洞 175－5　☎741－6575

营 9:00～22:00　休 春节，中秋(各 1 天)

距离高速汽车站 2 分钟，位于市内公汽车库后面的清洁而干净的烤肉屋。

有各种烤肉，冷面₩ 4000(仅夏季)，炭火烤猪肉₩ 3000 最好吃。店主人很亲切。

吊人参料理的始祖

Ⓡ新罗餐馆

신라식당

庆州市进岘洞 63－4　☎746－4750

营 6:00～21:00　休 年中无休

佛国寺观光团地中最古老的餐馆。有各种山野菜。特别是吊人参料理，该店是元祖。该店的山野菜富有家庭味道，很受当地人欢迎，常客很多。

这里有地暖炕式房间，气氛沉稳。

使用人参的三得汤₩9000，山菜定食₩8000。不同季节还可以品尝到松蘑菜。

大招牌是标志

Ⓡ崔专务屋

최전무옥

庆州市仁旺洞 807－4　☎776－7775

营 11:00～19:00　休 春节、中秋(各 1 天)

沿瞻星台前的瞻星路向与站前大路交叉的东面走，左手有一个很大的招牌便是。参鸡汤₩ 9000，山菜拌饭₩ 6000，很好吃。

推荐热腾腾的参鸡汤

Ⓡ凤　凰

봉황

庆州市路西洞 94－5　☎775－0059

营 10:00～22:30　休 春节、中秋(各 1 天)

位于月城小学校正门前附近。有温暖的地炕，并有热腾腾的参鸡汤。

鸡内放入糯米等，加汤炖，热腾腾的很好吃。如果再喝上一杯人参酒的话，从体内便有一股热量产生，连轻微的感冒也能治好了。如果在庆州吃参鸡汤的话，这里绝对值得推荐。参鸡汤₩7000。

一点零食，稍微休息

Ⓡ庆州休憩所

경주휴게소

位于从庆州站花郎路向新罗百货店

拐弯的地方。看到店内的人忙忙碌碌，便觉得做出的水饺、饼等一定很好吃。

可以在店内吃，也可以带走，绝对保证口味。

庆州名吃，需排队购买的点心店

Ⓡ皇南点心

황남빵

庆州市皇吾洞 307 ☎772－2784
营9:00～21:00 休新年、春节、中秋(各1天)

皇南点心是指小豆馅的包子，是庆州的著名点心。不使用人工糖精、防腐剂等。沿袭了有着60年历史的手工制作技法。韩国人到庆州是一定要购买该点心的，足见其多么有名。价格1个₩400，有25、35、50个盒装的。食用期限常温或冷冻1星期，可以用微波炉加热食用。

迷惑于 2 种冷面

Ⓡ平壤冷面家

평양냉면집

庆州市路东洞 81－1 ☎772－2481
营 10:30～22:00 休年中无休

位于庆州市厅后面，新罗广场对面的著名的冷面店。所说的平壤式冷面，就是水冷面。哈门式冷面，是指用通红的辣椒酱拌成的冷面。每一种面的口感都很好，在味道方面难分伯仲。价格：₩5000，可以接受。

烤肉、排骨汤₩5000。

入口处有带照片的菜谱

Ⓡ明洞宋

명동손국수

☎743－9583 营 10:00～22:00
休春节、中秋(各 9 天)

从庆州站步行 5 分钟，位于新罗百货店的北面。年轻的店员亲切地迎接客人。明快的店堂轻松舒适，顾客很多。

拌饭₩4500、冷面₩3500、海物汤₩4000。

高级饮食店的装饰风格，值得放心

Ⓡ东海馆

동해관

庆州市路西洞 207 ☎749－1117
营 9:00～21:30 休春节(各 1 天)

从庆州市政厅略靠近车站，面对马路的韩定食店。店铺装饰得像高级餐馆一样，韩套餐₩8000很好吃。

也有以海物为主的豪华菜(多春鱼等)。葱饼₩8000。是令人放心又略有些奢侈的餐馆。

放开肚皮吃韩国菜

Ⓡ古南都自助

그랑또부페

庆州市路西洞 122－3 ☎743－0505
营 11:00～21:00
休新年、春节、中秋(各 3～4 天)

位于从中央市场向高速汽车站的马路沿线建筑内的 2 层。通常有 35 种菜谱。有当地客人，也有很多住在高速汽车站周围的外国游客。吃得饱饱的才花费₩4900左右，价格上很有魅力。

新罗的首都庆州的住宿设施，除5家5花级的国际度假酒店之外，还有3花级的酒店以及“庄级旅馆”。可以选择去市内方便的地方，也可以选择距郊外观光地方便的地方住宿。

住宿设施主要集中在以下地区。

①高速汽车站周围的市内

在高速汽车站附近去市内散步很方便。这里以庄级旅馆为主，还有旅人宿这样的各种住房设施。可以在旅馆咨询处选择适当的住宿地。

②佛国寺观光团地

有高级酒店，也有很多参拜寺庙的人使用的旅馆。可利用市内与观光团地之间的公汽。

③普门观光团地

普门湖周围正进行度假地的开发。古都之旅与度假地停留之旅相组合时，可以在高级酒店舒适的度过。体育设施很充足。

酒　店

位于佛国寺前安静的森林内的高级酒店

Ⓡ高隆酒店

코오롱호텔

位于佛国寺观光团地正前，被绿林所围绕的安静的环境之中。设施一流，有剧场、餐厅、赌场、日本饮食店等。

西式房间双人间₩145200。此外还有韩式房间。

便于前往朝拜的

Ⓡ佛国寺观光酒店

불국사관광호텔

离汽车站很近，清早去佛国寺时很方便。服务员的服务很好。房间为西式，双人间₩ 48000。

所有的房间靠近湖边，景色超群

Ⓡ庆州观光酒店

경주관광호텔

位于普门湖畔的标准的中级酒店，康乐尔酒店旁。

该酒店是向庆州特级酒店输送服务员的庆州旅游教育学院的附属酒店，服务员的服务很标准。建筑物很新，所有的房间都可以眺望到湖面。双人间1晚₩ 37000。

普门湖畔，刚刚建成的舒适酒店

Ⓡ普门古来思酒店

보문그레이스호텔

庆州市薪坪洞242－14　☎745－0404－8
FAX 745－0409

位于普门湖畔，地暖炕式房间双人间₩ 30000，有浴室厕所。

前往方法，从旅游咨询处乘⑫或102路公汽，在湖畔水车公园附近下车。

韩式旅馆

庆州站附近，有几家价格在₩20000～25000的“庄级”旅馆。另外，高速汽车站附近有很多便宜旅馆，从₩10000的旅人宿到₩25000左右的旅馆，可供选择的范围很大。

新建的旅馆

Ⓗ大明庄旅馆

대명장여관

庆州市路西洞 241－12　☎749－2606

位于高速汽车站正后方的新建的旅馆。由于是新建的旅馆，交通非常方便。

1晚₩25000，连休的时候价格要上涨。有很多外国游客住此旅馆，所以英语没问题。

外国人喜欢的

Ⓗ韩进庄旅馆

한진장여관

庆州市路西洞 173－1　☎771－4097
FAX772－9679

从高速汽车站步行便是。外面写着"HANJIN"及罗马字，2层建筑。店主权宁政先生会讲英语、汉语、日语，对外国游客非常了解。这里有一般的旅游地图，服务也有独到之处。

住店客人有各个国家的，仿佛是国际交流的会场，从海外预约的客人很多。互联网址：(http: //www. Intrakorea. co. kr)。带浴室、厕所的韩式房间，₩20000～25000。

在家般的感觉

Ⓗ西川旅人宿

서천여인숙

庆州市路西洞 171－9　☎7112－3057

位于高速汽车站的后面，从汽车站先行2分钟。一层为住家、2层为客房(16间)。公共浴室。双人间1晚₩12000起。

在家一样的旅馆

Ⓗ乐天庄旅馆

롯데장여관

庆州市路西洞 176－31　☎772－1204

位于高速汽车站的后面，新建筑的旅馆。房间很大，令人心情很好。是母女共同经营的旅馆，服务非常周到。

带浴室、厕所、电视的双人间，一晚₩25000～30000。

高速汽车站旁

Ⓗ梨花庄旅馆

이화장여관

庆州市路西洞 162－29　☎743－2213

离高速汽车站很近，有利于夜晚抵达庆州的客人。前台的老妈妈会讲少量英语。带淋浴、厕所的房间双人间1晚₩20000。

庆州站附近，市场就在旁边的

Ⓗ现代庄旅馆

현대장여관

庆州市皇吾洞 184－4　☎743－3838

庆州站前邮电局前面有一个1层是中药批发店的建筑，正对该建筑，左侧的门内有台阶，2、3层是旅馆。前台在2层。

韩式房间，有浴室、厕所、电视(可收卫星电视)的双人间₩20000。房门为双重，钥匙不同。由于面对马路，早晨汽车的声音很响；但因为是乡下，夜里车来往很少，很安静。旅馆服务员很亲切，感觉很好。

庆州的主要酒店一览表地区号

酒　店	所在地 · 电话号码	价格单人间(₩)	说　明	地区
第 1 级酒店 ★★★★★				
庆州现代酒店 Kyongju Hyundai	庆州市普门观光团地 ☎748－2233　FAX:748－8112	S/T193600～	1992年建成的“国际水准”的度假酒店	③
庆州希尔顿 Kyongju Hiltion	庆州市普门观光团地 ☎745－7788　FAX:745－7799	S/T217000～	1993年开业，以拥有9个餐厅及私立美术馆而引以为豪。	③
庆州高隆 Kyongju Kolon	庆州市佛国寺观光团地 ☎746－9001　FAX:746－6331	S/T145200～	庆州惟一的赌场。有剧场，餐厅、泳池。	②
庆州朝鲜 Kyongju Chosun	庆州市普门观光团地 ☎745－7701　FAX:740－8349	S/T159400	位于普门湖畔，环境安静的度假酒店。有温泉、高尔夫球场。	③
庆州康乐尔 Kyongju Concorde	庆州市普门观光团地 ☎745－7000FAX:745－7010～20	S/T157300～	位于普门湖畔，所有客房均可看到湖面。以前是东急酒店。	③
2 级酒店 ★★★				
庆州观光酒店 Kyongju Hotel	庆州市普门观光团地 ☎745－7123　FAX:745－7129	S/T37000～	普门观光团地的经济型酒店。所有客房均可以看到湖面。	③
佛国寺观光酒店 Pulguksa Hotel	庆州市佛国寺观光团地 ☎746－1991　FAX:746－6604	S/T48000～	探访佛古迹很方便，便宜的酒店。客人较多。	②
3 级酒店 ★★				
协成观光酒店 Hyup Song Tourist	庆州市路西洞 130－6 ☎741－3335　FAX:741－3340	S/T44000～	位于繁华的中心地，可步行去火车站、汽车站。	①
其　他				
韩国康德米尔 Korea Resort Condominium	庆州市普门观光团地 ☎745－1500　FAX:745－1509	5 人用 121000～	所有房间均是家庭用的地炕式构造、各房间有厨房。	③

★星级数。价格含税，服务费。地区番号见 P287。

庆州现代酒店

庆州高隆

庆州观光酒店

庆州朝鲜

佛国寺观光酒店

庆州希尔顿

庆州康乐尔

韩国康德米尔

济州岛

제주도

Chejudo

地区号:064

旅游咨询处
济州机场
国际线候机厅(1层)
☎742－0032
国内线候机厅(1层)
☎742－8866
济州港(第1号候班厅1层)
☎758－7181
中文观光团地
☎738－0326

济州岛,在韩国本土以南约90公里,是韩国最大的岛屿。因其温暖的气候又被称做"韩国的夏威夷"。

济州岛,是一座火山岛,中央拥有最高峰汉拿山,整个岛屿呈椭圆型。古时济州岛曾是一个独立的国家叫耽罗,岛上拥有独自的历史、文化、风俗。

雄大的火山地形、丰富的自然资源以及南国风情,是济州岛的最大魅力。近年来,它又以国际性的度假岛屿而令世人瞩目。

岛内共有2个城镇。济州岛的大门、有济州国际机场的北部城市济州市,以及隔汉拿山与之相对的韩国最南端的城市西归浦市。2个城市之间,乘市外公汽或者班车,约1个小时的距离。

大门济州市包括济州与新济州2个城市

从本土或者从其他城市最先抵达的有机场和港口的城市,便是济州市。它包括有市场、市政厅等旧市区的济州,与新开发、井然有序且不断扩张的新济州2个市区。机

场位于新济州，港口位于济州。

新济州是一个新城镇，有游客经常使用的清洁的酒店、餐馆。但是，新济州在步行的范围内没有什么景点，漫步的话还是以旧区的济州为主。

济州市区高层建筑很少，21 层的 KAL 酒店是最高的建筑，在街上散步时，可以活用为指南标志。

市区的中心为中央大街。地下有东西方向的购物廊。从中央大街到东门市场，再到海边沿线的观光酒店一带人流最多，商店也集中于此。

极富南国情调的西归浦

岛南部中心城市西归浦市的街道规模要比济州市小，但它被郁郁的绿色及美丽的海岸线所环绕，有着一种极其悠然的气氛。

东门大街西侧到济州银行、邮电局一带是中心街，里面的街道有市场、饮食店街。

市街的西部 15 公里的地方，是以国际型度假地而声名卓著的中文观光团地，有着豪华的住宿设施。

口岸信息

飞　机

济州国际机场

地图见 P294・1

有韩国各地的国内线和多条国际线。面对候机楼，左侧是国际线，右侧是国内线。均是1层为抵达大厅，2层为出发大厅。

汽车站，在出国内线抵达大厅，右侧是连结市内的机场巴士车站，左侧是往西归浦方向去的班车车站。

济州国际机场

济州国际机场
제주국제공항
大韩航空　☎752-2000
韩亚航空　☎743-4000

▶机场巴士
价格:₩600
所需时间:约20分钟（到东门大街）
发车:6分钟间隔
运行时间:6:00~22:25

▶机场班车
价格:₩3000（到中文）
₩4200（到西归浦）
所需时间:约40分钟（到中文）1小时（到西归浦）
发车:15分钟间隔
运行时间:6:50~21:50

▶出租车
价格:₩3000（东门大街）

客　船

济州港

地图见 P296

位于济州市区的东北。不仅有去釜山、仁川的夜行长距离渡船，也有木浦方向短时间往返的高速船。

济州岛渡船高速船运行表济州港

区　间	船　名	航运状况	所需时间	价　格(₩)
仁川↕济州	高速渡船 1.3 号	仁川发 19:00(一、三、五) 济州发 19:00(二、四、六)	1 号:15:00 3 号:18:00	特室 67500 2 等包厢 48500 3 等包厢 36000
釜山↕济州	高速渡船	釜山发 19:00(二、四、日) 济州发 19:00(一、三、五)	11:00	1 等卧铺 47900　1 等包厢 36500 2 等卧铺 33150　2 等包厢 24500 3 等包厢 19750
	东洋高速渡船 6 号	釜山发 19:30(二、四、六) 济州发 19:00(一、三、五)		
	度假岛号	釜山发 19:30(一、三　五) 济州发 18:30(二、四、六)		
釜山↕西归浦	卡渡轮济州 3 号	釜山发 18:30(一、三、五) 西归浦发 17:00(二、四、六)	14:00	3 等包厢 20500
莞岛↕济州	韩 - 卡渡轮 1 号	莞岛发 16:00(周日休航) 济州发 9:00(周一休航)	3:00	2 等卧铺 16450 2 等包厢 12600
	韩 - 卡渡轮 2 号	莞岛发 15:00(周五休航) 济州发 8:20(周六休航)	3:00	2 等卧铺台 16450 2 等包厢 12600
木浦↕济州	国际高速渡船号	木浦发 9:00(周一休航) 济州发 17:30(周一休航)	5:30	2 等卧铺 28700　2 等包厢 17450 3 等包厢 13350
木浦↕济州	豪华 2 号	木浦发 13:40 济州发 9:30	3:10	2 等卧铺 46400 3 等寝台 38800

济州市外汽车站

汽　车

济州市外汽车站　　地图见 P298·1

位于济州市区和新济州中间，从这里发抵的汽车囊括岛内整个地区。

沿岛内一周的道路有东循环西归浦方向，及西循环西归浦方向。还有经由纵穿岛内南北的第 1、2 横断公路，或者经由中文高速公路的西归浦方向等主要路线。如果前往西归浦方向，想要欣赏美景的话，推荐使用经由第 1 横断公路的路线。

候车厅的售票处，以中央事务所为界，分成左侧为济州岛东半部方向(第1横断公路以东)，右侧为济州岛西半部(第1横断公路以西)方向2部分。每一个售票处都互相看不到，不了解这一点的话，寻找起来很不方便，值得注意。

济州市外汽车站
제주시외버스터미널
☎753-1153
▶乘机场巴士 100、200、300 路，市内汽车站下车。

西归浦市外汽车站　　地图见 P300·1

位于西归浦中央大街西南侧的小汽车站。

经由第 1 横断公路的济州方向、其他方向、售票处、上车地点等都分开。前往中文观光团地方向，从正面的大街乘市内公汽、座席公汽均可，但要先看市内公汽站上车地点牌子上写的时间表，确认好。

西归浦市外汽车站

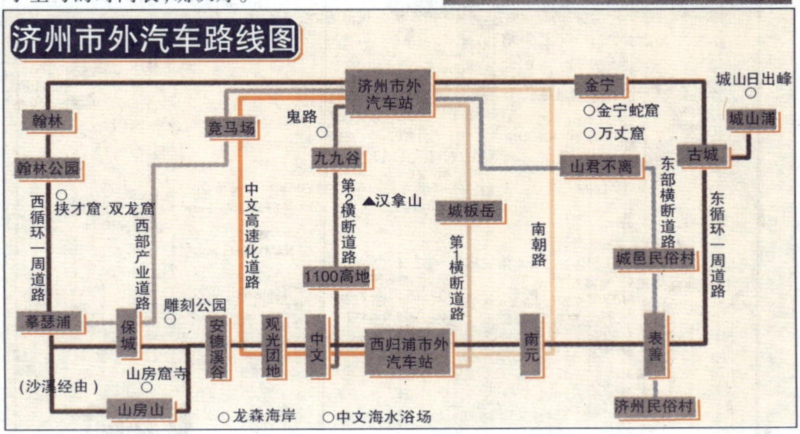

济州市内交通

市内公汽

市内公汽

一般公汽

价格:₩550

座席公汽

价格:₩600~

济州市与西归浦市运行一般公汽和座席公汽(机场公汽)。特别是济州市的机场公汽停车站的标识非常清晰。

另外,机场班车 600 路从机场直接到中文和西归浦,可以作为市外公汽使用。特别是从新济州去岛南部的景点时,比起市外汽车站发抵的路线汽车,该班车直达中文、西归浦方向,更快、更方便。新济州的班车停车站为皇冠广场酒店前。

机场巴士的停车站

机场巴士

济州市

游客经常使用的机场巴士有4条线路,可以作为市内公汽使用。其中,济州与新济州市区毫无遗漏都可以抵达的是 100 路。除去港口、机场之外,旅游时也可以很好地利用起来。

济州市内

西归浦市

中央大街前和中正路的济州银行前的车站集中了各条线路。经中央大街、港口到天地渊停车场，可乘⑧路市内公汽。

出租车

出租车的乘坐方法、价格与汉城、釜山等其他城市相同。只是去郊外时，想找过路的出租车很困难，根据目的地和路线，最好包辆车。

另外，西归浦、中文如果没有出租车，可以在度假酒店

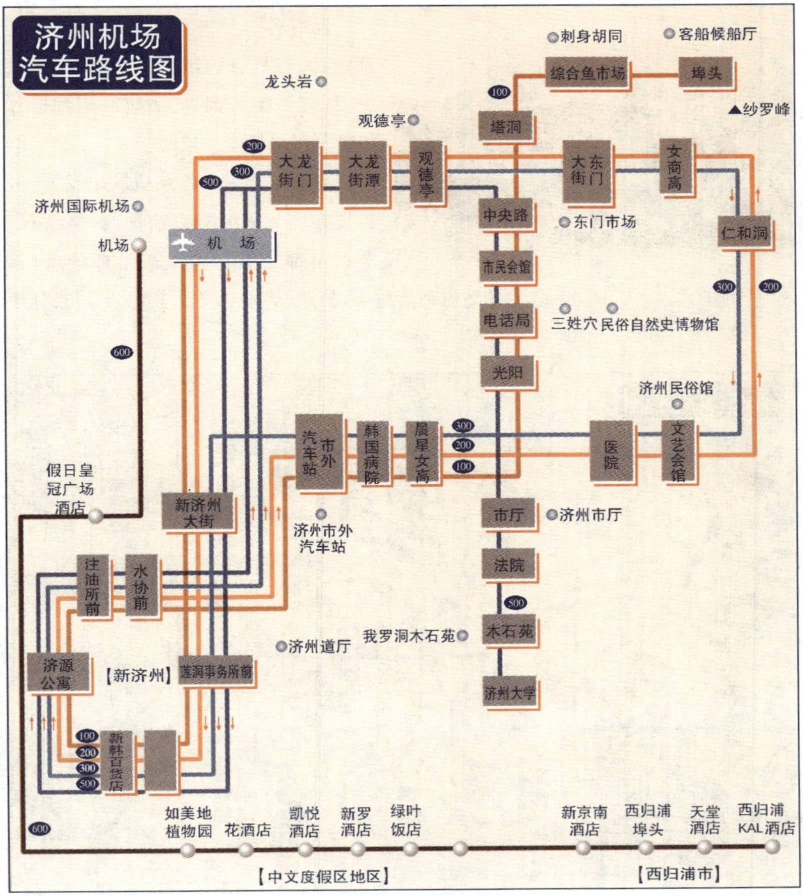

主要的地点均有罗马字的标识

的大堂要车。

包出租车时，景点处的停车费、司机餐费、小费要另付。有关金额，最好事先确认好。

如果想保证交通工具的话，最好事先订好带司机的包车。带司机的包车业务费用，要事先商定。在机场的抵达大厅有租车公司柜台，酒店的旅行柜台处也可以轻松地预定到。车的种类很丰富，也有面对团体客人的面包车，可以在第 2 天的早晨在指定的时间到住宿地点来迎接。

旅游车

高效率的环岛旅游，旅游车最方便

配有韩语导游的定期旅游车每天都运行。在机场的国内线到达大厅、中央、综合旅游咨询处。酒店的旅游柜台等处都可以接受其预约。

旅游车每天10点从机场出发，最迟也要在当天的9: 30以前预约。路线有：岛西半部景点1日游、东半部景点1日游、2日岛内一周游等。另外，旅游景点下车处，不同旅行社略有差异。

充分使用市外公汽、旅游车、出租车

市外公汽是岛内居住者的交通工具，直接开到旅游景点入口处的很少，除时间和体力充足者以外，不太合算。

如果是济州市内旅游的话，乘机场巴士；去中文、西归浦方向观光的话，机场班车各有方便之处。但相反，除上述以外地区，这些线路都不值得推荐。

岛内循环的定期旅游车，也有点太匆忙。另外，路线的种类也很少，中文、西归浦也没有起、终点。

如果考虑一般的计划，最好还是将上述的机场巴士、机场班车与包租出租车很好地组合起来。根据不同的路线，可以不浪费时间，完成高效率的旅行。

租 车

23岁以上，持有1年以上的国际驾照者，可以租车。也有面包车供出租，集体使用时很方便。

在酒店的前台，可以办理租车手续。也有带司机的租车服务，与包租个人的租车业务一样。

旅游车
济州岛旅游协会
☎742-8866

2日游
价格：旺季：₩54000
淡季：₩48000

1日游
价格：旺季：₩32400
淡季：₩28800
（含餐费、门票）

带司机的租车业务
中型1天
价格：₩100000～
（含汽油费。停车费、司机餐费另算）
时间：10小时
距离：125公里

岛内兜风很快活

租一台车开，道路路况很好，车辆少，在大自然中驾车兜风很舒服。喜欢开车的人，可以不用出租车，自己驾车在岛内玩一玩。

主 要 景 点

济州岛周边

东门市场 ◆동문시장

东门市场

位于东门大街靠山一侧，是济州市民的厨房。离外面街道近一些的胡同，有面向游客的卖香蕉、菠萝、桔子等水果的店铺，很富有南国气氛。

另外，沿东门大街，从西侧的人行横道前的药房旁向市场走，有经营噶鲁邦（石头人像）的工艺品店，可以在逛市场时，顺便买些作礼品。

三姓穴 ◆삼성혈

地图见 P298 · 2

过去济州岛是一个独立国家，叫做耽罗，三姓穴便是神话中建国的发源地。据说，从这里诞生了叫做高乙那、良

三姓穴
门票：₩1300
参观时间：8:00～18:30

三姓穴、周围的树木全部朝向穴口

乙那、夫乙那三位神仙。他们与大海另一边的碧浪国的三姐妹结婚,繁衍子孙,开始了农牧生活。穿过大门,来到里面,在高一点的地方,有用栅栏和木头围起的草坪,草坪中间略凹陷的穴洞,便是三个神仙出现的三姓穴。

济州岛与三神人同姓的高、梁(良)、夫的人很多。每年4月10日和10月10日,这些人的后裔都要举行春、秋祭典活动。另外,每年的12月10日的道民祭,是最大的节日,所有的道民都祈愿安泰与繁荣。

济州岛民俗自然史博物馆

◆ **제주도민속자연사박물관** 地图见 P298・2

在这里可以对济州岛的历史、自然、风俗有个全面的了解。馆内展览,分成自然史与民俗2个部分。自然史中对

济州道民俗自然史博物馆

火山岛的诞生演变、岛上的植物做了介绍。在民俗部分，可以参观到传统的岛上生活与生产活动，有实物与模型等。另外，在视听室，还有每天放映 4 次、每次 30 分钟的电影。

所以，最好是先参观博物馆，对济州岛的独特的自然、民俗有所了解之后，再进行岛内观光。

济州道民俗自然史博物馆
门票：₩770
休馆：元旦（1天）、春节、中秋（各2天）5月24日
参观时间：8:00～18:00（11～2月至17:00）

济州观光民俗馆 ◆제주관광민속관 地图见 P298・2

位于自然史博物馆，在新山公园地区的一角新开业的室内舞台设施。

这里每天晚上上演以济州岛固有的民俗文化为主题的歌舞、戏剧等。演出期间，还有农、水产品销售柜台，并有餐馆营业。

济州观光民俗馆
预约及演出咨询
☎750－7347、7348
门票：₩15000
休馆时间：周四
上演时间：19:00～20:00（有时有变更）

观德亭 ◆관덕정 地图见 P298・1

观德亭

建于 1448 年，是岛内现存的最古老的建筑物，也是青少年的练武场。

观德亭，是由努力习武、磨炼品德的故事中而来。

观德亭
▶从济州中央大街步行 5～6 分钟。

龙头岩 ◆용두암 地图见 P298・1

突出于济州市西海岸的奇岩，它好像是龙从海中伸出头一样，因而得名。现在仍然能感受到龙舞动时的魄力。

龙头岩

龙头岩
▶乘机场巴士 200、300、500，在龙门大街下车向西北步行 15 分钟。

据传说，它是住在汉拿山的白鹿潭的龙随意从海里飞上天庭，惹起天帝发怒，而使其成为化石的。

纱罗峰 ◆사라봉

地图见 P296

纱罗峰

▶从济州港向东 1 公里。

高 150 米的小山，从山顶可以眺望到汉拿山、济州市街区、大海。特别是从此处眺望的落日之景被列为瀛州十二景之一的“纱峰落照”。

从纱罗峰可以眺望市内

我罗洞木石苑 ◆아라동목석원

地图见 P294・1

我罗洞木石苑

▶机场巴士 500，木石苑下车

价格:₩550

门票:₩2000

参观时间:8:30～18:00

这里展示着济州岛产的各种各样形态的木与石。有树龄达 1000 年的大树、具有灵感的头上石、人物形态的岩石

1 2

等等，有的已被指定为地方文化财产。

最受欢迎的是以民间传说卡普得利的一生为题材的作品。它使用自然石与木根，表现出一种神秘感。用扭曲的树枝、树干描绘出的情景，令人感到非常出色。

西归浦市周边

正房瀑布 ◆정방폭포 地图见 P300・2

大海成为瀑底的稀少的瀑布。大小共有 2 个，23 米高的落差，从刀切一般的悬崖直落大海，非常壮观。走近，会听到隆隆的瀑布声音。

秦始皇时期，徐福率500善男善女寻长生不老药来到汉拿山，未找到草药，回国途中来到瀑布附近，在瀑布旁刻上“徐福过此”，回到西方。因此，这一地区便叫做西归浦。

在附近的海滨可以见到海女们捕鲍鱼、海螺等，是只有济州岛上才有的风景。

正房瀑布

▶西归浦市内公汽❽路小公园下车。沿正房路向西步行 15 分钟。

价格：₩550

门票：₩2000

参观时间：8:00～18:30

正房瀑布

天地渊瀑布 ◆천지연폭포 地图见 P300・2

与视野良好的开放性的正房瀑布相比，同样位于西归浦市内的天地渊瀑布，气氛却完全不同。沿南国气氛的植物丛生的漫步道向前走，好像来到了山里一样，绿树环绕，峡谷间突现一道瀑布，富有深度及神秘感。

在入口处的停车场附近，有旅游礼品店、饮食店，可以休息。

天地渊瀑布

天地渊瀑布

▶西归浦市内公汽❽，终点天地渊下车

价格：₩550

▶机场班车600，新京南酒店下车。下那波里酒店旁的坡道，沿招牌走 20 分钟。

门票：₩2200

孤高而立的雄姿，孤石浦

孤石浦

▶西归浦市内公汽道顺，中文方向，孤石浦下车。
价格：₩550

孤石浦 ◆외돌괴

地图见 P294·1

是一块耸立于海中高20米的岩石，石上有几棵松树直插天边。

周围是很好的垂钓场所。

瀛州十二景

无论如何，来到济州岛，最应该看的便是由火山喷发后造就出来的雄伟的大自然景观了。自古以来就被人们所知的是声名显赫的瀛州十二景。

瀛州是徐福奉秦始皇之命为求长生不老药而造访的地点之一。实际上有一种传说就是指济州岛，因此古人称济州岛为瀛州。

十二景中有一些现在已经不复存在，有一些近年由于世界性的珍奇岩洞的发现而没有包括在内。但是，以名胜地而入选的济州岛十二景，在决定现在的旅游线路中很有参考意义。

①城山日出：从城山日出峰顶眺望日出
②纱峰落照：从济州市东部纱罗峰眺望落日
③瀛丘春花：流入龙潭洞的河流上游的春天杜鹃花美景
④橘林秋色：从济州城眺望晚秋时节城内的蜜橘
⑤正房夏瀑：从海上眺望夏季的正房瀑布
⑥鹿潭晚雪：晚春白鹿潭的雪景
⑦山浦钓鱼：在山地浦(现济州港)钓鱼
⑧古薮牧马：以汉拿山为背景的牧马情景
⑨灵宝奇岩：汉拿山顶西南侧的奇岩绝壁
⑩山房窟寺：山房山的山房窟寺
⑪龙渊夜帆：在龙潭洞的龙潭泛舟、赏月、饮酒、作诗
⑫西镇路城：从西归浦城眺望海上奇岩与如画般的岛屿

山房窟寺

美味济州橘

济州城址

汉拿山 ◆한라산

地图见 P294 · 1

海拔1950米的火山。山脚下是橘子园，山顶附近有高山植物。汉拿山从温带到寒带垂直分布着近1700种植物。

汉拿山富于变化的景观，是济州观光中的高潮项目。横断公路直达海拔 1100 米的地方，可以从汽车中眺望到汉拿山的景色。现在，登山到山顶有季节限制。可以登到山顶的登山路线有③观音寺路线与④城板岳路线 2 条。

①奥里莫路线

奥里莫入口→万岁洞萨→威塞尔莫

②灵室路线

灵室入口→五百罗汉(灵室)→威塞尔莫

登山道左手有五百罗汉。500 多块险峻的岩石好像山的保护神一样，因而得名。

③观音寺路线

观音寺→耽罗溪谷→凯米莫→龙镇阁→山顶

④城板岳路线

城板岳入口→纱罗岳→亲达尔鲁巴→山顶

①、②路线为一般路线。①到登山口路程很简单，登山道很缓，距离稍长，但很受欢迎。从景色来看②路线很好。如果往返采用不同路线，便有双倍的乐趣。

③、④路线是真正的登山路线，需要事先做好准备，配备好装备。

济州的汉拿山

汉拿山国立公园管理事务所

☎742－3084

门票:₩1000

奥里莫路线

어리목코스

▶从济州市外汽车站，经第 2 横断公路前往中文团地，奥里莫下车，到登山口步行 20 分钟。

价格:₩1600

到威塞尔莫

距离 4.7 千米

所需时间:上山 2 小时，下山 1 小时 30 分钟

灵室路线

영실코스

▶从济州市外汽车站，经第 2 横断公路前经中文团地方向，灵室下车。登山口距汽车站 6.8 千米，步行约 1 小时。

价格:₩2600

到威塞尔莫

距离 3.7 千米

所需时间：上山 1 小时 30 分钟， 下山 1 小时

观音寺路线

관음사코스

▶从济州市外汽车站，经第 1 横断公路向西归铺方向，山泉坛下车，沿山道向南 3 千米。

价格: ₩900

到龙镇阁

距离 9.3 千米

所需时间：上山 5 小时 20 分钟，下山 4 小时

城板岳路线

성판악코스

▶从济州市外汽车站，经第1横断公路向西归浦方向，城板岳下车。

价格：₩1600

到莱达尔鲁巴

距离 9.6 千米

所需时间：上山 4 小时 30 分钟，下山 3 小时 30 分钟

登山口附近有卖东西的小店，价格约是市内的2倍。越往山顶，价格越贵，所以食品最好在出发前买好。

进山时，要注意以下事项。

①在登山口付进山费用。

②登山道都配备有完整的登山标识，但因气候时常变化，最好在当地叫上向导，向导在酒店也可以预约。

③出示进山许可证。

④登山时间有限制，出发前要在宿舍详细确认。

白鹿潭 ◆ 백록담

地图见 P304

位于汉拿山顶周长3千米的火山口湖。神秘的水面与大自然构成一种和谐美。眺望湖面是登汉拿山顶的游客的最大乐趣（1994年4月到现在，因自然保护，禁止进入）。

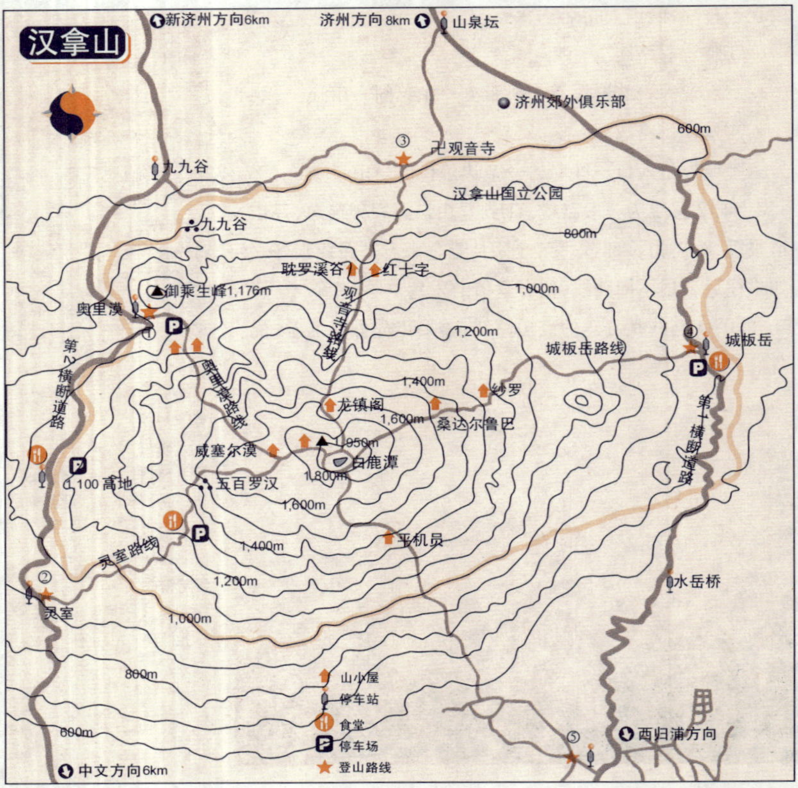

九九谷 ◆ 구구곡 地图见 P304

奇岩怪石之间灌木丛生。距离第 2 横断公路仅 500 米左右，从济州前往西归浦的车窗左手可以看到 5 月的杜鹃，秋天的红叶景致格外美丽。

九九谷

▶从济州市外的汽车站，经第2横断公路向中文团地方向，在九九谷下车。
价格：₩1200

山君不离火山口 ◆ 산굼부리분화구 地图见 P294・2

由济州岛火山活动而形成的，周长 2 公里，面积 30 万平方米。它与汉拿山的白鹿潭、城山日出峰一样，是岛上代表性的火山口。

山君不离火山口

这里已成为天然的植物园，从温暖性的植物到高山植物有 420 种。

山君不离火山口

▶从济州岛外汽车站，经东部横断公路向表善民俗村方向，山君不离站下车。
价格：₩1700
门票：₩2000
参观时间：8:00～18:30

城邑民俗村 ◆ 성읍민속마을 地图见 P294・2

该地区已被指定为保留着济州岛昔日民俗的资料保护区。现在实际上仍有人在村内生活。

在这里，可以参观到为抵抗强风而拉着钢绳支撑屋顶的草屋、用火山岩堆积起来的石墙等，可以亲临现场看到济州岛附近的建筑、民具等。

其中，最引人注目的是曾经使用过的厕所。这是一种将人的排泄物直接作为猪食的搭建构造，因此据说这样饲养起来的济州岛黑猪生长快，且烹饪后的味道非常香美。

有的家庭如果有游客来访时，还会有人出来带路、导游。导游任务结束后，当地人总会向客人推荐健康食品，这也是这里的一个很大的收入来源。他们热心地推销，当然不要的话，也可以断然拒绝。

仍有人生活的城邑民俗村

城邑民俗村

▶从济州市外汽车站出发，坪垈或者细华下车，换乘松堂方向的汽车，城邑村下车。
到坪垈
价格：₩2000
到细华
价格：₩2200
从松堂到城邑村
价格：₩600

济州民俗村

▶从济州市外汽车站，经东部横断公路向表善民俗村方向，在终点下车。

价格：₩2900

▶从西归浦 市外汽车站，经循环公路（东循环线）向济州方向，在表善下车。向海岸方向步行20分钟（相反，寻找从民俗村向西归浦方向的车站时，要注意是在第1条循环公路的没有汽车通行的迂回路上）

价格：₩1800

门票：₩4000

参观时间：8:30～17:30

济州民俗村 ◆제주민속촌 地图见 P294・2

再现了19世纪济州岛的文化与风俗的野外博物馆。这里有准确表现与韩国本土不同生活方式的村落，展示工匠们手艺的传统工艺等。

民俗村面积18公顷，散落着一些房屋。有的房子门口还摆放着腌泡菜的大缸，仿佛现在仍有人在此生活一般。村内甚至还有农村、渔村、官衙、牢房等。艺人中有草鞋匠、烧缸的，占卜师等。民俗村内还有民俗艺能的表演，可以让游客亲身感受到当时的生活。

济州民俗村

济州岛的历史

古代的济州岛是一个独立国家，叫耽罗国。因此，在语言、宗教等文化、民俗基础方面，济州岛与朝鲜半岛有很多不同，至今仍被保留下来。济州岛归服于朝鲜半岛王朝还是在高丽时代以后的事。

13世纪，高丽王朝受到蒙古侵略，最顽强抵抗侵略的军事组织三别抄退守济州岛，在济州岛进行了最后的抵抗。此后，在蒙古统治时期，曾将济州岛作为抵抗日本侵略之兵站，并作养马的基地直接控制起来。

从蒙古的统治下解放后，到李氏朝鲜王朝时期，该岛作为流放地，成了流放罪犯的岛屿。但是，在流放者中间，有很多是在中央由于权力斗争而失败的非常优秀的儒者，他们对岛的教育水准、文化水准的提高做出了很大贡献（功绩特别卓著的儒者被祭祀在济州市内的五贤坛内）。

代替大门的栅栏

到了本世纪，日本殖民统治时期，残酷压迫的结果使济州岛上很多人流亡到日本。

摆脱了日本殖民统治，济州岛又遭受到更加残酷的压迫。受美苏冷战的影响，南北对峙的格局被固定下来。1948年4月，济州岛爆发了反对南半部单独选举的运动。出于对运动的镇压，掌权一方开始了对济州岛的残酷镇压。特别是煽动起了外界对岛民的歧视情绪。又由于运动领导一方领导失误，不但是游击队，连普通市民也被卷入大屠杀之中，发生了惨重的悲剧，遭屠杀而死亡的人数达到全部岛民的四分之一（济州岛“4・3”事件）。

万丈窟

岛东部

万丈窟 ◆만장굴 地图见 P294 · 2

汉拿山喷发时形成的洞窟，全长13422米，号称世界最长。其中，开辟为旅游路线的约1公里多。洞内道路凹凸不平，一定注意不要跌倒。

洞内最宽处15米，高15米，从天棚掉落下来的巨大的溶岩石块到处都是。走15分钟左右，有一块龟型石，有照像处。再往前走10分钟左右，便是终点，高7.6米，周长8米的溶岩柱直伸向天棚。这里是感受大自然伟大雄姿的好地方。

万丈窟
▶从济州岛外汽车站，经循环公路（东循环线）向西归浦方向，金宁蛇窟下车，步行2.6公里。
价格:₩1600

价格:₩2200
参观时间:9:00～18:00

榧子林 ◆비자림 地图见 P294 · 2

世界第一原生林。45公顷的森林，有树龄达到300～

很受家庭旅游欢迎的济州岛

黑暗的日子过去以后，陷于贫困的济州岛终于迎来了光明，那就是韩国开始了经济的高速增长。由于济州岛温暖的气候，使得水果生产获得成功，又由于其作为旅游地而得到开发，国内游客、以及以日本为主的外国游客大量涌入，为岛内经济的发展提供了动力。现在，济州岛作为韩国惟一度假地的形象已经形成。俄罗斯、美国、日本等国首脑都到此访问，并将此地作为会谈之地，使之成为了国际型的旅游胜地。

与日本的交流

从地理位置上来看，济州岛与日本很近，自古至今，与日本有着各种各样的交流历史。

在古代，耽罗国王向大和朝廷进贡，耽罗鲍鱼在日本各地作为交易物品而广受欢迎。

13世纪，抵抗蒙古对高丽入侵的军事组织三别抄，在济州岛进行了顽强的抵抗。在日本恐怕不为人所知的事实，就是由于三别抄的抵抗，使蒙古对日本的袭击推迟了。

本世纪，朝鲜在日本的殖民统治期间，济州与大阪间开设了定期航线。为逃脱残酷的殖民统治，很多寻求新职的人乘船来到日本，他们的子孙此后定居在日本，成为在日韩国人、在日朝鲜人、日本社会中的一员。例如，大阪的生野、东京的东上野这样的在日本有代表性的高丽街，几乎都是由济州岛人及其子孙构成的。

榧子林

600 年的古树约 2600 株。每到夏季寄生植物“风兰”花朵绽放，香气迷人。

该树木的果实可以食用，榨油，木材可做梁木。

榧子林

从济州市外汽车站无直通车。乘东循环线西归浦方向的汽车在金宁下车，到榧子林入口有汽车，每天9班。从金宁所需时间20分钟。

价格：₩2000（从金宁）

门票：₩1600

城山日出峰 ◆ 성산일출봉

地图见 P294・2

是代表济州岛的火山喷发口之一，列于瀛州十二景中第一景的济州岛的名胜。周长 1.5 公里，高约 180 米的石块像半岛一般浮在海面。登到峰顶需时 30 分钟。峰顶周围悬崖峭壁，中间凹陷，有草地。向大海俯望有时可以看到海女。

该峰就是凭借登顶能看日出之壮观景色而被命名的。想看日出而住在周围民宿的游客往往很早便登上山顶。另外，稍微离远一点，从日出峰看升起的朝阳也很好。特别是到了周围油菜花开花的季节，景致更加绝妙无比。

城山日出峰

城山日出峰

▶从济州市外汽车站，经循环公路（东循环线）向西归浦方向，古城站下车。从该停车站乘开往成山日出峰入口方向的公汽，30分钟间隔。

价格：₩2900（到古城）

₩550（从古城到城山日出峰）

门票：₩2000

参观时间：日出～日落

岛西部

翰林公园 ◆ 한림공원

地图见 P294・2

有挟才窟、双龙窟、亚热带植物园、民俗村等的公园。

是汉拿山喷发形成的。挟才窟是全长 150 米、高 6 米、宽 12 米的钟乳洞。洞内有从洞顶垂下的钟乳石，脚下还有耸立着的石笋。翰林公园与双龙窟相连，可以一并参观。

翰林公园

翰林公园

▶从济州市外公汽车站，经循环公路（西循环线）向西归浦方向，翰林下车。

价格：₩1800

门票：₩3500

（含植物园门票）

参观时间：9:00～18:00

山房窟寺 ◆산방굴사 地图见 P294·1

山房窟寺

耸立于海边的山房山是一个海拔395米的圆形山。山腰中有一洞窟，有一尊石佛坐镇。该寺是高丽时期慧日法师开山修建而成。

山房山

前往寺内的石台阶很陡。登5分钟左右有一休息处，可以眺望大海，眺望到仿佛是卧龙一般的海岸。从这里再走10分钟便来到寺内，从洞窟的洞顶滴落下来的水是长寿水，参拜的人都用来解渴，又凉又甜。

山房窟寺

▶从济州市外汽车站，经西部产业公路摹瑟方向在山房山下车。

价格:₩2600

▶从中文观光团地入口汽车站，经沙溪循环公路（西循环线）向济州方向，山房山下车。

门票:₩2000（与卧龙海岸通用）

参观时间:9:00~18:30

卧龙海岸

▶从山房窟寺前的停车场向海岸沿小道走即是。

门票:₩2200（与山房寺共用）

卧龙海岸 ◆용머리해안 地图见 P294·1

名副其实，该海岸整体上是由岩石构成的，像一尊卧龙一样的海岸。突出于大海的长长的海岸，是漫步的最佳地点。但要注意因为没有扶手，很滑，所以应注意穿上易于行走的鞋。

像龙横卧一般的卧龙海岸

在有大石块的地方，附近的老妈妈会将刚刚打上来的尤鱼、章鱼、贝等剖开向游客出售。

鬼路 ◆도깨비도로 地图见 P294·1

在鬼路，大家都停下来试验

这是一条看上去像是上坡路但实际上是一条下坡路的不可思议的公路，据说这是一种错觉现象。告示板上写着"神秘的道路",当地人将其称为鬼路或魔路。

下了车,停下发动机,仔细观察过往汽车或是抛出的空罐,你会发现,看似上坡的时候,实际上是在下坡;而看似下坡时,实际上却是在上坡。这确实令人感到惊奇。该段公路位于从济州市沿第2横断公路行驶4公里左右的地点。

抗蒙遗址地
▶从济州市外汽车站乘循环市外的公汽,需25分钟。
门票:₩1100
参观时间:9:00~18:00

抗蒙遗址地 ◆항몽유적지 地图见P294·1

13世纪,最顽强的抵抗蒙古侵略的三别抄军事组织最后退守的地方便是济州岛。这里是当时发生激战的最后壮烈的地点,现在此处立有纪念碑,有一部分当时的城址已经恢复原状。

在济州岛购物

济州岛特产甘鲷等海产品很多,可做礼物,不同地方质量、价格有差异。要购买质量好又便宜的海产品的话,还是去值得信赖的水产业协同组合的销售处。由于是组合直销,比其他地方便宜。

在同层内还有桔子等农产品。也经营饮料,很方便。

济州没有大的百货店,购买日用品,可在市场或批发店。批发店从市内中心到海岸一侧,E-mart最大。

水产业协同组合
水产物百货店济州店
▶从机场乘 100、200、300、500 在新济州大街下车。大街一角有协同组合的建筑,2层。
济州市莲洞:292-34
☎743-2989

E-mart济州店
▶乘机场巴士 100 塔洞下车,济州东方酒店前。
济州市三徒2洞1259
☎729-1234

中文观光团地

是韩国观光公社，于1974年起开发的度假地。到2001年，预计成为面积达3.24万平方米的国际型旅游地。现在西部的2/3已经建成，开始呈现出白色沙滩延续的海滨、高级酒店、高尔夫球场等度假地的景观。

该度假区距离济州市约1个小时车程，总是沉浸在一种悠闲的气氛之中。作为度假区，其设施非常完整。

想体验真正的度假地生活的话，这里有新罗、凯悦·丽晶等高级酒店。如果想团体游乐，还有可以自炊的韩国式公寓。此外，风格迥异地再现了传统渔村的中文海滨渔村也值得推荐。

观光团地内面积非常之大，有的地方步行走不到。有出租车，但要注意是讲价制，要事先确认好价钱。

连结济州与西归浦 的机场班车直达团地内，并在如美地植物园、凯悦丽晶、新罗、韩国公寓各酒店前停车。另外，西归浦的一部分市内公汽也在团地内循环。

如美地植物园 ◆여미지식물원

号称东方第一规模的植物园，以温室为中心，有6个植物园。

温室分热带、亚热带植物5个区域。有300种以上花、木的花蝶园，有直径1.2米的维多利亚莲池的水生植物园，有500多种仙人掌的多肉植物园，热带雨林一样的生态园，还有盛产香蕉等热带水果的热带果树园。

门票：₩5000

海洋水族馆 ◆해양수족관

国际规模的水旅馆。建在海岸边，集中了世界上的各种鱼类。

海豚、海狮表演很受欢迎。海豚优美的翻斤斗、选择数字等表演很让人开心。

这里是大人、小孩都喜欢的场所。

门票：₩4000

天帝渊瀑布 ◆천제연폭포

传说天上的七仙女夜间降临于此，在此沐浴。它是济州岛上最大的瀑布。第一个瀑布造就出深潭，潭水流向第二个瀑布，再流向第三个瀑布，蔚为壮观。

从天帝溪谷上的拱型的仙临桥上眺望瀑布，美不胜收。该桥上画着传说中的七仙女，桥的一旁有八角型的亭子，那是天帝楼。

门票：₩2700

中文海水浴场 ◆중문해수욕장

济州岛最美的海滨，是从西归浦到中文的海滨。位于凯悦丽晶、新罗酒店下的中文海水浴场，白色的沙滩犹如弯弓，被绝壁围绕。悬崖的下边有洞窟，从岩石缝里有泉水涌出。

夏季碧波荡漾的美丽的海滨是济州岛观光中不可缺少的内容。

中文高尔夫俱乐部 ◆중문골프클럽

韩国观光公社直接经营的18洞的高尔夫球场。

它利用了自然地形，是韩国惟一的海边高尔夫球场。特别是从第15个洞眺望的景色非常之美，是中文度假区的代表景色。

济州岛的体育运动

济州岛号称是体育运动的王国。360°的大海与汉拿山起伏的山峦，提供了广阔的天地，可以进行钓鱼、潜水、高尔夫、狩猎等富有魅力的体育活动。

潜水

透明度高、海底为岩礁的济州岛，是最适合潜水的。没有潜水知识，可以在这里接受潜水训练。但要十分当心。

潜水用具在各酒店的潜水中心可以租到。

钓鱼

整个济州岛都是钓鱼的好场所。济州岛周围鱼类品种丰富，常令垂钓者有意外的惊喜。

主要的钓鱼场有南海岸、西归浦近海。如果想钓大鱼的话，去冲合的蚊岛、森岛周围。牛岛、遮归岛、加波岛也是相当好的地方。

一年到头都可以钓鱼，但旺季是6~11月。

各酒店提供咨询、准备鱼饵、准备钓鱼船等各项服务。

用做鱼饵的虾等可在当地购买。

高尔夫

济州岛的高尔夫球场，特别利用了汉拿山山腰复杂的地形，活用自然设计。由于它不是会员制，只要预约就可以轻松打球。中文高尔夫球场可参见中文观光团地页。球具可以租，可直接向各俱乐部申请。

高尔夫
打球费:₩80000
中文郊外俱乐部
☎738-1204
吾罗郊外俱乐部
☎747-5100
济州郊外俱乐部
☎756-0451

如果带用具的话，出入境时不要忘记向海关申报。

吾罗郊外俱乐部

从新济州乘车 5 分钟，位于汉拿山山脚的平缓地带，面积 50 万坪，27 洞。

济州郊外俱乐部

济州岛第一家高尔夫球场，从市区驱车约 20 分钟，位于汉拿山北侧 600 米的高地，约 80 万坪，18 洞，全部都铺高丽草坪。

狩猎

在大自然中狩猎非常有意思。在韩国只要遵守规定就可以狩猎。

猎物有野鸡、鸭、野兔、洞熊等。岛内有指定的猎期、狩猎范围。

中文观光团地一年都可以狩猎，有大侑狩猎场与私人狩猎场。

骑马

济州岛原产的小型马为招来马，岛内共有 16 家可以骑招来马的马场。马很温顺，有保护人员，任何人都可以骑乘。价格：20 分钟左右₩ 11000 上下。

特别值得推荐的是可以

济州赛马场
☎741－9114
▶从济州市外汽车站，经西部产业公路向摹瑟方向，赛马场下车。
门票：₩200
入场开始时间：
周六 11:30
周日 10:30
（日程有时有变更，要确认）

欣赏到汉拿山雄伟牧场景色的鬼路附近的马场，可以欣赏被清爽的海风吹动的奇岩景色的城山日出峰脚下的马场。

赛马

说到骑马，一般在蜜月旅行的客人中很有人气，而对普遍游客来说比较容易的是看赛马。

岛内有韩国马事会运营的济州赛马场，举行济州岛固有的小型赛马比赛。附近塞马公园的设施免费开放。

餐馆 Restaurant

刺身街

济州以海味丰富而闻名，有很多使用海产品的名菜。代表性的有太阳鱼汤、甘鲷汤、海物火锅、鲍鱼粥等。

此外，新鲜的刺身，特产的黑猪、野鸡肉菜肴也很有名。

以刺身为主的海味
Ⓡ鱼　田
어전

济州市莲洞 271－9　☎744－5578
营 11:00～22:00　休 春节、中秋（各3天）

位于新济州三无公园旁边，日式店。寿司、刺身、海鲜一应俱全，店内整洁，足以令人放心。量很大的刺身套餐₩20000。店内的人很亲切。

上过电视的名店
Ⓡ道拉吉餐馆
도라지식당

济州市二徒 2 洞 1176－40 ☎722－3142
营 8:00～21:00　休 周日、春节、中秋（各 3 天）

位于稍微偏离旅游线路的位置，店的装饰不是很漂亮，但却在电视、报纸、杂志上频繁露面，超级名店。有很多顾客是专门驾车来的。

店内推荐的是鱼做成的汤类。与本土的辣鸡给不同，这里的汤很好吃，只用济州本地的原料。太刀鱼汤₩5000，鱼鲜海带汤₩6000。

从光阳路口沿东光路向东走，拐角处有交通警，从那里向右，正面看到济州市政厅建筑，沿第 2 个小道向左拐，面对第 1 区前的小四角即是。

鲍鱼专卖店
Ⓡ友宾餐馆
유빈식당

济州市三徒 1 洞 1200－1　☎753－5218
营 10:00～21:00　休 春节、中秋（各 3 天）

临近济州市区海边一带的酒店街，

游客很多。与餐馆的印象不同，店铺是一个小巧玲珑的大楼。

各种鲍鱼饮食中最著名的是鲍鱼粥。使用的高级鲍鱼量很大，口感很好。有普通₩8000、特别₩11000两种。

另外，还有单样菜烤鲍鱼和刺身。根据大小，价格不同。每一种都是1千克₩14000。

该店位于东方酒店西侧，叫做E-mart批发店的停车场前面。

济州最大的面食店

想在济州市区吃快餐的话，可以到连结中心街东西的地下街去看看。在中央大街最宽处有综合面食中心。大部分菜谱都有，价格便宜。店内以当地的年轻人为主，很热闹。

点菜时要先付账。

烤猪肉店多的大街

与从东门大街向渡船码头宽阔的大街并行，在中央大街后面的小路的两侧，密集着以烤猪肉为主的大众化的烤肉店。

黄色招牌多，店铺也相似，很容易迷路。这里虽不能说是干净，但很有百姓气氛。

酒店与韩式旅馆 Hotel

济州岛仅次于汉城，有很多高级酒店。游客是济州岛的主要客源，所以住宿水准都很高，可以放心使用。豪华的度假酒店位于济州市与西归浦市，此外，还有数量众多的以游客为对象的中级酒店与旅馆。

难点是价格，这里比其他城市要贵。一年四季的周末，预约酒店都很困难。

住宿设施主要集中在以下3个地区。

①济州的旧市区

从中心区上坡道的地方有济州KAL酒店，从这里到自然史博物馆有一些中级酒店。另外，从中央大街一直到海边一带是观光酒店街，密集着中级酒店和庄级旅馆。

②新济州

没有旅人宿这样极便宜的旅馆，但市区内到处都有面对游客的小巧的酒店、旅馆。特别是古南都酒店周围，价格适中的中级酒店很多。

③西归浦、中文观光团地

同样是西归浦市内，中文则是别具一格的高级度假区，以新罗、凯悦酒店为代表，其他的酒店的价格也很贵。

在西归浦市内寻找酒店的话，乘机场班车 600 在新京南酒店下车，周围很容易找到。

酒 店

高级酒店，设备、位置都令人十分满意。

中级酒店街内，没有等级的"一般酒店"也很多。但由于是旅游地区，几乎所有酒店相应的设施与服务都很完备。

可以折扣价住房的

Ⓗ新皇冠酒店

뉴크라운호텔

济州市莲洞 274－13　☎742－1001
地图见 P299・1

相当于豪华酒店的次一等级，在一级酒店中价格最便宜，设备完整而清洁的酒店。从顶层眺望的风景无可挑剔。一晚双人间₩123000。根据不同季节有20%～50%的折扣。

位于新济州古南都酒店东侧坡道的中途。

离机场近

Ⓗ新世界酒店

뉴월드호텔

济州市莲洞 260－27　☎747－0777
地图见 P299・1

面对济州日报社斜对面一侧的产业公路。客房除双人间、单人间外，还有韩式的地暖式房间。好像外国游客不多。

双人间一晚₩40000。住宿可以含早、晚韩餐。

可以步行去天地渊

Ⓗ那波里酒店

나포리호텔

西归浦市西归洞 587－3　☎733－4701
FAX733－4802　地图见 P300・1

位于可以俯瞰西归浦港的市区，不但景色好，还可以步行到天地渊瀑布，位置有利于观光。

服务员亲切。一晚双人间₩36000。

乘机场班车 600 在新京南酒店下车，向东南走 500 米，与中央路交叉的路口。

大海就在眼前

Ⓗ济州瑞士商店

제주스위스호텔

济州市健入洞 1388－3　☎756－5355
地图见 P298・2

离济州港、济州市中心都很近，地理位置是其魅力。有海边风景及刺身店。

虽说是一般酒店，但规模、服务与有等级的酒店相比毫不逊色。服务员态度很好。

单间一晚₩35000，有西式和韩式房间。

合理价位的一般酒店

Ⓗ济州文化酒店

제주아트호텔

济州市莲洞 275－5　☎742－8840
地图见 P299・1

虽说是酒店感觉但还是接近于旅馆，属小巧玲珑的一般性酒店。亲切，以家庭式的服务为骄傲。一晚₩30000。

沿新济州的古南都酒店东侧的坡道走，向左拐，再走一点左手便是。

济州岛主要酒店一览表　　地区号 064

酒　店	所在地・电话号码	价格:单/双	说　明	地域
特 1 级酒店 ★★★★★				
济州古南都 Cheju Grand	济州市莲洞 263－15 ☎747－5000 FAX:742－0278	S/T184,500～	位于新市区新济州。从客房眺望汉拿山的景色很美。	②
济州新罗 Cheju Shilla	西归浦市穑达洞 3039 ☎733－4466 FAX:735－5415	O/V290,000～ M/V260,000	南欧风格的优雅的度假酒店。各房间有阳台。	③
济州凯悦丽晶酒店 Hyatt Regency Cheju	西归浦市穑达洞 3039－1 ☎733－1234 FAX:732－2039	O/V289,000～ M/V239,000	位于面对中餐南斜面的悬崖上，有浴池。	③
济州 KAL Cheju KAL	济州市 2 徒 1 洞 1691－9 ☎724－2001 FAX:720－6515	S/T180,000～	改装完工，各种设施干净。位于济州市中心，散步方便。	①
济州东方酒店 Cheju Onental	济州市 3 徒 2 洞 1197 ☎752－8222 FAX:752－9777	S/T184,500～	位于从济州步行15分钟的海岸线的度假酒店。	①
特 2 级酒店 ★★★★★				
济州皇冠广场酒店 Crown Plaza Cheju	济州市莲洞 291－30 ☎742－4111 FAX:746－4111	S/T180,000～	可在客房内喝到济州的泉水。在高级酒店中离机场最近。	②
西归浦 KAL Seogipo KAL	西归浦市吐坪洞 486－3 ☎732－9851 FAX:733－9377	S/T184,500～	位于正房瀑布东部。有美丽的浴池、直升机停机坪。	③
济州王子酒店 Cheju Prince	西归浦市西洪洞 731－3 ☎732－9911 FAX:732－9900	S/T172,200～	建于海滨山丘上的度假酒店。大海一侧的景色非常好。	③
济州绿别墅酒店 Green Villa Cheju	西归浦市穑达洞 2812 ☎738－3800 FAX:738－9990	S/T184,5000～	客房只有90间的小型酒店，以服务非常周到而有好评。	③
拉贡达酒店 Hotel Lagonda	济州市龙潭洞 159－1 ☎758－2500 FAX:758－2521	S/T140,000～	韩式房间多是其特征。顶层看汉拿山的景色很美。	②
济州皇家酒店 Cheju Royal	济州市莲洞 272－34 ☎743－2222 FAX:748－0074	S 144,000～ T 162,000～	以前的皇家酒店。建在新济州的建筑是白色的。	②
1 级酒店 ★★★★				
济州海滨 Cheju Marina	济州市莲洞 300－8 ☎746－6161 FAX:746－6170	S/T80,000～	新济州极便宜的酒店。	②
2 级酒店 ★★★				
济州米兰酒店 Cheju Milano	济州市莲洞 273－43 ☎742－0088 FAX:742－7705	S/T61,000	位于新济州。圆桶形的外观。	②

★星级数。价格含税、服务费。地区番号参见 P315，O/V 为靠海的房间，M/V 为靠山的房间。

韩式旅馆

庄级旅馆，在济州的旧市区、新济州到处都有。旧市区内容易找的是从中央大街到海边沿线一带。以₩25000～35000左右的为多。从海港到东门旅人宿很多，东门靠海一侧的小胡同内，卖春的较多，要特别注意。

此外，为看日出可到城山住宿，有₩15000左右的旅馆和₩8000左右的旅人宿、民宿等。

看日出最好的旅馆

Ⓗ巴达卡先生的民宿

바닷가씨의 민박

南济州郡城山邑城山里 297－1
☎782－2170

在巴士停车站城山日出峰入口下车，沿最窄的路走 1 分钟左右，左侧有一座 3 层砖结构的建筑，旅馆位于该建筑内鱼餐厅的 3 层。

带浴室、厕所、电视的房间₩20000，1人、2人的价格相同。带炊具的话可以自己做饭。

有亲切老妈妈的旅馆

Ⓗ海光旅馆

해광여관

济州市三徒 2 洞 1192－13　☎758－8630
地图见 P298・1

神户出生的金春子老妈妈非常精神。厕所、淋浴公用，一晚₩15000。想自己做饭的人还可以借给炊具。

位于济州市区东方酒店前的海岸大道沿线。

城山日出峰附近的民宿

Ⓗ朴先生民泊

박성은씨의 민박

南济州郡城山邑城山里 209－4
☎782－2020

距城山派出所 50 米左右的地方，有烟店作为标志。朴先生是一位很亲切，笑容可掬的老先生。

1个房间₩15000，　带厕所、浴室、电视。

济州古南都

济州新罗

济州凯悦丽晶酒店

济州绿别墅酒店

济州东方酒店

济州皇冠广场酒店

西归浦 KAL

济州王子酒店

济州 KAL

济州米兰酒店

济州海滨

环绕奇岩怪石的闲丽水道游船之旅

环闲丽海上国立公园，游船的据点，统营方向

从釜山乘市外汽车2个小时便来到统营，统营保留了传统的城市风貌。与大城市的喧闹相比，虽然统营城市的中心部也很热闹，但整体上仍然是可以听到风声的安静的地方。

该城市是壬辰倭乱时的抗战名将——李舜臣指挥卓越的朝鲜水军与丰臣秀吉战斗，并最终取得胜利的地方。1955年，开始叫做忠武。后来在1994年，将其改名为表示朝鲜水军指挥部所在地名称的统营，直到今天。

现在，曾经是浴血奋战战场的大海，已经以统营为中心建成了闲丽海上国立公园，每年有众多的游客到此访问，成为韩国著名的旅游地之一。

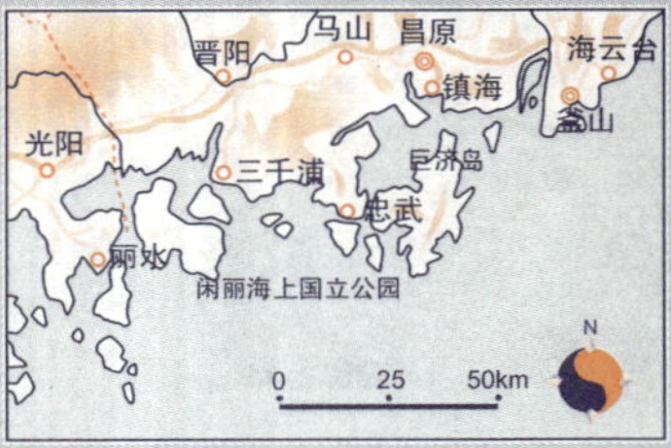

城市东部有一个小山丘，叫做南望山公园。山顶上建有正凝视南部遥望大海的李舜臣将军的铜像。

从南望山公园眺望统营

从这里眺望风景特别美。往来于静如平镜的水道中的渔船、货船，下方统营的街道，以及大大小小的岛屿，美丽、自然。

明天我们要乘游船寻访奇岩怪石，于是决定今晚在城内的观光酒店住宿。

乘上水上巴士一样的游船，向最有人气的奇岩之旅路线出发

在酒店住上一晚之后，第二天一早便踏上了奇岩寻访之旅。游船

游船候船厅

从南望山公园眺望统营

停在栈桥的游船

从位于市中心的沿岸客船码头，或从对岸岛上的道南洞出发。道南洞也是统营街道的一部分，可以乘市内公汽前往。道南洞方向公汽的终点是道南观光团地，在它前一站下车，眼前会看到的3层白色建筑，便是游船候船厅。

位于2层的是售票处，在乘船名笺纸上填写上自己的姓名、住址等后，就可以在窗口购买船票。之后等着服务员来叫，客人登船就可以了。(1999年4月到现在，乘游船还是沿岸客船码头方便)。

游船根据时间分成几条观光路线。推荐参加一番海周游的路线，其中包含每勿岛奇岩参观的项目，全程需4小时30分钟。

栈桥处停靠着10几只像水上巴士一样的游船。一到时间，乘船大门便打开，可以登上栈桥。该路线好像很有人气，年轻夫妇、带老人的家庭旅客等都十分喜爱参加。船按预定的时间出发约30分钟，游船便像刀切水面一样穿过平静的海面，向第一个目的地——闲山岛挺进。

水军的总据点遗址闲山岛，是李舜臣将军的根据地

闲山岛，是李舜臣将军在统营建立的水军军事基地，是朝鲜水军的根据地，后来也曾称做洗兵馆指

位于闲山岛水道，制成的龟甲船式的灯塔

从望楼眺望大海

水道对岸进行射箭练习的射箭场。白色的牌子是靶子

挥部。在入岛水道入口处，矗立着用李舜臣将军设计的龟甲船做成的灯塔，远远地欢迎着客人。深入岛屿怀抱的海湾，发现这里是一个没有任何风浪的良港，是最好的泊船地点。

乘客可以在这里下船，参观祭祀李舜臣将军的制胜堂。沿着顺水道而建的步行道走约5分钟，便来到制胜堂门。建于高台上的遗迹中，有瞭望闲丽水道的望楼、入岛水道对岸上用来练习射箭的射箭场、庄严的制胜堂。大门处写着肃静的牌匾，表现了对拯救国难的李舜臣将军的敬畏之心。

这里的参观结束后，下一站便是参观突兀海上的奇岩怪石。

耸立着被波浪、海水浸蚀的众多奇岩的闲丽水道

上船后再走30～40分钟，便抵达闲丽国立公园南端的小每勿岛，建有灯塔。该岛在旅游指南的小册子上经常出现。这里有从海面垂直而立的悬崖绝壁，而其底部由于被

闲丽水道公园的代表景色，小每勿岛的灯塔

海浪侵蚀，形成岩穴。船从岩穴中穿过，令游客倍感惊奇。

做导游员的船员大叔拿着麦克风，详细地解说有关奇岩的故事。船进了岩穴之后，就要鸣笛，给前后的船只发信号。从海角上仰望悬崖，看到被海风刮得形状各异的松树从岩石缝中生长出来，更增添了奇岩的风情。从小每勿岛的海面可以看到叫做鸿岛的小岛，再往前便是日本的对马岛。

当船从高度达 40～50 米的岩缝间通过的瞬间，乘客们情不自禁地鼓掌

小每勿岛的参观结束后，船继续向东走，又经过 30 分钟左右，便来到位于巨济岛东岸的名胜——巨济海金刚。这里也是由优美的巨岩构成的岛屿，这一次游船要通过岛自身裂开的岩石缝。站在甲板上的乘客都在注视着前进的船头伸向张开有 6～7 米洞口的水路。

船进入岛屿裂开形成的岩石缝隙

巨济海金刚

船长大叔站在驾驶室内一边打着信号一边驾船缓缓进入。游客们都抬头仰望左右 40～50 米巍巍耸立的山岩。沿着无波浪的水道前进，停下来之后，船便开始沿水路向后倒，退出出口。导游的大叔在此时没有太多的说明。咽了一口口水的乘客们，则是边赞叹边给予热烈的掌声。在充分欣赏了巨济海金刚的美丽景观之后，游船向着统营踏上了回程。温暖的阳光映照出岛屿的剪影，给游客留下了深刻的印象。

回到港口，太阳已经西下，统营的街道也结束了一天的生活，重新回到安静之中。

船对着中央的岩穴前进

有关名将李舜臣将军

救国英雄李舜臣将军

闲丽水道，是被指定为国立公园的名胜地。400 年以前，朝鲜水军在这里迎击丰臣秀吉侵略军，多次展开激烈的战斗，这里也就因此而闻名。

1592 年 4 月，从釜山登陆的丰臣秀吉率领侵略军进攻朝鲜。在陆战中他们占据优势，加藤清正军、小西行长军瞬间便攻陷了汉城，将国王追赶到与北方明朝的国境处。但是，在海上，朝鲜水军特别强大，几乎全歼了日本水军。而这时统率朝鲜水军的便是李舜臣将军（1545~1598 年）。与在陆地上进行顽强抵抗的游击队民众义兵一样，李舜臣正是朝鲜的救国英雄。

用龟甲船击败日本水军

1592 年的海战，从 5 月到 7 月，在巨济岛的玉浦前洋上—露梁冲—闲山岛等海域展开。李舜臣将军取得重大战果的是 7 月的闲山岛海战。当时被朝鲜水军战术击败的兀胁坂安治共率领 37 只舰船，最后只有 14 只得以逃脱。

在此次海战中相当活跃的是龟甲船。龟甲船正如其名，是像龟甲一样在船体上部制成很坚固的盖子，从那里伸出刀、枪，这种构造是为了防止敌人攻入。现在各地的博物馆都有其模型展示，闲山岛有依照该模型建成的灯塔。

打倒、复出、最后壮烈战死

为表彰取得重大胜利的李舜臣，朝廷任命他为后忠清、全罗、庆尚三道的水军统制使。但是在 1597 年，丰臣秀吉的军队第二次进攻朝鲜之前，李舜臣受到派系斗争的影响，以莫须有的罪名被打倒，投入监狱，出狱后则降为一个普通的士兵。

李舜臣被贬之后的后果非常严重，1597 年日本再度侵略时，朝鲜水军被逼到了毁灭的边缘。这时，朝廷再次起用李舜臣，官复原职，作为三道水军统制使。他过去组建起来的强大的水军已受到很大打击，只剩下 12 只船。但李舜臣用 12 只船向日本的 330 艘船挑战，并取得了最后的胜利（1597 年 9 月 16 日鸣梁海战）。由此也可以了解到他是一个多么出色的战略指挥家。

1598 年 8 月，丰臣秀吉临死前发出撤退命令，在日军撤退同年的 11 月，李舜臣对日军展开了最后的追击。这就是露梁之战。大激战最后，仍然是朝鲜军队取得了胜利，但在战斗中李舜臣遭流弹，为国捐躯。

现在，韩国众多的国民将他作为救国英雄而倍加尊敬。汉城最宽的大街光化门路、釜山龙头山公园都有凝视日本方向的李舜臣的铜像。另外，100 韩元的硬币上有他的肖像，5 韩元的硬币上刻有龟甲船的图画。

闲丽水道，是李舜臣曾经战斗的根据地，现在仍然保留着有关他的记载，以及称颂他功绩的设施。

河回村·陶山书院

하회마을 · 도산서원

前往安东之路

土墙包围的民房

从汉城东汉城综合汽车站出发的市外汽车，一路奔向安东。汉城等大城市固然有它的好处，但大城市毕竟是大城市，无论是北京，还是其他国家的大城市，没有什么不同。所以，想要了解其国家的文化、人们的面貌，还是要将步伐伸向乡下的村村落落。这样认为，我们便决定前往河回村。计划当晚住在安东，第二天一早去河回村，然后去陶山书院。

从汉城到安东，大概 4 小时 10 分钟，每 20～30 分钟发一班车。当然也可以乘火车去，但从方便来看不如汽车。汽车在中途的休息站有一次停留，可以用快餐。然后翻过忠清北道和庆尚北道的高岭，一口气下山岭，便离安东不远了。

安东，是一个地方小城市。城市

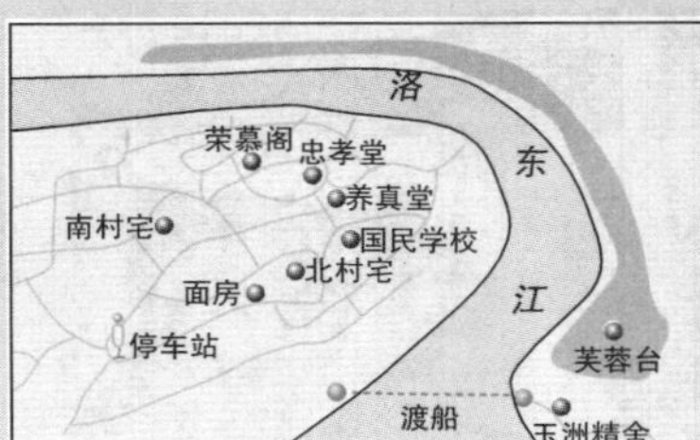

的主大街一到傍晚便有摊床、店铺的霓虹灯闪烁，相当热闹。穿着学生服从学校回家的学生们，在摊床闲逛，来买做饭原料的老妈妈们飞快地往家里赶。明天就要去河回村了，还是早点回旅馆，准备明天的旅行吧。

终于到了河回村。前往时光倒流一样的两班的故里

前往河回村的㊻路公汽，一天只往返8班，还是早些出发。市内汽车从长途汽车站附近出发。车站周围从早晨开始便有餐馆营业，很方便。前往河回村的汽车，从位于隔着汽车站前的马路、学校前面的停车站发车。在停车站，上班的人很多，但去河回村方向的只有十几个人。一到时间，汽车便发出钝钝的声音开始起动。到河回村的45分钟的汽车之旅便开始了。

房檐下悬挂的是大酱

汽车一直在街道上行驶，从洛东江上的桥向左拐之后，便开始都是水田，车窗外也射进温暖的阳光。汽车登上小山丘，眼前便是河回村。下了坡道，过了桥，汽车停在了村中的停车站。这时乘客仅剩下几个人，随之这些人也都消失在回各家的胡同里。周围非常寂静，车站前可以看到杂物店、医院、老人俱乐部的招牌，但不见人影，时间仿佛静止了一般。

乘渡船到对岸

首先登上对岸的芙蓉台，眺望一下村子的全景。然后去有渡船的河边。向船的方向走时，老船工便从附近的房子里迎出来。老人只说一句请上船，别的什么也没说。在静静的河水中只走了2~3分钟，船便到达对岸，老人说“去吧，我在这里等着”。之后，便在河边坐下，抽起烟来。

安静优美的村子里，感受人们身上纯朴的气息

站在芙蓉台，可以眺望三面环水的村庄。这里是丰田柳氏的故里，我们伫立在这美丽的景色之中。

悠闲的田园风景

回到村里，沿着小路走，两侧是茅草屋顶的房子。看到土墙对面正在做泡菜的老婆婆的身影。在河回村，令人真实体验到在水原以及其他民俗村所没有的一种氛围。

沿小路一直走，便来到两班的住宅，北村宅的大门。河回村大体上的划分，是北侧有北村宅，南侧有南村宅和两班的旧房（遗憾的是南村宅已被毁坏）。

穿过北村宅的大门，看到中央有庭院的优美构造的房屋。从旁边的窗户向里看，好像是有人居住一样，厨房的蔬菜还泡在水里。离开北村宅去柳氏的大宗家养真堂、柳成龙的宗家忠孝堂的时候，突然遇到几个年轻的女子。她们到处拍照，是

漂亮的北村宅的房子

医疗所入口感受到传统

河回村

入村费:₩1600

前往方法:安东市外汽车站前出发,乘西行方向的市内公汽㊻路。

所需时间:45分钟

发车:旧6班(6:20、8:40、11:25、14:05、16:00、18:10,季节不同有变更)

价格:₩1050

陶山书院

门票:₩1100

前往方法:安东市外经东路前坐发向北行市内公汽67路

所需时间:45分钟

发车:1日5班(6:30、9:50、11:00、13:00、15:40不同季节有变更)

价格:₩1050

汉城某大学摄影部的，她们认为这个村子很有魅力。分手之后，周围又回到了安静之中。

穿过羊肠小道，再一次来到洛东江边。岸边清爽的风伴随着河水的流动，仿佛时光静止了一般。这个村落里，一切都是生生不息。

从汉城来的学生们

从河回村去陶山书院，了解韩国文化的乡下之旅

乘下午的公汽离开河回村，回到了安东，再乘上前往陶山书院的67路公汽。到陶山书院与到河回村同样是45分钟。

这次公汽一边穿过山谷里的村庄一边前进。公汽在陶山书院不是终点，要继续前往下一个村子，所以有去陶山书院入口的公汽和去书院方向到岔路的公汽两种。我们乘坐的公汽是到岔路的汽车，去陶山书院要从岔路步行前往。

到书院大约2公里，向下俯视着山谷，沿河流一直走，终点就是陶山书院。书院建得很封闭，像修行僧居住的山寺庙一样。书院内现在仍然保留着大儒学者李退溪及其弟子们在学时的气氛。里面收藏有当时作为教科书使用的木版的仓库，从门缝向里看，里面摆满了木版。资料馆内展示着用儒教哲学图制作的屏风、入门者的名簿等，令人回想到当时的情景。参观一周，出书院时，已经到太阳西下时分了。

在这里度过了在汉城所不能体验到的生活，了解到韩国文化的又一面。游历河回村、陶山书院的日子，是一段令人难忘时光。现在又乘上了返回安东的汽车。

群山环绕的有生气的民俗村

辈辈出人才的丰山柳氏出现了柳云龙（李朝时期的大儒学者）、柳成龙（云龙的弟弟、当时的总理大臣）。河回村以丰山柳氏代代生活的同姓村落而闻名。柳氏的大宗家养真堂、柳成龙的宗家忠孝堂，被完好地保留在村子的中心。

使河回村的名声更加卓著的，是该村子里传承下来的河回别神巫祭、祭祀时使用的12个河回假面。在韩国，祭祀时使用的假面，在祭祀结束后要投到火里烧毁，不能使用第2次。由于其价值及很高的艺术性，12面之中有9面被指定为国宝。

保留了130余户古老民房，以及儒教、同姓村落、假面这些韩国文化典型的河回，在韩国，因其极高的价值而倍受瞩目。

李退溪因缘的陶山书院

₩1000韩元纸币上印刷的白胡子老人便是李氏朝鲜初期的大儒学者李退溪，后面印刷的精美建筑物，便是与李退溪有关系的陶山书院。李退溪是建立了儒教的源流，确立四端七情论哲学理论体系的伟大哲学家。

陶山书院是在李退溪死后，为学习传播他的学问，由两班私设的学校，保存着多达4千册的李退溪的藏书。另外由缅怀李退溪的弟子们修建的教典堂，是当时书院建筑的代表。

访问木浦

목포

从雕刻公园看木浦市内

在木浦探访日韩历史

从汉城乘国内线约1个小时，当飞机开始在机场逐渐下降时，窗外可以看到很多小岛和浮在海上的几何图形一样的养殖木筏，非常优美。从空中俯看到的木浦的景色是悠闲的。

木浦在韩国，以带有浓厚日韩合并时期遗物色彩的城市而闻名。走出很有地方机场感觉的候机厅，首先来到木浦市郊外的沿海一带，这里是最新修整的公园。公园内，除国立海洋遗物展示馆、农业博物馆、市立文化馆之外，向文化馆捐赠了很多收藏品的南农许楗翁的南农纪念馆也对外开放。

在各种设施当中，国立海洋遗物展示馆，展示着韩国与中国、日本等进行海上交易的历史，以及从韩国近海沉没的交易船中打捞上来的物品，还有正在复原的交易船。从中可以了解中世时期日韩之间的关系。

最近，自生植物博物馆也预定开馆；之后，叫做文化大街这一名称的主题公园，也将为市民提供休息的场所。

国立海洋遗物展示馆的展厅

南农纪念馆

砖结构的木浦文化院

文化院内曾经挂着枝形吊灯的天棚

保留有防空壕的遗址

时代的证人—木浦文化院

离开公园之后到木浦文化院访问。

在这里，听到文化院事务局长郑祺朝的一席话。

文化院，是1900年建成的，砖结构，文艺复兴式的西洋建筑，被指定为在全罗道都很珍贵的国家私财建造物。虽说是文艺复兴式的建筑，但屋顶都是铺瓦的东方式样。

1897年，近代木浦港开港。随着汉城日本大使馆的建立，1898年在这里开设了日本领事馆。该建筑1900年作为领事馆开始建设，1907年使用。之后经过日帝时代，到1974年一直是木浦府政厅大楼。以后变成图书馆，1990年变成文化院至今。

文化院内变成展室

建筑内保留有挂枝形吊灯的遗迹等，使人强烈地感觉到昔日豪华的模样。

文化院后山的石阶上，保留着祠堂遗址的小空间。郑事务局长介绍到："这里叫作奉安殿，保存收集着天皇照片，每到元旦之日就要打开门扇，向内朝拜。前年被拆掉的。"

另外，据郑局长讲，后山顶上还有日本人修的两座摩崖佛，雕刻在岩石上，面向日本方向。

保留日本房屋的建筑

漫步于保留有日本街道痕迹的旧市区

向郑事务局长道别后，离开文化院，开始漫步于木浦的古老街区。上午在安静的大街上，看到到处都有带格子窗的民房，和二层做仓库的商家。种种这些令人想起过去日本人街道的景象，而这种怀旧情怀又令人生起一种迷失了自己的幻觉。

在大街路口的一角，有一个保留着浓重气氛的西式建筑物，是日本东洋拓殖公司的遗址。战后被作为韩国海军的指挥部，现在已被遗弃。

东洋拓殖公司的建筑

对于住在木浦的韩国人来说，木浦是从日帝时代到战后期间的恐怖的代名词。

作为沟通日韩人心之桥的共生园

下午访问共生园。这里是电影《爱的默示录》中孤儿院的拍摄地。到现在已经送走了达3000名的卒园生。共生园是1938年尹鹤子开始经

木浦共生园

营的，尹鹤子的父亲是日本总督府的工作人员，尹鹤子原名叫田内千鹤子，是一名教师。她不顾周围人的反对与传教士尹致浩结婚，改姓叫尹鹤子，开始经营这个孤儿院。在战后混乱时期，她一度回到日本，后来再次返回木浦，将其后半生献给了孤儿院。

园内保留着尹夫妇居住的房屋，及“给予国民希望奖”的纪念碑。现在女儿继承了尹鹤子的遗志做园长。另外，她的儿子在大阪经营着为无家可归的老年人而开设的养老院。

木浦是韩国南部的小城镇，由于与日本地理上很近，所以保留着众多日韩间的历史。也许正因为是小镇的缘故，所以才有这么多遗址保留下来。

给予国民希望奖的纪念碑

汉城周边

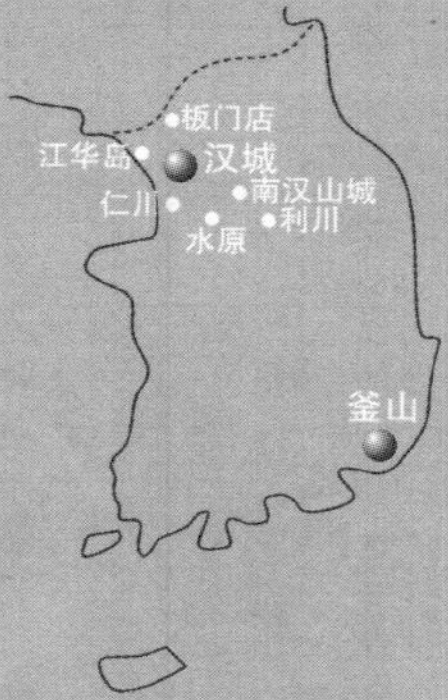

- 水原
- 南汉山城
- 仁川
- 利川
- 江华岛

Suwon 水 原 수원

地区号:0331

前往方法:
▶汉城地铁 1 号城市厅站
所需时间:58 分钟
价格:₩950

市内公汽
一般公汽
价格:₩500

座席公汽
价格:₩1000

旅游咨询所
水原站前
☎229－2785

想离开大城市的喧闹,悠闲地度过一天的人,可以前往汉城以南约40公里处的京畿道的道厅所在地水原。在水原,可以享受到著名饮食烤排骨,并参观到李氏朝鲜时期的城郭、史迹。这是一条标准的观光路线。在这里,到处都可以找到在汉城正在逐渐消失的只有韩国才有的风情。

水原一线也是民俗村、爱宝乐园路线中的重点, 回程时一定要去看一看,是汉城郊外最值得推荐的重点。

水原的漫步方法

水原是一个市中心被城墙包围的李氏朝鲜时期的城郭城市,周围建有新市区。

水原站与汽车站位于从市中心向西南方向延伸的梅山路2公里左右的地方,中心部与车站、景点间由市内公汽相连。

特别方便的是市内公汽❷、❸路。❷路沿华西市场→站前→八达门→苍龙门→华西门→华西市场。❸路沿华西市场→华西门→长安门→八达门→站前→华西市场与水原城的 3 个门(要注意不是循环汽车)。到八达门的汽车除❶、㉝、㊴之外,还有很多。

另外苍龙门、华西门、八达门、长安门,市民一般亲切的称之为东门、西门、南门、北门,车站也用这些名称来表示。

名菜,水原烤肉

主要景点

水原华城 ◆수원화성

地图见 P335・1～2

李氏朝鲜第 22 代正祖王心痛于父亲庄献世子之死，将其父陵墓从杨州移到水原郊外的华山，叫做隆陵。水原华城就是为了守卫隆陵，利于参拜而修建的。

华城经过当时的科学家丁若镛等的努力，以及37万劳力2年9个月的辛劳，于1796年9月建成。它采用了欧洲的筑城技术，是东方的第一个城郭。石头与砖瓦结合，非常坚固的欧洲风格的城门、堡垒，上面还建有亚洲格调的楼阁，很有特色。

华虹门，已成为水原市的象征，韩国惟一的水上楼阁。另在市内的光教川，还建有 7 个拱型水门。

东西南北的城门分别命名为苍龙门、华西门、八达门、

水原站前的旅游咨询处

可以拿到民俗村等免费的材料，咨询员甚至可以带客人到去民族村的免费车站，很热情。在水原旅游遇到困难时可以到此咨询。

华虹门

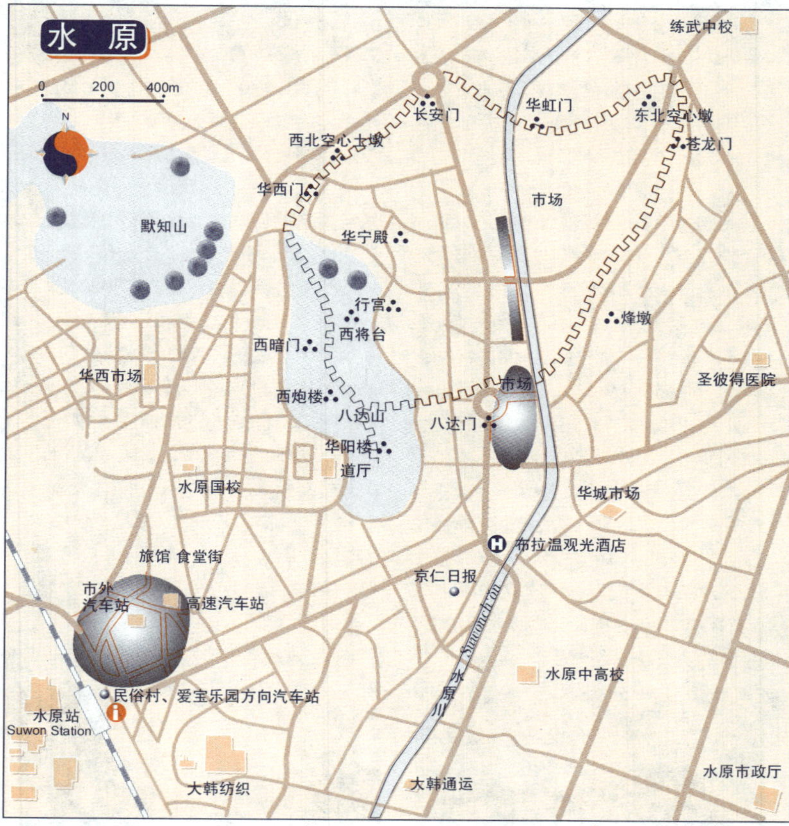

长安门，其中八达门和长安门很大，门前面被半圆形的城墙围绕，门本身构成了一个重要的要塞。

位于西北、东北角的两个空心墩也不能错过。空心墩，是瞭望台兼起碉堡作用的楼阁的一种。这种堆砌成的圆筒形的三层头要塞，有很多小的枪眼。东北角空心墩的形态不同。说到不同，是指该烽墩呈现出恐怖的形态。在石造的碉堡之上，伸出来5个烽火台。在这里点燃的狼烟，可以将情报迅速传递到汉城的王宫。

该水原华城经历200余年的风雨、战争，有一部分已经毁坏。从1975年开始，经过了4年的修缮，1997年12月被联合国指定为世界文化遗产。

绕城墙步行一周

想体验山峦与空气之美的田园城市的话，还是沿水原的城墙周游一周为好。从水原站前乘汽车7～8分钟，便来到建于道路中央的八达门（南门）。该门东侧是市场，人很多，水原名菜烤肉店也多，是最热闹的繁华街。

水原城城墙漫步的起点是门的西侧。从这里向西，沿城墙陡峭的坡道与台阶走10分钟左右，便来到有小卖店的步行道。从这里眺望水原街道，可以亲身感受到是登到了高处，但距离山顶的城墙还很远。上了城墙沿线相当陡峭的自然石台阶，一边时常回头遥望，一边登高，尽头处便是西南暗门。从这里开始，是城墙沿线公园，平坦的道路连续不断。沿该路线，春花、秋叶非常美丽。

右手处有大吊钟，再往前走的高台是八达门山顶的西将台，为八达公园。李氏朝鲜时期，由于这里具有可以四面眺望到40公里的地理优势，因而在此建立华城的指挥本部。高台上有2层高的大楼阁和风格别致的八角形弩台，保留着印象派的风采。

再向北走，下城墙沿线台阶的地方是华西门（西门），是公园的入口。门口处可以看到瞭望塔。华西门前的草坪中，有家长领着小孩子在游玩，有年轻人在嬉戏，有老年人在散步，这是一个田园城市中悠闲的休息日。

一边眺望着右手一侧的高墙，一边沿公园前进，不久便来到西北空心墩。穿过公园便是长安门。从八达门出发经过了大约1个小时。从这里去八达门，可沿着长安门左手的公汽道一直向南走，约15分钟（1公里左右）便可抵达。

有时间的话，还可以试一下绕城墙一周的路线。从长安门沿城墙走，能看到美丽的水上楼阁华虹门。再往前走，有高中、朝鲜战争独立纪念碑，从碑的后面可以前往城墙沿线的小路。上了坡道，看着左手一侧的东北空心墩，便来到苍龙门（东门）。从这里沿视野良好的一条大路走，经烽墩后，下了陡急的坡道便是市场。过了桥向右能看到八达门，2个多小时的城墙之旅便结束了。

八达门

登上城墙，眺望市内

Namhansan Sŏng

南汉山城
남한산성

地区号:0342

前往方法

▶从汉城

从地铁②号线江西站前的车站乘 15-1 路,终点下车发车:90 分钟间隔。乘 15-3 、112 、573 路河南市下车,转乘出租车。

南汉山城,传说是百济最初的王朝所在地。围绕山顶的长城,是李氏朝鲜时期光海君为防备清朝的进攻而修复的古城。

选择城南市郊外的郊游路线。面对山顶的一线修理得很好,山顶、山腰一带,有山寺、史迹等。

南汉山城漫步方法

被城墙围绕的山中的小盆地,叫山城里,其中心是从汉城来的汽车停车站旁的大街。山城里,有广阔的停车场,集中了山菜定食、鳗鱼料理和豆腐料理等富有个性的餐馆30多家。到了休息日,停车场内摊床一片,热闹非凡。

南汉山城的观光,以环城墙的郊游路线最受欢迎。路线周边散落有枕戈亭、池水堂、长庆寺、国清寺等文化景观。稍微走远一点,有时间的话还可以到演武馆看一看。

餐馆 Restaurant

合适的价格,好吃的山菜料理店

Ⓓ百济庄
백제장

广州郡中部面山城里　☎43－6551

营 11:00～21:30　休 年中无休

从大街向山城郊游路线走,入口左侧有一个大的店铺招牌(韩文)。该店作为山菜定食专门店有40年以上的历史。

山菜定食1人份₩12000。在周围来讲,价格合适,很好吃。

18种山菜柔软精致,味道好。炖泡菜也很好吃。此外,玉米酒₩4000、米酒₩4000。

入口写着山菜定食的招牌

Ⓡ半月亭

반월정

广州郡中部面山城里 ☎43－6562

营 11:00～21:00 休春节、中秋(各3天)

位于郊游路线入口处，是山菜定食专卖店。店内有韩式房间，可以悠闲地在此用餐，解除郊游的疲劳。

山菜定食有23种山菜满满地摆在狭窄的桌子上，还有炖泡菜。这是创建有40年悠久历史的老店铺。山菜定食1人份₩15000。

登山疲劳了可供休息的

Ⓒ凹凸凹

요철요

广州郡中部面山城里 908 ☎43－1999

营 12:00～结束不定 休年中无休

▶与郊游路线反方向，沿大街指示走，从停车场前面路向右拐。

该店是建筑师出身的主人亲自设计的，兼做住室。地下1层是学习室和茶室，1层是美术馆和资料室，3层是住宅。可以自由地参观建筑，在参观的地点喝茶。其夫人是陶瓷家，销售陶器。传统茶₩3000～6000。

酒店与韩式旅馆 Hotel

3层楼的白色建筑

Ⓡ南汉山城酒店

남한산성호텔

广州郡中部面山城里 ☎43－6543～6

位于离大街稍远的地方。从远处看非常显眼，是一座3层白色建筑。

共38个房间，不很多，但富有家庭气氛。悠闲而清静，可品味时间与空间的悠久。

该酒店也是在这一带为数很少的可以喝到香美咖啡的地方。单人间1晚₩31000、双人间₩38000～。

围绕南汉山城城墙的郊游路线

南汉山城旅游的最高潮还是异国情调浓厚的城墙之旅。推荐的路线是沿大街、北门、西门，直到守御将台的路线，可以轻装前往。

背对位于大街的指南图一直越过大街直行，右侧有石山亭的招牌，以此招牌为标志沿缓缓的坡道走5分钟左右，左侧可以看到北门，门前有路线指南图可作为参考(指南图中央最上端的13号门即现在所在地)。再沿着宽阔的松林大道一直走，视野顿开。右侧出现绵延不断的城墙，沿城墙边缘一直走，不久便来到人声鼎沸的西门。从北门到西门1.3公里，约20分钟。

西门是从汉城来此登山的人们的抵达地点，登山者都在此休息。从这里眺望汉城市内的景色，非常之美。乐天世界、贸易中心、汉江等尽收眼底。有很多人登上城墙尽享远望之乐。每到休息日，门前有很多卖饮料、方便面等的小卖店，非常方便。

西门的左下面可以看到国清寺的屋顶，寺院内的异国情调是务必要看的。从西门开始的道路略有上坡。沿右侧城墙欣赏汉城市的风景，走5分钟便可以看到守御将台的入口大门。从西门到守御将台之间32米，保留了城墙的原形。

作为守御将台惟一现存的该西守御将台，是1624年与南汉山城同时兴建的。山城内最高的日长山城(海拔453米)。进门左手有清凉堂，右手有树龄达350年的古树。再往前走，登上台阶是巍巍的守御将台，前面的院内宽阔而清凉，仿佛时光停止，身心回到了时空遂道之中一般。

回程还是推荐与来程时一致，因为该路线凝缩了最富于变化的山城的精华，约30分钟便可以回到大街。从守御将台穿过南门，沿车道便可以抵达大街。

对能步行的人还是推荐沿城墙登山。

Inchŏn 仁川 인천

从汉城乘电车向西40公里，约一个小时便抵达港口城市——仁川。仁川港的规模仅次于釜山，居韩国第二。它与汉城之间作为京仁工业地带而迅速发展起来，周围耕地已划归为首都圈的新城市，进行着大规模的开发。仁川不仅是首都圈的后方，更是韩国与世界各国进行贸易往来的出入港口。

对于没有港口的汉城人来讲，仁川是最可以轻松到访的地方。仁川的大海自古以来就为人们所喜爱。

仁川的漫步方法

仁川市区大体分三个部分，包括工业团地、有公寓住宅小区的富平，位于市中心的公共机关聚集地朱安，以及自古以来，就离仁川港最近、且最繁荣的东仁川。去仁川旅游时主要以离港口近的东仁川为主。

下了东仁川车站，对面有一直通向港口的大路，位于该大路的汽车站大体上有前往各方向的市内公汽，以此为起点

地区号:032

前往方法

▶国铁汉城站(京仁站)

所需时间:50分钟

发车:8分钟间隔

价格:₩950

▶从金浦机场机场巴士

(~富平~朱安市民会馆~仁川)

所需时间:60分钟

发车:30分钟间隔

价格:₩3500

旅游咨询处

东仁川站前

☎773-3900

市外汽车站

☎430-7257

国际客船站

☎883-3068

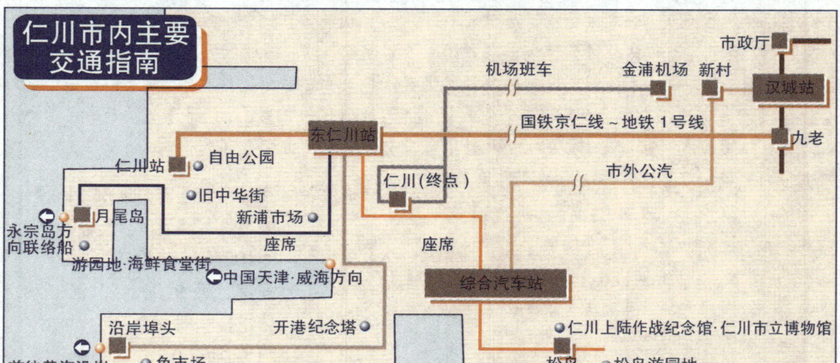

月尾岛

▶从东仁川站乘市内座席汽车15、31、60、101路，终1点下车。

游船

月尾岛～永宗岛

价格：₩1000

所需时间：15分钟

出发：8:00～21:00（随时出发）

月尾岛～舞衣岛～龙游岛～永宗岛～月尾岛

价格：₩7000

所需时间：70分钟

出发：11:00～20:00（每30分钟一班）

松岛

▶从东汉城站市外汽车站乘6、9、107路座席汽车，松岛下车。

参观各景点非常方便。有的人弄不清楚站名，在终点仁川站下车，结果没有接续的公汽，可见仁川站车站利用价值很低。另外，前往中国的国际客轮和前往韩国国内沿岸航线，同样是在仁川港，登船码头相距很远，要特别注意。

主要景点

月尾岛 ◆월미도

地图见P339

从解放前开始，这里便是海水浴场。月尾岛原来是与陆地相距1公里的岛屿，现在由于填海造田，已经与陆地相通。海岸线沿线的散步道有很多海鲜店。

从汽车的终点站是看不到大海的，可以穿过游园地向永宗岛方向的渡船码头走，从码头到海岸沿线达数百米的整个码头都是公园，陆地一侧则有很多现代的店铺。这是一条从汉城出发的很有人气的恋爱之旅路线。周围有可以品尝新鲜刺身的店铺，是美食的热点地区。乘游船观光也很有意思。

仁川上陆作战纪念馆

松岛 ◆송도

地图见P339

以有海水浴的度假地而闻名的松岛，并非从

铁道博物馆

乘前往汉城方向的列车过了水原，右手车窗外就会看到展示着的蒸汽机车、客车，以及写着“铁道博物馆”等几个韩文大字的招牌，这就是1988年1月开馆的铁道博物馆。

位于正面的展示馆，是韩国风格的近代建筑。内分6个展厅。首先是铁道历史资料室，除有从旧韩到殖民地时期为主的各种历史资料外，还展示有李氏朝鲜时期的驾笼等近代以前的交通工具。在铁道车辆厅展示着实物、模型等各种车辆零件，还有HO铁道模型的宽幅照片，以及其他的电气信号、通信室、设施、保险、建筑、建筑室、运输、运输室、世界铁道室等。另外，特别展示有各种乘车券、图章、实物车辆铭板（含殖民地时期的东西）等物品，是对铁道感兴趣者们不能错过的收集品参观项目。

在展厅外，展示着几辆朝鲜总督府铁道时期的蒸汽机车、贵宾客车等，还有惟一的以窄轨铁路而闻名的水仁线内燃机车，每天数次，在区内280米的轨道上实际运行。入口附近有用客车改造的小卖店，可做为休息场所。

铁道博物馆，是铁道爱好者务必要看的博物馆，但韩国好像很少有这类爱好者，到这里来的都是附近的小学生、来郊游的幼儿园的小孩子。当然，看到这些对着展品又吵又闹天真无邪的孩子们，也很令人高兴。

铁道博物馆 京畿道仪旺市月岩洞31－4

国电富谷站下车步行10分钟

☎(0343)56－3610

开馆时间：9:00～18:00

休馆日 周一

门票：₩500

岛名就可以联想到的岛屿，实际上这里是位于仁川市区南方海岸的风景胜地。到松岛来就应该看一看仁川登陆作战纪念馆及仁川市立博物馆。

市立博物馆位于同一山丘斜面的北侧，这里充分地展示着有关仁川作为贸易港发展起来的历史。

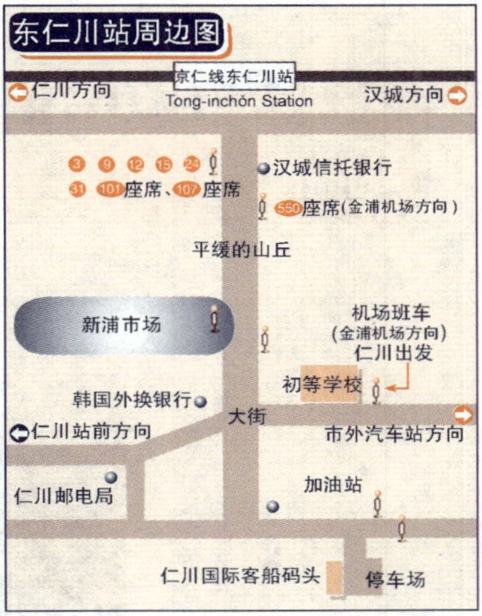

自由公园　◆자유공원　地图见 P339

是从仁川站到东仁川方向的广阔的可供市民休息的小山丘。1957年，命名为自由公园。这里作为眺望港口的地点，很久以前便被人们所知，但最近由于填海造田的发展，对此期望不应太大。

周边的街景与向内陆发展的市区相反，保留了古老的港口面貌。仁川站附近的善怜洞一带，曾是华人街，有华侨学校。伴随着中国方向渡船的增多，可以想像它会恢复往日的繁华。

自由公园
▶仁川站下车

韩国SL（蒸汽机车）列车的复活

韩国在1994年"韩国访问年"时，也开始开通了SL旅游列车。

韩国早在70年代前期就完成了铁路无烟化，80年代左右，在东南海部，SL作为旅游列车运行，但由于需求不足而一度停止。此次运行，是在告别已久之后的再次开通。

SL所运行的区间，为从议政府开始经汉城郊外线到陵谷，再乘京义线到汉城，共48.3公里。现在只有周日、节日运行，每天1班，往返汉城站，汉城站发车时间10:15，议政府站发车时间17:00，全段所需时间约1小时40分钟。考虑到交通的方便、时间带等，推荐游客从汉城乘车。

汉城站发车时间10:15，是自由座席，早一点到站台可确保座位。有很多旅游团以蒸汽机车的背景拍照，但好像喜欢铁路的人很少。

因为是无穷花号，所以车窗不能打开，略有些遗憾。但发车汽笛一响，火车旅行的气氛便自然产生了。

发车之后火车马上进入隧道。到了下一站新村后，有很多人上车，甚至有人站着。到了加佐、水色，列车变成了满员。

牵引机车头，是中国长春机车厂1994年新造的SY11型，中国造机车在韩国运行，这在国内是想像不到的。

从陵谷到了汉城郊外线，便看到车窗外正在建设的公寓群。这一带随着新城市建设和地铁的开通，已成为汉城的卫星城。

从日迎开始，铁路沿线的风光便开始展现出来，已经有人开始下车了。在长兴、温陵下车的人更多，还会看到背着背包的登山客人。这趟乘坐SL列车的欢乐之旅，有时让人感到更具有郊游列车的韵味。

列车于11:50抵达议政府。

▶列车不像无穷花号那样指定座席。车票从7日前开始销售，因不是定员制，当天也可以买到。但是发车前，窗口要排很长的队，所以尽可能早一点买好。汉城～议政府间，不问区间单一票价₩3800。另外，冬季有时停运，要事先确认。

▶韩语叫"蒸汽机关车"不用"SL"外来语。

Ichŏn 利 川 이천

乘高速汽车从汉城向东南方向走约 1 小时，便抵达利川。利川是以烧陶瓷的优质土、做烧柴最好的红松森林，以及当地各种优良水质而闻名，自古以来这里便适合生产陶瓷。

解放后，经过对传统陶艺的复兴倾注了热情的陶艺家们的努力，陶瓷艺术在此地开出了灿烂的花朵。现在利川已成为韩国陶瓷生产的中心。

地区号:0336

前往方法

▶东汉城综合汽车站

所需时间:60 分钟

发车:20 分钟间隔

价格:₩2800 /3500

一点注意

利川的汽车站在同幢大楼内有当地汽车站和高速汽车站。

利川的漫步方法

利川的陶艺村一带，位于从利川市区沿国道向汉城方向走 4 千米左右的地方。这里是陶瓷器的制作现场，基本上除了国道沿线的烧窑之外，没有其他任何设施。但是随着来陶艺村购买作品的客人逐渐增多，展览销售店

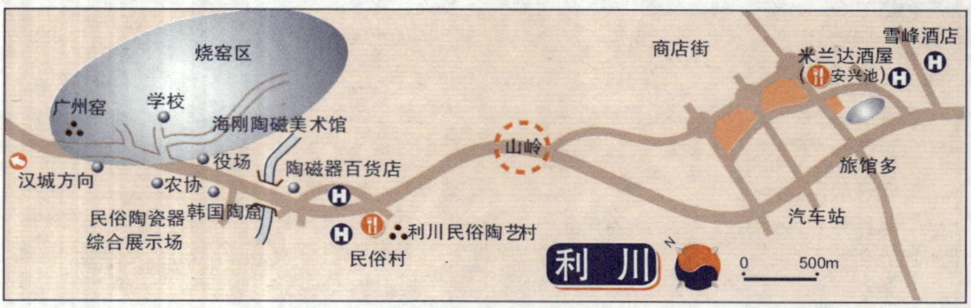

也在不断增加。可以沿着道路旁的指示牌前往各个窑场。前往陶艺村，可以从利川市外汽车站乘广州方向的114路座席公汽，在役场前下车。海刚陶瓷美术馆→窑场→民俗陶瓷器综合展示场→陶瓷器百货店→利川民俗陶艺村(或相反路线)，需要整一天的时间(相反路线在利川民俗陶艺村入口下车向回走)。

利川的另一个面貌是利川温泉，从利川汽车路步行前往。

主要景点

海刚陶瓷美术馆 ◆해강도자미술관 地图见 P342

展示着为再现高丽青瓷而奉献一生的人间文化财、已故柳海刚先生收集的陶瓷器，是韩国惟一的陶瓷器美术馆。有关陶瓷器的历史、制作过程的解说说明、高级青磁销售柜台。国道入口的海刚窑的标牌是真标志。

韩国陶窑 ◆한국도요 地图见 P342

具有40年历史的窑口。可以参观镶嵌雕刻的全过程。另外，游客可以烧出自己亲手绘制的陶瓷。

民俗陶瓷器综合展示场 ◆민속도자기종합전시장 地图见 P342

位于海刚窑入口的国道旁的细长型建筑，该店通常向国道上的驾车者销售作礼物用的陶瓷。附近制作的陶瓷器的大部分都进入汉城市场，想在利川购买的话，到这里最好。

利川民俗陶艺村 ◆이천민속도예촌 地图见 P342

想在广阔的陶艺村一带转一转的话，非常费劲。因此，为让游客轻松地到陶艺村，特意建起了这陶艺团地。狭义上讲，这里也叫做陶艺村。

海刚陶瓷美术馆
利川市新屯面水广里330-1
☎634-2266
▶乘114路座席公汽，水广里下车
发车:30分钟间隔
价格:₩1000
门票:₩2000
休馆日:周一、1月1日、春节、中秋
参观时间:10:00~17:00(11~2月到16:00)

韩国陶窑
利川市新屯面小亭里49
☎638-7037
▶乘114路座席公汽，小亭里下车
营 8:30~17:30
休 年中无休

民俗陶瓷器综合展示场
☎632-7230
▶乘114路座席公汽广水里下车
发车:30分钟间隔
价格:₩1000
门票:免费
休馆日:春节、中秋
入馆时间:9:00~17:30

利川民俗陶艺村
▶从利川市外汽车站乘广州方向114座席公汽，陶艺村下车
发车:30分钟间隔
价格:₩1000
一点说明:坐114路座席公汽去民俗陶艺村方向时，将目的地告诉司机，可在近前下车。

餐馆 Restaurant

高级韩式餐馆

Ⓡ安兴池

안흥지

利川市仓前6洞468－25　米兰达(MiRANDA)酒店别馆3层　☎633－2001

营 7:00～22:00　休 年中无休

地图见P342

位于米兰达酒店别馆3层的高级韩式料理店。下面一层是大浴场、泳池,可在入浴后用餐。韩套餐₩30000～、烤肉汤₩10890。

味道、气氛都值得推荐的

Ⓡ民俗村

민속마을

利川市沙音洞544－23　利川民俗陶瓷器村2层　☎637－9797

营 9:00～23:00　休 春节　中秋　预 不要

地图见P342

位于民俗陶艺村的入口、利川民俗陶瓷器村的2层。

利川营养锅饭₩8000值得推荐。茶种类丰富,适合休息。

酒店与韩式旅馆 Hotel

利川以距汉城最近的温泉观光地而著名。从市外汽车站步行5分钟,有2家带大浴场的温泉酒店,均可以入浴。在汽车站与温泉酒店之间有庄级旅馆。

有露天浴池、各种浴槽的温泉大浴场,每天早晨6:00～22:00营业,入浴费₩6000。

享受露天浴池

Ⓗ米兰达酒店

호텔미란다◆Hotel Miranda

利川市安兴里408－1　☎633－2001

FAX633－2030　地图见P342

利川温泉的泉源从这里涌出,是利川周边最高级的酒店。价格很贵,但与汉城市内一流的气氛完全相同。双人间₩140000～。

Kanghwado

江华岛
강화도

传灯寺参道

传灯寺

江华岛与临津江在贯穿汉城市的汉江河口附近汇合，注入黄海，是韩国第五大骨牌形状的岛屿。它与本土以 700 米左右的小海峡相隔，1970 年江华大桥建成后，与陆地相通。江华岛，离国境线很近，向北走可以看见北朝鲜。

岛内有丰富的水田及韩国名产高丽人参田。还有一种名特产品叫花纹蓆，编织有韩国色彩的花纹图案。

地区号:032

前往方法

▶汉城新村汽车站

所需时间:1 小时 10 分钟

发车:10 分钟间隔

价格:₩3300

江华岛的漫步方法

江华岛是一个小城镇，从汉城前往观光可以当日往返。

从汉城、仁川有直达公汽，抵达的汽车站附近是岛的中心。岛的中心有江华郡厅、市场，很热闹。岛内公汽也以这一带为中心，呈放射状。联络各旅游景点的汽车路线较少，根据时间带，最好先返回汽车站，再到下一个景点反而更快。

另外，与汽车站前等待的出租车谈价时，还可以以1小时为单位租车，约4～5小时就可以参观完岛内的主要景点。

传灯寺

▶从江华汽车站乘温水里方向公汽，终点下车。
所需时间:20分钟
发车:15分钟间隔
价格:₩900
从汽车站到山门步行约15分钟，穿过车站后面的住宅是近道。
门票:₩1500

摩尼山

▶从江华汽车站乘华道方向公汽，终点下车。
所需时间:40分钟
发车:30分钟间隔
价格:₩1070
进山费:₩800
到登山口步行20分钟。到山顶往返约2小时。

主要景点

传灯寺 ◆전등사 地图见 P346

是高句丽时期 372 年，与佛教的传入同时创建的，也是高丽高宗 1259 年重建的名刹。创建当时叫做真宗寺，后来根据高丽忠烈王的王妃公主献玉灯而命名为传灯寺。阴历 4 月 8 日的花节时，全山献灯，景观非常壮观辉煌。

摩尼山 ◆마니산 地图见 P346

海拔 468 米，是江华岛内的最高峰，是韩民族建国神话中始祖檀君降临的舞台。建国的起源为公元前 2333 年，从那时起摩尼山便作为圣峰刻在历史长河之中。

能够眺望到黄海的山顶上有一个叫做堑城坛的石造祭坛，在这里，10月3日的开天节，举行歌颂坛君的圣火供奉活动。每年国家运动会的圣火，也是伴随着美丽仙女的舞蹈，在此采火。

草芝镇 ◆초지진

地图见 P346

为了在海上阻止外敌对首都汉城的侵略，自古以来江华岛上便建立了数个要塞。到了近代，强迫李氏朝鲜开放国门的列强的舰船在近海出没，广城堡、德津镇、草芝镇等沿岸的炮台便迅速被紧张的气氛所笼罩。

草芝镇炮台是1656年建立的。1875年，接近江华岛的日本军舰云扬号受到陆地的炮击，并以此为借口，要求李氏朝鲜同日本签订了不平等条约，无条件开放国门。这个江华岛事件的舞台就是该炮台。登上要塞，只有一门当时使用的大炮保存完好。

其他景点

从汽车站还可以步行参观。有高丽时期为防止蒙古军队入侵而将都城暂时迁到江华时修建的高丽宫址，宫址的西门、北门、南门等各城门保存得依然完好。还有李氏朝鲜第25代王哲宗的龙兴宫。另外，南门附近的江华土特产销售场还经营江华岛特产的高丽人参、花纹席等。

岛的入口，江华大桥下有江华历史馆。展厅是4个小规模的设施，收集着从旧石器时期的土器，到近代国难时的历史资料，范围很广。

草芝镇
☎937-4388
▶从江华汽车站乘草芝方向公汽
所需时间:40分钟
发车:60分钟间隔
价格:₩1110
门票:₩500
入场时间:9:00~21:00

江华历史馆
☎933-2178
▶从江华汽车站乘汉城、仁川方向慢车公汽，在江华大桥桥下下车。
门票:₩1000
入馆时间:9:00~17:00

鳌头山统一展望台

오두산 통일전망대

只隔一条江的宽广的北部农村风景

作为最能切身感受到南北分隔现实的最前线，板门店的共同警备区域格外有名。在这种紧张地带，能手拿照像机越过控制线观光的只限于旅游团中的外国人，韩国人想要随心所欲自由地眺望北部的山河、农村风景，在1992年以前仍然是梦中之事。现在，这种梦终于变成了现实，那就是1992年9月，在从汉城驱车仅1小时的京畿道坡州郡鳌头上统一展望台，正式开放了。提到统一展望台，以前知道江原道高城郡有一个，与北方隔着4公里的荒芜的非武装地带，在高城可以用望远镜尽情欣赏山姿，几乎不用考虑人的问题。但是，在鳌头山面前展现的是只隔一条江的农村风光，而且令人惊奇的是，前往展望台的中途没有任何盘问，可以简单地通行。

感受到欢乐的游人与眼前光景之间的差异

我们去访问的日子，也许由于是周末，开自家车去的家庭、团体很多，登上有玻璃窗的展望台4层，可以看到北方的景色。有服务员解说道："该展望台是设在汉江与临津江会合地点的韩国一侧，左侧的水田是韩国的金浦郡，正面的农村是朝鲜的开丰郡，到对面的距离……"眼前的光景与汉城的拥挤只在顷刻之间并在地图的同一页里，这真好像是神话一般。展望台的地下有餐厅和小卖店，非常热闹。小卖店里有朝鲜开城的名产人参酒、北方的邮票、工艺品等等。现在，站在南北分隔的最前线，好像确实感到一股清新的风已经吹到。

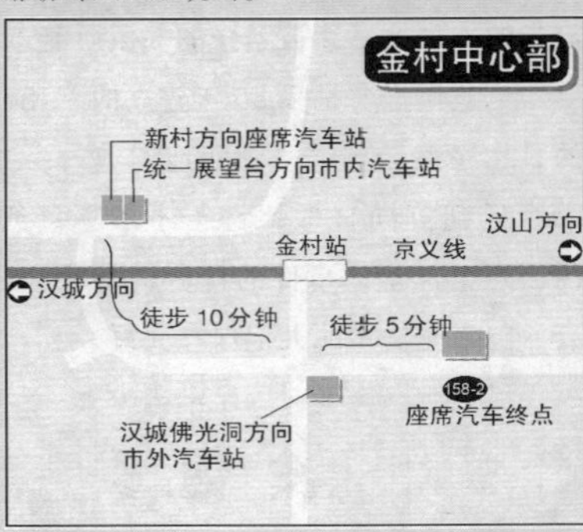

统一展望台
坡州市炭县面城东里88
☎0348-945-3171
参观时间:9:00~19:00(2~3月、18:00，7~10月~19:30,11~1月~17:00)
门票:₩1500

前往方法
从国铁新村站乘999、77-3、912、77-2路，从佛光洞汽车站乘汶山方向市外汽车，均在金村下车。
所需时间60分钟　价格₩1000。
从汉城站、新村站乘京义线金村下车。所需时间60分钟，价格₩1300。
金村发城洞里方向慢行巴士:所需时间15分钟，发车1小时两班，价格₩620。

一点注意事项
从展望台入口到展望台有免费班车，5分钟左右，步行需20分钟左右。金村交通机构乘车场相距很远，要注意。

扶余及其周边

- 扶余
- 公州
- 水安堡温泉
- 大田
- 儒城温泉
- 温阳温泉
- 俗离山

Puyŏ 扶余
부여

位于忠清南道南部，百济的王都，曾叫做“泗沘”。全盛时期有152300户，到被新罗、唐联军攻占后的122年间(539～660年)一直都非常繁荣。

历史之城——扶余，现在作为毁灭之都保留过去旧影的遗址很少，只是一个悠闲的乡村城镇。在这块“新风明月”的土地上，可以感受到居住此地的人们贵族般的悠闲生活。

地区号:0463

前往方法

从汉城南部汽车站
所需时间:2小时30分钟
发车:40分钟间隔
价格:₩8600

大田西部市外汽车站
所需时间:1小时20分钟
发车:5分钟间隔
价格:₩3800

公州市外汽车站
所需时间:60分钟
发车:10～30分钟间隔
价格:₩2300

扶余的漫步方法

扶余是一个狭小的街镇，可以步行游览

面对市外汽车站，有汽车通过的道路是扶余的主干道中央路。南北各有一条大街，北侧是消防署和保健所，南部是郡厅和邑事务所。距中央路200米左右以东与之平行的是百济路。

汽车站北侧中央路与百济路之间的地区是城镇中心，集中了餐馆、市场。了解了这两条大路，游览时就不会迷路了。

扶余中心部
0
100
200
300m
Paengmagang
白马江
码头
钓龙台
扶苏山入口
落花岩
百花亭
太子泉
宫女祠
码头
扶苏泉
扶苏山城
迎日楼
军库址
半月楼
市民公园
西腹寺址
三井扶余青年旅馆
三忠祠
忠灵祠
食堂街
扶苏山入口
旧博物馆
扶苏山入口
食堂街
观光停车场
郡立图书馆
双北里北窟址
消防署
论山·公州方向
保健所
商店街
Paekkangno
中央路
市场
六一亭
百济路
白江路
双北里南窟址
乡校
市汽车站
石佛坐像
义烈祠
邮电局
百济塔
圣约瑟夫医院
电话局
定林寺址
凡都奇尔
Kyebaengno
阿里朗旅馆
青少年修练院
Chungangno
旅馆街
Peukchero
扶余中学校
伯路
百济初等学校
国立扶余博物馆
百济文化碑
阶伯将军像
百济桥方向1.2km
邑事务所
扶余郡厅
宫南池方向700m
A
B
C
1
2

主要景点

定林寺 ◆정림사지　地图见 P351・2－C

定林寺址
门票:₩700
参观时间:6:00~19:00
(冬季~17:00)

定林寺址、五层石塔

百济后期代表性的寺院遗址,因其位于扶苏山东方的百济都城的中心部,所以也被认为是国家级的寺院。现在保留有创建时的五层石塔(8.32米),与高丽后代的石佛(5.62米)。伽蓝配置有中门、塔、金堂、讲堂,南北成一直线,围绕它的回廊是典型的塔样式。

石塔用花岗岩建造,第1层塔身刻有"大唐平百济国碑铭"。这是灭亡百济的唐与新罗的联军为庆祝胜利,在百济的石塔上刻的。该石塔别名也称"百济塔"。创建时的寺院名称不详,从高丽时期的瓦当上记载的"太平八年(1028年)定林寺"来看,可以推定它是百济时代的寺名。

近年来的调查发掘发现了池址、南门址,另外出土了中国北魏时期的塑像佛,展示在国立扶余博物馆内。

阶伯将军像 ◆계백장군상　地图见 P351・1－C

新罗最大的英雄金庾信将军,是三国统一之父,而与他相对的是百济最大的英雄阶伯将军,被称做悲剧之士。

660年,唐、新罗联军进攻扶余时,阶伯将军为使爱妻与孩子不受敌国的污辱,而亲手杀死妻、子,然后发誓为国不惜生命,组织5000人的敢死队在黄山(现在的连山)与新罗的金庾信将军展开4次交兵,阻挡了敌人的进攻,但最后仍然被击败,以身殉国。

热爱祖国、为祖国而殉职的阶伯将军便成为该地人们仰慕的对象。

在郡厅前的大街上,有一座静静骑马前进的阶伯将军的铜像,那是扶余出身的原国务总理金钟泌捐钱修建的。

国立扶余博物馆
门票:₩400
参观时间:9:00~18:00
(六、日、节日~19:00
11~2月~17:00)
休息日:周一、1月1日

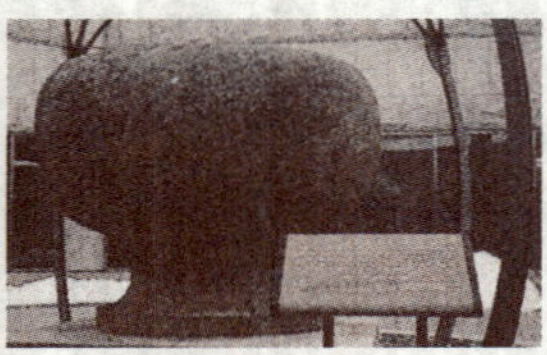

表面刻有莲花的石槽

国立扶余博物馆 ◆국립부여박물관　地图见 P351・2－C

沿阶伯将军像大街向东走约500米,T字路的尽头便是博物馆。以前的旧博物馆位于扶苏山山脚,1993年8月,迁到此地重新开馆。收藏品与旧馆几乎相同,约6000件,宽阔的展厅内有模型与全景图。展厅分先史室、历史室、佛教美术室等。以百济时期(538~660年左右)资料为主。

国立扶余博物馆

先史室展示着忠清南道出土的土器、石器、铜剑等;历史室除中央展示着巨大的甕棺之外,还按主题出土地分类,陈列着扶苏山的出土品、各种土器、玉器等装饰品;佛教美术室展示着位于瑞山的摩崖三尊佛的实物大模型,还有很多其他扶余地区出土的佛像。

另外,当时的建筑材料莲花文瓦、画砖,反映了百济独特的华丽的莲花文。还有砂宅智积堂塔碑,是百济义慈王十四年(654年)的作品,用精致的楷书书写了4行56字。该碑文接近于诗文,用中国六朝的四六骈体文表现了慨叹人间无常的百济人的感情。另外,中厅摆放有高157厘米的石槽,表面刻有莲花,故称石莲池。此外,屋外还展示刘仁愿纪功碑石室墓。

扶苏山 ◆부소산 地图见 P351・2-A

扶苏山相当于百济后期的538~660年,122年间的国都扶余(泗沘)的中心地区。扶苏山南麓附近传说是古代的王宫,近年通过调查,发现了地址、道路、建筑设施等。

穿过旧博物馆后面的扶苏山入口,道路分成两条。左侧是去扶苏山精华的落花岩的近道(约25分钟),右侧是游览山城内部史迹的路线,有国王仰望朝日的仰日楼,可眺望市街的半月楼,军仓库遗址等。越过山顶的泗沘楼,下台阶,站在落花岩山顶的百花亭,视线之下可以看到优雅流动的锦江(白马江)。该落花岩的名称,来源于百济灭亡时3000宫女投身的传说,命名于高丽时期。

从百花亭再向下走200米便来到皋兰寺。正殿后面的岸壁上生长着一种其他地方看不到的皋兰草,从岸下方涌

扶苏山
进山费:₩1400
进山时间:日出~日落

入口:旧博物馆后面、稍靠东的泗沘门、皋兰寺3处

白马江游船
皋兰寺~库都来之里
价格:₩2100(往返₩4000)
所需时间:10分钟
出发:随时

皋兰寺~水北亭
价格:₩3300
所需时间:25分钟
出发:7人以上

出有百济王饮用过的皐兰水。再下了寺庙下方的石阶，便来到白马江下行的游船码头。

白马江 ◆백마강 地图见 P351・1～2A

正式名称叫做锦江，流经扶余一带的部分叫做白马江。它来源于7世纪中叶，唐与新罗联军攻占百济首都扶余时，江中的龙化身为白马阻止侵略的传说。

乘游船下行的路线有几条，沿落花岩一边向下眺望，一边前进，过了库都来之里、百济大桥下面的自温台，便来到水北亭。桥下、码头有很多卖河鱼、鳗鱼的餐馆，用这些鲜烹制的菜肴都可算是扶余的名菜。另外，库都来，是码头、本地地名的意思。

百济的历史

百济的历史，可以说是朝鲜半岛三国(百济、新罗、高句丽)对立的历史。经过接连不断的战争，朝鲜半岛势力范围被重新划分，到7世纪，新罗灭亡了百济、高句丽，形成了统一新罗。

百济国家的起源，是由半岛的北端，汉江流城的国家——马韩、辰韩、弁韩三韩结合，逐渐形成的一个连盟体。

特别是马韩的百济族，于227～290年开始掌握三韩联盟的主导权。

百济作为一个国家的历史，要从4世纪中叶，近肖古王的时期算起。从那时开始到灭亡的300余年间，百济曾从慰礼城→汉山城→熊津→扶余4次迁都，理由不是由于国王更替等和平原因，而是被外部形势所迫。

最显著的例子便是迁都到熊津。475年，盖卤王在对高句丽的战斗中被杀，百济暂时灭亡，但百济的遗留者为复兴百济，便迁都熊津。迁都扶余，也是由于扶余具有广阔的平原，地形上具有天然城塞这种军事理由。

迁都扶余后对外形势更加严重。特别是与新罗对立，导致圣明王被杀，于是百济与高句丽携手，而新罗与唐朝联合，开始了朝鲜半岛的统一战争。660年百济灭亡。

在此期间，百济与日本的外交不断加强。百济曾送王子丰璋作为人质到日本，以示忠诚。因此，在百济灭亡时，从日本来的救援军发动了"白村江之战"等。由此可见，百济与日本不仅在文化，在政治上也有很大的关系。

在文化方面，百济的佛教文化之花绚烂多彩，给予日本，特别是飞鸟文化以重大的影响。佛教，384年从东晋传入，百济迁都扶余后，受中国南朝文化的影响，达到鼎盛。但遗憾的是，百济灭亡时，扶余的所有文化遗产都被破坏，只保留刻有唐苏定方功劳的"百济塔"。

虽然百济灭亡，文化遗产遭到毁灭，但百济文化被逃亡到日本的百济人带入日本，在日本文化中深深扎下了根。

宫南池 ◆ 궁남지 地图见 P350

位于离市区向南约1公里的地方，可以认为是百济后期离宫的苑池。据记载，百济武王35年(634年)，“在宫南修池，从20多里的地方引水，四周岸边种植杨柳，池水中修建岛屿”。百济具有优秀的造园艺术，曾对庆州的雁鸭池、日本古代的庭园产生很大的影响。

现在这里被悠闲的田园所包围，当初曾是繁华的宫廷文化盛行的宴游之处。

另外，桥和池中央的亭子，是1975年修建的，向西200米左右，有战前发掘调查的军守里废寺址。

宫南池

餐馆 Restaurant

从窗子眺望定林寺

Ⓡ皇涛阁

황토골

扶余邑东南里429－4 ☎834－8333

营 10:00～不定 休 年中无休 预 不要

草屋屋顶、红土墙与床，再现了百济的传统房屋。特别定做的椅子、桌子、餐具等，均令人感受到韩国特色。服务员穿韩服，很热情。面片汤₩3500、锅饭₩4000、牛肉木耳火锅中₩15000，大₩20000。

虽没有大规模的酒店，但由于是百济的首都、韩国著名的旅游地，因而在旅馆方面没有任何不方便。旅馆大多集中在邮电局后面周围及扶苏山南侧。汽车站后面有旅人宿。

有麻利主人的住宿地

Ⓗ芳山庄旅馆

방산장여관

扶余邑旧衙里 12
☎832－9977/835－2144　FAX832－1404

位于原国立博物馆的正门旁。离餐馆街、市场很近，很方便。店主和老板娘都很麻利。有浴室、厕所、电视的房间1晚₩20000。

汽车站附近的

Ⓗ汉城庄旅馆

서울장여관

扶余邑旧衙里 278－1　☎834－2050

位于沿直通大街的邮电局旁的小路，第 2 个拐角处。房间为韩式，有带床的韩式房间。浴室、厕所、电视双人间₩20000。

扶余惟一的西式住宿设施

Ⓗ三井扶余青年旅馆

삼정부여 유스호스텔

扶余邑旧校里 105－1　☎835－3101
地图见 P351 · 1－B

从市外汽车站沿有警察署的大街向右拐，第一个拐角向左走 10 分钟。

如果是青年会员的话，多人间 1 晚₩8900，也有双人间（有韩式、西式）。不对 YH 会员以外的人开放。

扶苏山泗沘门入口附近

Ⓗ基督教旅馆

크리스탈호텔

扶苏邑官北里 121－5　☎835－1717～9

从市外汽车站中央路向北，沿有警察署的大街向右拐，第5区的正中。是一个欧式建筑，停车场、浴室很大，很干净。

1 晚₩25000～。

新建的旅馆

Ⓗ阿里郎旅馆

모텔 아리랑

扶余邑旧衙里 295　☎832－5656
FAX832－5657
地图见 P351 · 1－C

沿定林寺附近电话局旁的小路走，第一个十字路口向右，右手。新建的干净的旅馆。

有厕所、浴室、冰箱、电视，还有香波、润丝、化妆水、吹风机等。1 晚₩25000。

汽车站附近的

Ⓗ明星庄旅馆

명성장여관

从汽车站向北走 2～3 分钟。房间内有大浴室、洗面台、空调、电扇、电视、镜子，1 晚₩25000。主人夫妇非常热情。

Kongju 公州 공주

是百济的第3个王都，至迁都扶余的63年间（475～538年）一直是百济的中心。曾叫做熊津、熊川，高丽时期改叫公州。它的周围被群山围绕，是天然的要塞，现在集中了很多教育设施，是文教都市。

公州的漫步方法

市外汽车站位于离市区有距离的锦江北岸。出了汽车站，锦江的江面宽阔起来，右面可以看到锦江桥，左面可看到公州大桥。前往中心地区要过桥，从对面一侧的汽车站乘向西的市内公汽（❶、❸、❼、❽、⓫、⓬路等）。另外，汉城～公州间的汽车，从离市外经汽车站100米左右的库姆候高速汽车站发抵。

市内景点有宋山里古墓群、国立公州博物馆、公山城3处。宋山里古墓群，离市区略远。3个景点均可以以中央馆为轴步行参观游览。

主要景点

宋山里古墓群 ◆송산리고분군 地图见P364・A

穿过建在公山城对面的石造大门，再走10分钟左右，登上平缓的坡道，右面可以看见小山丘似的古墓。

地区号:0416

前往方法

汉城高速汽车站

所需时间:2小时20分钟

发车:30～40分钟间隔

价格:₩5100 /₩7500

扶余市外汽车站

所需时间:60分钟

发车:20～30分钟间隔

价格:₩2300

旅游咨询所

旅游咨询所

公山城入口

☎856－7700

宋山里古墓群

门票:₩800

参观时间：9:00～18:00

（11～2月　～17:00）

这是百济中期的王陵。1971 年，从发掘的古墓中发现了记着武宁王与王妃名字的墓志石，表明这些古墓是王族墓地。

1～5 号墓的 5 个古墓，是日帝时期发掘的石宝古墓。位于西侧的 6 号墓，1932 年发掘，墓室的墙壁绘着象征东西南北的四神图，还发现了写有汉字“梁”的砖。

武宁王陵没有被盗，保存完好。在其中发现了国王与王妃的棺、金冠、装饰品以及大量的陪葬品，是韩国考古学最大的发现。

现在可以参观的是 1～4 号墓，5～7 号墓从 1997 年开始谢绝参观，准备在其入口附近建造 5～7 号墓复原的模型馆(2001 年完成)。

国立公州博物馆 ◆국립공주박물관

地图见 P358・B

沿公州市中心路的交差点再向东走 300 米左右，对面右侧便是国立公州博物馆。建在高台上的博物馆展厅位于 2 层，庭院里摆放着公州地区收集的石像、石槽。收藏品以从武宁王陵出土的陪葬品为主。院内左侧里面有保持科学室与学艺研究室。

国立公州博物馆

特别是武宁王墓室入口放置的石熊像，记录国王和王妃名字的墓志石，金制的耳饰、王冠、玉、刀剑等陪葬品，至今仍然表达着与中国六朝有着交流的百济的美术工艺。墓地石上刻有被葬者的名字，是 523 年死亡的百济斯麻王（武宁王）与 526 年死亡的王妃，那是判明被葬者身份的主要实证。

另外，在公州地区发现的文物当中，被指定为国宝的癸酉铭三尊千佛碑像(673 年)，是被新罗灭亡的百济遗民，为了纪念百济王与大臣以及 7 世父母而雕刻的，保留了浓重的百济佛的样式。

国立公州博物馆
门票：₩300
参观时间：9:00～18:00
(11～2 月　～17:00)
休馆日：周一、1 月 1 日

公山城 ◆공산성

地图见 P358・A

沿中央路向北，右手可以看见小山丘。该山丘便是百济时期王宫建设的公山城。公山，是百济中期的 459 年到 538 年，达 81 年间的国都，也是锦江大迂回的交通与战略要地。登上公山城，可以眺望到锦江全景。

公山城，是作为王宫紧急避难场所而修建的，其城郭的 70% 以上用石头垒成，总长约达 2660 米。百济时期的城墙是用土垒的，而现在的石头墙则是李氏朝鲜时期改建的。城墙东西南北有 4 个门，现在只有南北 2 个门保留了当时的样子。另外，城墙之中，除临流阁、双树亭、镇南楼之外，还有壬辰倭乱时僧兵训练的灵隐寺。

双树亭

公山城
门票：₩500
参观时间：9:00～18:00
(11月～2月17:00)

收费处只有西门。但入场东西南北门均可。

餐馆 Restaurant

茅草屋顶为标志

Ⓡ黄土草家

황토 초가집

公州市凤凰洞 201－1 ☎853－2399

营 11:00～22:00 休春节、中秋 预不要

地图见 P358・B

街上只此一家，有一种异样的气氛。好像是茅草仓库一样，但室内是韩国情调浓郁的地暖炕式房间。

推荐的是边煮边食用的宫中炖菜(₩3500)、烤肉(₩6000)、葱饼(₩5000)等。

报纸上介绍的名菜店

Ⓡ二鹤餐馆

이학식당

公州市中洞 141－2 ☎55－2455

营 9:00～22:00 休新年、中秋(各 1 天)

预不要 地图见 P358・B

公州名菜汤饭店。挂着公州市第1号模范餐馆的招牌。该店的汤饭，汤汁与饭是分开的。牛肉汤饭(₩5000)很受欢迎。

酒店与韩式旅馆 Hotel

市外汽车站附近几乎没有旅馆。从市内汽车站到咨询处的中央路西段，集中了新建的3～4层的庄级旅馆。价格₩25000～。餐馆街附近也有旅馆，但稍旧。

由于是庄级旅馆，干净、设备完整。前台的服务员很亲切。带浴室、厕所、电视的双人房间一晚₩25000。离餐馆街、市场近，很方便，是推荐的旅馆之一。

观光的绝好位置

Ⓗ东西庄旅馆

동서장여관

公州市山城洞 116－5 ☎854－4906

地图见 P358・B

乘从汽车站向市区方向的市内公汽，到中央路的停车站下车便是。1层为餐馆，2层为前台。

公州 6 层建筑的酒店

Ⓗ公州观光酒店

공주관광호텔

公州市山城洞 139－1 ☎55－4023

地图见 P358・B

沿从中央路向公山城方向南侧的道路走3分钟，位于公山城的山脚。6层建筑，白色外观，一看便知。双人间₩40000。

Suanbo Onch'ŏn 水安堡温泉 수안보온천

水安堡位于忠清北道的中央地区，月岳山国立公园的山脚，是从汉城去庆尚道国道沿线的一个小镇。翻过南部小白山峦的道路叫乌岭，现在铁道通到秋风岭，与竹岭一样，曾经都是难于前往的地方。

该地发现温泉，距今可以追溯到约250年前，现在作为从汉城可以轻松前往的旅游地，一年四季团队客人热闹非凡。野鸡与山菜是这里的名菜。

地区号:0441

前往方法

▶乘汉城综合汽车

所需时间:2小时30分钟

发车:60分钟间隔

价格:₩8400

▶忠州市外汽车站

所需时间:20分钟

发车:20分钟间隔

价格:₩1300

水安堡的漫步方法

从汉城、忠州、店村方向来的市外公汽汽车站位于大街的东头，温泉街以此为轴，呈扇形分布。

汽车站前的大道是水安堡的主干道，集中了镇上的主要机构。离汽车站最近的地方有旅游咨询处。去月岳山、忠州方向的市内公汽停车站也在该大街对面。

从旅游咨询处，道路开始分岔，向右手走，左边是餐馆街，右边是高级酒店。岔道中间有很多酒店、旅馆、旅人宿等，一家挨一家。

街的南侧有植物园、动物园，登上山顶有可眺望水安堡温泉的展望台。过了水安堡温泉桥，河的北侧有旅馆街，在外奇吉酒店旁边有游乐园。

餐馆 Restaurant

水安堡温泉最有名的餐馆

Ⓡ形木餐馆

향나무식당

忠州市上芼面温泉里245　☎846－2813

营 7:30～23:00　休 春节、中秋　预 不要

烹制被叫做健康食品的山菜，很多顾客是听说以后特意来此的。

的确是水清的温泉之地，这里的鸡给非常好吃。另外，吊人参也有特别的香气。

受欢迎的菜是形木山菜主食₩9000(2个人以上)、涮野鸡肉₩45000(3～4人)。

KBS放映的野鸡火锅店

Ⓡ闻都邓餐馆

원두막식당

水安堡的名产野鸡，具有防止皮肤老化的功效。这里的野鸡火锅(₩4000)在KBS有介绍，味道有定评。山菜拌饭₩5000。

酒店与韩式旅馆 Hotel

从高级酒店到庄级旅馆以及旅人宿共有30余家，可根据个人的预算选择。有很多旅馆有大浴场，住宿的客人可以免费入浴。住在便宜的旅馆也可以只付洗浴费便可到高级酒店去洗澡。入浴费高级酒店₩6000，庄级旅馆₩1500左右。

有大浴场的旅馆

Ⓗ玉泉庄旅馆

옥천장여관

忠州市温泉里 775　☎846－3611～3

地图见 P362 · ⑩

从汽车站向右拐，沿十字路口向右拐过桥，皇冠酒店的旁边就是。

因为是旅游地，庄级旅馆房间也很干净。带有浴室、厕所、电视。地下有从早6点开到晚上8点的大浴场。1层有餐馆。一晚₩25000。

服务员亲切

Ⓗ汉城温泉庄旅馆

서울온천장여관

忠州市上芼面温泉里 221　☎846－2711

地图见 P362 · ③

浴室、厕所打扫得很干净，但略有些旧。韩式、面式房间各₩30000。1层有大浴场，从早6点到晚9点能洗浴。登记后发给浴巾。

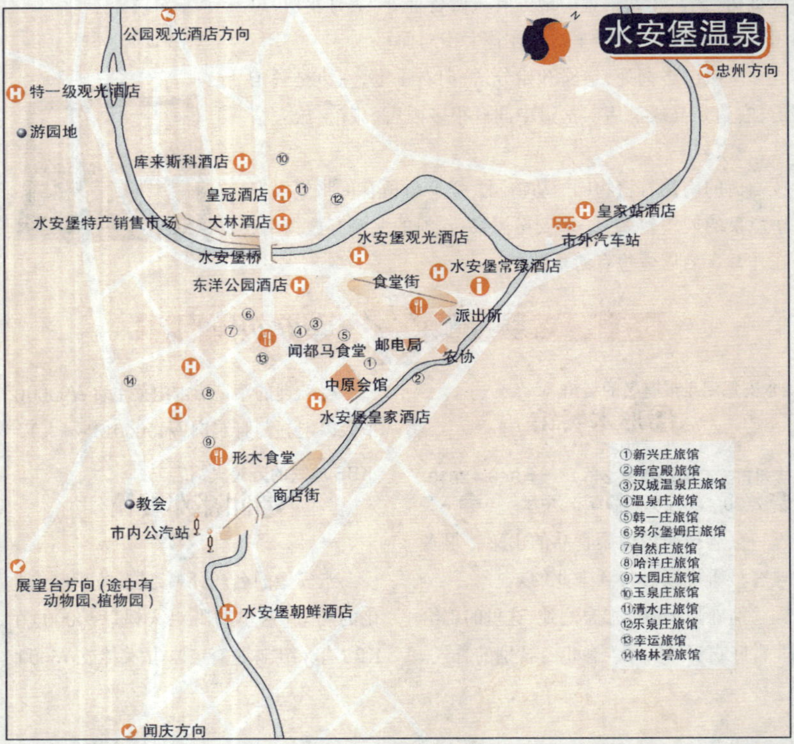

Taejŏn 大田 대전

该地区之所以叫做大田，是由于1905年京釜线开通后，原本这里的村落叫大田圃，于是就将其称做大田。随着湖南线的开通，大田成为一个铁道城镇。特别是从公州将道厅移到此地后，大田成为忠清道的中心而发展起来。

大田，现在正作为韩国的“第二首都”，进行着官厅的迁移和工业用地的建设。1989 年，大田被指定为直辖市；1993 年，在大田召开了 EXPO'93(大田万国博览会)，现在大田则成为广域市。

大田作为前往俗离山、鸡龙山、儒城温泉、公州、扶余的大门，是一个交通要道。

大田的漫步方法

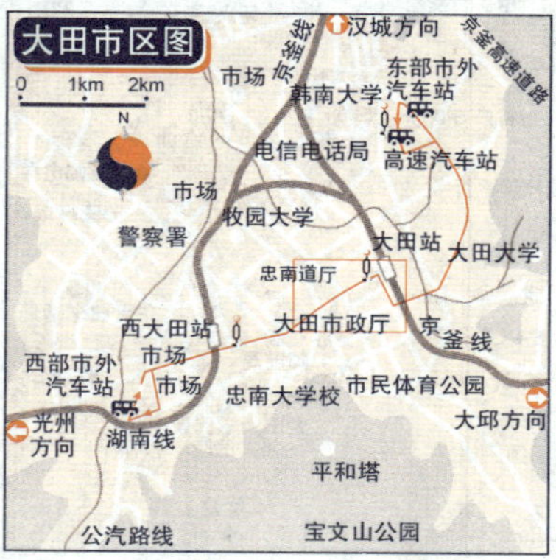

旅游咨询处，位于大田站前广场右侧。延伸在站前的中央路是大田的主干线。前往市内各处的公汽车站延续有几十米，每一条路线都有不同的

地区号:042

前往方法

▶汉城高速汽车站
所需时间:1小时50分钟
发车:20分钟间隔
价格:₩6500 /₩9500

▶国铁汉城站
所需时间 新 1小时33分钟、无 1小时45分钟
发车:新 30～60间隔 无 30分钟间隔
价格:新 ₩9900 无 ₩6800

▶釜山高速汽车站
所需时间:3小时30分钟
发车:50分钟间隔
价格:₩10600 /₩15700

▶大邱高速汽车站
所需时间:2小时
发车:20分钟间隔
价格:₩5800 /₩8400

旅游咨询处
大田站前
☎273-8698
高速汽车站
☎632-1338
市内公汽
一般公汽
价格:₩500
座席公汽
价格:₩1000

巴士,只要明白了乘坐巴士的号码,就很容易找到。站前地下街一直延伸到道厅前。

沿中央路前往道厅时,要横穿大田川,江上建有公园。过了江,右侧一带叫银杏洞,是年轻人较多的繁华街。狭窄的小路内有咖啡馆、餐馆、电影院等。东洋百货店后面的宣化洞有很多旅馆、餐馆。

从站前到道厅,步行约25~30分钟,有市内汽车,特别方便的是 841 路公汽。该路线以东西两个市外汽车站为起、终点,经大田站、中央路、西大田站。乘坐该路公汽,最适合在大田的市内游览。

市区向北约7公里处的大德地区,是位于丘陵地区的拥有最先进科学研究设施的未来之城。EXPO举办地点现在已经变成了EXPO科学公园。公汽路线有直接连接市区的与经儒城温泉到市区的2种。

口岸信息

大田有2个铁路站和3个汽车站,各自位于独立的地区。各个车站前往的目的地不同,换车时多少有些麻烦。

铁路

大田站

发抵京釜线所有等级的列车。

西大田站

发抵湖南、全罗线所有等级的列车。

汽车

高速汽车站

发抵以汉城为主的主要城市方向的高速汽车。

大田东部市外汽车站

位于高速汽车站的对面，发抵汉城、俗离山、安东、大屯山等大田东北部方向的汽车。

大田西部市外汽车站

位于市区的西部，距市中心有相当一段距离。发抵扶余、全州等大田南部方向的汽车。

大田市内各汽车站联络市内汽车路线速查表

抵达 / 出发	东部市外汽车站	高速汽车站	大田站方向	西大田站方向	西部市外汽车站
从东部市外汽车站 上车站：面对汽车站一侧		邻接	841	841	841
从高速汽车站 上车站：汽车站前	邻接		851 860 702(座席) 703(座席) 等多数	223	702(座席) 703(座席)
从大田站 上车站 中央路 ·印 大田站方向 无印 道厅方向	·841	·841 ·850 ·860		714 841	714 841
从西大田站 上车站 出站右手阶白路 ★印 西行 无印 东行	841	使用部市外汽车站	714 841		★714 ★841
从西部市外汽车站 上车站：汽车站前	841	702(座席) 703(座席)	714 841 702(座席) 703(座席)	714 841 702(座席) 703(座席)	

主 要 景 点

宝文山公园 ◆보문산공원

地图见 P363

建在城市南面海拔 250 米左右的山腰间，从山脚下有缆车（步行 30 分钟左右）。从山顶可以眺望市内，有战胜塔、儿童之图、泳池、寺庙等，是市民休息的场所。

宝文山公园

▶乘市内公汽 310 、310-1，在公设运动场附近的五差路下车。从缆车站步行 10 分钟。

缆车价格：₩1000（往返₩1300）

国立中央科学馆 ◆ 국립중앙과학관

国立中央科学馆

以"自然、人类、科学之间的调和"为基本主题而建，是大德科学研究团地的象征设施。

馆内常设的展览有自然史、科学技术史、自然科学、技术4个领域。位于3层的韩国科学技术史馆内展示有龟甲船、传统乐器，很富有历史深度。

旁边的建筑是天体馆，直径23米的拱型银幕是韩国国内最大的天象仪。

EXPO科学公园 ◆ 엑스포과학공원

1993年举办的大田EXPO(万国博览会)会场中，除国际展场以外，均改变成了以先进科学技术为主的主题公园。公园中心耸立的韩美塔是当时的象征，到了冬季，其照明的亮度堪称是世界最大的圣诞树。

可常年参观的EXPO纪念馆与大田馆是一定要去看一看的地方，它是先进技术城市大田的骄傲与未来。另外，除了这两个馆以外其它所有的项目，除入场券之外还需要观览券。

韩美塔

EXPO科学公园

国立中央科学馆

☎861-2542

▶从大田站前乘市内公汽180、座席101(经儒城大德方向)在EXPO公园前下车。

一点注意

座席101公汽沿大德地区循环，又返回来时的方向，所以看到EXPO公园应马上下车。

▶从大田站乘市内座席公汽103、105在科学公园前下车

门票:₩500

休馆日为元旦、周一，及节假日后的第二天。

参观时间：9:30～17:30(11～2月到16:30)

天体馆

门票:₩1000

EXPO科学公园

☎866-5114

▶市内公汽的乘坐方法与国立科学博物馆相同。

门票:₩2000(各项目观赏费₩2500～3500，自由券₩15000)

休馆日:年中无休

开馆时间:9:30～17:30

大田市中心地区、东洋百货店后面的宣化洞和高速汽车站周围有旅馆街，高速汽车站周围的旅馆比较新。

时间充裕的人，还可以乘公汽30分钟到儒城温泉去一下。

位于大德团地的特级酒店

Ⓗ大德乐天酒店

호텔롯데대덕

儒城区道龙洞382　☎865－7000
FAX862－0059

位于距EXPO科学公园、国立中央科学馆步行15分钟的地方。安静气氛中的悠闲而舒适的特级酒店。设施方面是将汉城乐天酒店小型化了，有保龄球场、桑拿，还有按摩。双人间1晚₩133100～。

从大田站乘市内公汽180、513、座席公汽705、105约40分钟。

中等规模的舒适酒店

Ⓗ东洋观光酒店

동양관광호텔

东区龙田洞68－20　☎627－0011
FAX627－5343

位于高速汽车站的旁边，与东部市外汽车站相通的路边。规模为中等，有餐厅、桑拿等设施，房间相当大。

带浴室、厕所的单人间1晚₩38500。

推荐酒店

Ⓗ大林观光酒店

대림관광호텔

中区宣化洞230－6　☎255－2126(FAX)
地图见P364·1

离百货店、官厅街近，周围女性为多，没有不安全感。前台服务很认真，正规。

1晚双人间₩30000～100000。

交通极方便，大田站下车步行1分钟

Ⓗ现南庄旅馆

향남장여관

东区贞洞1－132　☎273－4914

位于国铁大田站、站前广场的左侧。1层为餐厅，2层为咖啡店，从3层以上是旅馆。

韩式房间带浴室、厕所、电视，1晚₩25000。

铁路车站为中心，地理位置最好。过1站前的三省路，到繁华街后，距餐馆街、市场都很近，很方便。

乘高速汽车移动方便的

Ⓗ毕加索观光酒店

피카소관광호텔

☎621－8400

位于高速汽车站北侧的后面。餐馆、小卖店很多，相当方便。

双人间1晚₩30000。有卫星电视。

Yusŏng Onchŏn 儒城温泉 유성온천

地区号:042

前往方法

▶汉城高速汽车站

所需时间:2 小时

发车: 15~30 分钟间隔,

价格:₩6100 /₩8800

▶从大田

乘大田站发市内公汽 101 、102、座席公汽 104、110、110-1 。乘高速汽车站发市内座席公汽 103 座席、120 。

所需时间:30 分钟

价格:₩500(一般公汽)、₩1000、₩1200(座席公汽)

一点注意

坐在前进方向右侧的座位上,眺望的景色最好。走20分便过大桥,看到右前方写有"儒城酒店"、"RIVIERA酒店"的招牌后按车铃做下车准备。

位于大田市西北郊外的儒城温泉，在李氏朝鲜时期，国王曾到此洗浴,历史很悠久。泉质为含镭的碱性泉,对神经痛、风湿、肌肤美容很有效果。

鸡龙山公园位于乘公汽 30 分钟的地方。上午登山,下午洗温泉是当地人的乐趣。

儒城温泉的漫步方法

该镇上的住宿设施和饮食店都井然有序,寻找温泉情趣的话,这里一定不会令人失望。

以有派出所的大街为中心的兼有大浴场的酒店和中级旅馆很多,最适合住宿。这条大街有大韩航空的办事处,预约很方便。

儒城的锦湖高速汽车站位于从温泉街向西北步行 10 分钟左右的地方。

酒店与韩式旅馆 Hotel

比起大田，儒城温泉一带更容易找到住宿。中级旅馆有₩30000左右的房间,但因没有大浴场设施,不太能感觉到温泉气氛。

大型的酒店、旅馆均有漂亮的温泉大浴场,不是住宿客人,只要付费也可以洗浴。

儒城观光酒店(☎822－0811),里

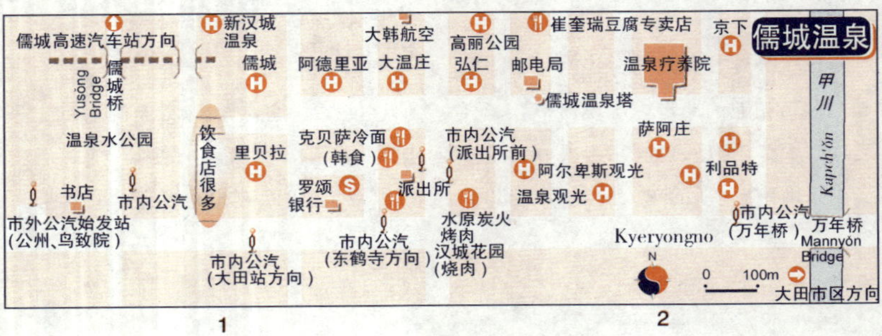

贝拉酒店(☎823－2111)、弘仁酒店(☎822－9991)等很有名。住宿双人间约₩100000～。

在悠闲的酒店内洗温泉

Ⓗ高丽公园酒店

고려파크호텔

儒城区凤鸣洞536－2　☎825－0303

地图见P368・2

沿儒城邮电局旁的道路一直走，在左手边。是中等规模的酒店，客房很大，非常干净。

带浴室、厕所、电视、冰箱的双人间1晚₩39000(节日、假日前上涨30％)，可以放心去住，非常舒适。

地下一层有大浴场，住店客人₩1500可洗浴。

带大浴场的旅馆

Ⓗ新城温泉庄旅馆

신성온천장여관

儒城区凤鸣洞468－3　☎822－7171(FAX)

位于里贝拉酒店对面的旅馆。韩式房间，带浴室、厕所、电视的双人间1晚₩25000。

1层有大浴场，可以悠闲地洗浴，住店客人免费。

餐馆 Restaurant

15年的豆腐一脉相承

Ⓡ崔奎瑞豆腐专卖店

최규서두부전문점

儒城区凤鸣洞537－5　☎823－7646

营9:00～22:00　休年中无休　预不要

地图见P368・2

研究了15年豆腐的豆腐博士崔奎瑞先生的专卖店。

令人无法忘记的美食。无异味的豆腐的秘诀是因为使用了天然卤水。拿手的豆腐菜为豆腐酱汤。辣汤与炖豆腐味是一绝。中午人很多。这里的味道是一定要尝一尝的。

菜谱有炖豆腐中₩20000，大₩30000，豆腐牛排₩7000，生豆腐₩3000，纯豆腐₩4000(淡味)。

锦山国际人参市场

提到忠清南道锦山，是韩国无人不知的高丽人参的故乡。在锦山，5天一次，带2、7的日子要开集市，名称为锦山国际人参市场。以功效卓著的人参、药草为目标，全国各地的商人们都云集于此。

从大田乘市外公汽，摇晃约1个多小时，便来到非常平凡的带有乡村城镇风情的汽车站。从这里慢慢走10分钟左右，看到叫做药草市场的以一座大楼为标志的繁华路口。以此为中心，东西长长排开的便是人参市场。

大楼前人山人海，人行道上都是拿着物品的商人，甚至有一部分站到了汽车道上。穿过人流边走边看，销售的商品不但有人参，还有鹿茸、蜈蚣、灵芝、某种树根、不知名称的药草，以及普通的大蒜、辣椒、水果等。店铺规模从漂亮的大楼到地摊、地等多种多样，数量之多无与伦比。

提到人参，人们会想到机场免税店卖的人参茶、人参精。锦山因为是集散地，卖原质人参品要比加工品多。整根的，或者按大小部分分类后在太阳下干燥好的(白参)、或者刚摘的生参(水参)整齐地码放在店头。如果想轻松地寻找礼品的话，店主推荐的是粉末人参。溶于水每天饮用，效果极佳。

药草市场的左边是人声鼎沸的水参中心，这里是人参的交易市场。还带有土的人参一捆一捆的，非常壮观。在这里，可以体会到富有能量的韩国人与韩国社会是怎样的不同凡响。

每年9月，锦山举办人参节，到时会有各种富有力量的、多功能的节日活动，即使是不喜欢人参的人，对此活动也会很有兴趣吧。

锦山国际人参市场

每月:带2、7的日子举行。

从大田东部汽车站乘锦山方向直达公汽40分钟，车票₩2300。

在锦山汽车站下车向东南方向步行10分钟。

Onyang Onch'ŏn

温阳温泉
온양온천

是韩国历史最悠久的温泉地。温阳的名称来源于李氏朝鲜初期，根据百济时代的温井、高丽时代的温水都与温泉有关而命名。

随着国铁长项城的开通，温阳作为旅游点开始受到重视。据说，这里过去还是韩国代表性的新婚旅行之地。

温泉水质为碱性泉，约50℃，对皮肤病、神经痛很有效果。

这里距汉城不远，交通方便，而且住宿设施完整，值得向初次到地方城市旅行的人推荐。看独立纪念馆的回程时可以顺便造访。

地区号:0418

前往方法

▶汉城高速汽车站
所需时间:1小时30分钟
发车:30分钟间隔
车票:₩3900 /₩5700

▶大田东部市外汽车站
所需时间:1小时30分钟
发车:30分钟间隔
车票:₩3900

▶天安市外汽车站
所需时间:20分钟
发车:20分钟间隔
车票:₩1100

▶国铁汉城站(长项线)
所需时间:1小时26分钟
发车:1天12班
车票:₩4600

温阳温泉的漫步方法

温阳温泉的大门是国铁温阳温泉站。站前广场左右方向的大路是忠义路。向左走有第一观光酒店和历史悠久的温阳观光酒店。

旅馆街位于从车站步行的范围内。汽车站和温阳民俗性博物馆步行20分钟左右。前往市郊方向的市场公汽很多,90、91、100-5等,连结着车站~汽车站之间。考虑到效率,乘出租车很方便,博物馆、汽车站均在起价范围内。

温阳民俗博物馆
▶从站前沿大路向北,步行20分钟
门票:₩3000
参观时间:8:00~19:00
(11~3月9:00~17:00)

主要景点

温阳民俗博物馆 ◆ 온양민속박물관 地图见P373·1

沿车站正面的大路向北步行约20分钟，是大型出版社啟蒙社于1978年开设的民营博物馆。

博物馆讲述韩国人的一生，有衣、食、住、职业、民俗工艺、民俗信仰、娱乐、学术、制度等内容。

温阳民俗博物馆

独立纪念馆
▶从汉城高速汽车站到天安,所需时间:60分钟
发车:10~15分钟间隔
车票:₩3300 /₩4800
▶从天安乘市内公汽500,独立纪念馆前下车。所需时间:20分钟
车票:₩950
▶有天安—独立纪念馆的班车。

天安站左手有旅游咨询处

门票:₩1600
休馆日　周一(公休日的第2天休息)
参观时间:9:30~17:00(10~3月~16:00)

这里不像其他博物馆有国宝级的物品,而是每一件展品都与韩国人的生活息息相关,体现了真正意义上的韩国文化。

另外,除有退湖遗物室、民画室、佛教绘画室主要特别展室外,郊外还有旧式民房、基地等的展示。

与韩国各地的国立博物馆相比并不逊色,而且可以说是内容雄厚的博物馆。

酒店与韩式旅馆 Hotel

这里自古以来就以温泉地而著称,因此,以温阳观光酒店、第一观光酒店等高级酒店为主,庄级旅馆达80家以上,含旅人宿在内共100多家住宿设施。

沿从车站正面第二条路的温宫路向右走,这一带集中了庄级旅馆,此外还有一些韩式旅馆。

旅馆客房内的浴室水便是温泉,设有大浴场。一部分旅馆一层是沐浴场,住宿客人一般是免费或者折扣洗浴。

蜡笔绿色的建筑

Ⓗ新温阳旅馆

새온양여관

牙山市温泉1洞90-7　☎545-2631
地图见P373·1

从车站步行3分钟。有宽阔停车场的蜡笔绿色建筑即是。房间有些旧,是韩国式的内装修。

地暖炕式房间单人间1晚₩25000,院内的另一栋内有公众浴场₩2200。

在1层公众浴场可以享受温泉

Ⓗ清州温泉旅馆

청주온천여관

☎546-2151　地图见P373·1

用砖墙砌成的大旅馆,从车站步行3分钟。门口写着“清州HOTEL”。1层为前台和公众浴场(分别经营,价格₩2500)。房间清洁,很宽敞。外面房间的窗户大而且明亮。前台处有矿泉水饮水机,免费。地暖炕式房间双人间1晚₩25000。前台有几位老妈妈服务,很亲切、热情。

轻松的享受温泉

Ⓗ裕盛庄旅馆

유성장여관

牙山市温泉1洞82-8　☎542-3313~5
地图见P373·1

正面是前台,上右侧2层有楼梯,像酒店一样。并不是新建筑,但气氛稳重。没有大浴场,但客房内有清洁的浴室,是温泉水。带浴室、厕所的房间价格1晚₩25000。

独立纪念馆

为歌颂参加独立运动的人们而建

1919 年 3 月的独立运动中，有一位年仅 14 岁，走在故乡游行队伍的前列，最后死在狱中的被称做“朝鲜的杰努·达尔克”的小孩，他就是现在依然被韩国人所熟知的柳宽顺。在柳宽顺的故乡附近，忠清南道天原郡建有独立纪念馆。

该纪念馆，是因 1982 年日本在教科书中歪曲历史问题而引发修建的。为正确评价独立运动而建设的纪念馆，1987 年开馆。在建设过程中，纪念馆得到了国民的大量捐助。

纪念馆中作为主要展厅的共有 7 个展馆和 1 个圆形电影馆。解说没有日语，英语也不多，是由于该设施本来就是为了让韩国国民参观的。

馆内由 7 个展厅和圆形电影馆构成

简单介绍一下各展馆的展示内容。第 1 展馆是民族传统馆。介绍了近代以前朝鲜民族的传统文化和抵御了众多侵略的历史，使用了很多模型和复制品。

第 2 个展馆为近代民族运动馆。介绍了朝鲜人民抵抗以日本为首的外国压力，为建设独立的现代化国家而努力奋斗的事绩。可以看到有关金玉均、东学农民军、安重根等的展览。

第 3 个展馆为日帝侵略馆。介绍了日本帝国主义侵略朝鲜的过程，以及殖民化中使用的暴虐统治的实态。

第 4 个展馆为“3.1”运动馆。有关于殖民地统治下最大的运动“3.1”运动的各种展示。

第 5 个展馆为独立战争馆。入口处地方立有 3 个铜像，其中正中央的是安重根，左侧的是尹奉吉，都是以暴力手段对抗日本帝国主义的代表人物。右手的金佐镇是在朝鲜国境附近的中国东北地区（间岛）率领独立军，给予日本军队以沉重打击的人物。这里介绍的都是他们当年与日本统治进行激烈抵抗时的情景。

第 6 个展馆为大韩民国临时政府馆。介绍了 1919 年“3.1”运动开始后，当时独立运动领导层集合起来，在上海建立大韩民国临时政府的历史。

第 7 个展馆为大韩民国馆。介绍了 1945 年 8 月 15 日日本战败，朝鲜半岛获得解放，直至今天的历史。展示以大韩民国的发展状况为主。展馆中写有巨大的“6.25”的展示，是指朝鲜战争（战争爆发于 1950 年 6 月 25 日）。

第 6 展馆与第 7 展馆之间的圆形电影馆，是全方位 360°的环幕电影，上映介绍韩国美丽自然风光的影片。

如想了解朝鲜民族的独立运动，以及韩国人自己对过去历史事实是如何认识的，那么该纪念馆是一定要到访的地方。

Songnisan

俗离山

속리산

法住寺

位于几乎是韩国正中央的俗离山，沿朝鲜半岛从南向西，构成了横断小白山脉的一部分。天皇峰（1058 米）是主峰，由文藏台、观音峰等 9 个峰构成，号称“小金刚”，有法住寺，是信仰之山。

山名取自于新罗时期，一名农夫为自己的信仰心不如牛而感到悔恨，离开世俗而隐居此山为僧。这里即使是在夏季气候也很冷，真好像是到了离俗的境界一般。

现在俗离山作为登山的名胜而广为韩国人所喜爱。

地区号:0433

前往方法

▶汉城南部汽车站

所需时间:3小时40分钟

发车:1天9班

价格:₩9400

▶东汉城综合汽车站

所需时间:3小时30分钟

发车:40分钟间隔

价格:₩9700

▶大田东部市外汽车站

所需时间:1小时40分钟

发车:1天33班

价格:₩4400

俗离山的漫步方法

汽车站前的一条大道便是该镇的中心，沿汽车站向右走是该镇最热闹的地方。道路两旁有礼品店、有著名山菜餐馆。向左走便来到旅馆街，再一直走会到俗离山和法住寺，很简单，不会迷路。

从汽车站走 10 分钟左右，左手可以看到俗离山观光酒店（站前的咨询处是该酒店开的，但不接受一般住宿）。再向前走，过了桥，左手一点的地方要付进山费。桥前，在有管理事务所招牌的地方，可以获得简单的信息。通过一柱门，走 10 分钟左右，便来到法住寺。从这里的岔道走 5.8 公里便会到文藏台。

一柱门

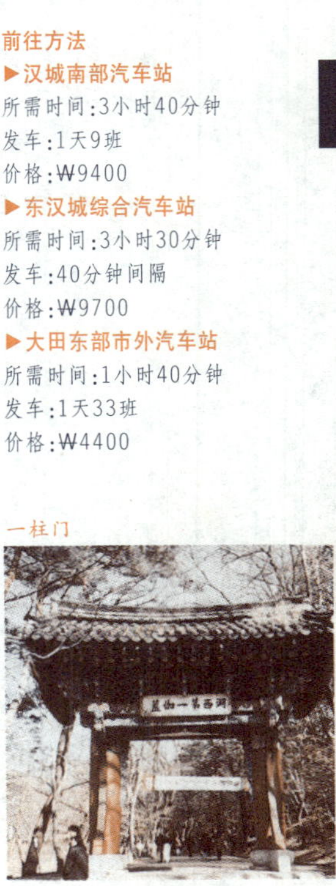

俗离山国立公园
俗离山管理事务所
☎42－5267
门票：₩2500（含参观费）

俗离山全面禁止露营、烧饭

郊游途中休息的话

沿法住寺前的岔道向右走1个半小时左右，路线分成2条，这里有一个休息的场所叫洗心亭（报恩郡内俗离面舍乃里山1－1，☎43－4784）。

韩国人喜欢一边登山一边饮酒，这里有自家制的道顿酒（₩6000），很受欢迎。

用团粉制做的点心（₩3000）包上泡菜，做下汤菜很好吃。

到终点还有1个小时20分钟，在这里喝一点东西补给一下能量，非常好。

三大佛殿
法住寺：大雄殿
无量寺：极乐殿
华严寺：觉皇殿

主要景点

俗离山 ◆속리산

地图见折页·3－C

原名叫做九峰山的俗离山，是代表韩国的大江洛东江、锦江、南汉江等河流源头的发源地，同时深山内保留有寺庵，因而吸引了大量登山客人。

最受欢迎的是到文藏台的路线。它距离法住寺前的岔道5.8公里，整条路线需半天的时间。登山道路修得很好，运动鞋便足够了。到这里来的家庭游客很多。

文藏台海拔1033米，因为山峰像浮在云雾中一般，故叫“云藏台”。又传说发明韩文字的世宗大王每天在此吟诗，故而改叫文藏台。据说，这里眺望的景色是俗离山最好的，只要三次到文藏台便会成为神仙。置身于此，如临仙境，也的确名不虚传。

正二品松 ◆정이품송

地图见P378

正二品松

从汽车站向俗离山相反方向走，过了青年旅馆再走2分钟，便看到耸立在河边的巨大松树。

传说，该松树是古代李氏朝鲜时期世祖（1455～1468在位）来俗离山时，松树为表达对国王的敬意曾委身致敬，世祖为表彰它的忠义，赐给正二品的爵位，因而得名。

从这里向南走7公里处，还有一棵与正二品松有关的正夫人松。

法住寺 ◆법주사

地图见P378

位于以韩国八景著称的俗离山景胜地的法住寺，号称是湖西地区第一伽蓝。

据传说，它是新罗义信视祖在天竺(印度)修行后，骑白骡子载着经典回国，于552年修建的。因此，根据法典住寺而命名为法住寺。后于8世纪，在宏大的寺院地上重建。但此后数次遭受火灾，大部分的建筑是17世纪以后重建的。院内有韩国三大佛殿之称的大雄宝殿，以优雅而著称的圆通宝殿，以及五重塔捌相殿。

新罗时期留传到现在的文物有，刻有华丽莲花瓣的石莲池、两只狮子支撑着石灯的双狮子石灯等石造物、摩崖佛如来坐像，以及周长1.8米的铁锅等。另外，进入寺院内可以看到左侧巨大的佛像，高33米的弥勒如来立像，是建于1989年的青铜佛。

捌相殿

大雄宝殿

餐馆 Restaurant

以山菜为主的韩定食

Ⓡ京会餐馆

경희식당

报恩郡内俗离面舍乃里 ☎543－3736

营 9:00～21:00 休 年中无休

地图见 P378

民房一样的构造，一大排地暖炕式房屋，很稳重。

在只有座垫的房间等了一下，便有一大桌的2人份的菜搬上来。整个桌子上摆满了菜，以山菜为主。

边烤边吃的木耳烤肉很好吃，吃饱之后，真想找一个单间睡上一觉……价格₩18000，味道、气氛都值得推荐。

热情的夫妻店

Ⓡ中央餐馆

중앙식당

报恩郡内俗离面舍乃里　☎543－2374

营 8:00～23:00　休春节、中秋　预不要

地图见 P378

车站处有老妈妈在拉客，跟着其中很热情、很漂亮的一位便能到这家店。以山菜为主，中央套餐（₩15000）、山菜套餐（₩12000）、山菜拌饭（₩6000）等，量很大。

酒店与韩式旅馆 Hotel

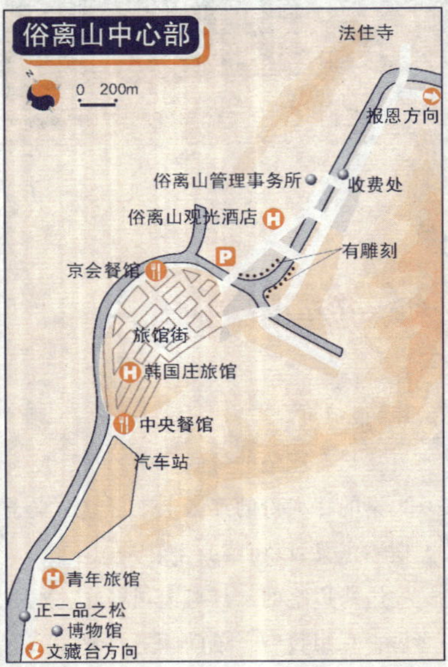

从车站前的大道向北（对俗离山左手），路边集中了大大小小各式各样的旅馆。

便宜的住宿车站附近很多，观光酒店附近也集中了比较便宜的酒店，可以根据价格、房间的情况来决定。

青年旅馆出车站向左，位于与俗离山相反方向步行10分钟左右的地方。

白色的平房旅馆

Ⓗ韩国庄旅馆

한국장모텔

报恩郡内俗离面舍乃里　☎543－6767

地图见 P378

很干净的旅馆。带浴室、厕所、电视的韩式房间、西式房间1晚₩25000。淡季时1晚₩20000。在旅馆附近挂电话的话，可以有人来接。

雪岳山与东海岸

- 雪岳山
- 東草
- 江陵
- 春川

Sŏraksan

雪岳山

설악산

韩国东部太白山脉的雪岳山，主峰大青峰(1708米)，花岗岩构成的山体，怪岩奇峰，显示着大自然的伟大雄姿。

雪岳山，春季绿色掩映，高山植物争奇斗艳，夏季则郁郁葱葱，秋季红叶，冬季银装素裹，四季富于变化的山岳之美，在国内外享有盛誉。雪岳山，已被韩国政府指定为国立公园，每年到此登山、乘缆车观光旅游的客人络绎不绝。

雪岳山的漫步方法

雪岳山以大青峰为中心，由库提吉青峰、鞍山、马登岭、黄铁峰、华彩峰等构成，大体分 3 个区域。以大青峰与马登岭、黄铁峰相连的中央连峰为境，东部为（束草一侧）外雪岳、西部（麟蹄一侧）为内雪岳、南部（五色一侧）为南雪岳。

游客前往的多是外雪岳，这里随着雪岳山旅游开发的进行，住宿及各种旅游设施也不断完备，一般所说的雪岳山便是指该地区。

外雪岳的中心为雪岳洞。从河上到河下住宿设施根据

地区号:0392

前往方法

▶从束草

乘束草市外汽车站前发往市内的公汽⑦路。该公汽经束草市内、束草高速汽车站去雪岳洞，终点为雪岳小公园入口。

所需时间:35 分钟

价格:₩540

南雪岳：登山基地为龙岱里。

雪岳小公园

门票:₩2200

级别分 A、B、C 三个地区。C 区有土特产店、餐厅、银行、邮电局、旅馆预约中心等。各地区间的移动，以从束草到旅游路线起点雪岳小公园方向，市内公汽最方便。

主 要 景 点

外雪岳有 4 条旅游路线和真正的登山路线，旅游路线均以有缆车站的雪岳小公园为起点。

①权金城路线

全长 1100 米的缆车，可以一口气登上权金城，是一条景色超群的路线。在这 4 条旅游路线中，该线是最可以轻松欣赏到雪岳山雄伟景色的路线，在游客中最受欢迎。

从海拔 800 米的权金城眺望景色，非常之美，锯齿一般的恐龙棱线，脚下的千佛洞溪谷，远方的束草、东海。从缆车中，还可以看到雪岳洞箱庭的街景。

从小公园利用登山道，可以登到权金城。

权金城路线
缆车价格：往返₩3650
所需时间：3 小时（使用登山道时，仅步行的时间为 2 小时 30 分钟）。

飞龙瀑布路线
所需时间：3 小时

②飞龙瀑布路线

六潭、飞龙两条瀑布挂在发源于华彩峰的土旺城溪谷

六潭瀑布

上，这是一条以围绕溪谷的奇峰为景点的路线。

过了小公园内的桥，沿对岸的岔路向左侧下游方向的道路走，约 30 分钟便来到以 6 个潭而命名的六潭瀑布。抬头仰望，可以看到以佛教名词命名的释迦峰、文殊峰、仙人峰等奇峰，再登 15 分钟，便来到飞龙瀑布旁。这是一条小瀑布，潭水呈浓绿色，因此也叫神光瀑布，以称赞其美。

③继祖庵路线

继祖庵路线
所需时间：3 小时（去蔚山岩的话，要再打出 1 小时 30 分钟的富余时间）。

是沿美丽清流道而上，巡新兴寺、内院庵、继祖庵等名称的路线。

穿过小公园后面的一柱门，沿石阶走 15 分钟左右，过内院后，右手便有新兴寺。沿溪流河边继续走，可以看到右手的安养庵，左手的内院庵。继祖庵下有无论是 100 个人，还是 1 个人，都可以摇动的摇晃石。

继祖庵的前面有前往蔚山岩的登山路线。

◆新兴寺 ◆신흥사

地图见 P381 · 1

632 年，由慈藏律师创建。其后，多次遭受火灾，现存的寺庙为 1847 年重建。

这里以李氏朝鲜时期的梵钟和世祖亲手书写的经板而闻名。

以背后的雪岳山为背景，大雄殿、冥府殿、新重建的九层石塔等，非常宏伟。

大雄殿外侧，有禅宗的十牛图；内壁，则画着寒山、拾得的画像。

④千佛洞溪谷路线

千佛洞溪谷路线
所需时间：7 小时

发源于大青峰的千佛洞溪谷，因环绕溪谷的奇峰怪岩

继祖庵

摇晃石

宛如千尊佛像一般而得名，别名也叫雪岳谷。这是一条有原始森林特色的溪流，凝缩了雪岳山之美的路线。

从小公园到新兴寺，与③的路线相同。沿新兴寺的岔路一直走，到飞仙台有小卖部、休息处，一般游客多到此便返回。

在飞仙台过了桥，要注意与去马登岭的登山道分开。从这里到阳瀑山庄，是外雪岳一段最美的景色，有鬼面岩、五连瀑布等绝景。

权金城山顶

阳瀑山庄前面的天堂瀑布，是该路线的终点，要顺原路返回。

该条路线在重要地点都设有铁桥，只要穿结实一点的运动鞋登山就没问题。从天堂瀑布向前，是去大青峰的真正的登山道，需要正规一些的登山装备。

⑤真正的登山路线

前往大青峰，有内雪岳、南雪岳、外雪岳等各种各样的登山路线。其中，从外国来的登山者容易使用的是外雪岳的路线。

海拔约1400米，是真正的登山运动路线，需事先做好充分的准备。注意不要忘记弄到地图，记录的大青峰登山管制期间禁止登山的区域。旅行中因为受日程的限制，最基本的是要选择天气较稳定的日子。另外，当日往返登山时，包含休息在内要有12个多小时，所以最好是黎明前出发。

真正的登山

路线：所需时间12小时

一般的路线以小公园为起点，与到天堂瀑布的观光路线④相同。

过了瀑布，走1个小时左右，登上很陡的登山路，便来到从大青峰到马登岭的恐稜线。再往前，素云阁待避所前的小潭，便是最后的水潭。

从待避所开始道路分为两支，右侧是经由小青峰、中青峰去山顶的路线。与千佛洞溪谷这样具有阳刚之气的男身相比，山顶附近则意外的是具有女性阴柔之美的山体。沿着被烈风吹动的，由灌木编织的美丽花纹模样的陡峭的尾根道攀登，再登2个小时左右，便来到大青峰山顶。宽阔的山顶上，中心岩之间有“乐山乐水”石碑，南面的坡上有岩石待避所。

酒店与韩式旅馆 Hotel

C区有60家左右的旅馆。一晚₩20000~。沿川下走5~6分钟的地方有民宿村，1间房₩8000~12000(2~3人可住)。停车场后面还有帐篷营地。

B区集中了20家左右的酒店、旅馆，气氛安静。1晚₩20000~30000左右。

A区是集中了高级酒店的川上地区。设备一流的健身堂酒店、雪岳公园酒店内都有赌场。1晚₩80000~150000。

五色药水回想

走在五色里会看到礼品店中精神的老妈妈们作生意时的样子。她们手里拿着红水勺，借给过往游客。旁边就是去药水的入口。

入口附近有人墙，好像药水从那里涌出来。旁边的一个老妈妈做着样子，后面的人便有次序地上前。看一下脚下，有一个生了锈的圆形的钵(?)，内有泉水涌出。

伸出手去一试，感觉不到是五色药水，喝一口尝一下，第一感觉是有铁味（大概是铁钵的缘故），第二感觉有一点像啤酒，第三感觉……确实有一点奇妙的味道。问了一下旁边的老妈妈，说是对身体很好，应装回去带给老年人喝。

听了老妈妈的话，又喝了一次还是感觉不到它的好处。也许是年纪大的人有体会，这种味道年轻人是理解不了的。

深吸了一口空气，换一下口味。我们又向洛山进发了。

在前往五色里的雪岳山入口的停车场（大海的反面，有店铺的一侧），有直达巴士可以乘坐。在车站前购票，要问一下确认是去五色药水方向的汽车才放心。

另外，稍微远一点的南雪岳，有五色温泉。有的酒店不住宿只洗温泉也可以。

与雪岳山相匹配的白色三角屋顶

Ⓗ雪岳公园酒店

호텔설악파크

束草市雪岳洞 74 – 3　☎636 – 7711
FAX634 – 7732

在 A 区，但最靠近 B 区的五星级酒店。大的白色三角形屋顶是其特征。双人间₩135200 ~ 。酒店与束草之间有班车。

城堡似的酒店

Ⓗ健身堂酒店

호텔켄싱턴

束草市雪岳洞 106 – 1　☎635 – 4001
FAX635 – 4011

位于 A 区，城堡一样的高级酒店。韩餐、日本餐、西餐厅、桑拿、夜总会、网球场、专用海水浴场（东海岸）等附属设施完备，有赌场。

价格双人间₩135000 ~ 。可步行到雪岳小公园。酒店 ~ 束草间有班车。

C 区周边

位于 B 区的酒店

Ⓗ半月熊上庄酒店

반달곰상장호텔

束草市雪岳洞 B 地区 22 – 1　☎636 – 8400

在 B 区但靠近雪岳公园。下了雪岳洞汽车站，右侧有超市，沿旁边的坡道一直走 3 分钟，右手砖结构的建筑便是。韩式、西式房间带浴室，带厕所双人间 1 晚₩30000 ~ 。

B 区内推荐的

Ⓗ雪岳基督

설악크리스탈

束草市雪岳洞 22 – 2　☎636 – 7626
FAX636 – 7629

位于 B 区内的白色酒店。无论从安静的环境，还是距离公汽站 3 分钟的方便来看，都是无可挑剔的酒店。服务的老叔、老妈妈热情地告诉有关登山的信息。

位于沿花园酒店右侧的道路走 1 ~ 2分钟的右侧。双人间1晚₩30000。

公寓

Ⓗ雪岳教育文化会馆

설악교육문화회관

束草市道门洞 155　☎(0396)639 – 8100

位于到雪岳山登山口小公园汽车站还有 8 站地的地方，周围都是寂静的大山，民间村落的边缘。

公寓形式，5 人使用的房间 1 晚₩48000 ~ 。

位于五色温泉的酒店

Ⓗ五色绿野酒店

오색그린야드호텔

襄阳郡西面五色里 507　☎(0396)672 – 2131

位于雪岳山南面，该酒店旁边有温泉（洗浴费₩5000），非常值得推荐。

房间舒适，干净。双人间 1 晚₩55000 ~ 。

Sokch'o 束 草 속초

地区号:0392

前往方法

▶**汉城高速汽车站**

所需时间:5小时15分钟

间隔:30分钟间隔

价格:₩11700 /₩17300

▶**汉城上凤汽车站**

所需时间:4小时30分钟

发车:1天6～7班

价格:₩14000

市内公汽

价格:₩370

洛山寺

▶束草市外汽车站乘市内公汽❾洛山寺方向

价格:₩710

一点说明

目的地不同,价格不同,要先说去哪里,再付费。

坐在前进方向左侧的座位可以眺望到东海的景色。

参观券:₩2200

参观时间:4:30～18:00

推荐乘渡船

束草的渡船(市区与半岛状的青湖洞之间)相当有意思。像筏子的船正中间有一根缆绳,两端各与对岸相连,船靠钩子拉着缆绳移动,操作时由乘客自愿来完成。船费:₩100。如果带自行车或行李车上船,价格要贵些。

与江陵一样是江原道的中心城市之一。是位于38°线北侧的韩国最北端的城市,1945年解放,当时是北朝鲜领土。束草,作为旅游城市而受到注目,是从1970年雪岳山被指定为国立公园开始。

以永郎湖、青草湖、海水浴场等著名沙滩为主的旅游城市束草,对外国人来说其作为雪岳山大门的色彩更加强烈。

束草的漫步方法

束草的大门,是高速汽车和市外汽车站,环绕青草湖的中心路将2个车站连结起来。市区沿中心路向周围扩展,从市外汽车站到湖北岸约2公里处是官公厅、银行集中的市中心。

从市外汽车站到海边有轮船码头,有前往鬱陵岛方向的游船。其附近的公园有收复纪念塔面北而立。旅馆集中在市外汽车站附近。

前往主要景点可乘市内公汽。到雪岳小公园乘❼、到洛山寺乘❾最方便。每条线路都经过市外和高速汽车站,在两个汽车站之间移动时也可乘坐。

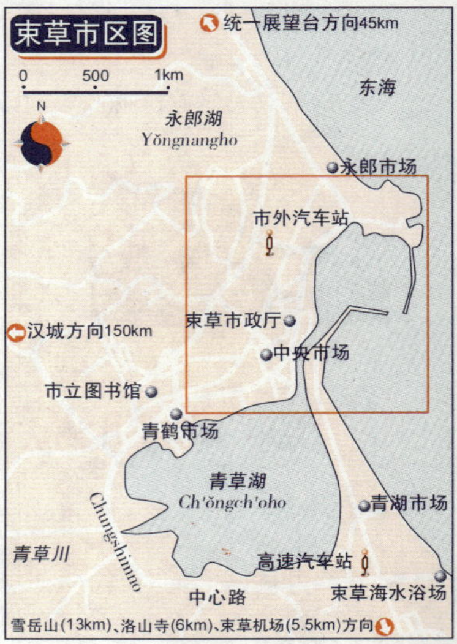

酒店与韩式旅馆 Hotel

市外汽车站附近是旅馆街。考虑到交通的方便，最好在这一带住宿。庄级旅馆₩25000左右。可参照雪岳山附近的酒店、旅馆、民泊等页的内容。洛山寺周围也有民泊等住宿设施。

从房间眺望的景致最好

Ⓗ束草海滨观光酒店

속초비치관광호텔

束草市中央洞 478－19　☎631－8700
FAX631－6758

位于中心路南的刺身店街，水泥结构，6 层建筑的现代酒店。

1 层为前台、咖啡店、餐馆，从 2 层到 5 层为客房，6 层为蓝天酒吧、卡拉OK，地下 1 层有夜总会。

从束草市外汽车站步行 15～20 分钟左右。从客房的窗户可以眺望到束草渔港和日本海，迎来清爽的早晨。房间清洁，心情好。带浴室、厕所、电视的房间1晚₩80000～。

景色超群的青年旅馆

Ⓨ洛山青年旅馆

낙산유스호스텔

襄阳郡降岘面前津里 30－1
☎(0396)672－3416

位于从洛山海水浴场可以看到的小山丘上。2层建筑像国民宿舍一样，有餐馆、大浴场。但是如果客人少，浴场便不开放。

在洛山寺入口附近，早起从义湘台眺望日出非常壮观。

公汽交通方便，从雪岳山有直达。多人间₩7000。

汽车站附近很方便

Ⓗ泉宇庄旅馆

천우장여관

束草市东明洞 450－110　☎32－4038

从市外汽车站向海岸方向走，位于中心路稍前的右侧，大玻璃窗的5层建筑。虽然面对大街，但不吵闹。离汽车站很近、很方便。

房间干净。带浴室、厕所，1晚₩25000。

洛山寺

前往洛山寺的宽阔的参道两侧都是礼品店、餐馆，左手的山丘上建有洛山海滨酒店。

韩国的佛教繁荣于高丽时期，到了李氏朝鲜时期，由于吸收儒教，佛教遭到镇压退居深山。但不知什么原因，该寺庙建于海滨。它是由入唐修行后回国的高僧义湘大师于671年创建，现有的则是在朝鲜战争后重建的。

付了参观费，穿过1465年建的拱型的石头门—虹霞门后进入寺院内。上了参道，有洛山寺漂亮的山门。进入正殿门，右手有梵钟，雕刻有4尊菩萨像浮雕。

正殿的圆通宝殿内供奉着观世音菩萨像，前庭内建有李氏朝鲜世祖王时期修建的高6米左右的7层石造宝塔。大概是经历了数百年风霜雨雪的缘故，塔身伤痕累累。

洛山寺山门

再沿坡道向上走，从树缝中间可以看到前方有一个大的石造菩萨像，高16米，面带微笑眺望着东海。该石造像建于1978年，传说是观世音菩萨在此地显形而建。

有该菩萨像的悬崖下方是拜观殿，叫做海水菩萨殿。进入殿内，仰望正面的佛坛，会吃惊地看到隔着大玻璃窗，代替佛像供奉着刚才微笑的观世音菩萨。从黑暗的拜观殿中看去，好像是在水族馆中的水槽里一样，真正是海水观音。

建在院内东悬崖上的义湘台，是一个六角形的展望台。松林环绕，风情独特。从这里眺望东海的景致极美。特别是东海尽头黑暗的大海中一丝佛像之光透出，进而红彤彤的太阳升起，那时的景观更是无与伦比。每天早晨来此看日出的游客络绎不绝。

突出海面的悬崖上有石窟红莲庵，传说观世音菩萨曾突然在此现身。现在，红莲庵下东海海浪敲打着岩石，一派凄凉的景象。

海滨寺庙与山里的寺庙不同，有一种异样的感觉。如果想去东海岸的话，这里与雪岳山，是非常具有参观价值的。

前往高城统一展望台

고성통일전망대

東草以两个湖和海水浴场，以及韩国惟一的旅游圣地雪岳山的大门而闻名遐迩。但是，到这里来还应该有一个不能舍弃的名胜，就是离東草很近的朝鲜的领土金刚山。金刚山到底有多美呢？在韩国各地的名胜中有很多因“像金刚山一样美”而被命名的“小金刚”山，同时韩国还有句谚语叫做“金刚山归来不看景”，由此可见金刚山之美在韩国人心目中的地位。

很多韩国人都有一种如果实现了南北统一，那么一定要登金刚山的愿望。高城统一展望台，便位于可以远眺金刚山的東草以北约50公里的地方。在韩国，统一展望台有好几处。但从眼前的场景来看，这里是热爱雪岳山大自然的人一定要到访的地方。

東草以北50公里的道路

从東草开向统一展望台的市内公汽一路奔驰。附近也许有学校，有很多穿着校服的高中生乘上汽车。到底是海滨城市，还有提着装满海产品的水桶上车的老妈妈。汽车一边在各站停车，一边继续北上，右手边可以看到美丽的海岸。

从東草向北走27公里，便来到江源道高城郡的临时郡厅所在地杆城。为什么是临时的呢？因为本来是高城郡的郡厅所在地的高城现在是朝鲜的领土。

从杆城继续向北走11公里，右手可以看到巨大的湖—花津浦，对岸可以看到朝鲜已故金日成主席的旧别墅。

过了花津浦便看到用汉字写着的“花津浦海水浴场”的招牌。继续向北走5公里，过了可以日常生活的韩国最北端的城镇—大

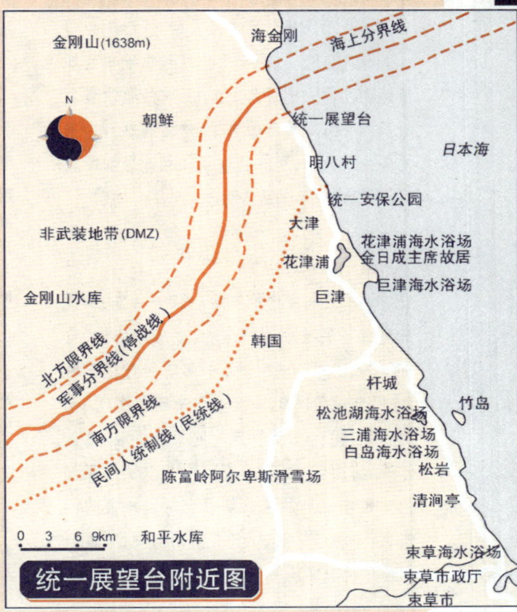

统一展望台附近图

津，再走4公里，便是汽车的终点站了。一边眺望着美丽而依然未变的用铁丝网围起来的大海，一边沿海岸公路走10分钟，右手便看到“Visitors Registration office”（游客登记办公室）和加油站，其对面一侧是统一安保公园。

军事最前线的紧张感

统一安保公园内有宽阔的停车场和经营与朝鲜相关商品的小卖店，在这里可办理去位于前线地区展望台的手续。如果是乘汽车到这儿，从公园到展望台有班车运行时，只要在公园内购买班车往返票即可，不需要其他手续，然后要做的就是等班车发车上车了。如果是开自家车、乘出租车来的话，需要由一名车辆所有者在“领队请约书”和“统一展望台出入申告书”上填写住所、姓名、职业、护照号等，领取通行证，支付停车费。出发约5分钟，在过民间人统制线（民统线）时，在盘查处必须出示刚才开具的通行证，由持枪的军人检查。这是因为民统线以北前线地带禁止民间人士进入。过了民统线再次展现眼前的是悠闲的田园风景，这里有自古以来便居住于此地，现在仍被承认在此居住的人们，他们的村子叫明八村。

从统一展望台眺望

过了民统线的检查站走10分钟左右，便来到统一展望台的停车场。坐班车的话，约有50分钟的参观时间，注意确认好出发时间，不要误了班车。登上台阶来到海拔700米的山丘顶上，正面的建筑便是展望台。进入建筑内，1层为展厅，2层为幻灯室，天气不好的时候在这里放映从展望台可以眺望到的景色，并有韩语解说。天气好的时候，可以到户外尽情观赏从展望台看到的景色。

离束草很近的海岸线，画着一条美丽孤线，一直连到叫做海金刚的大海名胜。再向左看，可以直接看到名山金刚山，当然这不过是眺望众多群峰中的一个峰。韩国人极其热爱的雪岳山，与一定要登一次令人憧憬的金刚山原本是同属于一个山系，在这里便会有这种切身的感受。在这种海、空、山都不分隔的空间之中，确实存在着一条分断南北的军事分界线。

在展望台的建筑外可以拍照，除此之外，1层、2层展望台禁止拍照（展望台的纪念照收费），主要是为防止拍摄韩国方面的军事设施。但实际上，韩国游客还是有很多人拍照的。在展望台外，最好的位置是对着大海一侧拍照。

参观结束后，不要误了班车。回程时在开往统一安保公园的途中经过市内汽车站，乘市内汽车时可在此站下车。

统一展望台

☎0392－682－0088

参观时间：9:00～17:00（7月25日～8月25日～18:00，11～2月～16:00）

休息日：年中无休

废物处理费（垃圾处理费）：₩1200

前往方法

汽车

往安保公园方向

乘市内公汽，在终点下车

▶从束草市外汽车站，市外汽车站在向大海一侧海边的道旁。

所需时间：1小时10分钟

发车：1天22班　车票：₩2700

▶束草汽车站

出高速汽车站向右手走100米左右。

所需时间：1小时40分钟

发车：10分钟间隔

车票：₩2000

从统一安保公园向统一展望台方向

▶班车发车：10:00、11:40、13:20、15:00

车票：₩4500

Kangnŭng 江陵 강릉

是江原日本海沿岸的中心城市之一。江原道的名称便是来源于江陵和原州的名称。

过去江陵与汉城之间，国铁岭东线几乎是惟一的交通线路，去一趟汉城非常远。1976年，岭东高速公路开通后，与汉城几乎成为一条直线，交通变得通畅、方便。现在，乘高速汽车从汉城到江陵仅需3小时50分钟，成为可当日往返的地区。

江陵以韩国儒学者李珥（号栗谷）的出生地而闻名，有关栗谷的名胜较多，与束草一样是江原道的旅游点。

江陵的漫步方法

与国铁江陵站相连的汽车站，于1995年秋迁走，由高

月精寺

地区号:0391

前往方法

▶汉城高速汽车站
所需时间:3小时30分钟
发车:30～60分钟间隔
价格:₩9200 /₩13500

▶大田高速汽车站
所需时间:4小时
发车:60～90分钟间隔
车票:₩10800 /₩15900

▶从束草
从束草市外汽车站前，经洛山寺、襄阳的直通汽车。
所需时间:1小时40分钟
发车:10分钟间隔
车票:₩4600

速汽车、市外汽车组成了新汽车站，位于江陵 Interchange 旁。旅馆与餐馆很少，主要集中在现在的车站、旧汽车站附近。步行前往约 30 分钟以上，需乘公汽或出租车。

因公汽要绕行，紧急情况时最好乘出租车。

连接江陵站到新汽车站之间的是 7-7、21、48路，均有市内公汽前往主要景点。

从市内前往镜浦台乘坐19路，前往小金刚乘坐7、7-7路，前往乌竹轩除上述汽车站外，乘31路最方便。

主要景点

江陵市内

客舍门 ◆객사문

地图见 P393・1

客舍门

▶位于登上江陵邮电局右侧的小坡道的右手，从市政厅步行5分钟。

建于高丽末期 936 年的江陵客舍的大门。客舍是接待中央政府派来的官吏用的宾馆。

客舍门，现已被指定为国宝，现在只保留有石墙与大门，大门上书写的“临瀛馆”是江陵客舍的别名。

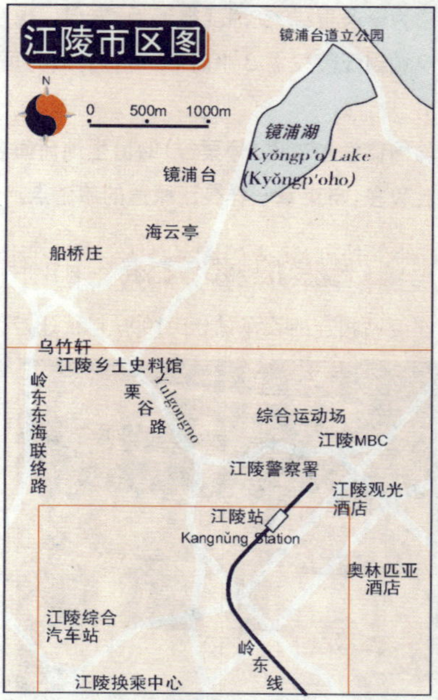

乌竹轩 ◆오죽헌 地图见 P392 · A

是李氏朝鲜时期的朱子学者、五千韩元纸币上的李珥(号栗谷)的出生地,因周围被黑色的竹子环绕,因而得名。它是韩国修学旅行的学生们一定要到访的代表性地点。

高台的地方保管有梦龙宝(李珥出生时的建筑)、正房(有书房的房子)、祭祀李珥的文成祠、保管遗留物的御制阁。梦龙宝与正房是李氏朝鲜中期的建筑，旁边有栗谷纪念馆，展示着李珥母亲申师任堂的书画、书简、轴画等。每年 10 月在此举行纪念栗谷的祭祀活动。

乌竹轩

▶乘市内公汽⑲、19-7、㉛,所需时间15分钟,车票:₩600

门票:₩1000
参观时间9:00~17:00(冬季~16:00)

乌竹轩

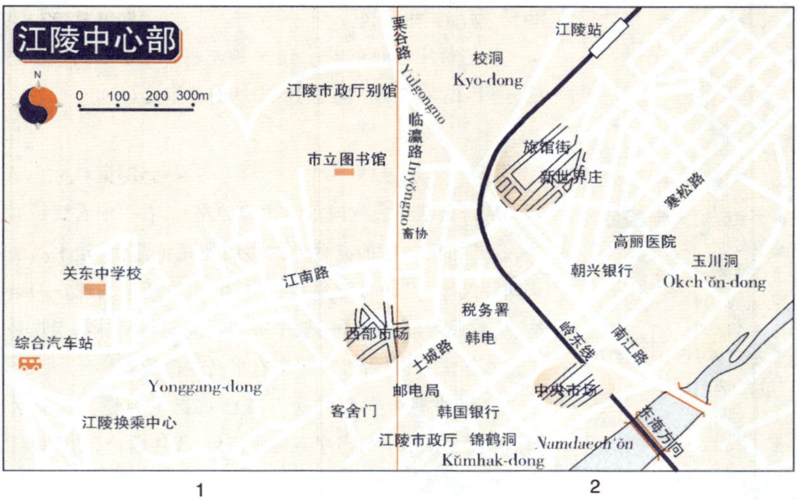

江陵乡土史料馆
门票:₩1000(与乌竹轩通用)
参观时间: 9:00~18:00
(11~2月~17:00)

所谓关东是指岭东与同样的江原道东部地区。关东八景包括三陟的竹西楼、襄阳的洛山寺等。

江陵乡土史料馆 ◆강릉향토사료관 地图见 P392・B

位于乌竹轩旁的博物馆。先史文化厅内展示着江陵地区出土的土器等,历史美术厅展示有佛像、古书籍。

另外,民俗文化厅内除有传统的房屋与生活用品外,每年旧历五月江陵端午祭的时候,还有全景图片的展览。

船桥庄
▶市内公汽⑲、197-1路
门票:₩1000
参观时间:9:00~18:00
(11~2月~17:00)

船桥庄 ◆선교장 地图见 P392・A

李氏朝鲜中期的两班阶级的住宅。出乌竹轩向左约150米,再右拐,沿较平滑的道路走10分钟左右,左手便是。现在仍有子孙居住,在江源道的个人住宅之中规模最大。建筑物的一部分正被开辟用做民俗展示馆,另外一栋还有服饰资料馆。

亭内的池塘里还有名为"活来亭"的小亭子。

船桥庄

海云亭 ◆해운정 地图见 P392・A

从船桥庄再向东步行10分钟左右,左手看到一小建筑,建于1530年,是李氏朝鲜中期的典型建筑。

镜铺台
▶乘市内公汽⑲、197-1终点下车
所需时间:约20分钟
车票:₩600
门票:₩250
参观时间9:00~18:00
(11~2月~17:00)

镜铺台 ◆경포대 地图见 P392・A

从海云亭乘公汽向东走10分钟左右,右手便看到镜浦湖,湖的相反一侧的高台处的楼阁便是镜浦台。建于高丽末期1326年,是印月寺遗址,于1508年被迁移到现在的地址。从此处眺望到镜子一般平静的镜浦湖与松林的景观是关东八景之一,自古以来便享有很高的声誉。

以镜浦湖为中心的这一带已被指定为镜浦道立公园。总长3.5公里的海岸有海水浴场、帐篷营地,是该地区代表性的旅游点。

江陵近郊

五台山 ◆ 오대산

地图见折页・3－A

1975年被指定为国立公园。五台山的名称来源于以主峰毗庐峰（1563米）为主的山峰像五枝莲花叶的形状，因而得名。去月精寺、上院寺等寺庙的话，要从南面登山。去小金刚山要走北面的路线。

五台山

进山费:₩1000

小金刚 ◆ 소금강

地图见折页・3－A

小金刚是根据现在北朝鲜领土内的金刚山而得名，是由江陵出生的大学者栗谷李珥命名的。乘江陵的市内公汽在终点下车后，车站处集中着很多礼品店、民宿等。

左手沿着溪谷过管理事务所，便是武陵溪。过金刚寺、万物相后，有瀑布。到山顶的老人峰(1338米)上行6个小

小金刚

▶从江陵乘市内公汽⑦、7-7路终点下车，所需时间1小时，发车1小时间隔

车票:₩600

门票:₩1000

有关李退溪与李栗谷

李氏朝鲜时期的500年，儒教是国家的统治思想，而代表儒教（朱子学）双璧的便是李滉（号退溪，1501～1570年）与李珥(号栗谷,1536～1584年)。

李退溪出生于庆尚道安东，在朝廷为官。但对作官并不热心的他，1545年被卷入政治斗争中，后回归故里，专心于读书与研究。他当时的研究成果形成了朝鲜的朱子学，受朝廷的强烈邀请，他再度出山。后来又在故乡的陶山书堂继续研究学问，培养弟子，迎来了朝鲜朱子学的全盛期。李退溪被称做“朝鲜的朱子”，他对朱子学的研究不仅在朝鲜影响广泛，而且也给予藤原惺窝、林罗山等日本儒学者们以强烈的影响，在确定日本朱子学方面做出了很大贡献。

李栗谷是朝鲜历史上最好的贤妻良母、画家申师任堂的儿子，他16岁失去母亲，在悲痛中一度信仰佛教，之后再次回到儒教的道路上，经历不凡。成为官僚后被委派担任国家的重要职务，其政策具有非常的先见性，在朱子学研究方面也具有独到的见解，作为“东方的圣人”，其名声传播到中国。

栗谷23岁时拜访退溪,之后对他表现了终生敬意。但是两个人的学说在基本点上不同,由于不同之处而诞生了分别敬仰退溪、栗谷的两个学派,这两个学派在此后的长期政治舞台中,展开了激烈的对争。

即使在韩国的今天，对两位儒者功绩的评价都非常之高，在千元韩元纸币、五千元韩元纸币上分别印有李退溪、李栗谷的画像。另外,汉城市内还有以二者名字命名的退溪路、栗谷路等干线公路。

时、下行 3 个半小时。冬季从距管理事物所 3 公里的万物相开始禁止通行。

月精寺
上院寺
▶从江陵市外汽车站珍富
所需时间约60分钟
发车30分钟间隔
车票:₩2600
▶从珍富到月精寺
所需时间约15分钟
发车:1小时间隔
车票:₩1000
▶从珍富到上院寺
所需时间约30分钟
发车:1小时间隔
车票:₩1600

进山费:₩2000(含月精寺、上院寺门票)

月精寺 ◆월정사

地图见折页·3-B

月精寺是慈藏律师于 645 年创建。过了一柱门,听着溪谷的水流声,登上繁茂树木掩映的参道,便来到以极光殿为中心的寺院。极光殿,1964 年重建,殿前有优雅姿态的八角九层塔(国宝)、药王菩萨坐像(宝物)。

上院寺 ◆상원사

地图见折页·3-A

从月精寺乘汽车沿未铺装的道路走约 15 分钟,在汽车终点站下车,沿左侧的坡道再走 5 分钟,右手有寺庙入口的台阶。

705 年创建,当时叫真知院,现在的建筑是 1947 年火灾烧毁后重建的。

竹西楼 ◆죽서루

地图见折页·4-B

从三陟汽车站向西步行约 15 分钟。

流经三陟市南部的五十川河的北岸山岩上,耸立着竹西楼。该楼建于 1275 年,现仍保留着当时的样子。楼阁名为"关东第一楼",以关东八景之一而闻名。

院内有乡土民俗博物馆,展示着从李氏朝鲜时期到日帝时期的衣服、陶瓷器、农具、书籍等等。

酒店与韩式旅馆 Hotel

国铁江陵站与旧汽车站周围是旅馆街。庄级旅馆的价格大概是₩25000。只是从站前广场向右侧方向的胡同卖春的较多,要特别警惕。

茶色化纤板是标志

Ⓗ东国庄旅馆

동국장여관

江陵市校 2 洞 156－16　☎641－3996～8

位于高阳汽车站 30 米的拐角处, 7 层建筑的较大旅馆。从这里到江陵站的大街是旅馆街。

房间有浴室、厕所、电视、存衣箱等用品, 手工精细豪华。全部客房均为地暖炕式。1晚₩30000～。

位于镜泊湖附近

Ⓗ松月庄旅馆

송월장여관

江陵市安形洞 106－19　☎644－1441

在与镜泊湖、邮电局旁的大道相隔的一条辅路内。是砖石结构的 3 层建筑。大道上有迪斯科舞厅、饮食街等。海崖附近的店铺内有很多摆放着水槽的刺身店。

江陵站附近

Ⓗ新世界庄旅馆

뉴월드장여관

江陵市校 2 洞 209－3　☎642－2571

沿江陵站前右拐一直走,右手。3 层建筑的新旅馆。房间有韩式、西式两种。带浴室、厕所、电视的双人房间 1 晚₩25000～。

茶色的 3 层建筑

Ⓗ白云庄旅馆

백운장여관

江陵市校 2 洞 156－20　☎643－8840、8850

位于江陵站附近旧汽车站旁的旅馆街内。

韩式房间,带浴室、厕所,1 晚₩25000。

价钱不贵且设备豪华的旅馆

Ⓗ新古南都旅馆

뉴그랜드여관

江陵市校 2 洞　156－24　☎646～8181

位于旧高速汽车站西侧的蓝色建筑。这是我们在街上一边散步一边寻找旅馆时被该旅馆的老妈妈强拉来的, 但却相当令人满意。房间同价格相比相当豪华, 有高级旅馆一样的设备与内装修。带浴室、厕所的房间₩25000～。

Ch'unch'ŏn 春川 춘천

春川站

位于汉城以东80公里的春川，是江源道的道厅所在地。该城市三面被河流和湖泊所环绕，是韩国惟一的水乡。

这里充分利用了水资源，在北汉江和昭阳江上，建有人造湖、水库，向汉城提供饮用水、电力。

最大的昭阳湖，最远一直到新南。该湖水上交通发达，是去东海岸、雪岳山的近路，有游船运行。

地区号:0361

前往方法

▶汉城上凤汽车站
所需时间:1小时30分钟
发车:20分钟间隔
车票:₩5200

▶东汉城综合汽车站
所需时间:1小时40分钟
发车:15分钟间隔
车票:₩5400

▶国铁清凉里站
所需时间:㊀1小时30分钟
发车:㊀ 60分钟间隔
车票:㊀₩4100

▶江陵市外汽车站
所需时间:4小时
发车:60分钟间隔
车票:₩10600

市内公汽
一般公汽
价格:₩600
座席公汽
车票:₩950

旅游咨询处
综合运动场旁
☎244-0088

春川的漫步方法

春川市区的1/3～1/4为美军基地，道路被分割得七零八落，很难行走。市中心为中央路与南部路交叉的五差路大街，是银行、保险公司集中的商业街。后面的胡同内有市场、商店街，是感受春川气氛的地方。

汽车站分高速与市外2个。高速汽车站没有去汉城方向的，只有去大邱、光州方向的汽车。市外汽车站位于距市中心约1.5公里的南面，步行到大街15分钟。

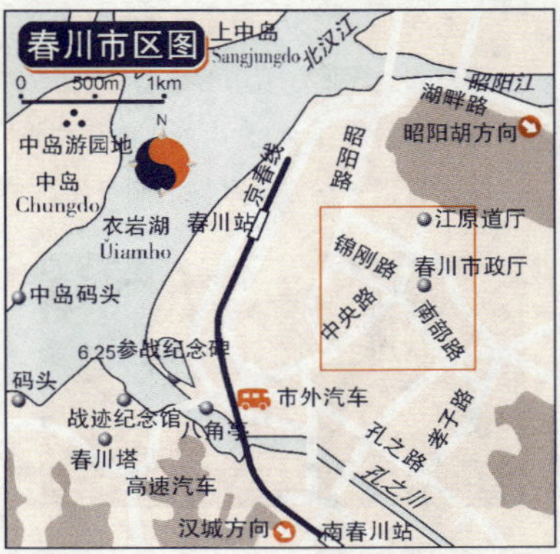

众多的市内公汽来往于市外汽车站与

大街之间。

春川站隔着美军基地，位于市中心相反一侧。车站周围没有任何设施。市外汽车站有市内公汽㊿路，班次很少。春川市内乘出租车的话一般都在起价范围内，所以乘出租车很方便。

主要景点

衣岩湖 ◆의암호

地图见 P398

位于市区西部的衣岩湖内有下中岛、中岛、上中岛、蝟岛等 4 个岛屿，保存着先史时代的遗址。其中，后 3 个岛上还有游乐园。

最大的中岛游乐园展示着先史时期的竖穴式住宅、积

中岛游园地
门票：₩2200（含乘船费）
▶从贝阿兹观光酒店前的管理事务所后的码头
所需时间：10 分钟
运行时间：8:50～18:30
发船：30 分钟间隔

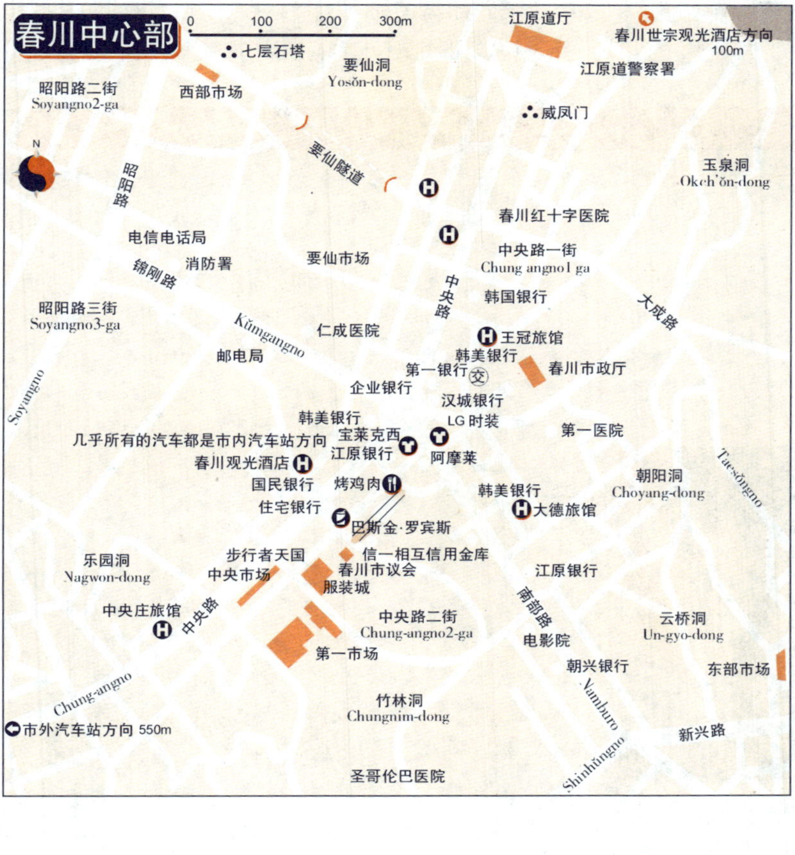

昭阳湖
▶乘市内公汽
春川站⑫、南春川站⑪、
12-1
所需时间:30分钟

石塚、支石墓等。岛上有帐篷营地、炊事场、小卖店、运动场、钓鱼场等,还有被松林环绕的草坪,可以看到市民、学生们远离喧闹到此悠闲度假的场景。

昭阳湖 ◆소양호

地图见折页·3-A

距麟蹄约60公里的人工湖,深度约120米。右手边巨大的罗克希尔水库直到对岸,对岸的山腰用韩文写着的韩国水资源公社·昭阳湖多功能水库的招牌。

湖面上可以看见往返杨口、新南、清平寺的高速船,和度假用的摩托艇。码头距此约200米,下到湖水附近。

码头的左侧为清平寺方向,右侧为杨口、新南方向。

观光船
☎242-4832
到杨口
高速船
船票:₩4400(往返₩6600)
所需时间:30分钟
运行时间7:50~18:00
(不同季节有若干变更)

昭阳湖的高速船

从昭阳湖到杨口的高速站,是前往雪岳山、束草的水

春川的好吃食品

烤鸡肉与荞麦面

提到春川就会想到烤鸡肉与荞麦面。现在在汉城挂着"春川烤鸡肉、荞麦面"招牌的店铺不断增加,这在以前是只有在春川才能品尝到的。

真正正宗的春川烤鸡肉,位于中央大街南部,叫做春川明洞烤鸡肉村的胡同。从几年前开始,移到郊外的餐馆开始增多,这里不像以前那么热闹了,但考虑到交通的情况,对没时间的游客来说,这里还是最好的。另外还有一处值得推荐的,就是江原大学后门附近。这里一大排都是烤鸡肉店,因是学生街,价格也便宜。味道芳香,不同的店铺有的还放咖喱,各不相同。不喜欢辣的人在烧烤前最好说一下少放些辣椒酱。

在要烤鸡肉的时候,要选择带骨或不带骨的,春川本地人都认为不带骨的为不正宗。但是不带骨的在食用时的确是容易吃。

在正宗的春川,吃正宗的春川烤鸡肉,以及最后的一道炒饭,都是游客务必要尝试一下的。

昭阳湖名产——炸小鸬鹚

是昭阳湖的名产,路人皆知。在汉城,这是一种高级鱼。在昭阳湖畔的两家食堂预定,₩10000。另外,从汽车站到码头的一路都是炸小鸬鹚的摊床,那里也是₩10000。如果要少量一点的话,可以用₩3000~5000品尝得到。

上路线。而其大部分都被作为与驻扎在江原道的军队的联络之用，经常可以见到探亲的家族与度假的穿军装的青年们。

像高速汽车一样的双艇船，到杨口27公里的路程，40分钟。到杨口后，船返回昭阳湖。如果购买往返船票的话，可以把它看成是往返1小时左右的观光船。

清平寺 ◆ 청평사

从船只抵达的湖岸沿登山口走500米左右，周围有很多礼品店、米酒、冷局、刺身的餐馆。沿溪流登山走10分钟左右，便来到小而雄壮的九声瀑布。再沿着陡峭的坡道往上登，右手前方的石墙上可以看到清平寺回转门。

过了大门，登上台阶，两棵巨大的古树俯视着周围。背面是三角形的石山四明山，院内则耸立着大雄宝殿。用丹青涂彩的厚重的屋檐瓦覆盖着极乐宝殿。伽蓝在朝鲜战争中荒废了，近年则开始了再度兴建。在深山幽谷趣味无穷的四明山周围还有众多的小佛庵。

清平寺
▶从昭阳湖码头乘高速船
船票：往返₩2400
所需时间：10分钟
运行时间：10:00～17:00
发船：60钟分间隔
夏季运行时间、发车间隔有若干变更。

参观费：₩2200

餐馆 Restaurant

10种调味料是美味的秘诀
Ⓡ福川烤鸡肉
복천닭갈비

春川市朝阳洞51－17 ☎54－0891
营 9:00～22:00 休 季节、中秋 预 不要

位于从大街向春川明洞炸鸡肉村入口的右侧，带骨价格₩6000，无骨价格₩7500。基本材料有圆白菜、葱、土豆，共用10种调味料。从早腌到晚的鸡

肉用剪子剪成大块，再在铁板上烤。在烤鸡肉发源地吃到的正宗的口味，的确特别。

最后还可以要炒饭。

当地女大学生推荐的烤鸡肉店

Ⓡ宋　得

솔더

春川市肖家3洞362－16　☎241－7734

营 12:30～23:30　休 第二个周一

是江原大学后面一带的烤鸡肉店主之一。该周围店价格1台₩2000（无骨₩2700），1人份3台₩6000，基本上5台₩10000属于两人份。不能从1台预定，价格和市内没有大的差别。

是吃带骨的还是不带骨的，完全根据个人喜好。春川本地人认为不吃带骨的就尝不到真正的烤鸡肉味。

酒店与韩式旅馆 Hotel

市外汽车站周围密集了很多旅馆、旅人宿、大众餐馆。价格方面，旅馆₩20000～，旅人宿₩10000。稍微高级一点的庄级旅馆，市区正面右手后侧有几家。

市外汽车站旁

Ⓗ明浦庄旅馆

명포장여관

☎56－7171

位于春川市外汽车站旁的大楼，可以看见霓红灯。

1层为餐馆与商店，2、3层为旅馆，很方便。

地暖炕较弱、设备略旧。房间很大很舒适。

带浴室、厕所、电视的房间1晚₩20000。

离市场近很方便的

Ⓗ中央庄旅馆

중앙장여관

春川市中央路2街52－1　☎52－6456－7

地图见P399·B

沿汽车站前的大马路向市场方向走有KBS，再向前走，左侧。

房间很大，有浴室、厕所、电视，1晚₩20000。

韩国滑雪信息

滑雪作为一项高级运动的时代已经成为历史。在几年以前，滑雪场还是门可罗雀，乘缆车都不用等候。但现在形成滑雪热，造雾那种情况只在梦中才有了。

韩国的滑雪场多位于海拔700~800米的地方，气温多在-5℃。冬季因为较干燥几乎不下雪，这时就使用压缩空气造雾，吹出水滴，再结成冰粒制造出人工雪。制造出的人工雪同真正的自然雪几乎没有差异，但往往因为晴天较多，白天雪表面开始溶解，到了夜间气温下降，表面冻结，成为冰状。

因此，在坡度较缓的雪道，速度也很快，很惊险。另外，虽说是人工雪道，但距离有2500米长，30°的坡面，种类也丰富多彩。

在坡度很陡的溜冰道，缓坡处很少，不能中途休息，要一口气一直向下滑，好像是速度滑冰一样，注意不要把雪撬板立起来，用小角度迅速的转动是关键。

这里还有面对初学者的5~10°倾斜度，宽100多米的雪道。

主要滑雪场一览

滑雪场名	地点·电话号码	滑雪道施设	特　点
천마산 ◆天摩山	京畿道南杨州市墨岘里548 ☎02-744-6019	坡面5(700~1300m) 缆车7台、T型3台	初学者很喜欢。有塑料造的人工雪道，全年全天候型。
베어즈타운 ◆自珠城	京畿道抱川郡内村面巢鹤里295 ☎0357-32-2534 02-546-7210	坡面11(800~2500m) 缆9台、T型2台	雪道很宽、面向初学者。被苍郁的山林包围，景色很好。
양지 ◆阳智	京畿道龙仁市内四面南谷里34-1 ☎0335-33-2001 02-526-7161~3	坡面8(900~1500m) T型2台	离汉城近，交通方便。有高尔夫、帐篷营地的综合度假区。
수안보오로라벨리 ◆水安堡	忠清北道忠州市温泉里245 ☎0441-846-0390 02-546-5171	坡面7(250~1400m) 缆车4台、T型1台	位于水安堡温泉内的温泉滑雪场，7个雪道，分初、中、高级龙平。
용평 ◆龙　平	江源道平昌郡道岩面龙山里130 ☎0374-32-5757 02-561-6255	坡面19(410~1125m) 缆车14台T型2台	别名叫龙芭蕾。国内最大的滑雪场。使用1750米的网多拉，雪道富于变化。
알프스 ◆阿尔卑斯	江原道高城郡屹1里山107 ☎0392-681-5030 02-756-5481	坡面8(550~2200m) 缆车5台	瑞士风格，年轻人喜欢。位于雪岳山山脚，积雪量、雪质良好。有滑雪博物馆。
무주 ◆茂　朱	全罗北道茂朱郡雪川面深谷里山43-15 ☎0657-324-9000 02-597-5500	坡面7 缆车9台、T型1台	可以举列冬季奥运会的国际型滑雪场，有高速缆车。
서울스키리조트 ◆汉城滑雪度假村	京畿道渼金市呼坪洞山37-18 ☎0346-591-1230 02-965-1230	坡面4　缆车3	汉城近郊兴建的最新的滑雪场，综合度假设施。

汗蒸炉名·数据	浴室种类	桑拿种类	游客使用比例	清洁度	施设充实度	服务	韩国风格	餐馆	美容院		其他服务	说明
天地然火汗蒸炉 **전지 연 불한증막** 江南区新沙洞 598-3 地下☎539-8011 营 24 小时(9:00~22:00) 预要 男汤无 费₩82000(₩12000) 路线 3·狎鸥亭站③、2 分	高丽人参、锗海水、绿茶、中药		■■□□□□□□□□	★★★★★	★★★★★	★★★★☆	★★★★★	●	●	●	蒸汽 ₩18000 指压 ₩60000 除绒毛 ₩20000 ₩18000	设施设备是汉城最好的，有硫黄屋、黄土坑屋，想要全用一遍相当费时间。还有单间。
新村火汗蒸炉 **신촌 불한증막** 麻浦区新水洞 71-9 ☎718-5700 营 24 小时(10:00~) 预要 男汤 ₩43500(₩8500) 路线 2·新村站⑦、7 分	温水、冷水、错叶泉	红外线黄土、锗黄土	■■□□□□□□□□	★★★★☆	★★★★☆	★★★★★	★★★★☆	●	●	●	蒸汽 ₩9000 指压 ₩30000 除绒毛 ₩10000 ₩15000	位于汉城北部汗蒸炉设施中最大的，平民气氛。价格汉城最便宜。有美容设施。有宴会房间，最适合团体。淋浴空间小。
多达慕哥尔汗蒸炉 **토담골 한증막** 瑞草区方背洞 908-10 地下☎522-8722 营 24 时间(9:00~) 预要 男汤无 费₩59900(₩3900) 路线 2·方背站④	温水、冷水、艾蒿	艾蒿中药	■■□□□□□□□□	★★★★☆	★★★★☆	★★★★★	★★★★☆	●	●	●	蒸汽 ₩15000 指压 ₩35000 除绒毛 ₩15000 ₩15000	离车站近，容易去。设施不大很新，易用。韩国人与外国人的更衣不在一起。洗泡澡的人，水温太温。
瑞草火汗蒸炉 **서초 불한증막** 瑞草区瑞草洞 1588-5 地下☎582-9353 营 24 时间 预要 男汤无 费₩60000(₩10000) 路线 3·南部汽车站⑥、3分 (+₩15000)	温水、冷水	艾蒿中药	■■□□□□□□□□	★★★★☆	★★★★☆	★★★★★	★★★☆☆	●	●	●	蒸汽 ₩15000 指压 ₩40000 除绒毛 ₩15000 ₩15000	汗蒸幕与艾蒿桑拿的心情最好。管理很严，不允许偷工。按摩及指压时间方面充足。向希望服务好的人推荐。
江南魔都汗蒸炉 **강남머드 한증막** 江南区论岘洞 98-11☎549-4456 营 9:30~3:00 预要 男汤无 费₩65000(₩10000) 路线 3·狎鸥亭站③、20 分 (到酒店免费迎送)	温水、冷水、泥浴池	麦饭石、玉石、黄土、艾蒿	■■□□□□□□□□	★★★★★	★★★★☆	★★★★☆	★★★☆☆	●		●	蒸汽 ₩15000 指压 ₩35000 除绒毛 ₩15000 ₩15,000	汉城惟一的泥汗蒸炉。梨泰院有姊妹店。搓背时有帘子隔开，韩服摄影₩10万。化妆工具免费使用。
克拉拉汗蒸炉 **클라라 한증막** 江南区驿三洞 689-3 地下☎564-0947 营 8:30~22:30 预要 男汤有 费₩70000 (₩10000) 路线 2·宣陵站⑤、6分(列车站迎送)	温水、冷水、高丽人参	艾蒿盐	■■□□□□□□□□	★★★★☆	★★★★☆	★★★★☆	★★★☆☆			●	蒸汽 ₩15000 指压 ₩40000 除绒毛 ₩20000 ₩20000	汉城惟一的外国人专用桑拿。汗蒸炉为电气式。有人参浴。服务从头到脚很细致周到。

表的读法▶营营业时间。( )内为按摩时间、预有无预约、男汤 有无男性桑拿、费含门票的套票价格、( )内为门票价格。A 例：2. 狎欧亭站③、2 分→从地铁 2 号线狎欧亭站出口③步行 2 分钟的意思。游客使用比例：红色多的游客利用率高 清洁度、设施、服务、韩国风格：星级多的，评价好 餐厅、美容院、美容室：有无

永东汗蒸炉 영동 한증막 江南区站三洞 826 - 34 ☎564 - 6444 营24小时(9:00 ~) 日可 预要 男汤无 费₩60000(₩10000) 路线2 · 江南站①、8 分 (列车站接迎)	高丽人参、冷水、温水	无	■■■■■■■■■■	★★★★★	★★★☆☆	★★★☆☆	★★★☆☆	● ●	蒸汽 ₩13000 指压 ₩30000 除绒毛 ₩12000 ₩15000	知名度很高的汗蒸炉。根据不同项目，房间不同，易于区分。但上下台阶次数多，较麻烦。
水晶桑拿 수정사우나 龙山区汉南洞 723 - 41 ☎797 - 8701 营 24 小时 预要 男汤无 费₩65000(₩10000) 路线3 · 药水站⑦、出租车 5 分	绿茶、人参(日替)、冷水、温水	艾蒿中药	■■■■■■■■■■■	★★★★☆	★★★☆☆	★★★☆☆	★★★★☆	● ● ●	蒸汽 ₩20000 指压 ₩30000 除绒毛 ₩20000 ₩20000	是用住宅改装成的汗蒸炉，保留一般韩国家庭气氛。汗蒸炉电气式，形状独特，很有趣。加入有艾蒿等 10 多种中药。
水洋汤汗蒸炉 수양탕 한증막 江南区站三 2 洞 719 - 33 ☎556 - 4677 营 24 小时 预要 男汤无 费₩49000(₩9000) 路线2 · 站三站①、6分	冷水 温水	干桑拿盐	■■■■■■■■■■■	★★★☆☆	★★★★☆	★★★☆☆	★★★☆☆	● ● ●	蒸汽 ₩10000 指压 ₩35000 除绒毛 ₩13000 ₩10000	4 层建筑的大规模设施。有很多单间，宽敞、舒适。指压 1 小时，很久。汗蒸炉在地下 1 层，浴室在 2 层。
姬桑拿 희사우나 江南区九清潭洞 79 - 17 地下 ☎517 - 3122 营24小时(9:00 ~) 预不要 男汤无 费₩50000(₩10000) 路线3 · 狎鸥亭站②、20 分	冷水、温水	蒸汽远红外线黄土	■■■■■■■■■■■	★★★☆☆	★★★★☆	★★★☆☆	★★★☆☆	● ●	蒸汽 ₩10000 指压 ₩35000 除绒毛 ₩10000 ₩10000	规模不大、易了解。有单间，可以住宿。浴室内有汗蒸炉、桑拿、浴池。
皇室汗蒸炉 황실 한증막 江南区大山寺洞976 - 7 ☎552 - 3457 营24小时(8:30 ~) 预不要 男汤有(周日汗蒸炉男性专用) 费₩60000(₩10000) 路线3 · 大峙站①、10分(到车站迎送)	冷水、温水	脉盘石、蒸汽	■■■■■■■■■■	★★☆☆☆	★★☆☆☆	★★☆☆☆	★★★★☆	● 	蒸汽 ₩10000 指压 ₩40000 除绒毛 ₩10000 ₩20000	最早介绍的汗蒸炉。位于住宅街内当地人很多。男性也可以体验汗蒸炉。设施略旧，略欠清洁感。
白鹿潭火汗蒸炉 백록담 불한증막 江南区论岘洞 59 - 8 地下 ☎3443 - 4900 营24小时(9:00 ~) 预要 男汤有 费₩85000(₩20000) 路线3 · 狎鸥亭站③、15 分(4 名以上、到饭店迎送)	冷水、温水、绿茶、高丽人参	脉盘石、黄土、艾蒿	■■■■■■■■■■■	★★★★☆	★★☆☆☆	★★★☆☆	★★★☆☆	● ● ●	蒸汽 ₩20000 指压 ₩40000 除绒毛 ₩20000 ₩20000	将从前的大众桑拿改装而成。不是原来形式的汗蒸炉。原来为石头汗蒸炉，没有汗蒸炉的效果。 冷水浴槽像泳池一样长。
上道汗蒸炉 상도 한증막 铜雀区上道洞22 - 55 ☎826 - 6077 营 24 小时 预要 男汤无费₩45000(₩10000) 路线国铁鹭梁津站、出租车 5 分(到饭店迎送)	温水、冷水、绿茶、海水、生光石	艾蒿	■■■■■■■■■■	★★★★☆	★★★★☆	★★★★★	★★☆☆☆	● ● ●	蒸汽 ₩15000 指压 ₩35000 除绒毛 ₩15000 ₩15000	有优良的设施，服务好。价格与韩国人一致。海水浴池 24 小时换水，很干净。有卡拉 OK 等设施。

酒店名·数据	浴池种类	桑拿种类	游客使用比例	清洁度	服务	韩国味	设施充实度	说明
汉城希尔顿酒店（2层） 中区南大门路5街 ☎753－7788 营6:00～22:00 预要 男汤有 费男女₩77800(₩25000)	冷水、温水、泡	干、蒸汽	2/10	★★★★★	★★★☆☆	★★☆☆☆	★★★★☆	安静、高档气氛。门票高，如果不是会员的话不能用体育设施。豪华。
乐天世界酒店（5层） 松坡区蚕室洞40－1 ☎419－7000 营6:30～21:30 预要 男汤有 费女₩57200男₩62700 (₩14300)	冷水、温水茉莉中药	高温 芬兰式	6/10	★★★★★	★★★★☆	★★☆☆☆	★★★★★	对以按摩为目的的人浴池种类很多，设施很大。5层的按摩美容有名。
新世界酒店（地下3层） 江南区三成洞112 ☎557－0111 营6:00～22:00 预要 男汤有 费男女₩63800(₩19800)	冷水、温水、艾蒿	干脉盘石	2/10	★★★★★	★★★★☆	★☆☆☆☆	★★★★★	价格内含体育设施在内。泳池，按摩可以尽情用。向不满足于只是桑拿者推荐。
索菲特尔国宾酒店（地下1层） 中区奖忠洞2街186－54 ☎2275－1101 营10:00～21:00 预要 男汤有 费男女₩90000	冷水、温水	干蒸汽	3/10	★★★★★	★★★★☆	★☆☆☆☆	★★★★★	汉城首家的可利用水疗法的桑拿。
里贝拉酒店（地下2层） 江南区清潭洞53－7 ☎541－3111 营7:00～21:00 预要 男汤有 费女₩55000男₩61600 (₩14300)	冷水、温水	芬兰式汉方	3/10	★★★★☆	★★★☆☆	★☆☆☆☆	★★★★★	对身体很好的鲜橙汁及睡眠室的沙发。让体内温暖的中药桑拿是特征。入口难找。
国都酒店（地下1层） 龙山区梨泰院2276 ☎792－1122 营6:00～21:30 预要 男汤有 费女₩50600男₩66000 (₩13200)	冷水、温水、高丽人参、艾蒿	平蒸汽	3/10	★★★☆☆	★★★☆☆	★★☆☆☆	★★★★☆	在汉城最先使用人参浴池的桑拿。确有疗效。用高丽人参的参鸡汤也很受欢迎。
汉城假日（3层） 麻浦区桃花洞169 ☎7107－300 营6:30～22:00 预要 男汤有 费女₩49000男₩57000 (₩13000)	冷水、温水	干	2/10	★★★★☆	★★★☆☆	★☆☆☆☆	★★★☆☆	施设规模小，小巧玲珑。可轻微的按摩。
新国际酒店（3层） 中区太平路1街29－2 ☎739－9100 营8:00～24:00 预要 男汤有 费男女₩70000	冷水、温水、高丽人参	黄土、汗蒸炉、艾蒿	10/10	★★★★☆	★★★★☆	★★★★☆	★★★☆☆	不是原来的汗蒸炉，而是电气汗蒸炉。可穿韩服摄影，还有其他服务，有美容设施。
皇冠酒店（3层） 龙山区梨泰院34－69 ☎792－5980 营8:00～22:00 预要 男汤有 费男女₩70000(₩10000)	冷水、温水、高丽人参、绿茶	汗蒸炉、中药、中药蒸汽	8/10	★★★★☆	★★★★☆	★★★★☆	★★★☆☆	设施不大，但却可以在饭店体验汗蒸炉。汗蒸炉内还有蒸鸡蛋服务。
丰田酒店（5层） 中区仁岘洞2街73－1 ☎2266－2151 营6:00～22:00 预要 男汤有 费男女₩64000 (₩13200)	冷水、温水、热温水	温、中药蒸汽远红外线	2/10	★★★★☆	★★★★☆	★☆☆☆☆	★★★★★	加₩19800可用体育设施。桑拿设施大而新。旁边有美容沙龙，可使用。

图表的读法▶营营业时间。预有无预约、男汤有无男性用桑拿、费含门票的套票价格 **游客使用比例**：红色越多，游客使用的越多 **清洁度、服务、韩国风格、设施充实度**：星标记越多，评价越高

大邱及其周边

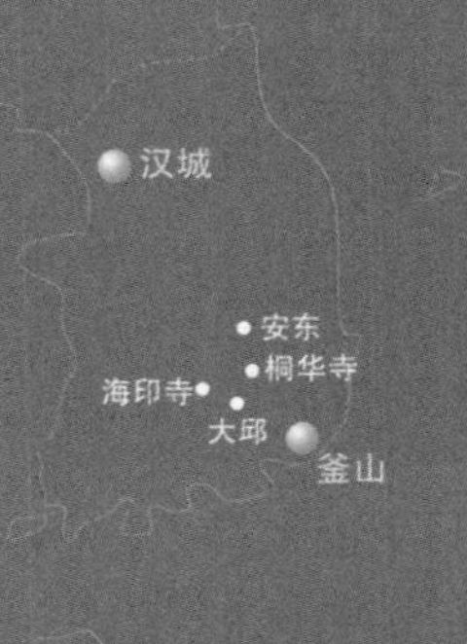

- 大邱
- 海印寺
- 桐华寺
- 安东

Taegu 大 邱 대구

地区号:053

前往方法

▶国铁汉城站(京釜线)
所需时间:新3小时2分钟
发车:30～60分钟间隔
车票:₩19400

▶国铁釜山站(京釜城)
所需时间:新1小时6分钟
发车:30～60分钟间隔
车票:₩7600

▶汉城高速汽车站
所需时间:3小时50分钟
发车:10～15分钟间隔
车票:₩11100 /₩16400

▶釜山高速汽车站
所需时间:1小时50分钟
发车:15分钟间隔
车票:₩5300 /₩7700

人口220万,仅次于汉城、釜山的大都市大邱,是庆尚北道的道厅所在地,是一个群山环绕的小盆地,以夏季避暑胜地而闻名。

大邱的名产号称是“丝绸、苹果与美女”。这里是韩国第一的纤维工业地区,大邱的苹果产量居全国第一,而且韩国评选出的“高丽小姐”也以大邱出生者最多。这里旅游景点不多,主要是去安东、海印寺游览。

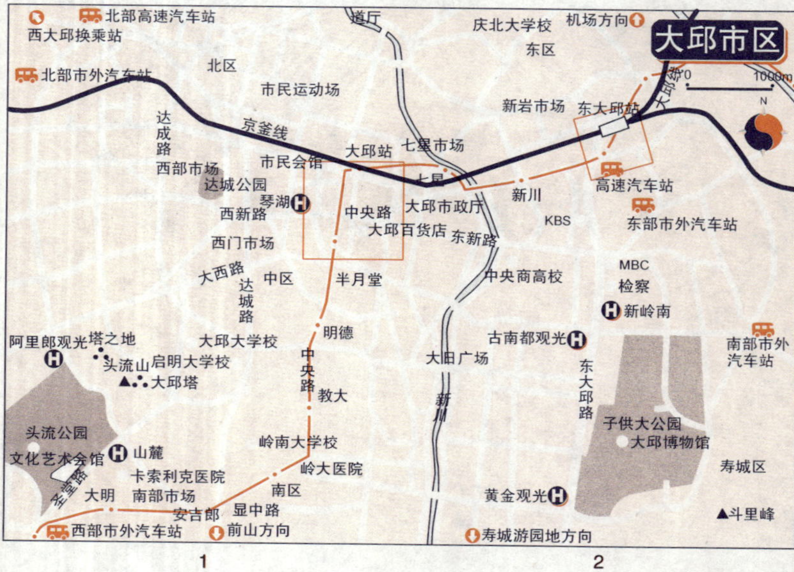

大邱的漫步方法

大邱市中心集中在从大邱车站南侧到地铁中央路站、半月堂站一带。可以以地铁南北走向的主干道中央路为起点，步行游览药令市场、中央公园、东城路一带。

大邱市区围绕市中心平面般地向外扩展，高速汽车站、方向不同的各市外汽车站、东大邱站、大邱机场等交通要道散乱的分散在四周。由于城市规模很大，市区面积大，

旅游咨询处
东大邱站内
☎939－0080
大邱机场(1层)
☎984－1994

坐公汽—般公汽
车票：₩500
坐公汽
价格：₩1000

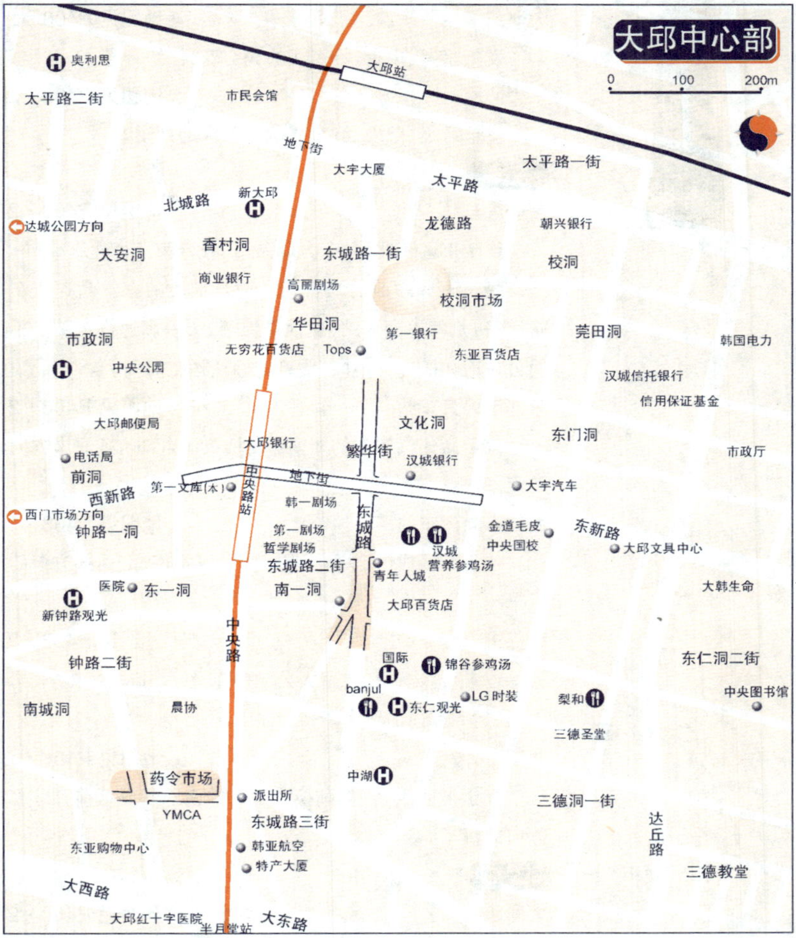

A B 1 2

地铁

车票:₩450(1站)
₩550(2站)

所以在行动的时候要打出充裕的时间。在市内游览时,要尽量将公汽和地铁结合起来利用,提高效率。

大邱站是新村号不停车的中间站,实际上东大邱站才是长途列车的车站。与车站相邻的是高速汽车站。作为旅行的中转站,这里的条件最好。

口岸信息

铁路

大邱站 地图见 P408·1

发抵京釜、中央、岭东线的无穷花号、统一号。

东大邱站 地图见 P408·2

发抵京釜、中央、岭东线所有等级的列车。

汽车

高速汽车站 地图见 P408·2

位于市区东北部、东大邱站南侧,分为三个建筑。

隔东大邱站前的马路,左边是最大的东洋高速汽车站,旁边是韩进高速站,站前是锦湖、天一高速汽车站。不同公司前往的方向不同,要事先确认运行时间表。

东部市外汽车站 地图见 P408·2

位于高速汽车站的东南,发抵市区东部、东海岸方向的汽车。

西部市外汽车站 地图见 P408·1

位于市区西南、头流公园南侧。发抵南部、西部方向的汽车。

南部市外汽车站 地图见 P408·2

位于市区东南、儿童大公园的东北。发抵去密阳、表忠寺、云门寺方向的汽车。

大邱机场

▶市内巴士
从东大邱站、中央路乘 317 路座席公汽
价格:₩1000
所需时间:从东大邱站 15 分钟,从中央路 30 分钟
东大邱站的汽车站不是位于面对站前广场的陆桥上的大道,而位于与站北侧线路平行的大路。

北部市外汽车站 地图见 P408·1

位于市区西北、琴湖换乘中心的南部。发抵前往北部方向的汽车。

飞机

大邱机场 地图见 P408·2

位于东大邱站的东北,琴湖江的对岸。国内线有汉城、

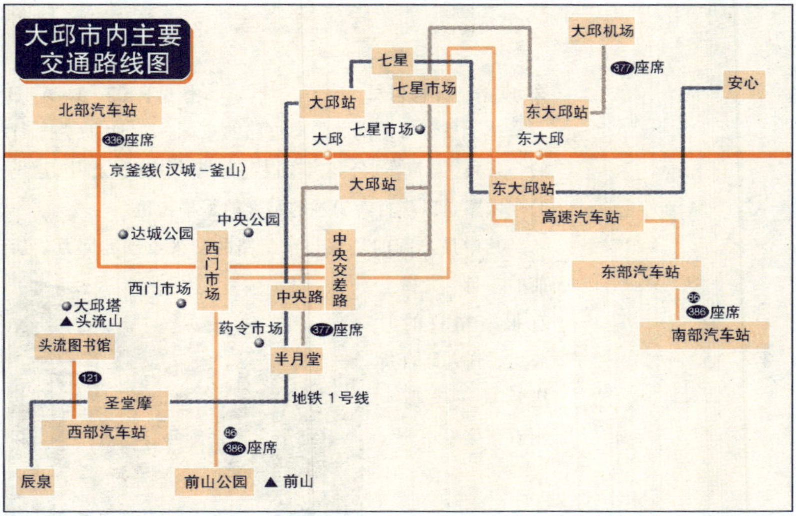

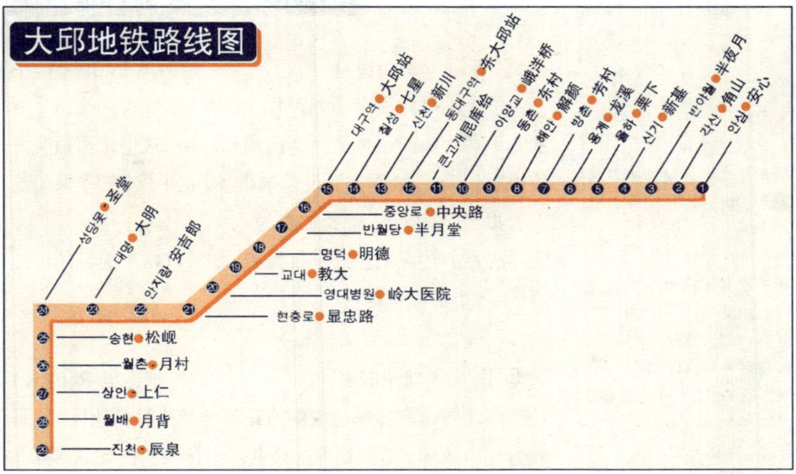

济州方向，国际线有大阪方向的路线。

这里没有机场巴士，过候机厅前的路口，右手有汽车站，可乘前往市内的座席巴士。

主要景点

东城路 ◆동성로

地图见 P409・1－A～B

位于贯穿市区南北的中央路的东侧，并与中央路平行的一条路。与汽车、公共汽车混乱不堪的中央路相比，这里的东城路是以步行者为主的最大的繁华街道。

其中最热闹的是从与东新路的交叉点到大邱百货店前的一带。大街上有很多精致的时装店，到大邱百货店后面一条街上则有很多餐馆。

东城路

药令市场 ◆약령시

地图见 P409・1－B

沿中央路向南走，过 YMCA 前面的门向右拐，便是飘散着中药香味的药房街。李氏朝鲜时期，这里是药剂交易的中心，春季、秋季都开设药令市场，从中国、日本来的商人云集于此，进行大规模的交易。

现在的情况更接近于批发街。如果以购物为目的到此的话，多半目标会落空。

大邱塔 ◆대구타워

地图见 P408・1

市区的西南部绿色浓郁的丘陵便是头流山地区。这里分为有运动场、图书馆等的公共场所的头流公园，与耸立于山顶的大邱塔的民间度假地两大部分。

大邱塔距地表 202 米。最高处四层的展望台海拔 312 米，是眺望大邱的著名地点。到山顶有塔前广场与头流山脚之间的缆车，乘出租车也可以直达山顶。

大邱塔

▶地铁圣堂站下车，从西部市外汽车站前的马路乘121路市内公汽，头流图书馆下车，再乘缆车到山顶的塔前广场。

▶乘出租车从市区中心到塔前广场

票价：₩3000

所需时间：约10分钟

▶从西部市外汽车站乘121路市内公汽，头流图书馆下车，乘缆车到塔前广场（但是121路公汽采用迂回周边的路线，从市中心很难乘坐）。市内公汽121路运行间隔很长，时间不充裕的情况下，最好是乘出租车到山顶。

门票：₩3000（含往返缆车票的价格：₩5350）

参观时间：10:30～22:00

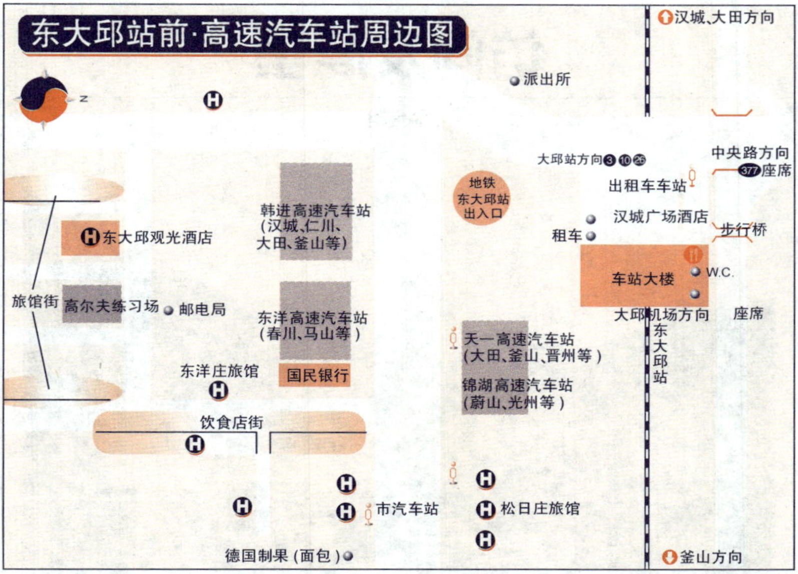

中央公园 ◆중앙공원

地图见 P409·1－A

位于市中心、中央路与西门路交叉处的西侧，即无穷花百货店的西侧。

李氏朝鲜时期有庆尚道的监营、监司执行政务的宣化堂、作为官厅使用的澄清阁等。

中央公园
参观时间:5:00～22:00

前山 ◆앞산

地图见 P408·1

位于市区南端海拔 624 米的山峰，全长 759 米的缆车可直达山顶，从山顶可以一览大邱的街景。另外，山腰处有洛东江战胜纪念馆、大成寺、大德寺、八角亭等景观。

酒店与韩式旅馆 Hotel

东大邱站前的高速汽车站周边有很多杂居大楼，1、2 层是饮食店，上层是旅馆的杂居大楼。想找气氛沉稳一点的旅馆，最好是去东大邱观光酒店的后面。

东大邱车站附近

H 皇冠酒店

크라운호텔

东区新川洞 330－6　☎755－3001
FAX755－3367

从东大邱站向南走 5 分钟，从站前广

访问友鹿里

우륵리

日本武将的后裔居住地，全部是金姓的村庄

从大邱南部汽车站乘市内公汽，经过种植着水稻的田园风景，约40分钟左右来到了一个小广场。这里便是达城郡嘉昌面友鹿里，人烟稀少，周围被山峦环绕，一条小河流经该村。壬辰、丁酉倭乱（文禄、庆长之战1592~1598）时期，一位叫做沙也可的日本武将到朝鲜后，为不正义的战争感到愤怒转而支持朝鲜方面，现在这里就是他的子孙生活的村庄。

与我同乘汽车的村人知道我的来意后，将我带到了村边过石桥处的老人亭。有一位在此隐居正下着棋的老人，他站起来欢迎我。

我只是有一本司马辽太郎的《韩国纪行》，便想到沙也可的因缘之地来看一看，没想到遇到先知，又高兴，又害怕，跟着老人来到了他家。

也没有问一下姓名，因为该村子全部姓金，老人大概也姓金吧。老人换了西装之后，递给我一张名片，上写“赐姓金海金氏宗会会长金泳焕”，原来我是遇到了金姓家族的长者了。一边听着老人讲村子的来历，一边再一次回到了小河边。河边上人工养殖的黑山羊正在吃草。从这里我们又来到村子入口处的标志慕夏堂。

与族谱一样是家族财产的《慕夏堂文集》

穿过旁边的小村，便来到两班造的鹿洞书院。一边翻着来访者名簿，金先生一边随口说着对采访者的印象。在旁边的慕夏堂，每年要举行一次古式的祭祀沙也可的活动。祭祀的前一天，长者们都要在该书院起居。

《慕夏堂文集》是沙也可的后几代子孙写的。慕夏是沙也可的号。“夏”是盛开的意思，也就是指儒教文化成熟，是指当时的中国。从中可以了解到对先进文明抱有强烈憧憬的沙也可作为文人的一面。

沙也可归伏朝鲜阵营后，立下了很多战功。之后，他归化朝鲜，起名叫金忠善，隐居在该村子里。后将清廉作为家训托付给子孙。作为沙也可一生纪录的《慕夏堂文集》与族谱一样，是该家族的财产。我们叩拜了韩国独特多彩的慕夏祠后，又来到了后山的墓地。

虽处异国，思乡之情不变

穿过松林的山道，三处茅草丛生的土包映入眼帘。看到土包，金先生马上脱掉帽子，用韩国式的拜礼伏在始祖沉睡的大地上。我则采用合掌拜礼。根据风水占术修建的墓地，左右各有文神、武神石像保护着陵墓，俯视着友鹿里。

周围被寂静笼罩，寂静之中时常传来使用农具的耕田声。在这里可以眺望到流着日本人血液的村落。殖民地时期，这里曾被要求使用已经放弃了400年的日语和日本姓名。

壬辰、丁酉倭乱时，当时很多掌握烧陶先进技术的朝鲜陶工被带到日本。其子孙中的一位萨摩烧的继承者沈寿官（司马辽太郎著《难忘故乡时》的主人公）曾多次回到此地访问。在同样的战争中来到朝鲜的日本人的子孙，与被带到日本的朝鲜人的子孙之间有着某种遥相呼应的感觉。想到沙也可，不仅令人再次感到战争对于人的命运的嘲讽。

金先生的愿望，“让更多的人了解沙也可”

在往村子走的路上，金先生把一把红松叶塞到嘴里，说这是健康、长寿的秘药。的确这里是中药之国啊。在杂货店前坐下，从河上吹过来的微风拂面而来，金先生向小姐要了菜后，小姐的身影便消失在屋外。

金先生年近80，在大邱做教师，取得了今天的地位。也许是出于对我的顾虑，他说“日本人都很亲切，但不好的是日本政府”。他把当年一年都饿肚子的事讲给子孙听时，孩子们都说“真的那么饿吗？那买一包方便面吃不是很好吗？”听了孩子们的话，金先生只有苦笑。

等了大概半个小时，小姐终于回来了，把菜放在桌上。有卤鸡蛋、用辣椒拌的青菜和味道很淡的汤。青菜的味道有些像芹菜，辣椒的味道麻酥酥。小姐说这青菜是刚摘的，不用说这是一顿很好吃的便餐。

承蒙金先生的好意，村子里的人都很热情，是一次心满意足的友鹿里之行。金先生说：“哪怕是一个人也好，也要让尽可能多的日本人了解先祖的遗德。今后韩日之间要多增进往来，培育真正的友好。”听着金先生的话，我告别了友鹿里。

场能够看到有大广告塔的12层的奶油色建筑。它位于东洋高速汽车站的南侧，东大邱车站旁边，高速汽车站前的位置，非常方便。

房间很干净，隔音很好，遮挡了市区的喧闹。酒店的对面有两家小卖店，还有很多餐馆。双人间1晚₩78000，打30%的折。

东大邱车站附近

Ⓗ东大邱观光酒店

동대구관광호텔

东区新川4洞326－1　☎756－6601
FAX756－6623　地图见P413

从东大邱站步行10分钟的高级酒店。房价双人间₩101000，略贵。大双人床，浴室宽敞，无可挑剔。还可以要送早餐的服务。

夜总会、体育设施完整的

Ⓗ大邱寿城观光酒店

대구수성관광호텔

寿城区斗山洞882－2　☎763－7311
FAX764－0620

位于前山东侧、寿城池前的高级酒店。

距离市中心、交通要道略远，美丽、安静的环境无可比拟。价格西式、韩式各₩88000。

汽车站附近的旅馆

Ⓗ温水庄旅馆

온수장여관

东区新川4洞334－17　☎754－4687

位于韩进高速汽车站后面高尔夫练习场的东侧，旅馆街的深处。西式、韩式均₩20000。刚改装完不久，干净、整洁。

大邱塔前

Ⓗ阿里郎观光酒店

아리랑관광호텔

达西区头流3洞474－5　☎624－4000
地图见P408・1

位于大邱塔前，头流游园地的入口，6层建筑的酒店。房间一般。头流游乐园内有过山车等各种游乐活动项目。酒店周围有很多餐馆。双人间1晚₩50000。

东大邱站附近

Ⓗ大邱左南都酒店

대구그랜드호텔

寿城区泛渔洞563－1　☎742－0001

离大邱站近，环境安静。房间干净，有冷暖气。双人间1晚₩140000。

酒店内有日式、韩式、西式餐厅，韩式餐厅的烤肉定食很好吃。

Haeinsa 海印寺 해인사

位于伽倻山(1430米)南麓的海印寺是韩国三宝寺刹之一。被称做拥有八万大藏经的法宝寺刹。

它是802年由僧人顺応和理贞修建的。其后,数次遭到火灾,只留下当时样子的木造毘庐遮那佛、憧竿支柱、三层石塔。现存的伽蓝是李氏朝鲜末期重建的。1996年,海印寺被登录在联合国世界遗产名录上。

海印寺的漫步方法

海印寺位于释迦山的山腰,上行汽车首先要在入口的收费站停车,收费员来到车上,收进山费(参观费)。然后汽车在几分钟内,便抵达海印寺的汽车站。

汽车站周围都是旅馆,也有餐馆、礼品店,一下汽车,旅馆与餐馆的老妈妈便都上前来招徕客人。

到海印寺步行20分钟。从汽车站沿汽车来时的路向回走5分钟左右,左手能看到礼品店街。左手宽阔的参道入口有一个大招牌,从这里登山。途中的道路很像山路,立有汉字的指南牌,即使是平时也有很多人,不会迷路。参道的两旁有很多礼品店、小卖店。出了车道就是海印寺。穿过右手可以看见影池“释迦山海印寺”的山门,沿石阶的参道走便来到海印寺的寺院内。

另外,释迦山一带以海印寺为中心,有很好走的郊游路线。这里有很多带盒饭的家族游客。

地区号:0599

前往方法

▶大邱西部市外汽车站
所需时间:1小时30分钟
发车:20分钟间隔
车票:₩3200

▶釜山西部市外汽车车站
所需时间:2小时40分钟
发车:1天1班
车票:₩9500

主要景点

海印寺
参观时间：6:00～19:30（11～2月～18:30）
进山费：₩2500（含参观费）

海印寺 ◆해인사

地图见折页·3－C

海印寺，是新罗时期的高僧义湘为弘扬华严宗而兴建的十刹之一，是韩国的三大寺刹之一。

海印寺以收藏大藏经而被称为法寺。"海印"来源于华严经中的"海印三味"，是保护不变的心，也就是"一心"的意思。

穿过解脱门，沿树木茂密的参道一直向前走，看到有九光楼，正面是正殿大寂光殿，摆放有华严宗的本尊毘庐遮那佛。

三宝寺刹
佛之通度寺
法之海印寺
僧之松广寺

该寺庙创建于802年，之后屡次遭受火灾，现存建筑为1817年重建。中庭院内建有三层石塔，大寂光殿左侧的冥府殿是1873年修建的。另外，建在九光楼左端的法藏殿内，摆放着新罗末期扩建海印寺时作为华严宗的司宗而活跃的宗主希朗师的彩色像。

收藏名声卓著的八万大藏经经典的大藏经板阁，建在大寂光殿的后面，是1488年修建。为防止潮气，建造时注意通风良好，窗户、侧面均采用日本正仓院式的建筑。

八万大藏经

大藏经，是佛的经典、论书的总集。海印寺的八万大藏经（高丽大藏经）是现存众多的大藏经中的最高峰。曾传到日本，东京的增上寺、京都的东本愿寺有相似的版本。

该大藏经曾有被烧毁又重刻的历史。11世纪初期，高丽为祈祷击退契丹军队雕刻了高丽大藏经，但在1232年蒙古军队入侵时被完全烧毁。1236年高宗对抗蒙古军队，为获得佛的加护，决心重刻。于是花费了巨大的劳力和费用，而重刻了现在保存在海印寺中的八万大藏经。

八万大藏经板，采用海水浸泡3年又干燥3年的白桦木材，将木料再用铜钉加固，再在木板上涂上漆制成。每块经板上两面各雕有23行，每行14字，共300余字的经文。雕刻技术精致，极其细心，不允许有一字一句的错误。经过这种工序而制作的经板，共计81258块，刻下的经文多达5000万～6000万个文字。

1251年，八万大藏经在王都江华岛完成，1398年被收藏在海印寺，现在它作为世界重要文化遗产保存在藏经阁。

汉藏八万大藏经的板库

八万大藏经经板

Tonghwasa

桐华寺
동화사

海拔 1192 米的八公山中，有以庆尚北道曹溪宗本山而著名的桐华寺等，诸如把溪寺、银海寺、冠岩（石造佛坐像）、磨崖佛坐像、药师如来佛坐像等山寺、石佛等。

桐华寺的漫步方法

下了汽车，沿餐馆街方向一直走，左前方能看到入口。寺庙方向与登山路线不同，不要搞错。

返回大邱市内时，要向旅馆、酒店街方向的车站走。这里有山麓观光酒店、八公观光酒店等住宿设施。

主 要 景 点

桐华寺 ◆동화사 地图见折页 · 3－C

桐华寺是距今 1500 年前，由新罗炤智王时期（493 年）极达和尚修建，当时叫做瑜伽寺。此后（统一新罗时期 832 年），由心地大师对庙宇进行了大规模的重建。当时，虽然是冬季，但雪中桐树花绽放，因此叫做桐华寺。

门外的道旁有统一新罗时期雕刻的坐佛浮雕（摩崖佛坐像），院内有凤棲楼、大雄殿、三层石像、毘庐遮那佛坐像等 9 处文化遗产。

1992 年，在桐华寺内建成统一药师佛，是为完成朝鲜半岛统一，撤除分裂壁垒，迎接新时代而建。

地区号:053

前往方法

▶从东大邱去桐华寺乘
市内座席公汽 105 路
所需时间:40 分钟
发车:10 分钟间隔
车票:₩1000

▶从大邱去把溪寺乘
市内座席公汽 104 路
所需时间:1 小时
发车:60 分钟间隔
车票:₩1000

▶从东大邱去把溪寺
市内公汽 401
车票:₩500

▶从东大邱去冠岩
市内座席公汽 104
所需时间:1 小时
发车:60 分钟间隔
车票:₩1000

Andong 安东 안동

安东车站前

安东，是一座位于洛东江上游盆地、人口 10 万人的小城市。传统的房屋与街景令人感受到昔日的韩国。

这里也是李退溪等众多学者辈出，受儒教影响深厚的城镇。

在城市的周边有活生生的民俗村河回村，那里的人们依然在按照李氏朝鲜时期的生活方式生活。此外，还有与李退溪有关的陶山书院等。

安东的漫步方法

安东，是一个小巧玲珑的地方城市，市区规划整齐。从安东站、汽车站到西部边缘的新市场步行只需 20 分钟，如果再走 10 分钟的话，便出了市区，所以步行就可以游览整个市区。

安东车站和汽车站之间步行，只有 5 ~ 6 分钟路程，周围有很多餐馆、旅馆。

从车站去汽车站的途中有一个五层的砖塔（宝物 56 号），保留着殖民地时期日本人的涂鸭（从站前广场看不见）。最繁华的是从汽车站到市政厅一带，有很多银行、商店。

安东的景点河回村、陶山书院等都离市区较远，乘汽车可以顺利地前往游览，时间上也很经济。

去河回村，要在车站相反一侧乘㊻路。去陶山书院，要

地区号:0571

前往方法

▶东汉城综合汽车站
所需时间:4 小时 20 分钟
发车:30 分钟间隔
车票:₩16700

▶国铁清凉里站（中央线）
所需时间:新 3 小时 53 分钟
无 4 小时 18 分钟
发车:新 1 天 2 班、无 1 天 4 班
车票：新 ₩16700 / 无 ₩10400

▶大邱北部市外汽车站
所需时间:1 小时 50 分钟
发车:10 分钟间隔
车票:₩5100

▶釜山东部市外汽车站
所需时间:4 小时
发车:1 天 8 班
车票:₩12000

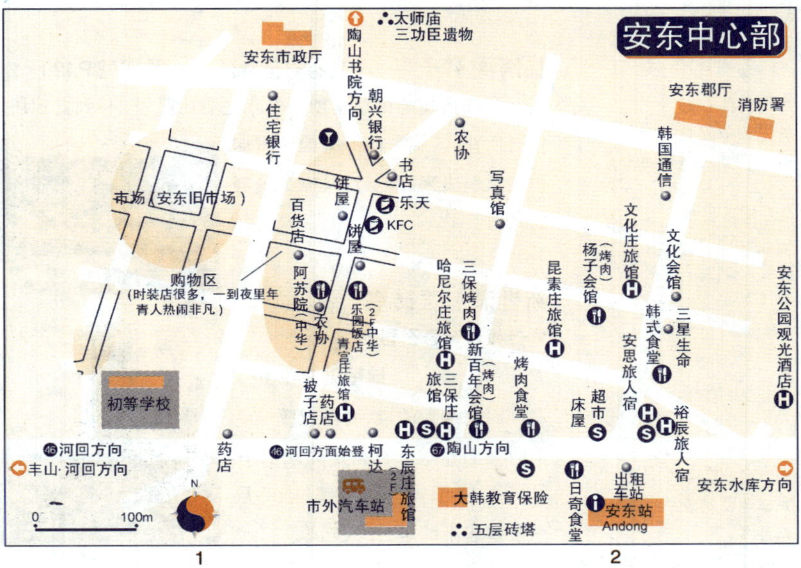

市内公汽

一般公汽

车票:₩600

座席公汽

价格:₩900

在车站一侧乘㊲路(有些车只到中途),车站站牌上有罗马字标识。

如果有什么不明白的可以到站前的旅游咨询处咨询。

主要景点

安东民俗博物馆

▶安东站前乘市内公汽❸路,第4站下车

门票:₩550

开馆时间:9:00~18:00(11~2月 9:30~17:00)

休馆日:元旦、春节、中秋、公休日的第2天。

安东民俗博物馆 ◆안동민속박물관

该博物馆由室内博物馆和野外博物馆构成。室内博物馆,展示着安东地方文化特征的儒教文化,特别是以冠婚葬祭等为主。野外博物馆有石冰库(宝物 305 号)、月映台(庆尚北道有形文化财 22 号)等。

全部展示资料共计 3700 余件,是了解民俗文化的良好之地。

临清阁君子亭

▶从安东站向东步行5分钟,位于左手的小山丘上。

临清阁君子亭 ◆임청각군자정

地图见 P420・2

是李氏朝鲜中期李增为安东之美所吸引,移到此地居住时所建。“临清阁”来源于陶渊明的《归去来辞》。这是一个安静的地方。

君子亭

新世洞七层砖塔 ◆신세동칠층전탑

地图见 P420・2

国内最大的塔,8 世纪统一新罗时期的建筑,被指定为国宝 16 号。高 17 米,底座宽 7.5 米,一层一层垒起来的塔,令人吃惊。

新世洞七层砖塔

▶过临清阁君子亭前的线路沿线。

泥川洞石佛像 ◆이천동석불상

位于安东市北部泥川洞的该石佛，高 9.95 米，宽 7.2 米。它是在花岗的石墙上凿 11 米，刻上身体，再在上面另外刻出头部而成。像这样形式高丽时期的佛像有很多。

泥川洞石佛像

▶从安东站对面的汽车站乘市内公汽54路，在杰比前下车。

所需时间:15 分钟

泥川洞石佛像

餐馆 Restaurant

国产牛令人心满意足

Ⓡ杨子会馆

양지회관

安东市云兴洞 171－10 ☎855－5115

营 12:00～21:30 休春节、中秋 预不要

地图见 P421・2

国产牛是安东的名产。沿街中向东走有很多烤肉店，这里的石锅烤里脊虽然略贵但味道超群。

要米饭的话还有拌饭的材料，还带炖泡菜。

生里脊₩8000，烤肉₩7000，烤猪肉₩3000。

可以住宿的餐馆

Ⓡ爱之家

사랑채

安东河回村 564　☎853－9103

营 8:00～21:00　休不定休　预不要

河回村的民宿，有很多兼做餐馆。该店的主人很亲切。用各种菜叶包卷的米饭（₩5000）和炖泡菜，比汉城味道要重一些。但这里的气氛很好，还有传统酒。

葱饼₩3000～。

酒店与韩式旅馆 Hotel

安东第一的高级酒店

Ⓗ安东公园观光酒店

안동파크관광호텔

安东市云兴洞 324　☎859－1500

FAX857－5445　地图见 P421・2

沿安东站前的大街向右走约 150 米的左侧。前台的人会讲英语。

带浴室、厕所、电视的双人间 1 晚 ₩ 65000。韩式房间价格相同。

相当干净的旅馆

Ⓗ青宫庄旅馆

청궁장여관

安东市南部洞 246－1　☎857－8336

地图见 P421・1

在站前的旅馆街中属相当干净的一家。沿汽车站对面的小路向里走，左侧。带浴室、厕所、电视的西式、韩式房间价格均₩ 20000。

瓦屋顶的民宿

Ⓗ静民宿

조용한민박

安东市分成面河回洞 653　☎853－2207

从河回村汽车站向村子的中心部走，第二个北村宅与南村宅相通的十字路口向左拐，就会看到青瓦屋顶的旧房。这是很少被用做民宿的房子。独立的房间，浴室干净，2 人₩ 20000。老妈妈还可以做饭（1 餐₩ 5000）。

丽水及南海岸

- 丽水
- 统营
- 通度寺
- 密阳
- 晋州

Yŏsu 丽水 여수

位于全罗南道、丽川半岛东南部的丽水，与统营一样是壬辰倭乱时李舜臣将军战斗的据点，而广为人知。现在则是一个悠闲的港口。

景点多在市内，近年划归丽水市的突出岛也值得一看。它与陆地以桥相连，开车去也很方便，可以轻松前往。

另外，沿岸已被指定为多岛海海上国立公园。奇岩、景致都很多的各个岛屿，有从丽水前往的船只，是不能不看的重点。

丽水的漫步方法

国铁站、市外汽车站，均距市内有一段距离。市外汽车站，除市外汽车之外也发抵汉城方向的高速汽车。到市内中心地区有市内公汽相通。与车站之间只是步行的距离。从车站去市内沿正面的车门路一直走，到警察署的尽头向右拐。不久来到一个下坡，拐到右侧附近，右手上方可以看到镇南馆。再往前走便是中央洞大街。沿中央路向西走有西校洞大街，这一带的几百米之内是城市的中心。

通过这条大街的公汽很多，❶路、❷路通过车站去梧桐岛方向，班次

地区号:0662

前往方法

▶釜山高速汽车站
所需时间:4小时15分钟
发车:50分钟间隔
车票:₩8700 /₩12800

▶汉城高速汽车站
所需时间:5小时50分钟
发车:40～60分钟间隔
车票:₩15900 /₩23800

▶国铁汉城站(全罗线)
所需时间:新5小时30分钟
发车:新1日2班
车票:新₩26600

▶光州综合汽车站
所需时间:2小时30分钟
发车:15分钟间隔
车票:₩6900

市内汽车:₩600

多,很方便。

沿中央洞大街向南走就来到海边。沿海边略向前走,有客船码头。这一带有饮食店、旅馆,很集中,是繁华街。沿西校洞大街向北走是市外汽车站,向南走是突山大桥。

主要景点

梧桐岛 ◆오동도 地图见 P426

整个岛屿都是公园,有防波堤与陆地相连。沿入口右手的小路向上走,便会来到山顶的灯塔。从这里眺望闲丽水道的风景非常优美。

沿左手的宽道向停船场走,右边有植物园,从防波堤的前面到这里有小火车。另外,从停船场到突山岛有游船运行。

紫山公园 ◆자산공원 地图见 P426

沿梧桐岛入口右侧坡度很陡的坡道一直走,就会看见

梧桐岛

从突山岛到梧桐岛

从突山岛码头

车票:₩4500(含门票、返程₩3500)

出发:随时运行(够10名乘客即出发)

▶从市内中央大街乘市内公汽❶、❷、101、103路梧桐岛下车。防波堤前有售票处,步行10分钟便有入口。

门票:₩1000

参观时间:6:00~21:00

小火车

运行时间:9:00~19:90(11~3月~17:00)

车票:₩500

右下方丽水新港和对面的丽水站。再回头可以眺望到刚才的梧桐岛与周围宽广、安静的大海，风光无限。登到山顶，矗立着李舜臣将军的塑像。

镇南馆 ◆진남관 地图见 P427·2

壬辰倭乱时，李舜臣将军指挥的全罗左水营的据点，1599年建成客舍。其后，由于火灾而烧毁，1716年重建。为柱头式、片翼式腕木型建筑样式，高14米、长75米、周长2.4米的柱子，共68根，支撑着屋顶。

镇南馆
▶从中央洞大街向北走150米，再登上左手出现的小山丘。
门票：₩440
参观时间：9:00～18:00（冬季～17:00）

镇南馆

突山大桥 ◆돌산대교 地图见 P426

1984年开通，与对岸的突山岛相通。全长450米的美丽吊桥使周围的风景一览无余。陆地一侧的桥下，原是从事渔业的小渔村，桥中央地点的左侧可以看到将军岛。

突山大桥

突山岛
▶市内公汽，带100号码的均可。
车票：₩600

突山观光船
☎644－2000
突山岛游船一周路线
车票：₩11000
所需时间：2小时30分钟
出发：13:30（但人数不齐不走）

龟甲船 ◆거북선

过突山大桥向右拐，右下方可以看到游船的停船场，稍往前即有复原的龟甲船。龟甲船，是在壬臣倭乱时期，朝鲜水军名将李舜臣将军在闲丽水道为迎击丰臣秀吉而制造出来的军舰。

进入船内，再现了当时的大炮、器具，以及指挥战斗的将军和士兵的形象。船底分成约10间屋子，厨房、医务室、休息室等的情况与蜡像同时展示着。由此，可以了解龟甲船是花费了非常大的功夫才完成的。

龟甲船

龟甲船
门票：₩1000
参观时间：7:00～19:00（冬季8:00～18:00）

向日庵 ◆향일암

位于与陆地相连的突山岛的最南端，是韩国拜奉观音的四大寺庙之一。现在的名称起于1715年。正如其名，在这里欣赏从一望无尽的水平线升起的朝日的景色非常之美，所以有众多的游客为看日出而到此，使这里成为名胜。

景色很美的向日庵

向日庵
坐市内公汽 104、111、111-1 路
车票：₩600
▶从突山岛乘船
车票：₩6800
参观费：₩1200（日落～日出免费）

水产综合馆 ◆수산종합관

1998年开馆的新设施。除小的水族馆之外，还展示着水产物的制作。另外，各种渔具、沿海渔业全景图的展示，可以增加对渔业知识的了解。从大堂可以眺望美丽的海岸线，也可以参观附属设施的鱼苗养殖场。这一带也是壬辰倭乱的战斗遗址，在综合馆左侧山的入口立有纪念李舜臣的石碑。

水产综合馆

水产综合馆
▶乘市内公汽 101、104、109、111、111-1
门票：1500
参观时间：9:00～18:00（11～2月～17:00）
休馆日：周一，1月1日，中秋

餐馆 Restaurant

推荐韩国风格的烤鳗鱼

Ⓡ旅兴餐馆
여흥식당

丽水市乔洞358 ☎662－6486
营 7:00～22:00 休 年中无休
地图见P427·1

位于从中央路向北的国民银行的后面。韩国式的烧烤味道很美。烤鳗鱼₩10000。用餐的话，推荐烤鳗鱼套餐。

还有热呼呼的鳗鱼汁₩7000。

风格略有不同的炒尤鱼专卖店

Ⓡ明心餐馆

명신식당

丽水市中央洞 749 ☎662－3990 休不定休
营 11:00～21:30 地图见 P427・1

中央洞大街的西北，中小企业银行的对面，是有 20 年历史的老店。

这里的炒尤鱼风格不同。在火饭上撒上芝麻油，再放上炒尤鱼，拌上从丽水的大海中打上来的紫菜，味道绝妙。1 人份₩8000。2人份起。

酒店与韩式旅馆 Hotel

新装修开业的

Ⓗ丽水观光酒店

여수관광호텔

丽水市公和洞 766 ☎662－3131
FAX662－3491 地图见 P427・2

淡季时，突然去也有房间。房间数 26 间，双人间₩45000 左右。在该酒店可以得到钓鱼的信息。

稍微豪华气氛的

Ⓗ丽水世宗观光酒店

여수세종관광호텔

丽水市公和洞 1054－1 ☎662－6111
FAX662－1929

位于丽水站前步行 5 分钟的东门路沿线的酒店。

有西式及韩式房间。带浴室、厕所的房间 1 晚₩52000。服务员会讲英语。

周围是繁华街很方便的

Ⓗ海东庄旅馆

해동장여관

丽水市中央洞 7－4 ☎625－5577

位于中央洞镇南馆的下面。中央洞大街上的 4 层建筑。带床、地暖炕的房间共 32 间，附近是繁华街。特别是夜里很繁华。饭店前有寿司店。价格带浴室、厕所的房间 1 晚₩20000。

离车站近、方便的

Ⓗ无等阁酒店

무등각호텔

丽水市公和洞 735 ☎661－0331

位于从国铁丽水站向市内方向，沿最初的路口向左转的地方。是一座 4 层建筑的旅馆。房间很干净。店主亲切。距离车站近，非常方便。地下有茶馆。带浴室、厕所的房间 1 晚₩20000。

向镇南馆步行 5 分钟

Ⓗ美都庄旅馆

미도장여관

丽水市南面洞牛鹤里 652－1 ☎632－2226

从车站乘出租车₩3000左右。位于从中央洞大街向西经中央路过 2 个街区再向南的一条大街(靠近海港一侧)。隔中央洞的北侧集中了饮食店、杂货店，非常方便。带厕所、浴室、电视的 5 人房间一晚₩25000。

Tong-yǒng 统营 통영

韩国南海岸第一景胜地，位于闲丽水道国立公园中心的港口城市。丰臣秀吉率日本军队进攻朝鲜时，此处是指挥朝鲜水军迎击日本军队的救国英雄李舜臣将军的大本营。

1955年升格为市的时候，根据李将军而命名为忠武市。近年，市郡合并改称统营市。统营，这一名称沿用于古代到近代，都是作为朝鲜水军根据地的三道水军统制营的缘故。

地区号:0557

前往方法

▶从釜山西部市外汽车站

所需时间：2小时30分钟/2小时

发车:15分钟/20分钟间隔

车票:₩7300

▶从大邱西部市外汽车站

所需时间:2小时40分钟

发车:每天15班

车票:₩8800

市内汽车

价格:₩600

统营的漫步方法

统营市中心，为从客船候船厅到南望山，这围绕港口的狭窄的一段。从面对海岸的道路向陆地一侧走，都是饮食街、市场，令人感到港口城市的活力。中心部的景点有南望山公园、洗兵馆、忠烈祠，都可以步行前往。

与海岸线几乎平行的中央路有市内公汽运行，向北翻过山丘，后向市外汽车站，再向南过忠武桥，一直通到有游船码头的道南观光团地。特别是连接道南洞（观光团地前）~忠武桥~中央路~市外停车场（市外汽车站前）路线的车次多，路线简单，初到者也很易利用。

主要景点

南望山雕刻公园 ◆남망산조각공원 地图见P432

突出海上，由海拔80米的山丘构成的公园。山顶的广

公园入口处

南望山雕刻公园

可以从市外汽车站相反一侧的停车站乘市内公汽⑪、⑬、㉗、㉓等。

所需时间:15分钟

场建有李舜臣将军的铜像,眺望着南海。另外,这里还是展示着世界10个国家的15位著名雕刻家的作品的雕刻公园。

从这里不但能眺望到港口,而且可以远眺闲丽水道的美丽的岛屿,是绝美的景致。

洗兵馆 ◆세병관

地图见 P432

洗兵馆

▶沿中央路向市外汽车站走,左手的斜坡上。

门票:₩200

洗兵馆,是为纪念与日本的海战取得的胜利,1603年建造的大型木质建筑。一直到近代,这里都是作为海上防卫的三道水军统制营的所在地。

洗兵馆

海底隧道 ◆해저터널

地图见 P432

沿中央路向忠武桥一直走,离开市内汽车路线,人流渐渐稀少。再接着往前走,会出现有年代的地道的入口,这

是统营市区与对岸的弥勒岛相连的东方最早的海底隧道。宽5米、长461米的该隧道是殖民时期由日本修建的。

海底隧道

跨海峡的忠武桥开通到现在,是步行者专用道,散步走一趟也是很好的体验。

忠烈祠
▶沿中央路向忠武桥一直走,步行15分钟。
门票:₩500
参观时间:9:00~18:00

道南观光团地
▶从中央路道南洞方向乘市内公汽,终点下车。乘游览船时在前一站的大停车场下车方便。

忠烈祠 ◆충렬사

地图见P432

是祭祀李舜臣将军牌位的祠堂。将军战死后,奉李氏朝鲜王朝的王命而修建的。

闲山岛 ◆한산도

地图见P432

李舜臣将军采用鹤翼阵战法取得的重大胜利,就是在从统营到闲山岛这一带海域发生的。周围以克服国难整修完好的制胜堂为主,保留着与将军有关的遗址。

制胜堂,在统营的洗兵馆建立之前,一直是岛上的朝鲜水兵营。由于是战争遗址,参观时要求严肃,周围没有游乐设施。大海呈现一种自然之美,从望楼眺望出去的景色格外迷人。

制胜堂
▶从道南观光团地的游船码头乘制胜堂方向的游船。
出发:10:00、11:00
船票:₩5000(往返)
购船票时要在乘船名录上登记。
▶从沿岸客船码头乘闲山岛方向的游船
出发:90分钟间隔(8:30~17:00)
船票:₩3250
所需时间:30分钟

门票:₩440

餐馆 Restaurant

忠武紫菜名饭的始祖

Ⓡ胖奶紫菜饭

뚱보할매김밥

统营市港南洞1-68 ☎645-2619
营 7:30~2:00 休 春节、中秋(各1天)

用紫菜包饭,另外还有小菜,这是忠武紫菜饭(忠武式紫菜饭)、小菜有萝卜、尤鱼等。

沿中央路到韩一银行附近，向港口方向拐，海岸沿线有很多紫菜饭店，这是最中间的一家。1人份₩3000。

统营的刺身屋街 地图见P432

沿海底隧道步行到对岸，海岸沿线有很多海鲜店。每个店的门口都有养着新鲜鱼的大水槽，当场就可以宰杀。做刺身剩下的骨头还可以做成辣汤。

只有港口城市才有的以新鲜材料自居的

Ⓡ东京鮨

동경초밥

统营市贞梁洞1077－5 ☎643－3268
营 12:00～22:00 休 春节、中秋
地图见P432

午间特别套餐、手工寿司套餐最值得推荐。按不同季节配有10余种副菜。带水果和饮料（咖啡、绿茶、柚子茶中选择），₩10000。饮料中还是推荐以本地特产柚子制作的柚子茶。

早餐营养充分的

Ⓡ统营始祖希拉克

통영원조 시락국

统营市西湖洞 ☎646～5973
营 3:30～16:00 休 春节、中秋
地图见P432

希拉克是用鳗鱼和萝卜叶长时间炖而做成的极富营养的汤。因为材料新鲜，一点也没有鳗鱼的腥味，与大萝卜叶很好地构成一种混合的香味。

希拉克饭₩2500、希拉克与饭分开₩3000。可根据个人口味放盐、胡椒、辣椒等。桌子上的约10种蔬菜随便吃，但要注意不要剩，不要浪费。

酒店与韩式旅馆 Hotel

酒店以道南观光团地高台的忠武观光酒店、南望山北侧的统营观光酒店而闻名。

旅馆集中在市外汽车站旁的庄级旅馆区，容易找到。

港口周围旅馆不多，从客船码头到南望山公园有几家。最好是住宿在可以看到大海，欣赏夜景的旅馆。

交通方便、价格便宜

Ⓗ忠武海滨酒店

충무비치호텔

统营市西湖洞177－15 ☎642－8181
地图见P432

位于从码头到中央路之间，从市中心任何地方都可以步行前往，很方便。从

窗户可以俯视港口风景。价格:双人间₩45000元。

位于港口附近的旅馆

Ⓗ新罗庄旅馆

신라장여관

统营市港南洞　☎643－3361　地图见 P432

周围以紫菜包饭专卖店大街为主,是饮食店很多的繁华街,购物、用餐很方便。位于从著名的忠武紫菜包饭店到客船码头中途的路上。₩30000。

位于南望山入口处的旅馆

Ⓗ极东庄旅馆

극동장여관

统营市东湖洞 244－1　☎645－3337
地图见 P432

位于南望山入口的 4 层白色建筑,1 层为茶馆。带浴室、厕所、电视的韩式房间₩20000。从该馆到公园走旁边的马路 10 分钟即到。

整洁的住宿设施

Ⓗ新宇庄旅馆

신우장여관

统营市港南洞 151－7　☎644－8877
地图见 P432

沿钟台向大海一侧有砖瓦结构旅馆的叉路,沿叉路向右走,茶色的 5 层建筑。

带浴室、厕所、电视的韩式房间 1 晚₩25000,非常干净。

可以看到大海的酒店

Ⓗ忠武观光酒店

충무관광호텔

统营市道南洞 1　☎645—2091
地图见 P432

位于游船码头附近的酒店,由于位于半岛,可以充分眺望海景。淡季时,由于远离市区,房价可以打折。双人间1晚₩70000元。

推荐带平顶阳台的房间

Ⓗ韩一庄旅馆

한일장여관

统营市港南洞 1－7　☎645－7271
地图见 P432

推荐面向港口的带阳台的房间。每到霓红灯开始闪亮时,可以坐在阳台椅子上欣赏夜景。房间、家具均为粉红色,气氛可爱,清洁。1晚₩25000元。

沿岸客船码头附近的

Ⓗ太原庄旅馆

대웅장여관

统营市港南洞 151－44　☎648－0919
地图见 P432

刚刚改装完工的干净的旅馆。周围有很多餐馆,离西湖市场很近,方便。使用沿岸客船码头时值得推荐。1 晚₩25000元。

T'ongdosa 通度寺 통도사

通度寺——柱门

佛宝寺刹中的舍利塔

地区号:0523

前往方法

▶釜山东部市外汽车站

所需时间:40 分钟

发车:20 分钟间隔

车票:₩1800

▶庆州高速汽车站

所需时间:40 分钟

发车:20 分钟间隔

车票:₩1700

通度寺

门票:₩2000

参观时间: 3:00～18:30

(冬季～17:30)

三宝寺利

佛之通度寺

法之海印寺

僧之松广寺

1999 年 4 月刚开馆的博物馆

位于从釜山到庆州、大邱的高速公路沿线，是山中的寺庙。距釜山以北约 30 公里，离梵鱼寺近。

646 年，由慈藏律师创建，有着规模很大的伽蓝和寺院，被称做三宝寺刹中的佛宝寺。另外，它与印度的灵鹫寺很相似，正式各称叫“灵鹫山通度寺”。

通度寺的漫步方法

从釜山出发的市外公汽发抵站向南步行 80 米，第一个路口右侧有“通度寺道”标识。沿该道走 10 分钟可以看见山门。在门前付参观费后，隔着河分成 2 条岔道。右侧为步行使用，左侧为车道。看着松林漂亮的树枝，感受着历史的痕迹，倾听着小河的潺潺流水，心情格外舒畅。沿寂静的山道走 10 分钟，右手有新建的博物馆。穿过前面的一柱门便是寺庙的中心。

天王门内左右各有四大天王，过了天王门是极乐殿，左手是梵钟阁。位于中央的三层石塔是拜礼石，上前参拜的客人络绎不绝。寺院的中心为大雄殿，安放本尊的位置处有窗户，采用面对舍利塔的参拜形式。

这个小的舍利塔内供奉有佛舍利(传说是释迦牟尼的遗骨)，因此，该通度寺被称做三宝寺刹中的佛宝寺刹。

周围的名庵内有很多来向僧侣们求教的信徒。

Miryang 密阳 밀양

密阳位于釜山西北 50 公里，近乎釜山与大邱中间的位置。保留有高丽时期的史迹，是民歌“密阳阿里郎”中的著名之地。

另外，密阳东部 26 公里的天皇山中，有著名的元朝进攻、秀吉进攻时僧侣们举兵抵抗的表忠寺。

密阳的漫步方法

流经市中心的南川江将市区分成两块。南侧是以市政厅为主的政府机构集中的地方，密阳车站也在这里。过密阳桥，从连接南北的大道向西走，有市场，这一带周围是繁华街。

岭南楼从这里步行 5 分钟，面临南川江。

市外汽车站稍微有些远，乘市内公汽走 5 分钟左右，只要是从岭南楼入口向河边相反方向走，就可以。这里是釜山、庆州等所有市外公汽的发抵地，去表忠寺方向的公汽从这里开出。

主 要 景 点

岭南楼 ◆영남루

地图见 P438 · A

韩国三大楼阁之一的岭南楼，是高丽时期密阳郡守修

地区号:0527

前往方法

从釜山到密阳

▶西部市外汽车站

所需时间:1 小时 10 分钟

发车:40 分钟间隔

价格:₩4200

▶国铁釜山站(京釜线)

所需时间:约 40 分钟

发车:无统共 1 小时 3～4 班

车票:无统₩4100

从密阳到表忠寺

▶密阳汽车站

所需时间:40 分钟

发车:1 天 23 班

车票:₩1800

一点注意

表忠寺汽车站周围没有指示图，略难找。沿汽车来的道路向山的方向走 15 分钟左右，有收费处，再走约 5 分钟便到山门。

建。其名称来源于同一地点的新罗时期的废寺岭南寺。岭南楼经历了壬辰倭乱等多次烧毁，现在的建筑是1844年由密阳府使重建的。

阿娘阁是为纪念李氏朝鲜时期知府的女儿阿娘这一传说中的主人公而建的。传说才貌双全的阿娘东玉，

一次来岭南楼赏月时遭到恶汉的袭击，东玉舍身以死来保护纯洁之身。

另外，天真宫前有种像菊花盛开一样的叫做“石花”的石头。在岭南阁周围分布的石花，在阿娘阁降临的河边到处都可以看到。

表忠寺 ◆표충사 地图见折页·4-D

表忠寺原名竹林寺，创建于7世纪新罗时期。9世纪时印度僧人黄面禅师修建了三层石塔。但是使该寺庙闻名的是抗击丰臣秀吉侵略朝鲜时建立功勋的四山、四溟、骑庐三大禅师，寺庙的名称就是为了表示他们的忠烈而叫表忠寺。

院内的表忠寺遗物馆内保存有：1605年根据四溟大师在日本的讲话、说法；朝鲜遭侵略时要求送还被俘的3000多名朝鲜人，而写给当时的德川家康的文书；以及四溟大师去日本的路线图等四溟大师的遗物300余件。特别是青铜含银香院等已被指定为国宝。

另外，这里现在还有僧侣在此生活，注意禁止游客出入的地方，不要打扰。

岭南楼

▶市外公汽、岭南楼入口下车

门票:₩500

参观时间：9:00~18:00（11~3月~17:00）

售票处：在上河边台阶的地方

表忠寺

门票:₩1500

Chinju 晋州 진주

地区号:0591

前往方法

▶汉城高速汽车站
所需时间:5小时30分钟
发车:20分钟间隔
车票:₩15300/₩22700

▶釜山西部汽车站
所需时间:1小时20分钟
发车:10分钟间隔
价格:₩4500

▶大邱西部汽车站
所需时间:1小时40分钟
发车:1天19班
价格:₩5600

市内公汽
一般公汽
车票:₩600

晋州城址
▶从高速汽车站乘市内公汽⑮、㉕从晋州车站乘任何市内公汽均可,大宇证券前下车。

晋州位于庆尚南道的南部,被洛东江支流之一的南江所环绕,面积约70平方公里,人口约26万人,是一个中等城市。自古以来晋州就是伽倻的古都,壬辰倭乱时曾在此地展开过激烈的战斗。特别是以晋州城之战为题材的诗《论介》是教科书中必选的课文。晋州城是韩国无人不知的名城。

另外提到拌饭,晋州最有名,与石锅拌饭齐名的还有生牛肉拌饭。

每年10月3日到10日之间,晋州有各种节庆活动,那时是一定要前往参观的。

晋州的漫步方法

出了高速汽车站向左约500米,有晋州火车站,车站前的大马路是中央路。要去市中心的话,无论高速汽车站,还是晋州车站,都要过马路乘公汽前往。

沿中央路从晋州车站向西北方向乘公汽走5分钟,过了晋州桥周围就是市中心。晋州观光的主要景点晋州城、矗石楼、壬辰倭乱博物馆等,均集中在过了桥的左侧,被晋州城墙包围的小山丘上。

该晋州城的城北有晋州市政厅,内有观光课,可以利用。晋州城入口旁的门票售票处还兼做旅游咨询处，可以买到旅游地图（晋州城的售票处绕着城郊有好几处，有旅游咨询处的是正面入口）。

另外，过了晋州桥走300米左右，中央路与殷烈路交叉的中央大街一带是繁华街。沿大街向东走有晋州乡校，向西走有晋阳湖，均不是步行所能去的景点。晋州市民的厨房——中央市场在中央大街东北一带。

另外，经营晋州的另一个名产鳗鱼的店铺，多集中在从晋州城址正面入口前到晋州桥的河边一线。

一点注意

从晋州乘公汽时，过晋州桥第一个停车站下车。向晋州站方向坐车时，外换银行前下车。

门票：₩330（在入口前的自动售票处购买，先投入硬币再按按钮）

参观时间：9:00~18:00（各冬季~17:00），18:00以后免费开放，晋州的城址入口售票处是旅游咨询处，出售旅游宣传册（导游图）。

主要景点

晋州城址 ◆진주성지 地图见 P441

其来源可以追溯到伽倻时代的晋州城。壬辰倭乱时虽

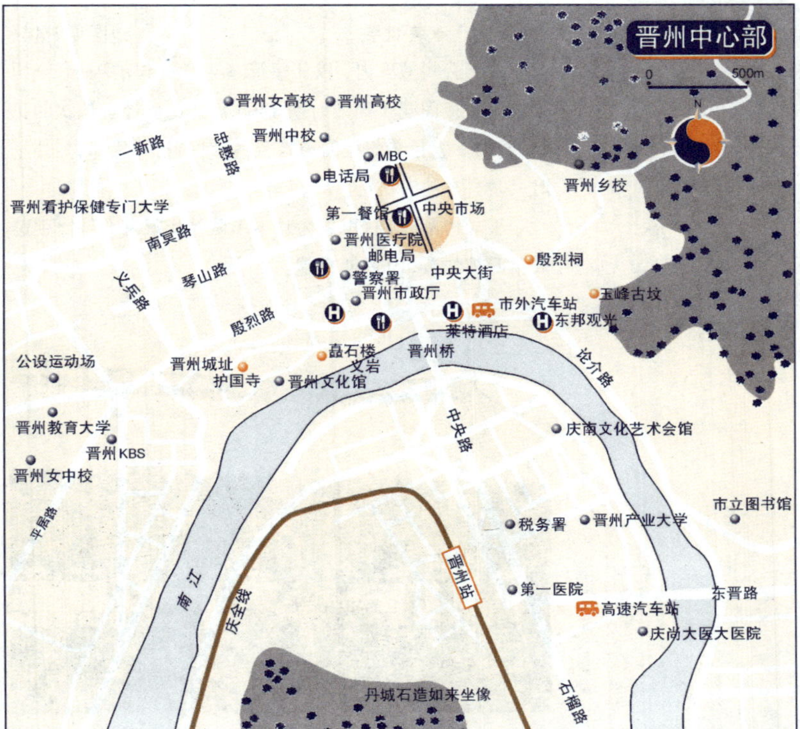

然投入了民、官、军共7万余名参战，但最后还是陷落了。

现在保存的城郭是从1979年到1987年复原的。此外，这里还有矗石楼、北楼阁、北将台、李氏朝鲜时期作为监察使厅舍的正门岭南布政司等。特别是北将台，是李氏朝鲜中期的军事建筑，是后期建筑的典范。另外，这里还保存有与壬辰倭乱有关的石碑等很多史迹。

义岩

从楼阁眺望市内的景色很美。

矗石楼 ◆촉석루

地图见 P441

位于晋州城郭内，以其建筑之美号称地方第一、全国第一。该楼阁建于高丽时期1365年。此后经过数次的扩建，补修。它是晋州城的南将台，战时的指挥总部，另外平时又是科举的考试场。

壬辰倭乱时，这里成为日本军队的庆祝宴会厅。朝鲜战争时被炸毁，1960年重建。

矗石楼

义岩 ◆의암

地图见 P441

矗石楼下突出于南江上的岩石。壬辰倭乱时日本军队在矗石楼举行庆功宴时，当时是歌妓的论介将日本武将引诱到该岩石下，突然抱住他，拽住日本武将一起投入南江，因此闻名。

当时，为了歌颂论介的忠孝，在矗石楼旁建了义妓祠。另外，让义妓论介更有名的还是诗歌《论介》，在矗石楼旁建有该诗碑。

护国寺 ◆호국사

地图见 P441

护国寺
晋州城址内

该寺庙建于高丽时期，原来叫做山城寺，是为了培养僧兵而建。壬辰倭乱时改叫护国寺。该寺位于晋州城郭的略西南的地方，登上寺庙前陡峭的台阶，便来到晋州城西面的楼阁——西将台。

站在西将台可以眺望到市区，这里是晋州城的西部指挥所，掌握城市命运的地方。收藏壬辰倭乱时战死的武将牌位的祠堂彰烈祠就在附近。

护国寺

餐 馆 Restaurant

韩国风格烤鳗鱼

Ⓡ一味庄鱼店

일미장어

晋州市东城洞 10－1　☎742－1283

营 9:00～24:00　休 年中无休

晋州桥下南江沿线众多鳗鱼店中的一家。虽是沿河的店家，但所用的材料是从三千浦经营的海里打来的。烧烤方法采用韩国风格，很好吃。一碟₩13000，量也很多。

营养充分的豆芽汤

Ⓡ晋州豆芽海产汤

진주콩나물해장국

晋州市中安洞 3－7　☎741－6918

营 5:30～21:00　休 第 4 个周日

位于晋州市政厅后，是豆芽火锅店。味道清淡，营养充分，最适合喝酒过量时解酒。

该店在电视、报纸上多次介绍过，很受欢迎。最适合早餐，带米饭₩3500。

晋州著名的吃拌饭店

Ⓡ春焕餐馆

천황식당

晋州市大安洞 4－1　☎741－2646

营 9:00～21:00　休 第1、3个周日，春节、中秋(各4天)

从中央市场、中央路向东过 2 个胡同的拌饭店，其标志是对面有浴池的烟囱。晋州名吃生牛肉拌饭₩4500。

还有一种很好吃的牛血汤，味道也很鲜美。

拌饭的绝品

Ⓡ第一餐馆

제일식당

晋州市大安洞 3－36　☎741－5591

营 10:00～21:30　休 春节、中秋　预 不要

地图见 P441

最受欢迎的是拌饭(₩4500)。有很多客人是专门从汉城赶来品尝的。

味道的确好，很有品尝的价值。绿色的招牌是其标志。

酒店与韩式旅馆 Hotel

高速汽车站附近有几家，但最多的是从晋州城址的北侧到中央大街一带，有旅馆也有旅人宿。

外观很精巧的高级旅馆₩25000～35000。离晋州城近，到中央市场也可以步行前往。餐馆很多，停车站近，很方便。另外，从晋州城址入口前到东面的河边沿线也有高级旅馆。火车站附近的旅馆卖春的较多，要注意。

全州及其周边

- 全州
- 光州
- 木浦
- 松广寺
- 南原
- 求礼

Chŏnju 全州 전주

丰南门

位于韩国最大的粮仓——湖南平原的全州，是全罗北道的道厅所在地。

它以与建立了李氏朝鲜王朝的李成桂有关系而闻名，市内散落着祭祀李成桂的景点。在新罗后期的后三国时期，这里被作为后百济的首都而繁荣一时。

近年来，与庆尚道相比，全州地区的开发有一种较迟缓的感觉，但是，它仍不失为有着肥沃土地的诱人地区。特别是饮食文化，至今仍是韩国保留传统饮食特点最成功的惟一之地。这里的拌饭、肉汤饭很有名。

全州的漫步方法

首先，我们要了解全州南北向的八达路、西侧的南门路、东西走向的忠景路，这三条路的交叉处一带便是全州的中心地区。

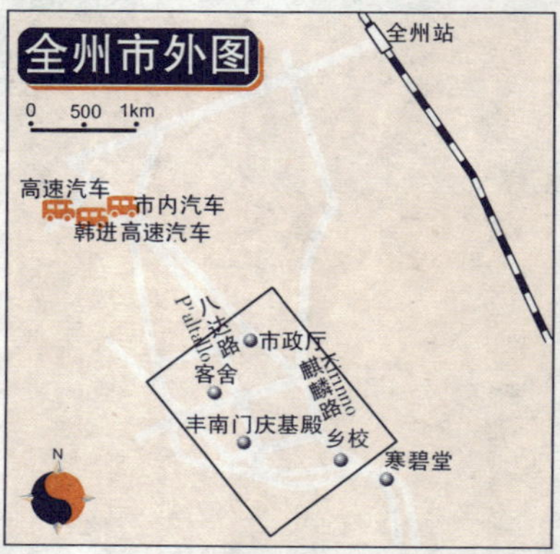

南门路与忠景路交叉的北面便是客舍。南门路与八达路之间是全

地区号:0652

前往方法

▶**汉城高速汽车站**
所需时间:2小时50分钟
发车:5~10分钟间隔
价格:₩8900 /₩13000

▶**国铁汉城站(全罗线)**
所需时间:新 2小时56分钟、无 3小时20分钟
发车:新 1日2班、无 1日9班(含夜间1班)
车票:新 ₩16400、无 ₩11300

▶**釜山高速汽车站**
所需时间:5小时15分钟
发车:70分钟
车票:₩12000 /₩17800

全罗北道旅游信息指南中心
☎88-0105
开馆时间:9:00~17:00

市内公汽

一般公汽
车票:₩500

座席公汽
车票:₩920

罗北道旅游信息中心。沿银行与办公楼密集的八达路向北走，有市内汽车站、高速（韩进高速有独立的汽车站）、市外汽车站。从市中心步行前往的话还有段距离，最好是乘公汽或出租车。火车站也与市内

全州站

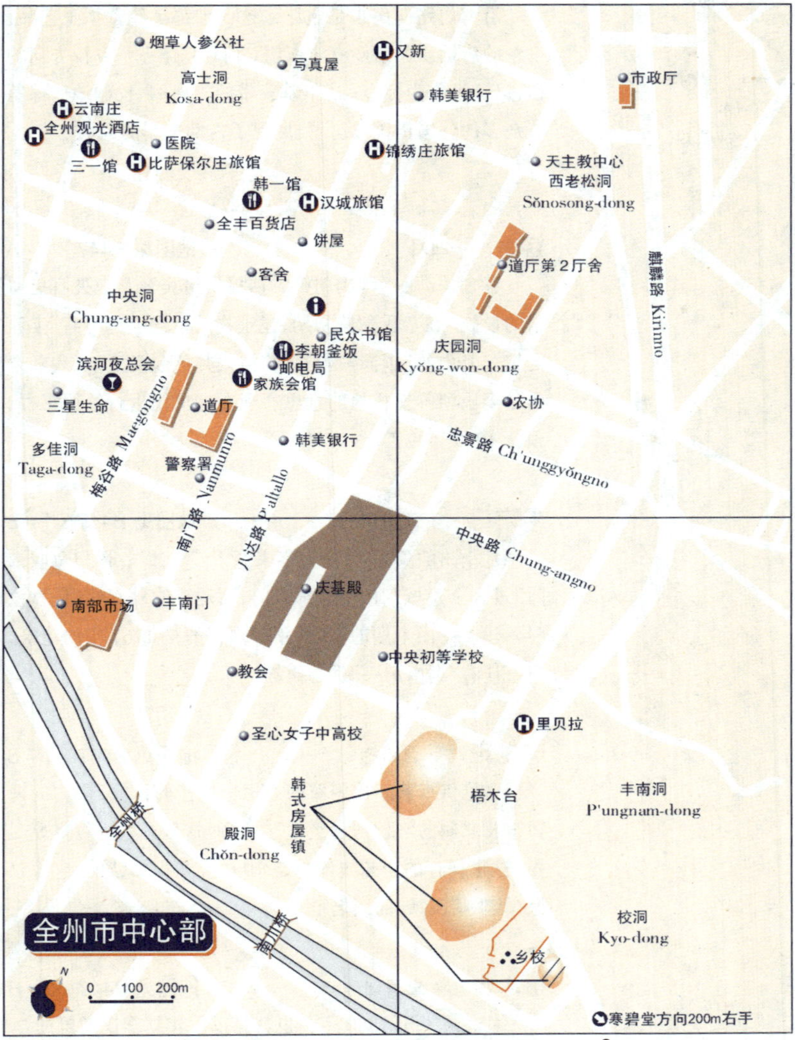

有一段距离。现在的市政厅附近是过去的全州站，八达路东部的麒麟路是利用旧线路而修建的新道路。

校洞地区的韩国式房屋镇

沿南门路向南走是道厅，这一带都是经营手工艺品、古董的店铺。其南侧有丰南门，前往庆丰基、乡校方向的话，以这里作为标志。庆丰基一带的丰南洞、校洞地区保留着众多的韩国传统式房屋，展现了古都全州的风貌。

主 要 景 点

客舍 ◆객사

地图见 P447 · 1 – A

客舍是高丽、李氏朝鲜时期提供给宾客及中央官吏留宿的设施。在李氏朝鲜初期，建筑物的匾额上都写有“丰沛之馆”，其中的“丰沛”是指汉高祖刘邦的起义之地，表示全州是李氏朝鲜发祥地的意思。现在这里正进行复原工程，预计 1999 年竣工。

丰南门 ◆풍남문

地图见 P447 · 1 – B

是全州的象征。“丰”字来源于“丰沛”，该门也叫南门。过去全州城东西南北都有门，而现存的只有此门了。该门始建于高丽末期的 1389 年，现存的是 1767 年的建筑，门上挂有“湖南第一城”的匾额。

庆基殿 ◆경기전

地图见 P447 · 1 – B

这里供奉着李氏朝鲜的太祖李成桂的肖像，院内的博物馆及北侧的学校都已经搬迁，要对这里开始进行复原工程。这里保存的全州史库也是 1991 年重新修建的，它曾以保存《李朝实录》而闻名。

梧木台 ◆오목대

地图见 P447 · 2 – B

是高丽末年 1380 年，也就是以后建立李氏朝鲜的李

全州站 ~ 道厅

▶从道厅乘市内公汽41、51、57等

所需时间：约 20 分钟

▶出租车

价格：约₩4000

全州站 ~ 客舍

市内公汽65等

各公汽站 ~ 客舍

▶市内公汽49等

▶出租车

价格：约₩2000

可以眺望市区的梧木台

梧木台
门票:免费

成桂与倭寇决战大获全胜，在回程中举行凯旋宴会的地方。高台位于公园的中心,可以俯视保存的韩屋、街道。

乡校 ◆향교

地图见 P447・2－B

李氏朝鲜时期，儒教被作为国学，在全国各地都设立了一种官立学校。全州的乡校建于 1603 年。穿过河边的红色门(按照儒教为表彰忠臣、孝子、烈女而建),进入正面万化楼的左侧,院内有明伦堂等 10 栋建筑。现在这里还开设有关于儒教的各种教室。

乡校
时间:从日出到日落
门票:免费

乡校

寒碧堂 ◆한벽당

地图见 P447

位于乡校沿全州河向东过了路桥的地方。它是建立李氏朝鲜的有功之臣陈达木(音)于 1410 年修建的别墅。是全州八景之一。站在楼阁上，全州河两侧广阔而幽静的田园风光一览无余。

寒碧堂

国立全州博物馆 ◆국립전주박물관

该馆于1990年开馆，以展示、研究全罗北道的历史资料等为目的。馆内分成考古室、美术室、民俗室三个部分。常年展示1000件以上的资料。

考古室内有百济时期的金铜制装饰品，各种出土文物；美术室内除了展示高丽、李氏朝鲜时期的陶瓷器、新罗时期的佛像之外，还展示有古地图、科举的答案用纸等。

最有意思的是民俗室，看了这里的传统料理样本，便会明白全罗道的饮食生活在李氏朝鲜时期以前就已经相当丰富了。厨房及用餐情景都很有意思。此外，这里还展示有韩纸、螺钿制品、农用器具等。1层有纪念品柜台。

国立全州博物馆

▶从客舍前乘市内汽车28、48、50等

▶从道厅乘市内公汽51、52、57

所需时间:15分钟

车票:₩500

门票:₩400

开馆时间: 9:00~18:00 (3月~10月周六、日、节日至19:00　11月~2月至17:00)

休馆日:周1、1月1日

马耳山 ◆마이산

地图见折页·2-C

位于全州以东40公里外，以独特的岩石山而闻名。马耳山名称的由来也是源于此山的两座山峰像马耳朵一样。山峰分雌雄，东面圆形的是雄马耳山(667米)，西面的是雌马耳山(673米)。

从镇安开来的公汽可以抵达马耳山登山口。穿过旅游纪念品商店、餐馆街，上了坡道，便有进山收费处，从这里开始就是比较平缓的路了。登大约7~8分钟，就会来到东西马耳山之间的一个小休息处。

左右延伸的山道与瞭望台与穿过马耳山的隧道相通。过了休息处之后，道路开始变成下坡。下台阶后，可以前往位于山腰的银水寺。从银水寺再向下走，透过杂木林可以看到参道右手的塔寺。

塔寺内的塔舍由石头砌成，有无数的小塔。据尼僧的话讲"一点也没有用水泥，但哪怕是刮大风，也连一块小石头都不会吹下来"。事实也确如其所言，数米高的塔呈现出美丽的圆

马耳山塔寺

马耳山

▶从全州市外汽车站到镇安

所需时间:50分钟

发车:10分钟间隔

车票:₩2500

▶从镇安到马耳山

所需时间:10分钟

车票:1小时间隔

车票:₩370

推荐一条路线

回程到镇安，可以走山道下山，约40分钟的山道，可以穿过人参田，很有意思。

马耳山

进山门票:₩1400

锥型,丝毫不动。

该塔,据说是李氏朝鲜时代末期李甲龙遭受双亲去世的打击,倍感人生之无常,独自一人花 30 年时间垒成。

餐馆 Restaurant

拌饭老店

Ⓡ家族会馆

가족회관

全州市完山区中央洞 3 街 80 ☎284－2884
营 11:00～21:30 休春节、中秋
地图见 P447·1－A

菜谱只有一种拌饭,是一家传统老店。位于全州邮电局的斜对面。拌饭是用石锅烤出来的,蔬菜有10多种。₩7000。

豆芽汤饭

Ⓡ三一馆

삼일관

全州市完山区高士洞 1 街 451 ☎284－8964
营 24 小时 休息日:年中无休
地图见 P447·1－A

是豆芽汤饭有名的店。从比撒保尔庄旅馆前的大路向西,走到尽头向左拐,稍微向前走的左手即是。该店 24 小时营业,从早晨开始就很热闹。豆芽汤饭₩3000。

食之都的釜饭

Ⓡ李朝釜饭

이조돌솟밥

全州市完山区高士洞 72－6 ☎283－0172
营 11:30～21:30 休年中无休
地图见 P447·1－A

提到全州的名吃,当然不用说是拌饭,但稍微换一下眼光,看看釜饭如何?该店位于全州邮电局以北的地方,釜饭是其名吃。它是将用石锅煮好并调味后的米饭与菜一道吃。粘到锅上的锅巴也特别的香。釜饭 ₩6000,加朝鲜人参釜饭₩7000,大豆拌饭₩4500。

酒店与韩式旅馆 Hotel

便宜的住宿地在市外汽车站或者丰南门周围有很多。此外,全州市政厅大楼后面的铁路旧址对面也有几家挂着"旅人宿"招牌的旅馆,但这里大多数兼做卖春服务,所以,千万不要搞错了。

中级的住宿位于市中心的全州客舍与道厅周围。

给客人提供诚心的服务

Ⓗ全州观光酒店

전주관광호텔

全州市完山区多佳洞 3 街 28 号
☎280－7700 FAX283－4478
地图见 P447·1－A

到全州来并不想住超现代的酒店,只图方便的话,该酒店是最好不过了。该酒店古老而小巧,服务员认真、诚心服务。距市中心街近,很方便。餐饮(西式、中式、

韩式)很好吃。单人间一晚₩47000~。

位于全州繁华街的正中心

Ⓗ汉城旅馆

한성여관

全州市完山区高士洞1街199
☎288-0014　FAX288-0668
地图见P447·1-A

豪华的西式建筑的旅馆，内部有餐厅、美容美发，具有准酒店的设备。该酒店位于全州的繁华街，无论散步饮食还是观光都是最好的旅馆。带浴室、厕所的房间一间₩25000~。

有大浴场的旅馆

Ⓗ锦绣庄旅馆

금수장여관

全州市完山区高士洞1街11-13
☎282-8288　地图见P447·1-A

从八达路沿线的国民银行拐角向西，遇第一个拐角向左，进胡同的一角。该旅馆下层为浴场，住宿客人可免费洗浴(周三休)。房间很大，有淋浴及厕所。一晚₩25000。

便宜的旅馆

Ⓗ比萨保尔庄旅馆

비사벌장여관

全州市完山区高士洞464　☎283-6111
地图见P447·1-A

过全丰百货店北侧的大街向西，位于保健所拐角的稍北面一点。

房间非常小，稍微有些局促，但1晚₩20000，很便宜。距离饮食店很近，非常方便。

Kwangju 光州 광주

5·18纪念公园

全罗南道的道厅所在地光州，是一座道路宽敞、新楼林立、规划整齐的城市。它连接湖南、南海、'88奥林匹克三条高速公路，其作为交通要冲的地位越来越高。

光州自古以来就以地方行政的中心而繁荣，有很多教育机构设置在这里。在光州曾发生过光州学生运动(1929年)，由针对军事政变的学生游行而引发的民众暴动、光州事件(1980年)等。在这个明快的城市之中，还隐藏着一段悲哀的历史。

光州的漫步方法

光州的中心街是位于道厅前的锦南路。这里集中了行政机构、金融机构，高楼林立，格局井然。与大街相对照的是南侧杂乱而热闹的忠壮路一带。狭窄的道路两侧布满了电影院、百货店等，整日热闹非凡。锦南路北侧有一条因古董店、美术、书法用品店铺多而被称为“艺术之道”的大街，规模虽然不大，但很有气氛。

与城市规模相比，市内的景点意外的少。市区西北角有国立光州博物馆，东面耸立着无等山。无等山是光州的象征，因此，我们会发现市内冠以无等名称的店铺、设施很多。

口岸信息

光州除了铁路的大门光州火车站之外，还有掠过市郊直通木浦的湖南线的松汀里站，两个车站加在一起线路很多，可以很好地将旅程组合起来。

汽车站，是将散乱在市中心的各路车总站都集合起来，搬迁到约3公里外的郊外。

铁路

光州站

庆全线的全部列车及湖南线光州始发的列车，都停留在此。从中心街可以乘坐999、222路。

松汀里站

湖南线木浦抵离的列车在此停车。从市中心乘坐席公汽999、222，约需30分钟 。

地区号:062

前往方法

▶汉城高速汽车站

所需时间:3小时55分钟
发车:5分钟间隔
车票:₩11900 /₩17700

▶国铁汉城站(湖南线)

所需时间:新3小时40分钟、无4小时15分钟
发车:新1日4班、无1日7班(含夜间1班)
车票:新₩21300、无₩14700

▶釜山高速汽车站

所需时间:4小时35分钟
发车:20～30分钟间隔
车票:₩10100 /₩14900

市内公汽

一般公汽

车票:₩500

座席公汽

车票:₩1000

汽车

光州综合汽车站

旅游咨询处
光州机场(1层)
☎942-6160

该车站是集中了高速汽车、市外公汽站为一体的综合汽车站。它位于机场，在有湖南线车站的松汀地区与市中心正中间，移动起来非常方便。从中心街乘座席公汽888、999，约15公钟。

飞机

光州机场

有通往汉城、济州、釜山、江陵方向的国内线。从光州前往济州要比从其他城市到济州的费用低，可以节约旅费。

主要景点

国立光州博物馆 ◆국립광주박물관

1978年开馆。是一座2层的建筑，钢筋水泥结构，但屋顶却是漂亮的瓦顶。

展室分第1室（绘画室）、第2室（先史～高丽时代室）、第3室（新安海底发掘陶瓷器室）、第4室（高丽、朝鲜陶瓷器室）。其中第3室是从新安海底（木浦冲）打捞上来的14世纪

国立光州博物馆

国立光州博物馆

位于光州站西北，从市街走略有一段距离。从市中心乘出租车（约₩3000）很方便。

门票：₩400

开馆时间：9:00～18:00（11月～2月至17:00）

闭馆日：周一、公休日的周日、1月1日

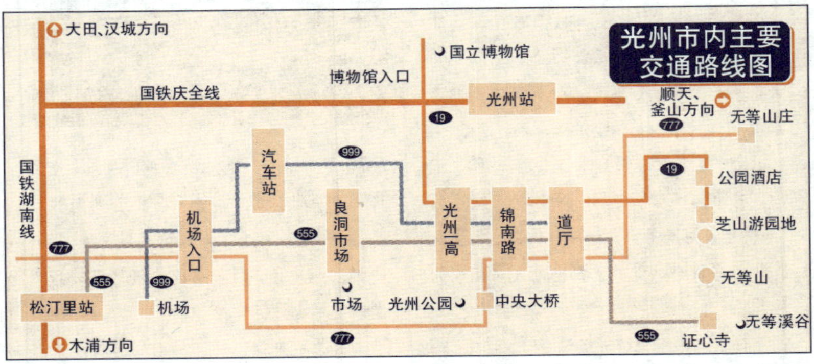

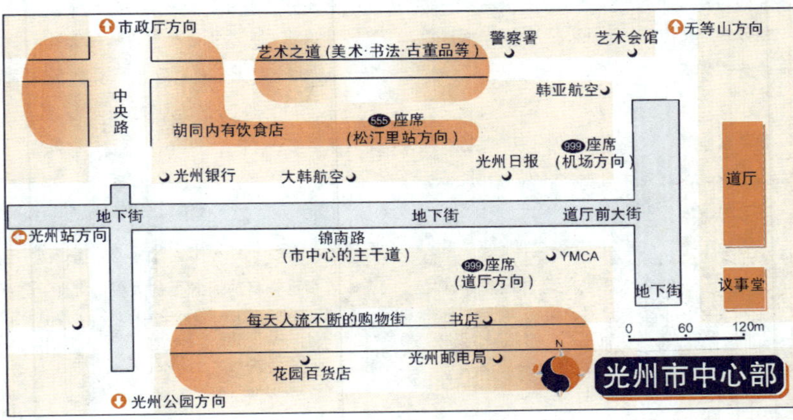

无等山

路线①

▶从锦南路、全南道厅乘市内公汽416路，在终点下车。

路线②

▶从锦南路、全南道厅乘市内公汽311路、611路，在终点下车。从松汀里站、机场入口乘511路，在终点下车。

的陶瓷器，几乎没有任何损坏，保持着原形，令人赞叹。另外，第1室的绘画室内展示着李氏朝鲜时期的绘画，有17～19世纪活跃的尹斗绪、许链等的山水画、人物画、花鸟画、动物画等，都是优秀的收藏品。

无等山 ◆무등산

耸立在市区内的无等山超过100米，很好地保存了自然风景，是市民的休息之山。游览方法有4条线路，可以乘

乐安邑城民俗村

乐安，形成于三国时期，是迄今为止保存了最久历史的村寨。

乐安保存了由城墙环绕的韩国近代农村所独特的典型景观。城内的村庄，于1983年被指定为史迹第302号，之后，经过4年的复原、修补工程，终于对外开放。

全村被总长1410米的石墙围绕。

村寨被一条从东门（乐风楼）到西门（双清楼）的笔直的大道一分为二，北面是有着大屋顶的建筑，南面则是茅草屋顶的房屋。

位于北部中央的客舍建于15世纪，19世纪扩修。中央的正堂上摆放着象征国王的殿牌。左右的房间（翼舍）是朝廷派遣的使者的居室。

建在客舍西部的东轩，是李氏朝鲜王朝时期举行行政事务、进行判决的地方。现在的建筑是近年才复原的，从中可以了解当时的地方衙门的气氛。

建于附近的楼阁（乐民楼）也是复原之后的建筑，站在该楼上眺望的风景非常之美，大概是由于这里曾是昔日的两班们产生灵感、饮酒作诗的地方吧。

南部与北部相对应，道路很窄，迷宫一般，都是茅草屋顶的普通百姓的房屋。来到狭窄的胡同，仿佛是来到了几百年前的韩国一样。在这些茅草屋顶的房屋之中，有的建筑由于具有资料方面的价值已经被指定作为重要的民俗资料。

村子中央的附近，大的银杏树周围有很多能品尝乡土菜的餐馆以及礼品商店。这一带店铺内的结构活生生的展现着过去的气氛。到此地来一趟也着实不容易，还是品尝一下用该地的山野菜做的乡土菜吧！用人参、饼米、中药制作的沙参酒，也很值得推荐。

位于东门（乐风楼）附近的石碑是为了歌颂17世纪中期到此地赴任并修建城郭的林庆业而修建的。村里的人们每年旧历正月的月圆之日都要举行纪念他的祭祀活动。即使是现在，一到该日子，都要举行传统的祭祀与各种民俗游戏竞演大会。

市内公汽前往。

①芝山游园地路线。从公汽终点稍向前走便有无等山观光温泉酒店，酒店附近就是芝山游园地。这里虽没有豪华的设施，但坐上缆车便可以直达无等山的山顶。

②公汽终点稍右一点的地方有一个证心寺，在附近的餐馆内可以品尝到无等山名吃——麦饭。过了该寺，便来到真正的登山路线，该路线约需走3个小时。山顶附近有立石台、端石台等巨石柱群，很壮观。

③座席公汽、市内公汽的终点叫做山庄，大体地方在无等山的三分之一左右，附近有溪谷，最适合夏季乘凉。从该终点可以一边欣赏自然景观，一边下山往市内走。

④无等山山脚有潭阳、潇漓园等庭院。春有连翘、夏有碧绿、秋有红叶与波斯菊，最适合驾车兜风。

路线③

▶从机场入口，全南道厅乘座席公汽435路，在终点下车。

前往方法

▶从顺天乘市内公汽63路
车票:₩1100
发车:每天15班
所需时间:40分钟
门票:₩1100
参观时间:9:00~17:00

云住寺 운주사

▶从光州公汽站前乘市外公汽218
所需时间:1小时30分钟
车票:₩4500
门票:₩1000

云住寺

夫妻睡佛——夫妇双卧佛

云住寺，传说是统一新罗时期的道禅国师根据风水地理学说，为防止风水向日本的转向，在一夜之间修建了一千座石塔与一千个石佛。但是，历史学家们虽然承认这些石塔、石佛是统一新罗时期制作，但不认为大量的石塔、石佛是当时的技术制作而成，而推测是长期制作的产物。在云住寺内，半径200米的范围内，有石塔18座，石佛52座，很散乱的摆设着。入口附近放置的石造佛龛，非常珍贵。另外，这里还有按星座中的北斗七星的正确位置摆放，并准确地表明一个个星座的明亮度的七星岩。

但是，令这里出名的还是世界上惟一的夫妻睡佛——夫妇双卧佛。据传说，该佛像站起来的日子就是新世界出现的日子，该佛像之大令人不爬到树上就看不到全身。为什么要造出如此佛像，越想越不可思议。这里虽交通不便，但却是不能不看的景点。

占地利的酒店

Ⓗ光州古南都观光酒店

광주그랜드관광호텔

东区佛老洞 121　☎224－6111
FAX224－8933

从全罗南道道厅步行 5 分钟。该酒店位于市内中心地区可以步行前往的地点，位置非常方便。客房宽敞、气氛沉稳。房间隔音设施很好，所以虽处闹市，但休息不受干扰。双人间 1 晚 ₩78000。

市内为数很少的酒店

Ⓗ光州夏宫观光酒店

광주파레스관광호텔

东区黄金洞 11－4　☎222－2525
FAX224－9723

从锦南路沿中央路向光州公园方向过第 3 个路口向左拐，就会看见一座白色的 7 层建筑，便是该酒店。酒店很新，房间干净，设备完整。在光州，与城市规模相匹配的酒店很少，所以该酒店也是非常难得的。

有浴室、厕所的双人房间 1 晚 ₩56000～70000。

方便的场所

Ⓗ国际汽车旅馆

국제모텔

☎511－2235

从国铁光州站沿无等路北面的一条大街（最靠近线路的）向东走约 5 分钟，右手边。旅馆周围有餐馆、浴地。1层是停车场，2层是大堂。房间很宽敞，有淋浴（带浴缸）、厕所，很干净。电视、空调完备。1晚 ₩20000～25000。

光州中心的老旅馆

Ⓗ东国庄旅馆

동국장여관

东区光山洞 23－2　☎222－3310

虽然位于光州中心的一等地、全罗南道道厅的后面，但却是安静、宽敞、舒适的旅馆。房间内有浴室、厕所、空调、电视，还有地暖炕。价格 ₩20000～25000。酒店的服务很周到，打扫得很清洁，夏天也有热水。

向全罗南道道厅、议会大楼方向走，进右侧的繁华的胡同，步行约 1 分钟，左手边便会看见豪华霓虹灯的招牌。旁边有方便小店。旅馆就是位于招牌旁边胡同内的 5 层建筑。

Mokp'o 木浦 목포

韩国最西部的海港城市。1914 年，湖南线开通后，这里已作为海上与中国大陆交往的大门而发展起来。日本人很多移居此处，该海港也有一段将全罗道出产的粮食运到日本的历史。

木浦在日本统治时期曾达到朝鲜六大城市的规模，后由于与中国的交往中断，因此失去了往日的荣耀。现在，这里更多的是旅游城市的风格。木浦也是前往多岛海的渡船码头。

露积峰

地区号:0631

前往方法

▶汉城高速汽车站

所需时间:5小时20分钟
发车:80～90分钟间隔
车票:₩14100 /₩20900

▶国铁汉城站（湖南线）

所需时间：新4小时30分钟、无 5小时15分钟
发车：新1日3班、无1日7班（含夜班7班）
车票：新 ₩24800、无 无 ₩17100

▶国铁釜山站（庆全线）

所需时间:统7小时40分钟
发车:1日2班（含夜班1班）
车票:统₩17700

▶光州综合汽车站

所需时间:1小时20分钟
发车时间:10分钟间隔
车票:₩4800

木浦的漫步方法

乘铁路时，木浦车站便是中心。从木浦车站周围到客船码头是旧市区，乘市内公汽最方便。旧市区范围内，步行就可以游览。旧市区内的景点为儒达山与木浦港。这里到处都有日本殖民统治时期留下的建筑物。

市外汽车站距木浦车站东北方向 4 公里，有市内公汽运行其间。汽车站～木浦车站～客船码头之间有❶路、座席200路可乘坐，很方便。

主要景点

木浦港 ◆목포항

地图见 P460・B

从木浦站向南，沿着充满海潮香气的杂乱街道步行20

分钟左右，便来到木浦港口。客船码头东部有很多海鲜店。

❶路市内公汽沿海岸线经儒达山山脚直到北港，车窗外是一条充满海岛风光的畅快的驾车兜风路线。

木浦文化院 ◆ 목포문화원　　地图见 P460・B

是位于儒达山东侧山脚下的砖结构的洋楼。建于1900年，当时是日本领事馆，解放后一直是市立图书馆。现在，它是木浦出身的女作家朴花城的纪念馆，内部装修仍保留着领事馆当时的样子，丝毫没有改变。

文化院后面有防空洞遗址，可以请馆内负责人带领参观。防空洞左面的空地立有国道1、2号线起点的纪念碑，登上其间的坡道可以看到右边的露积峰。

木浦文化院

露积峰 ◆ 노적봉

是位于儒达公园入口马路对面的大岩石。露积峰名称来源于16世纪末丁酉倭乱时期，李舜臣将军把岩石用稻草覆盖起来伪装成军粮，使日本军队错误地估计了朝鲜军队的士兵数这一传说。

儒达山 ◆ 유달산　　地图见 P460・B

位于市区西南，海拔228米，整座山都被开辟成了公园。

从正门入口进入，左手是待鹤楼、右手是木浦之泪(日本统治时期所做的歌)纪念碑。再往前走，依次是达城阁、儒仙阁、观云阁、逍遥亭等4个亭子。

登到山顶附近，可以眺望到木浦市街、海港，以及隔海

儒达山
沿木浦站西侧的道路向南走，有标识。沿箭头的方向前进，看到有面对游客的纪念品店。再往前走便是登山口。
门票：₩700

相望的多岛海小岛。特别是太阳光被海面反射的落日余辉的景致格外美丽。

从达城阁向前走，有兰公园、雕刻公园等设施。

共生园 ◆공생원

共生园
木浦市竹桥洞473
☎242-7501
（来访前需事先电话联系）
▶从木浦站前乘市内公汽❶路、11、12、13路在新安海滨酒店前下车步行5分钟。

有一部电影叫做《爱的默示录》，描写了日本统治时期一位日本女性田中千鹤子（尹鹤子）一人抚养3000孤儿的感人的一生。其中，电影舞台的背景就是该共生园。现在这里依然是孤儿院，它继承了千鹤子的遗志，仍在继续经营。设施内有千鹤子的照片资料以及新闻社赠送的塔等，可以从中了解到日韩间复杂的历史。

共生园，位于由新安海滨酒店后边的小路步行100米的地方。

雕刻公园 ◆조각공원

地图见P460·B

雕刻公园
▶从木浦站步行30分钟，乘出租车10分钟，约₩1500。
门票：₩1000
开园时间：7:00～19:30
（11月～2月8:00～17:30）
休息日：年中无休

是韩国最早的野外雕刻公园，位于能俯瞰木浦市的儒达山的半山腰。公园占地13000坪（1坪等于3.3平方米），内有约200件代表韩国雕刻的雕刻作家的作品，是市民理想的散步场所，也是令游客了解雕刻艺术发展状况的公园，广受欢迎。

海洋遗物展示馆
木浦市龙海洞 8
☎278－4271
▶从木浦站乘市内公汽 111 路
开馆时间：9:00～18:00（11 月～2 月至 17:00）
休馆日：周一、1 月 1 日
门票：₩600

木浦乡土文化馆
☎276－6331
▶从木浦站乘市内公汽 111 路
开馆时间：9:00～18:00（11 月～2 月 至 17:00）
休馆日：周一、春节
门票：₩1000

海洋遗物展览馆 ◆해양유물전시관

是 1994 年开馆的韩国惟一的海洋遗物展览馆，共有 4 个展厅。通俗易懂地展示着在莞岛发现的莞岛船、与中国元朝及日本进行贸易时使用的新安船等发掘物品的模型，及船舶发展史等。展览馆一带作为文化大街，现在正不断进行开发建设。附近还有市立木浦乡土文化馆、文化艺术会馆、农业博物馆等。

酒店与韩式旅馆 Hotel

木浦车站西侧与客船码头周围，是自古以来的旅馆街，附近还有很多餐馆，而公汽站附近则集中着一些较新的旅馆。

木浦车站前的旅馆

Ⓗ同心庄旅馆

동심장여관

木浦市狄安洞 ☎244－6151

过木浦车站前中央路的陆桥商业银行大厦，沿对面右侧的小胡同内，向右拐走 15 米左右，左手胡同内即是。从车站步行 3 分钟左右。

房间很清洁、宽敞，带浴室、厕所、空调、电视的房间，₩20000。夏季24小时有热水。

离车站近而整洁的旅馆

Ⓗ参保庄旅馆

삼보장여관

木浦市昌平洞 7－15 ☎242－7733

从木浦站对面，韩国银行左侧的胡同尽头向右拐，遇下一个丁字路向左(这一带到了夜晚都是摊床，很热闹)，再过了右手的税务署后，有五条路口，向右走便是旅馆街。从第一个拐角左转，第二条路边的4层建筑便是该旅馆。

该旅馆从车站步行5分钟，距离中心街又很近，但非常安静。房间宽敞、干净。1晚₩20000～23000。

车站附近的酒店

Ⓗ百济观光酒店

백제관광호텔

木浦市常乐洞1街10－13　☎242－4411

从木浦站步行2～3分钟。7层建筑，设施完备，环境整洁。带浴室、厕所、电视的房间₩35000。

木浦最受欢迎的酒店

Ⓗ草原观光酒店

초원관광호텔

木浦市大义洞2街1　☎243－0055
FAX243－4472

位于儒达山山脚，木浦文化院的旁边。是木浦最受欢迎的一级酒店。房间宽敞、干净，前台服务亲切。1晚₩85000。如果预约并确认的话₩45000。

金大中先生的故乡——荷衣岛

金大中先生的故乡——荷衣岛，位于朝鲜半岛的西南端，从木浦乘渡船50分钟，是一个人口2500人左右的小岛。

金大中先生出生并成长的后广里的家，已经不复存在，只剩一个遗址。他很少回到该岛，而将后广这一地名用做他的雅号，表明他对故乡的热爱。附近有金大中祖先的墓地，偶而也会遇到一些人，从他们的话中可以了解一些情况。

金大中先生的祖先历任各种官职，是一个显赫的家庭，由于他的祖先们的努力，该岛变得非常发达。但是，对于积累这么多功德的家庭来说，据说还缺少子孙当总统的风水，因此，金大中曾几次在总统竞选中落选。

确实，金大中的人生是与韩国的民主化共同发展起来的。在日本帝国主义统治时期，他虽多次遭受到杀头的威胁，但仍然以坚定的信念努力奋斗。正因为此信念以及支持他的人们的努力，金大中才最终当选总统。

岛上有金大中上小学前去过的汉字塾的德风讲堂。在此之前，房子由一起学习儒学的前辈春培叔叔居住，我们有幸得到与他攀谈的机会。老人讲，金大中被与他同样是汉字塾先生的父亲介绍给自己时，他就说金大中将来一定是一个伟大人物。另外，老人还告诉我们，金大中还有一个顽固的性格，就是：如果不明白的事一定要搞清楚，否则就不吃饭。

金大中出生的荷衣岛，现在已经从金大中就任总统的欢喜中回复到往日的平静。岛上人讲，应该支持在变革时期就任总统的金大中。

荷衣岛上风光明媚。望着夕阳下的盐田与干涸的泥土，不觉令人油然而生一丝哀愁。

Songgwangsa 松广寺

송광사

距光州40公里，位于曹溪山山脚下的松广寺，是禅宗的根本道场。这里曾出现了16位国师，被称做三宝寺刹之一的僧宝寺。诗寺创建于新罗时期，到了高丽时代，普照国师知讷扩充了寺院并因此繁荣起来。

地区号:0661

前往方法

光州汽车总站

所需时间:1小时30分钟

发车:1日10班

车票:₩4400

松广寺

门票:₩1800

参观时间:9:00～17:00

住宿联络所

☎755－0107 宗务所

三宝寺刹

佛之通度寺

法之海印寺

僧之松广寺

松广寺的漫步方法

穿过门前大街，沿作为参道的山道步行10分钟左右，过了架在溪流上的清凉阁，继续向前走，便有一道山门，从这里开始就是寺庙区域了。当再次碰到溪流时，过羽化阁，便来到建有大伽蓝的寺院中心。这里有50余座堂舍，非常漂亮。正面有说法殿，可以见到从欧美来的修行者。经营寺院的是佛教国际学院，可以在这里修行，一般有5人左右的外国人在此修行。如果事先联系的话，可以住宿2晚左右。

朝鲜战争时，大多数的建筑遭到战火的破坏，之后重建。这里还有博物馆，展示着木造三尊佛龛等珍贵的文物。

Namwon 南原 남원

地区号:0671

前往方法

▶汉城高速汽车站

所需时间:4小时10分钟

发车:20~40分钟间隔

车票:₩11000 /₩16300

▶国铁汉城站(全罗线)

所需时间:新 3小时47分钟、无4小时35分钟

发车:新1天2班、无1天10班(含夜班2班)

车票:新₩20000、无₩13800

▶丽水市外公汽公用汽车站

所需时间:3小时

发车:1天3班

车票:₩7200

▶釜山西部市外汽车站

所需时间:3小时40分钟

发车:50分钟间隔

车票:₩11700

旅游咨询处

南原站前

南原，位于全罗北道山里的盆地，以李氏朝鲜时期的韩文小说《春香传》的背景舞台而闻名。市内保留着很多有关春香传的历史古迹，在继承民俗艺术方面也花费了很大工夫。

这里除国铁全罗线之外，也有高速公路在此经过，从汉城可以轻松前往。

除智异出登山口之外，市区南部的南原观光团地、北面的蛟龙山国民观光团地，也是全罗南道的著名观光景点，广为人知。

广寒楼苑

南原的漫步方法

南原的景点分散在市内几个地点。市内公汽不太方便，由于城市的规模很小，徒步便可以游览。

铁路对面北侧有南原川、广寒楼苑的南面有蓼川，市中心就在这一带。

车站有南原车站、市外汽车站、高速汽车站3个。高速汽车站离市中心略远。

旅馆、餐馆主要集中在市外汽车站、南原车站周围。

主要景点

广寒楼苑 ◆광한루원 地图见 P467 · B

是南原最主要的景点,集中了与《春香传》有关的李氏朝鲜时期的古迹。

广寒楼是《春香传》的主人公春香与梦龙缔结爱的姻缘的地方,是一座很朴素的楼阁。1419 年建成时叫做广通楼,1444 年,改成现在的名称。1597 年,丁酉倭乱时被烧毁,1638 年重建。

建在广寒楼前莲池上面的石桥为乌鹊桥,桥下有 4 个

广寒楼苑
门票:₩1000
参观时间:7:30~23:00
(11月~2月 8:00~21:00)

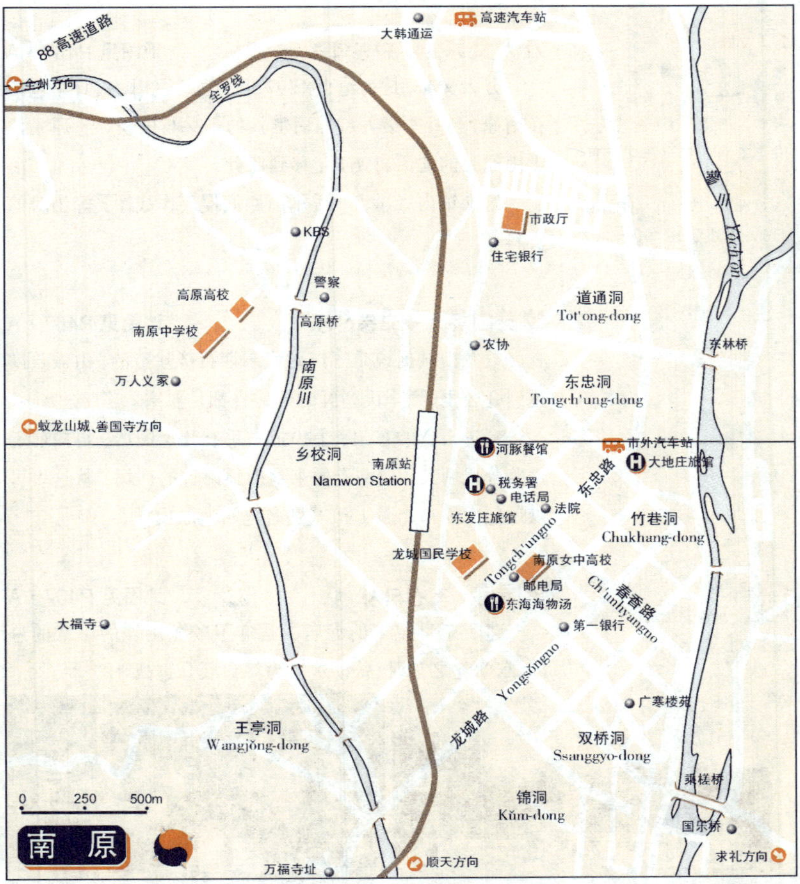

拱型桥洞。

广寒楼东侧的祠堂为春香祠，保管着春香的肖像。每年5月5日~9日（5月4日为前夜），在这里要进行南原春香祭祀活动（歌颂春香一生的祭祀活动），当天要选出春香小姐，所以，这一天是南原一年当中最美的时候。

万福寺址 ◆만복사지

地图见 P467·B

高丽时期创建的寺庙的遗址。保留有五层石塔、石座台、幢竿支柱、石佛立像等，已被指定为历史价值很高的遗迹。这里近年进行了发掘工作，出土了瓦当等文物。

万人义冢

▶沿南原站左侧第一个路口向左转，过铁道口500米有一座桥，过桥向左走，右手看到高中与中学，前面便是。

参观时间：9:00~18:00（11~3月至17:00）

万人义冢 ◆만인의총

地图见 P467·A

万人义冢，是为纪念1597年丁酉倭乱时，被日军包围在南原，与日军展开战斗而牺牲的士兵与民众。它原来位于南原站的北面，1964年移到此处。

纪念馆内展示着《倭军南原城侵攻作战图》等当时的资料。

蛟龙山城 ◆교룡산성

地图见 P467·A

蛟龙山城据说是三国时代末期百济建造的。山城长度达到3公里，到李氏朝鲜时期一直都是要塞。

穿过石造的东门，上山道右手有几家民居，再向前走道路分成两叉，向左走便来到山顶附近的广场，从这里可以远望南原市街景。山城别名也叫南原山城。

善国寺

▶沿蛟龙山城的山道走，右手有标识。

善国寺 ◆선국사

地图见 P467·A

建于7世纪末的寺庙，是守卫蛟龙山城的军队的总部，东学党之乱时，曾以这里为舞台展开过战斗。

万人义冢

善国寺

餐馆 Restaurant

站前的小餐馆

Ⓡ河豚餐馆

복식당

☎625-5880 营7:00~23:00 休年中无休
地图见 P467·B

位于南原站正面汽车站前的小餐馆。这里有南原的名产泥鳅汤，可自加盐等调味，很好吃。米饭含 7 种泡菜₩5000。此外还有血浓汤、牛肉汤₩4000、豆芽汤饭₩3000。

海鲜汤与纯豆腐的专门店

Ⓡ东海海物汤

동해해물탕

☎625-2558 营10:00~23:00 休年中无休
地图见 P467·B

位于邮电局正对面。菜谱有纯豆腐₩3000、拌饭₩3500、海物炖菜₩4000，均带有泡菜 6~7 种。

酒店与韩式旅馆 Hotel

环境超群的

Ⓗ大地庄旅馆

대지장여관

南原市竹巷洞 16-4 ☎625-2128
地图见 P467·B

位于市外汽车站对面步行 30 秒的地方，交通非常方便。附近有餐馆、市场。带浴室、厕所、电视的房间 1 晚₩20000~。

该旅馆周围有很多旅馆、旅人宿，可根据自己的喜好选择。

清唱与《春香传》

清唱

李氏朝鲜时期，诞生于全罗道、忠清道地区的将故事歌唱化了的民俗艺术形式。清唱由歌手及敲鼓的鼓手2人演唱。歌手根据故事的情节边舞边唱，中途还可以夹杂着演说。鼓手则根据歌手的韵律在后面发挥其独有的作用。古代，被称做"宽带"的流浪艺人，在全国到处演出清唱。现在以清唱的形式表现的故事有《春香传》、《沈清传》、《兴夫传》等等。

在南原的国乐院内时常有清唱的彩排训练，运气好的话也许可以看到。

《春香传》

李氏朝鲜时代末期的小说，之后改编成清唱，是一个爱情故事。

故事是说在南原有一个叫做梦龙（别名道令）的青年，他出身于官僚之家，有着当时叫做两班的贵族身份。一天，梦龙看上了正在荡秋千的身份卑微的叫做春香的女子，两人之间萌生了爱情。但是，由于梦龙的父亲荣升到汉城做官，两人不得不分手。代替梦龙的父亲到南原任职的官员，喜好女子，企图将春香纳为自己的妾，但遭到春香的拒绝，于是春香被投入监狱。知道此事的梦龙参加科举考试中第，晋升为国王的秘密监察官，回到南原罢免了官僚，救出了春香。于是两人终成美满姻缘。

《春香传》是反映当时羡慕贵族生活的平民思想的故事，在世间广为传播。即便是在今天的韩国，有关《春香传》的小说、清唱、电影等也依然深受人们的喜爱。

Kurye

求礼
구례

地区号:0664

前往方法

▶国铁汉城站(全罗线)

所需时间:新4小时26分钟、无4小时55分钟

发车:新1日2班、无1日10班(含夜间2班)

车票:新₩22500、无₩15500

一点说明

从国铁求礼车站到市中心约6公里,从站前有去市内的公汽。

▶光州综合汽车站

所需时间:1小时30分钟

发车:20分钟间隔

车票:₩4600

▶釜山西部市外汽车站

所需时间:3小时

发车:1小时间隔

车票:₩10300

跨全罗北道、全罗南道、庆尚南道的智异山,海拔1915米,是韩国本土的最高峰,已被指定为国立公园,位于其西部山麓的小山村便是求礼。

求礼,以人们登智异山的大门而繁华起来,但平时则是一个安静的山村。在求礼,可以找到一种一般场所所找不到的悠闲。

求礼的漫步方法

求礼的街道与国铁求礼站之间相距6公里,由市内公汽相连(1小时3班左右)。汽车站位于国道沿线、村东部边缘,以市外公汽为主,包括前往华严寺的公汽在内的所有汽车都在此地发抵。

沿汽车站向北走3分钟,见到一个有信号灯的路口,向左拐上缓坡,便来到大路。以此为基准便很容易清楚村子的结构。求礼的街道,不过是一个300米见方的狭窄区域,很容易游览。

主要景点

华严寺 ◆화엄사 地图见折页·2-D

在汽车的终点下车后,路的对面排列着礼品店。从这里到华严寺步行25分钟。在智异山大华严寺门前购进山票后(含参观费),沿右手的溪谷走便抵达山门。向右拐过桥,便是智异山的登山路。

有关华严寺的创建有多种说法。现在一般认为是在统一新罗景德王(742～765)时期,由缘起祖师开辟。壬辰倭乱时被烧毁,17世纪以后又经过多次重建。

穿过挂有“智异山华严寺”牌匾的一柱门,左右有金刚力士,以及放置文殊、普贤两个童子像的金刚门。之后是天王门,左右各有两尊木刻的四天王像。从这里再走50米,是并排的作为讲堂使用的普济楼与钟楼。上了台阶便来到寺庙的中心。

寺院正面是1636年由碧严大师重建的寺内最古老的建筑物大雄殿。1702年重修,是国内最大的木质佛教建筑,为重檐结构。李氏朝鲜19代国王肃宗将之命名为觉皇殿。殿前面有石灯,高6.36米,是现存最大的石灯。

沿背后的山道向后走,会看到奇怪形态的三层石塔。基座的四角有狮子,中央有比丘像,支撑着盖石上的三层石塔,它是根据统一新罗的独特构想而建造的石塔,高5.5米。狮子的表情为人们的喜怒哀乐,圆通殿前的狮子塔(高3.1米)就是模仿该狮子建的。

东西五重石塔高6.4米。东塔表面没有装饰,很朴素。西塔下层基座部有十二支像,上层塔身部有八部众像,再往上顶层塔身雕刻着四天王像,装饰很多,与东塔相对照。

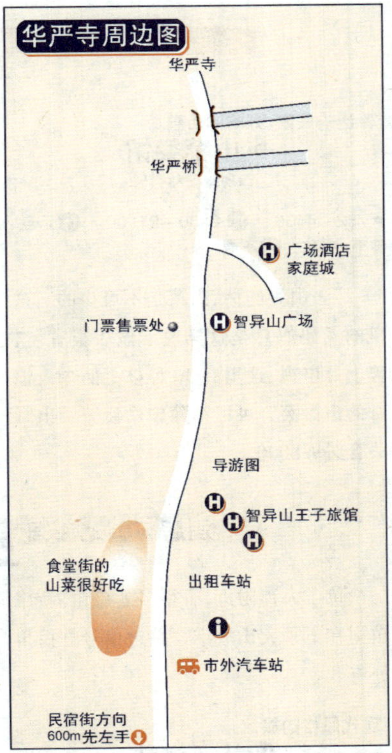

华严寺
求礼郡内汽车站
所需时间:10分钟
发车:20～30分钟间隔
车票:₩500
一点说明
从汽车站前乘出租车往返₩3000左右。
门票:₩2400

泉隐寺 ◆천은사

地图见折页·2－D

新罗时期兴得王(829年)由德云祖师修建。当时叫做甘露寺,李氏朝鲜时期改名叫做泉隐寺。

寺庙入口拱型门上有一个带楼阁的叫做垂虹楼的优美的桥,桥下溪流清清。另外,寺内中心极乐殿前有树令达100年的木槿树,叫做映山虹。这里可以住宿。

泉隐寺
▶求礼郡内汽车站
所需时间:40分钟
发车:60分钟间隔
车票:₩600
▶从华严寺出发
距离很近,但没有直通车。从华严寺山脚乘出租车很方便。
门票:₩2000

餐馆 Restaurant

普通的民家、好吃的山菜

▶山菜餐馆

그옛날산채식당

☎782－4439 营9:00～21:00 休元旦、春节、中秋 预不要

“去山里的话,山菜是不可少的”,这里的老妈妈总是这样说。该店很有名,曾上过电视。这里有30种以上的令人惊奇的山野菜,可以消除旅途疲劳。山野菜套餐₩8000。

当地人很多的

Ⓡ白云餐馆

백운식당

☎782－3146 营8:00～22:00 休年中无休

从求礼大街下坡,到第一个十字路口向左拐,稍走,靠右手。

百姓食堂,当地人很多。拌饭₩4000,牛肉汤₩5000。

酒店与韩式旅馆 Hotel

位于大街附近,有很多老旅馆。新旅馆则在下了大街坡下,路过信号灯拐角处有几家。

现代风格的旅馆

Ⓗ礼一酒店

예일호텔

求礼市炒邑凤东里200－2 ☎782－5255

从汽车站走5分钟,过2个路口,再过几个餐馆的右侧,5层建筑。

1层为大堂,房间有西式和韩式,这在求礼是难得的酒店式旅馆。房间很多,大堂旁有咖啡厅。房间很干净。1晚₩25000～30000。

位于住宅街的安静的旅馆

Ⓗ玉泉庄旅馆

옥천장여관

☎782－2297

位于求礼汽车站后面的郡役场旁边。这一带几乎不通汽车,周围都是住宅,非常安静。1层为茶馆,旁边上台阶便是旅馆入口。

房间收拾得很整洁。有浴室、电视的房间₩20000。

可眺望美景的旅馆

Ⓗ智异山王子旅馆

지리산프린스여관

☎782－0740 地图见P471

求礼智异山山脚并列的3家旅馆中居中的一家,其背后可以看到美丽的景色。住在2层的话,从屋檐处可以瞭望星空。有西式及韩式房间,房间非常清洁,前台还可以咨询旅游信息。1晚₩30000。

旅行技术篇

货币与兑换
路线与计划
旅行的预算
旅游的季节
韩国的节日
韩国的入境手续
回国准备
旅行安全对策
电话与邮政
禁忌与实用笔记
韩国的住宿设施
铁路
当地出发的定期旅行团
长途汽车
韩国国内航空路线
韩国国内船舶路线
韩国驾车游
韩国时刻表的读法
学一句韩语

货币与兑换

海外旅行时，护照、身边的物品等是必须携带的物品。与此同时，准备好当地使用的货币也很重要。

过去有一种说法就是："海外旅行准备美元"。带现金去当地的话，有人担心丢失，那么也可以准备旅行支票。

在韩国国内兑换韩国货币韩元（₩ ON = ₩）非常简单，只要在银行用现金或支票均可兑换。

去韩国携带货币

在国内弄到韩元现金或支票很难，所以可以带美元的现金或支票。

在韩国也广泛使用信用卡。

兑换方法

兑换可以在银行、酒店、私人兑换所兑换。比价除饭店之外，有若干的差异，手续是只要出示现金即可，有时也要出示护照。要注意兑换支票时一定需要护照。

韩国机场以及海港的银行已经很习惯与外国人打交道，比价与市内的银行大体相当，而且一年内都不休息，很方便。市内的银行在标有"外换银行 Foreign Exchange"的银行处可以兑换。营业时间大体上平时9:30~16:30，周六9:30~13:30。在地方城市，有的银行还不习惯于银行业务，所以还是在大城市的大银行换一些，以防万一。

遇到银行休息而又急需韩元时，可以在酒店兑换。不同酒店有的比银行的

机场的银行。汇率与市内没有区别

比价要高很多,但酒店习惯于兑换,动作很快,可以先换一些急需的即可。

另外,剩余的韩元再兑换回原来的货币时,需要当初兑换时的水单,所以要保存好。

使用旅行支票(T/C)

旅行支票需要在购买时由持有人签字,使用时由本人再次签字,万一丢失时可以补发。

旅行支票有美元等多种国际流通货币的支票。

旅行支票的使用方法

旅行支票要在两个地方签字,购买时在“所持人签名栏”内签字,还有就是购物时在接受者面前签字支付,由此成为持有者本人的持有证明。使用支票时要出示护照,所以一定要携带护照。

为防备万一丢失,要妥善保管好收据。收据栏内记录有支票的号码、日期,在万一丢失时可以很快补发。

有关信用卡

韩国使用信用卡的程度很高。持有信用卡可以省略持现金的不安全性,可以省掉兑换时的麻烦,没有现金时还可以在现金提款机上提款。

韩国的收据多用韩元结算,在免税店的一部分商店可以要求给美元收据,这时要仔细确认好汇率再签字。

纸币从右上开始分别是10000、5000、1000韩元。硬币是500、100、50、10韩元。5、1韩元几乎不用。

路线与计划

出门旅行，大家都想多看，多参观。但是，在限定的时间与预算内决定旅行路线也许比较难。

韩国国土并不很大，所以，如果选择公汽、铁路、国内航空路线的话，由于班次很多，只要选择好想去的城市，则可以高效率的游览。

近年来，韩国人的度假热潮越来越盛，一到周末或连休假期，度假地的混乱程度、拥挤程度不次于中国。到时候很难买到火车票、飞机票，即使乘上高速公汽，那么所花时间也要在一倍以上，这种情况并不少见。所以，在当地收集信息，做好计划非常重要。

从何处进入韩国

大体上决定旅行韩国路线的话，可以考虑从中国到韩国的一些入境城市。韩国的大门，乘飞机的话有汉城、釜山、济州 3 个。坐船的话还有仁川。

最一般的是坐飞机从汉城往返。也有的从汉城入境，釜山、济州出境的。

另外，还可以去的时候坐船、回来时坐飞机，路线可以调整。

美好旅行的窍门

1 周 ~ 10 天左右的旅行，最好严格选择旅行城市。

一个城市只停留一晚的旅行日程属于体力消耗型的疾行旅行，往往对城市的印象很淡。1 个星期的旅行最好以 2 ~ 3 个城市为限，选择真正想去的城市。

早点出发是美好旅行的第一步

韩国旅行的移动时间很短。相反，正因为时间过短，则一般很少采用乘夜车省交通费、住宿费的方法。

因此，在韩国旅行要早出发，或者晚一些结束行程，以便有效的利用时间。因为要找旅店，所以还是早起到下一个城镇最好。如果是 2 ~ 3 个小时的移动时间，早晨 8 点出发的话，中午前就可以抵达目的地，再找旅馆，卸下重物，午后就可以轻装到市内游览了。

注意高速公汽的所需时间

韩国旅行不可缺少的就是高速公汽。像网一样的汽车路线为游客提供了非常大的方便，但最近韩国高速公路拥挤，所花费时间增加很多，比预定的时间晚3～4小时的情况经常发生，有时抵达一个新城市已到深夜，地铁公汽等停运，从汽车总站到市中心则很费一番苦功夫。

因此最好避开旅行旺季的晚班车去汉城、釜山。如果必须在混乱的时候移动，则应事先预定好酒店，并通知抵达的时间方才放心。

另外，从高速公汽换乘铁路、飞机时，最好打出充分的富裕时间。

韩国旅行的推荐路线

①韩国高潮之旅

韩国大城市汉城、釜山、历史名城庆州的组合

第1天　中国—汉城　（住汉城）
第2天　汉城　（住汉城）
第3天　汉城—（火车、汽车）—庆州　（住庆州）
第4天　庆州　（住庆州）
第5天　庆州—（汽车）—釜山　（住釜山）
第6天　釜山
第7天　釜山—（汉城）—中国

②釜山＋度假岛济州岛

访问韩国惟一的度假岛济州岛的路线。与路线①组合，可以纵贯韩国。回程可以从济州岛直接回国。

第1天　釜山—（飞机）—济州岛（住宿济州岛）
或乘船—济州岛（住船上）
第2天　济州岛
第3天　济州岛
第4天　济州岛—釜山（或回国）

③汉城与百济古都、扶余

在汉城停数日之后，可以到扶余和俗离山，然后到著名的温泉之地儒城游览。

第1天　中国—汉城　（住汉城）
第2天　汉城
第3天　汉城
第4天　汉城—扶余　（住扶余）
第5天　扶余
第6天　扶余—俗离山—儒城　（住儒城温泉）
第7天　儒城—汉城　（住汉城）
第8天　汉城—中国

④韩国乡下美食纪行

全州有石锅拌饭，木浦则有刺身、章鱼等，济州有海鲜火锅、鲍鱼刺身、粥、烤黑猪。这是一条品尝各地料理的美食之旅。

第1天　中国—汉城　（住汉城）
第2天　汉城　（住汉城）
第3天　汉城　（住汉城）
第4天　汉城—（火车、汽车）—全州　（住全州）
第5天　全州—木浦　（住木浦）
第6天　木浦　（住木浦）
第7天　木浦—（渡船、高速船）—济州（住济州）
第8天　济州
第9天　济州—汉城　（或回国）

⑤雪岳山与东海岸

在雪岳山郊游、登山完毕后，可以到访东海的城市江陵或束草。

第1天　中国—汉城　（住汉城）
第2天　汉城　（住汉城）
第3天　汉城—（汽车或飞机）—束草　（住束草）
第4天　束草—雪岳山　（住雪岳山）
第5天　雪岳山　（住雪岳山）
第6天　雪岳山—江陵　（住江陵）
第7天　江陵—汉城　（住汉城）
第8天　汉城　（住汉城）
第9天　汉城—中国

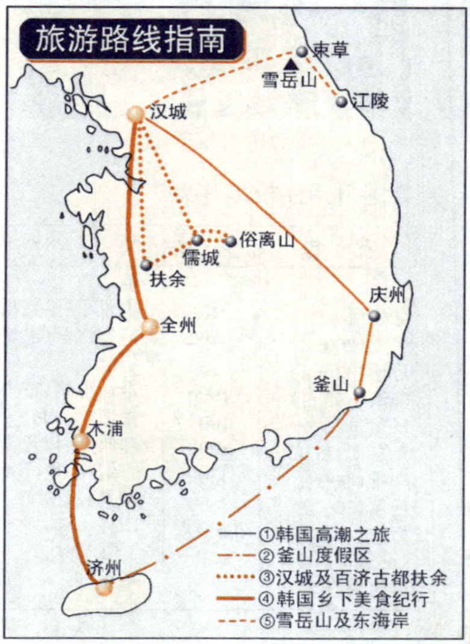

旅行的预算

在韩国滞留期间预算，根据不同旅行方式有很大不同。如果参加包价旅行团的话，住宿及交通等基本的内容已事先包括在内，当地的花费则只是一些小费等。但是，对于想凭自己的双脚旅行韩国的个人旅行者来说，最好还是在出发前多少做一下有关当地花费的预算。

不管什么样的旅行方式，左右预算最大的是住宿费。包价旅行根据酒店花级的高低而不同，个人旅行中住宿费则占据了旅行预算中的很大比重。在这里，分包价旅行和自由旅行 2 种方式来加以说明。

包价旅行的预算组合

包价旅行，大多包含有以下基本内容

①中国～韩国间的往返航空费

②到机场和酒店间的往返交通费

③酒店住宿费及早餐

④半天左右的市内游览和一次餐食

旅行社公布的日程表上，不管任何包价旅行几乎所有的韩国之旅都有一天自由活动。因此，自由活动时使用的餐费、交通费要事先考虑在内。

参鸡汤专卖店。有冷面、拌饭等，是专卖店

自由活动一天所需费用，可以利用街上的中级餐馆，交通采用地铁、出租车的话，一般要₩ 25000～40000左右。只坐出租车，在酒店用上等餐饮的话需要₩65000～80000。2 个人在汉城游览一天的花费大致在每人 100 美元，如此便足够了。

个人旅行的旅行预算

做个人旅行预算时，可以节省及奢侈的均是在餐费和住宿费上。预算多的

韩国日用品价格览表

品　名	价格(₩)	品　名	价格(₩)
〈食品〉		地　铁	500
方便面	450	出租车(中型出租车 2 公里内)	1300
牛奶(200ml)	400	高速汽车(汉城～釜山约 500 公里)	15700
可乐(330ml)	750	〈其他〉	
啤酒(355ml)	1600	电话价格(市内通话)	50
汉堡包	1000	报纸(朝刊)	400
乌冬面(餐馆)	3000	邮政(明信片至中国)	400～
咖啡(咖啡吧)	3500	香烟(⌊This⌉1 箱)	1100
泡菜(500g)	2000	胶卷(24 张)	3300
烤肉	10000	CD	13000
〈交通费〉		T 恤	27000
市内公汽	500	运动鞋	35000

时候可以住宿在高级酒店，没有钱的时候也可以住便宜旅馆或在街上的小吃店用餐。但为了防止旅途中费用花光，最好在出发前做一下预算。

那么一天要花多少费用呢？下面根据旅行的预算来分类说明。

住旅人宿或便宜旅馆

韩国便宜的住宿设施、低水平的韩式旅馆、旅人宿、民泊等，1天₩10000~15000。餐费如果用快餐或在街上的小餐馆等简单吃一顿₩4000，1天₩12000。

此外，旅游中的交通费、门票及备用费1天₩10000，以上合计₩30000~35000左右。

住宿带浴室的旅馆

如果住宿在带浴室的韩式旅馆的话，预算1天1夜₩25000~30000。餐费，如果有时再在各店吃一些名菜，1天₩30000。除旅游费之外杂费1天₩20000。以上合计₩75000~80000左右。

以住酒店为主的旅行

如果住宿只考虑酒店的话，即使是地方城市1天₩35000~50000。汉城、釜山等大城市₩70000~100000。

汉城站

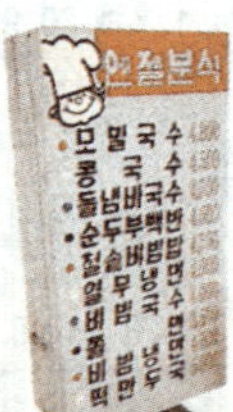

餐馆菜谱招牌。不懂韩文话，可参见韩国名菜50例

厕所招牌。很重要

餐费1天₩50000，游览以出租车为主1天₩30000。以上合计₩115000~180000左右。

有关旅行的交通费

从汉城到釜山飞机₩44300，铁路(新村号)₩26400，高速公汽₩15100。

不一定每天都有长距离移动，游览韩国一个星期，1天平均₩15000~20000。

餐费及杂费

餐费根据喜好和水平大致每顿₩4000~20000。

此外杂费有博物馆门票、明信片、邮票、电话费等。

另外，回国时的机场费(₩9000)，海港费(₩1100)，不要忘记需要现金。

不同地方物价不同

住宿可以根据预算进行类别组合。第一天旅馆，下一天就住酒店，可以考虑各种方式。

另外，做预算时，也可以考虑到各地物价的差别，一般说汉城、济州岛、庆州等较贵，其他地方较便宜。本书住宿处大多都有价格，可以做出参考制定自己的旅行计划。

旅游的季节

旅游外出最担心的一件事情就是当地的气候。根据天气决定带的服装、雨具等是必须要考虑的。韩国 6 月为梅雨季节，7 月中旬天气最热，冬季则是 12 ~ 2 月最寒冷。

另外，韩国还有地方气候差别。济州岛整个一年都要比本土温暖，釜山等南部城市则与中国山东沿海地区相同。另外，汉城等北部地区属于大陆性气候，寒暖差别明显，冬季非常寒冷。

旅游的最好季节还是春季与秋季。这一时期的周末或连休时，韩国人都出去旅游。初春时节济州岛上漫天遍野的金黄的油菜花、秋季11月上旬的红叶等都是令人向往的景致。如果再加上郊外的寺庙、郊游路线，那么旅游的路线会数不胜数。

春季(3 ~ 5月)

3月初还比较冷，需穿上薄大衣。

到了 4 月，天气迅速温暖起来。樱花、梅花、桃花、连翘、木莲等花争相开放。

服装可以穿毛衣等轻便服装，但有时如果下雨的话也会降温。

夏季(6 ~ 8 月)

6月进入梅雨季节，一直到7月末。8月温度迅速上升，高温多湿。8月平均气温26℃。最好准备雨具。

秋季(9 ~ 11月)

空气清爽、微风浮动、蓝天清澈透明，红叶漫山遍野，晴天较多，是旅行最舒服的季节。

服装以衬衣、毛衣、风衣为主。进入11月最好带上夹克。

冬季(12 ~ 2 月)

韩国冬季很冷，平均零下1 ~ 2℃。零下5℃的时候也经常有。冬季受大陆性气候的影响，是典型的三寒四暖的天气。

服装以羽绒服、厚大衣为主。手套是必需品。总之采取防寒措施是第一位的。

主要都市平均气温与降水量

地区	月	3	4	5	6	7	8	9	10	11	12	1	2
汉城	平均气温(℃)	4.1	11.4	17.1	21.1	24.5	25.3	20.5	13.9	6.6	-0.6	-3.5	-1.1
	降水量(mm)	49.0	105.2	88.3	151.1	383.1	263.0	160.3	48.4	42.9	24.7	20.6	28.2
庆州	平均气温(℃)	6.2	12.6	18.1	21.9	25.6	26.1	20.8	14.8	8.0	1.7	-0.9	1.2
	降水量(mm)	48.1	81.4	75.9	118.9	227.4	178.5	120.4	47.0	38.6	20.4	18.7	30.0
釜山	平均气温(℃)	7.7	12.7	17.1	20.0	23.9	25.5	21.8	17.0	11.1	5.1	2.2	3.3
	降水量(mm)	83.4	151.8	154.7	212.8	242.7	198.5	181.5	65.8	64.0	33.7	26.9	50.4
济州	平均气温(℃)	8.4	13.0	16.9	20.7	25.5	26.4	22.4	17.4	12.3	7.7	5.2	5.6
	降水量(mm)	65.1	100.5	94.3	179.6	212.2	241.6	202.7	66.1	80.0	54.8	67.8	74.6

韩国天气预报主页：http://www.koreaherald.co.kr/kh0332/s0332w. 从 html 可引出英文。

韩国的节日

要了解韩国的文化，参观它的节日是一个方法。如果在旅行中遇到韩国的节日，那么可以体验到平时所看不到的快乐节庆活动。

特别是春节与中秋，是旧历的节日，要举行很多韩国传统文化习惯的活动。了解韩国的节日另一个理由，是由于节日要连休，旅游点非常拥挤的缘故。

韩国的节日

1月1～2日　元旦

※2月4～6日　春节

3月1日　三一节　纪念1919年3月1日兴起的反对殖民地统治的独立运动。

4月5日　植树节　推进国土绿化运动日

※5月11日　旧历四月八日　释迦牟尼诞生日

5月5日　儿童节

6月6日　显忠日　纪念护国的英灵们

7月17日　制宪节　（宪法制定纪念日）

8月15日　光复节　1945年日本签定投降协议，韩国从长期的殖民统治中解放出来。1948年宣布大韩民国成立，为纪念此日而定为公休日。

※9月23～26日　旧历八月十五日　中秋节

10月3日　开天节　纪念传说中的人物，公元前2333年创建国家的始祖檀君的节日

12月25日　圣诞节　基督教徒很多的韩国这一天被定为公休日

※为变化节日　（1999年6月～2000年5月）

注意中秋

旧历八月十五日是韩国的中秋节(1999年为9月23～26日)。因为汉城集中了全国人口的四分之一，所以从汉城出发的交通非常拥挤，高速公路下排成的车龙好像穿起来的念珠一般。

车水马龙的汉城街道

韩国的入境手续

到达韩国首先要办理入境手续。其中，首先要准备的是出入境卡片。该卡片会在机舱内、船舱内领取，按照如下顺序填写即可。

必要的材料有，出入境卡片和海关申告书 2 种。只要准备好了这些材料与护照一起交给检查官，简单地审查一下即可。

检查后的护照上会盖有入境章，自己确认后通过海关，便开始了韩国之旅。

入境检查流程

入境检查有一种令人紧张的感觉，但实际上很简单。飞机、船的基本手续都相同。必要的材料有韩国出入境卡和海关申报书。

这些材料在下飞机、轮船前事先填好夹在护照内。材料可从空中小姐或轮船的服务柜台领取。

釜山渡轮码头

抵达之后就要进行入境检查。离开的时候不要忘现金、支票、护照等，要确认好。

入境检查流程

①检疫

②入境检查

- 必要的材料……韩国入出境卡和海关申告书。
- 入境检查有多个窗口，分本国人、外国人、乘务员窗口。
- 按顺序排队，不要超越白线。

③领取行李

- 在写有（仅限于飞机抵达）航班号的皮带处领取自己的行李。
- 万一发生行李丢失或破损的情况要及时提出。

④海关检查

- 柜台分“绿色”与“红色”。
- 免税范围：香烟400支以内、酒1瓶以内。超过者走“红色”通道，未超过者走“绿色”通道。
- 录像机、打字机等要申告，由海关出具携带证明。证明在回国前不要遗失。

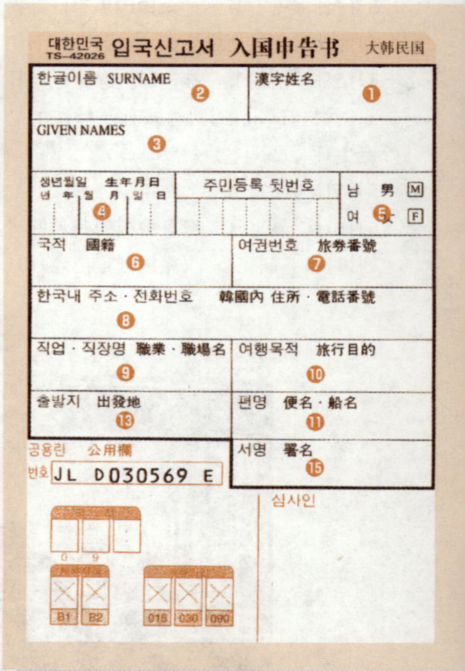

대한민국 TS-42026 입국신고서 入国申告书 大韩民国

한글이름 SURNAME ❷ | 漢字姓名 ❶

GIVEN NAMES ❸

생년월일 生年月日 년 年 월 月 일 日 ❹ | 주민등록 뒷번호 | 남 男 M 여 女 F ❺

국적 國籍 ❻ | 여권번호 旅券番號 ❼

한국내 주소 · 전화번호 韓國內 住所 · 電話番號 ❽

직업 · 직장명 職業 · 職場名 ❾ | 여행목적 旅行目的 ❿

출발지 出發地 ⓭ | 편명 便名 · 船名 ⓫

공용란 公用欄 번호 JL D030569 E | 서명 署名 ⓯

심사인

0 9

B1 B2 015 030 090

各国际机场与港口、市内的交通

抵达韩国后，要确认好去市内的交通，防止中途出现差错。

汉城金浦国际机场

去中心地区乘KAL班车路线1、机场巴士601路、地铁。去江南乘KAL班车路线3、路线4、机场巴士600。

釜山金海国际机场

前往釜山站、中央洞乘KAL班车路线1、釜山站线。前往市政厅乘310路。

釜山港釜关渡轮码头

到地铁中央洞步行5分钟。

济州国际机场

前往市区乘机场巴士300路，经由新济州去济州市区、港口乘100路，去西归浦、中文乘600路。

济州港码头

去济州中心乘机场巴士100路。

仁川国际码头

前往东仁川站方向步行15分钟，或乘市内公汽3、24路。

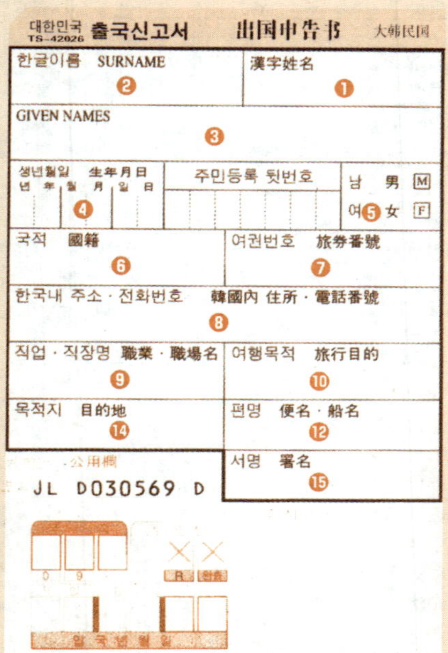

出入境(E/D)卡片填写示例

记入方法如下

①用汉字姓名记入

以下项目用罗马字记入

②姓

③名

④生年月日

⑤性别

⑥国籍

⑦护照号

⑧住宿酒店

⑨职业。如是职员写STAFF MEMBER

⑩入国目的

⑪出发航班

⑫抵达航班

⑬出发机场、港口

⑭空港、港口

⑮签字。与护照相同

该入境卡有2片，左侧入境时撕下，右侧夹在护照内出境时出示。

海关申告书填写范例

该申告书即使是没有带贵重的物品，也一定要填写上姓名、住所、职业、国籍等个人数据。

申告书有各种语言的许多版本，填写方法、内容相同。(数据栏内的5"住所处"只要写上城市的酒店名称即可)。下面不要忘记签字。

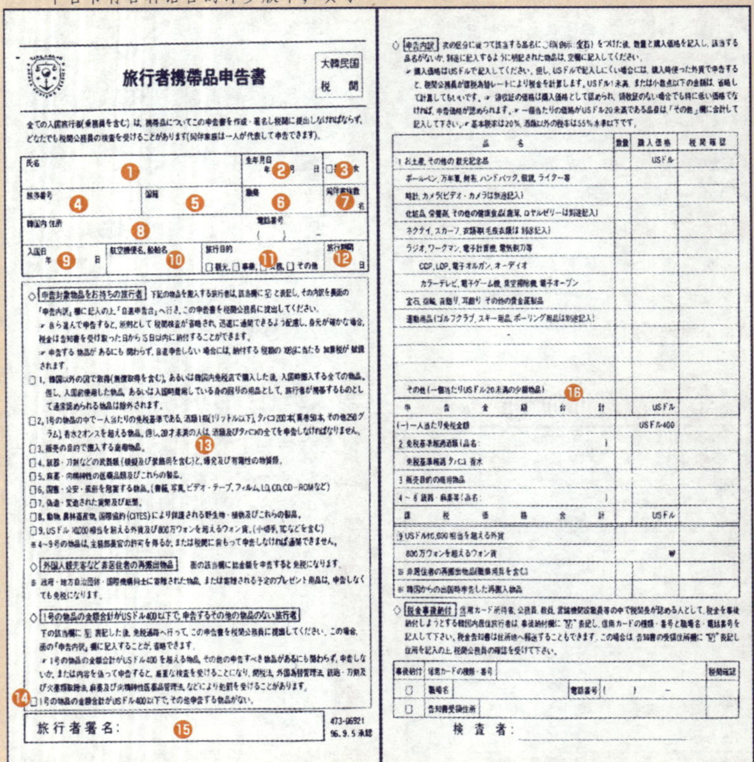

填写方法如下:

❶姓名(用罗马字)
❷出生年月
❸性别,划✓号
❹护照号
❺国籍
❻职业
❼随行家庭人数
❽预订住宿酒店名称。如果没有确定的话,可以填写有名的酒店名
❾入境年月日
❿抵达航班号
⓫旅行目的
⓬旅行时间
⓭有无申告,相应处划✓
⓮⓭中无时划✓
⓯与护照上相同的签名
⓰⓭中无时可空出不填

回国准备

快乐的韩国之旅终于要结束了，依依不舍地准备踏上回国之路吧。

不要忘记的是回国机票的确认手续。最近有几家航空公司为省事起见说不需要机票再确认，但中韩间的航班常年都比较拥挤，为防备万一还是确认为好。乘韩国航空公司飞机时依然需要确认。

出境时，由于已经习惯了韩国，所以出境手续、办理登机等也会很顺利，但最好还是在时间上打一些富裕。在机场不要忘记领取已购买的礼物或免税商品。

从韩国出境时的携带物品限制

出境时，韩国对出境携带物品有一些规则限制，还是了解作为参考为好。

①文化财产：携带高价的古董等出境时需有文化财产管理局的认可，最好在购买时联系。管理局为汉城市政厅内：☎02-3707-9433 金浦机场内：☎02-662-0106。

②高丽人参：根据种类对携带出境有限制。红参3000克以内，白参600克以内，红参制品900克以内。

人参制品——红参切片3000克、粉末精450克、精900克、粉末1800克。人参茶3000克、胶囊1800克、片剂1800克。

乘飞机时

乘坐国际航班时，在出发的72小时前，要对航空公司表示是否乘坐该航班，叫做再确认。

再确认时，要用电话通知如下5项内容：预定的搭乘日、航班号、目的地、乘客姓名、韩国国内的联络地点（住宿的电话号码等）。

语言不通的人，可以委托酒店前台服务员代挂电话。再确认时，要再次确认自己搭乘的航班出发时间有没有变更。

乘机手续

与国内出发时相同。办完乘机手续后，要在出发大厅的银行窗口购买国际旅客机场使用费，₩9000（韩国人加₩10000）。另外，托运行李要接受X光检查。有问题的话，会被请到另外的房间接受检查。

从出境到登机

出境检查方法与国内相同。

出了出境检查口便是免税店。

另外，出境时韩元可以在机场内的银行兑换成美元。

还有，在韩国国内购买了免税品的人，一定要在登机前领取物品。

乘船时

首先，没有票的人要先购票。设施使用费₩1100。

有登船指南的话可按指南上船。这里有银行，可以将多余的韩元兑换成美元，但要出示第一次换钱时的水票。之后是行李检查、出境检查，过了之后，便可以上船。

旅行安全对策

韩国的治安与其他国家相比大体上良好，在卫生方面也不必有传染病的担心。但是，不管怎么说总是身在国外，所以作好相应的心理准备还是必要的。

平安回国是最重要的，但是谁也不能保证不遇到事故、不生病，所以，还是知道一点应付意外的对策为佳。发生意外最多的还是贵重物品的被盗、遗失，特别是要注意护照及机票的保管。

麻烦都源于自己的粗心大意。要注意避免暴饮暴食、注意睡眠休息、注意人多时贵重物品的管理。另外，不要在各旅游点做无谓的冒险。这样的话，放心的安全之旅才会相伴而生。

在韩国要多注意车辆

在韩国，首先要注意的是交通安全。韩国是以车为主的国家，所以在过人行横道时一定要小心。此外，韩国信号灯的时间极短，按照国内的速度过路的话，由于信号的迅速变化，最容易发生交通事故。

高速公路上的追尾事件也很多，所以坐巴士的时候不要忘记系好安全带。

扒手、拉客者均瞄准游客

虽说韩国治安好，但是以外国游客为目标的扒手到处都有（汉城是在乐天酒店周围）。贵重物品还是贴身保管，或者存在住宿酒店的保险柜内为好。

到旅游点的时候，会有人主动上前要求给导游，大多数都是带去礼品店，而导致游客被蒙骗。所以，对好听的话一定要小心。

拉客的人很多。

旅行中最基本的是健康

旅行中得病很让人讨厌。韩国饮食虽说好吃，但辣的东西很多，所以要注意防止暴饮暴食及疲劳。如果感冒或者拉肚子，不要逞强，还是静养为好。韩国的街道上到处都有药店，但不一定适合游客的病情，所以常备药品还是从国内带去最好。

如果病情严重了的话，不要犹豫，赶紧去医院。因为语言不通，所以首先要先叫酒店的人，他们会帮你决定是叫医生还是直接去医院。

夏天在韩国最可怕的是食物中毒。生食的海鲜除海边城市的比较新鲜以外，最好避开食用，就不会出问题。

此外，还要注意的是，韩国的习惯是“共用酒杯”（韩国人用自己的酒杯向人敬酒——译者），容易得上肝炎，可能的话，还是有礼貌的婉辞为好。

喝生水也是拉肚子的原因，值得注意。特别是在旅行接近尾声时，从习惯与疲劳之中放松的情况下，最容易发生事故与生病。所以，应该以自在的脚步，比出国旅行前还健康的身体回国，这是出国带回来的最好的礼物。

如果丢了行李

旅行中如果行李被偷走，或者忘在

什么地方的话，应该返回到行李遗失的地方，或者去咨询警察，虽然费些事，但不要放弃。另外，也可以向汉城的韩国观光公社旅行者投诉中心（☎02－735－0101）要求帮助寻找失物。

飞机与巴士通过正规手续寄存的行李，在运输协议中有保证条款。这种情况下遗失了行李，可以出示保管证当场抗议，提出要求。事后的投诉都不管用，这种场合，在他们给予清楚的答复之前，不能有半点的松动是至关重要的。

实际上，飞机旅行与巴士旅行时常有行李被送到毫无关系的城市的情形。公司一方会去追查行李的去向，但还是得等待行李的消息。

但是，如果自己的行程已经定下来了，而且时间很紧急的话，那么，一定要将联络处、丢失证明、万一找不到时的保证等问题讲清楚，这是最重要的。

紧急电话	
警察	☎112
消防、急救	☎119

如果丢失护照的话

如果万一丢失了护照，不要惊慌，只要旅行正常手续，可以补办。

手续需要：①由警察开据的丢失证明　②马上与驻汉城的中国大使馆联系。

遗失旅行支票(T/C)话

遗失旅行支票时，如果有遗失证明和使用后的支票号码，就可以重新补发。遗失时的手续：

①与支票上记载的联络处或支票发行银行驻汉城机构联系。

②请警察出据遗失证明。

③告诉支票管理单及使用后的支票号码

办完了以上的手续，一、两天内便可以领到新支票。

如果现金全部遗失

对于旅行中只有现金财产的人，万一现金全部被盗，该如何呢?那么，一是结束旅程回国，还有就是请国内汇款过来。

这时可以给国内挂电话，选定某家银行作为汇款的地点。

在汇款未到的这些天，可以请朋友帮忙，或者向饭店、旅馆说明情况，宽限停留几天。实在不行的话只有去中国大使馆或者领事馆。

电话与邮政

出去旅行时，往往将自己完全融入在当地的生活之中，很容易将在国内的家庭及朋友忘记。但是，在国内的人则肯定是担心在异国旅行中的“你”呀！

从旅行之地挂一个电话或者寄一张明信片，对在国内的人来说，也许是一个焦急等待中令人欣喜的信息。最近，韩国磁卡电话迅速普及，可以方便地从韩国向国内挂国际电话。航空书信也只需3～4天的时间。此外，旅行中如果行李增多了的话，可以用邮包将其寄回国内，也非常简单。

韩国国内的电话与邮政系统几乎与国内相同，与饭店或朋友联系可以简单地使用公用电话。买一点韩国邮票做礼物也是一个不错的主意。

电话的使用方法

电话的种类

给韩国国内的朋友或者往中国国内打电话，都需要使用韩国的电话。现在，韩国公用电话很普及，磁卡电话也很多，更容易使用。

从方便的角度来看，从酒店的房间打电话最方便，但如果考虑费用的话，公用电话最便宜。

韩国的公用电话大体上分成三种。

①磁卡式公用电话

既可以打国内电话，也可以打国际电话。磁卡分₩2000、₩3000(按₩3300通话)、₩5000(按₩5500通话)、₩10000(按₩11000通话)等4种。

②银色的投币电话

使用₩100、₩50、₩10的硬币，使用₩100元硬币时，不找零，但按一下绿色的按钮，只要有余额显示，就可以多次使用。

③黑色的小型类型

使用₩100、₩50、₩10硬币。有粉红、黄、绿色等颜色。

注意银色投币电话

◀①
有时候听筒如此放置，是上一个人的好意，是告诉你可使用他未用完的钱免费通话。

②▶
使用时要先按一下绿色的按钮再拨打对方的电话。

③通话后如果还有数字，表明通话费有余额，可按一下绿色的按钮，将电话机像①中那样放置。

市内电话与市外电话

市内电话、市外电话与国内的使用方法相同。市内通话3分钟₩50。

使用银色电话或磁卡电话往地方挂电话时,拨地方区号+电话号即可。

国际电话

向中国拨直播电话要用001+86+(去掉0的地区号)即可。比如:要拨010-67891234,需001+86+10+67891234。如果从饭店向外挂电话,最前面还要加外线号码。

邮政与电报

邮票可以在邮电局或者杂货店购买。邮电局营业时间平常9:00~18:00(11~2月~17:00),周六9:00~13:30。

收信地址可以写汉字。但最下边不要忘写"CHINA"或者"中国"。航空信的话,不要忘记写"BY AIR MAIL"。

国际电报如果用电话申请的话可以挂115。电报使用英文或者罗马字。

价格			
船		**航空**	
1千克	₩6500	0.5千克	₩8000
3千克	₩9000	1千克	₩9000
10千克	₩16000	2千克	₩11400
特快专递(EMS)		**小型包装物**	
0.5千克	₩12300	100克	₩800
		500克	₩2400

重的行李寄回国内

旅行中往往行李容易增加。想轻便旅行的人,还是将礼物之类的东西打成小包,寄回国内。因韩国与中国很近,时间、费用都不是很费。航空邮寄4~10天,船寄20天~1个月左右。但是,贵重物品及易碎物品最好不要邮寄。

有关邮寄手续,釜山的中央邮电局、明洞的中央邮电局、木洞的国际邮电局均有英文说明,邮电局的人已经很习惯了,因此邮寄起来很快。

如果从旅游点寄给朋友的话,按小型包装物(Small parcel)对待最便宜。

邮筒

邮电局

禁忌与实用笔记

韩国被称做“礼仪之国”。但是，实际在韩国旅行时，韩国人都很不拘小节，“礼节…”那种拘束好像不知消失到什么地方去了。

旅行中感觉到的就是，周围的人都很直爽。给人一种如果有什么困难，都会尽最大力帮忙的气氛。即使不懂语言，但这种感觉也肯定表达了韩国人的友好之心。

文化习惯方面，中国与韩国有很多相似但不同的地方，以此为基础，作为旅游者还是应该保持最低限度的禁忌与礼仪。另外，不要对两国过去的历史毫无意识，谨慎一些，不要口无遮拦。

儒教的基本禁忌

韩国之所以称做“礼仪之国”，也许是韩国将儒教教义一直保持到今天的缘故。

该国家被视为最重要的便是“晚辈尊敬长辈”。这项规则直至今天依然严格遵照执行。比如，职员对上司的态度，巴士、地铁中，年轻人对老年人的态度等等。

需注意的禁忌

在旅行中，不要一味地将自己的意思也作为别国人的行为准则，这是韩国旅行中的经验之一，希望大家理解。

有关吸烟

在年长的人面前吸烟，哪怕是在自己的双亲前，也是严格禁止的。如果对方是与自己年龄相仿，也最好不要吸烟。相反，如果对方劝你吸烟，要高兴地接受(不吸烟的人另说)。不要顾虑“我自己有”，最好痛快地说“谢谢”予以接受。

另外，1995年末的法律规定，公共场所除指定的吸烟场所外，原则上实行全面禁烟。交通工具上也不例外，国内航班、国铁、高速汽车内全面禁烟。

有关饮食

用餐时没有特别细致的约束。最大限度的发挥食欲，吃得香是最基本要求。但是，与年长者同席用餐时，不能比年长者先开始吃。

有关饮酒

在酒席上最应该注意的是，对方或者自己将酒全部喝干之后才能再斟酒，并且，给年长者斟酒时一定要用双手。另外，除非是从事特别服务的女子之外，未婚的女子是不能给男子斟酒的。女子哪怕是有一种温柔的想法，但也要注意不能毫无顾忌的与男性对饮。

韩国旅行实用笔记

禁止拍照地区

韩国为了国家安全，有一些地方禁止拍照。军事设施自不用说(标有 No Photograph)；另外，市区里一些可以一览无余的场所、海港、机场、城市的地下设施等地方也禁止拍照。

有时与博物馆、寺院内部等文化财产相关的地方也禁止拍照，需要注意。

小费与税金

韩国所有商品以内税的方式包含了10%的附加税。酒店的房费也需要交10%的税金。

另外，韩国基本上没有小费的习惯。酒店、餐馆除税金外还要加10%的服务费。

电压

韩国的电压有110伏及220伏两种。

韩国的住宿设施

提到"住宿设施",在韩国,其种类从高级酒店到借宿店,千差万别。高级酒店比较贵。不过,也有便宜到只有几十块钱的旅馆。

住酒店确实舒适,但到了韩国务必要尝试的便是住宿在"韩式旅馆"里。有地暖炕的房间,夏凉、冬暖,回家般的感觉,房间也异常的宽敞。

此外的住宿设施,还有将旅馆缩小了的旅人宿、仿佛到了乡下的民宿、还有住在青年旅馆里等方法。可以根据预算及喜好来选择。

住宿设施的种类

韩国的住宿分成 5 种类型

①酒店 (호텔)

从加盟世界酒店连锁系列的高级酒店到地方旅馆式的酒店,水准各种各样。

②韩式旅馆 (한식여관)

高级一点的相当于 3 花级的酒店,还有的完全是民宿。

设备完备的"庄级旅馆"很适合游客,不超预算。

③旅人宿 (여인숙)

筒子楼似的经济型旅馆。客房并排,厕所、浴室共用。

④民宿 (민박)

实际上是借宿民家的一间房。

⑤青年旅馆 (유스호스텔)

韩国的青年旅馆都是民营,设备很好,但价格决不便宜。

预定与寻找住宿

旅行首先需要解决的是"交通手段与住宿"。有的人会认为,"到了当地总会有办法",但还是在出发前定下来好。

预约方法

抵达新城市之后再寻找住宿设施的时候,可以在机场抵达大厅或主要站前的旅游咨询处咨询。乘汽车到地方时,在车站周围有很多旅馆拉客的,但要注意其中的不良分子。

另外,去下一个城市之前,也可以用电话预约。有的时候,自己交涉反而会获得一个意想不到的便宜价格。

自己步行寻找

到达当地后,自己到感兴趣的地方寻找住宿,也是旅游的快乐之一。特别是在农村,可以用这种方法寻找旅馆,从多家中寻找条件合适的。

酒店

酒店级别与价格

韩国的酒店分成 4 个级别。按照世界酒店的标准上"星级"的,可以认为是用同样的方法、同样的水平划分的。但韩国不是用"星"来表示,而是用"＊花"的数量来表示。

高级酒店集中在汉城、釜山等大城市以及著名旅游地、温泉地,地方上最多有 3 花级标准的酒店 1～2 家,而旅馆则相对较多。

花级标准及价格大体如下(价格

中级酒店房间内

为定价/双人间标准)：

＊＊＊＊＊(特1级)₩90000以上

＊＊＊＊(特2级)　₩60000～200000

＊＊＊(1级)　₩40000－150000

＊＊(2级)　₩28000～100000

同等级别酒店价格的不同，是视每个城市的情况而不同，也就是因大城市、旅游点地区的价格贵，而地方酒店的价格相对其级别要便宜而造成的。

房间不好但花级却很高，是由于餐厅等附属设施比较多的缘故。所以选择住宿时不能仅凭“花级”，而还要综合考虑预算、地点、条件等因素。

另外，去地方城市时有一些便宜酒店没有“花级”，可以认为是与旅馆同种类、同程度。

用折扣价住宿

要想用便宜的价格住宿的话，到当地之后谈价是一个方法。有的时候，用电话或者直接到前台交涉可以得到从10%最高达到40%的折扣(特别是冬季游客少的季节)。

带上牙刷和香波

服务费一般包括在房费内，小费也是在除特别的情况外基本上不需要。

另外，由于大多数的酒店出于对环境问题和节约成本的考虑都不备有牙刷和香波，需要自己准备。有的酒店可以根据客人要求提供牙刷、香波，但有的收费，有的不收。肥皂、毛巾，则都配备。

韩式旅馆

如果想体验一下只有在韩国才有的情趣的话，那是一定要住一下“韩式旅馆”的。它与饭店不同，每个旅馆都具有自己的特征服务与客房。另外，有些旅馆以独特的骄傲的菜肴而闻名，且可以把晚餐送到客房里来(餐费另算)。

旅馆有2个级别。

选择好的住宿的注意点

①**旅馆的位置**　是距离汽车站近还是有利于旅游，周围有没有餐馆等

②**房间**　是否打扫清洁，被子、床单是否干净

③**浴室**　热水是否充足(有的夏天只有凉水)

④**房间的钥匙**　锁是否很牢

⑤**房间的物品配备**　是否有衣架、电视等设施

⑥**住宿者**　住宿客人素质如何

⑦**室温的调节**　是否舒适

⑧**馆内及周围环境**　安静与否(周围有没有酒吧、歌厅，白天安静晚上太吵闹也不行)

庄级旅馆的外观

●庄级旅馆

各房间内有像酒店一样的电视、浴室、厕所，2人一间为标准间。有西式的双人间和韩式的地暖炕式的房间可供选择。这些庄级旅馆设施很相似，不会有太大的差别，从游客来看比较合适。

价格根据地方不同有差异。₩20000～30000左右(餐费另算)。

●旅馆

比庄级旅馆要低一个档次。也有的设备相当不好。价格₩18000～25000左右。

旅馆右面的2个文字是标志

韩式旅馆的选择方法

旅馆街一般多集中在该城市的汽车站周围以及寺庙门前、登山口等游客集中的地区。在这些旅馆转一圈的话，便会清楚大概的价格水平。

提到“韩式旅馆”，既有酒店一样的高级旅馆，也有传统建筑的有历史的旅馆，还有温泉旅馆、情人旅馆等各种各样。

选择哪里可以根据个人的喜好，“庄级旅馆”一般差别不大。可以靠翻便宜旅馆的目录来选择住处，但最好还是现场(房间中)看一看再投宿为好。

韩式旅馆的住宿方法与价格系统

与酒店不同，韩式旅馆没有单人间、双人间等的价格区分，一般是一间多少钱。一间如果住3人以上的话，要追加费用。各房间的定价在前台或者大门的内侧有明显的标记。

庄级旅馆的室内

在前台不要忘记与店主谈价格。

付账一般是先付押金。店主会带着账本来到房间，记下住宿客人的姓名。如果要在旅馆用餐的话也可以协商。

结账时没有特别的手续，但是偷偷的溜掉也很不礼貌，至少要打一声招呼。

旺季时旅游点的旅馆的价格

旺季时的旅游景点，房价要翻番。

夏天去东海岸的蔚珍，要两间房，房价可能要₩40000、₩50000。

旅人宿

旅人宿，是指5平方米见方的小房间，简易旅馆一样的便宜住宿点。₩8000

元左右的价格，很便宜，很有魅力。但大多数设备都很差。当然，去乡下的话，有一些旅人宿还是相当不错的。

旅人宿与旅馆一样，集中于城镇里的旅馆街。但是，在城市里偏僻地区的旅人宿往往是“卖春宿”，要特别注意。

旅人宿的住店方法与旅馆相同，最好是看好房间再决定。有的地方对钥匙的管理很严格，要注意。浴室有公用浴室或者是浴池，可以洗澡。

民宿

韩国的民宿，是指租一般家庭的一间房子住宿，室内没有任何的装饰。如果期待有一点设备的话，往往会令人大失所望。民宿没有规定的价格，完全是讲价，一间房₩8000～15000左右。

由于是投宿于一般的民家，所以不要期待会有旅馆一样的服务。语言也只有韩语。寻找提供民宿的家庭往往很难，也没有特别的告示，一般都是到了当地后再寻找这方面的信息。

但是由于便宜，又住宿于一般的百姓家里，所以很有魅力。在景点处有拉客人住民宿的，想试一试的人不妨等待一下机会。雪岳山的周边有很多民宿、民泊村等，拉客的也很多，值得向喜欢民宿的人推荐。

青年旅馆(YH)

韩国主要城市及著名旅游景点共有10家青年旅馆。因是民营，所以具有酒店一般的设备。每一个青年旅馆都有6～8人的多人间，还有双人间、韩式房间，甚至还有套间。可以为青年人的研修旅行提供服务。但是，由于设施好，价格也略贵。

在韩国住宿有没有必要预约

去旅行时如何办理酒店或旅馆的预约？有很多人为此而头疼。但是，去韩国的话并不需要为此大伤脑筋，不预约也没关系。因为韩国除交通要道外，其余各地都有很多的旅馆或者酒店。

价格方面，旅馆以及2花以下的酒店如果事先预约的话大多要收取“正规费用”，而在现场直接交涉的话有时可以用更便宜的价格入住。

但是，第一次到韩国或者是夜班飞机抵达韩国时，最初的一晚最好还是预约，明白了情况之后再找住宿处才让人放心。

相反，在夏季去济州岛，或有海水浴场的城市时，或者是节日前后、日本连休时（此时，由于日本人常利用连休日来韩旅游，故游客人数激增），想住高级酒店的时候最好还是预定饭店为好。

冬季时韩国是旅游淡季，高级酒店也会有便宜的价格。

铁 路

韩国铁路今年迎来开通100周年。除大城市的地铁外，韩国的铁路全部由铁道厅交通部经营，属国营铁路。总长3000公里，车站数达到600个。宽轨、低站台，很富有大陆感觉。过去，在南北分裂以前，韩国铁路与中国相连，可以直达北京。

代表韩国国铁的特色新村号干线多，乘坐方便。另外，乘农村地区的当地列车，也有一种汽车体验不到的乐趣。

铁路的好处

与高速汽车相比，铁路(特别是新村号)运价要高，路线也比汽车少。但是，随着近年来家庭汽车的普及，高速公路拥堵的状况成为家常便饭，所以铁路在时间准确方面的优势又被重新认识起来。对旅客来说，放心感也很重要，与汽车不同，铁路在地理方面的感觉也很好掌握，这些都是铁路的优势。只是每到周末，铁路也很拥挤，需要提前购票。

列车的运行体系与运价

韩国的国铁列车分成特急、急行、准急、普通4种。每一种都采用了一个爱称，分别叫做新村号、无穷花号、统一号、

鸽子号。

价格体系，根据列车的种类规定为新村号运价、无穷花号运价等。

另外，特室(相当于软卧)的价格与卧铺价格另计。

除新村号有一列车厢为自由席之外，无穷花号、统一号全部车厢均为指定席。(但是由鸽子号升级为各站停车的统一号、SL列车的无穷花号全车都是自由

主要干线

①京釜线 (경부선)
汉城↔釜山 444.5公里

②湖南线 (호남선)
大田↔木浦 256.3公里

③全罗线 (전라선)
益山↔丽水 199.3公里

④长项线 (장항선)
天安↔长项 143.1公里

②～④的各线运行的列车，几乎都是从汉城的直通列车，例如湖南线是含湖南～大田在内。

⑤中央线 (중앙선)
清凉里↔庆州 382.5公里

⑥岭东线 (영동선)
荣州↔江陵 193.6公里

⑦太白线 (태백선)
堤川↔栢山 106.8公里

⑧庆泉线 (경전선)
三浪津↔松汀里 315.2公里

⑨东海南部线 .(동해 남부선)
釜山镇↔浦项 145.8公里

席)。满员的时候有站票(与新村号自由席一样有10%的折扣)出售。

儿童费用减半。新村号及无穷花号,不同星期,运价分3段。如果日程允许的话,最好乘坐周二到周四的列车,比较空,价格从基本价打10%的折扣。

新村号 (새마을호)

特急列车。最快的一列车从汉城到釜山4小时10分钟,途中只在大田与东大邱停车。车内即使是普通车厢也相当舒适,有英语及日语广播。新村号起名为新村号,就是新的村庄的意思,来源是朴正熙总统推进的村庄运动。

无穷花号 (무궁화호)

急行列车。从汉城到釜山约5个小时。无穷花是韩国的国花。

统一号 (통일호)

准急列车。随着特急、急行的增加,其数量在不断被削减,只在汉城、釜山之间1天往返1班。

鸽子号 (비둘기호)

普通列车。汉城、釜山、全州等城市近郊的鸽子号列车,几年前已被更新车型,升格为统一号。实际价值提高,但比长距离的统一号运价要低。鸽子号车厢保持不变,只是名称改动,只在旌善线上运行。

韩国国铁诞生自由票

1998年12月15日,期待已久的周游券KORAIL PASS终于发行。这是韩国国铁的首次尝试,被称做连续使用券的车票,除国电区间外,全线任意乘坐(SL列车及计划列车除外),5日券₩65000、7日券₩82000相当便宜。

事先预约原则上不允许。除新村号上的一列自由席之外(设有该车票的检票机),优等列车全部为指定席,该车票被视为站票。即使乘车时发现空位,途中持有指定券的乘客上车后,也必须给予让座。如果座位不能确保的话,发车1个小时前可以要求指定席,此时,必须加付本区间运费的10%。这时,就不能再称做自由券了。

如果不拘泥于确保座位的话,该票的使用价值很高。即使付了指定席的价格,但长距离的反复移动,也很疲劳。重要的是使用方法,如果再付另外的费用的话,就可以做特定或者卧铺。

该票的出台,是看一看消费者的反映,有一点针对外国人的感觉。我们期待的是在新村号、无穷花号的停车站开始销售车票。

主要站间的运价、所需时间、运行班数速查

新村号

●汉城～釜山・庆州・晋州

汉城	0:25 1日9班	0:52 1日9班	1:31 1日26班	3:02 1日26班	4:10 1日20班	4:11 1日4班	5:38 1日1班
8,100 6,500	水原 (一部分停车)	0:31 1日2班	1:08 1日10班	2:41 1日10班	3:52 1日9班		
8,100 6,500	8,100 6,500	天安 (一部分停车)	0:40 1日9班	2:12 1日9班	3:23 1日6班		
11,500 9,900	9,000 7,400	8,100 6,500	大田	1:30 1日26班	2:38 30～60每	2:36 1日4班	4:03 1日1班
21,800 19,400	18,600 17,000	19,500 13,600	13,900 9,500	东大邱	1:30 1日26每	1:00 1日4班	2:24 1日1班
29,600 26,400	27,100 23,900	27,000 20,600	23,000 16,500	11,500 6,900	釜山		
27,100 23,900			16,300 14,100	11,000 6,500		庆州	
32,700 29,500			26,000 19,600	11,600 10,000			晋州

●汉城～光州・木浦・丽水

汉城	1:38 1日7班	2:35 1日7班	3:43 1日3班	4:34 1日3班	2:56 1日2班	3:47 1日2班	5:29 1日2班
11,600 10,000	西大田	0:55 1日7班	2:04 1日3班	2:53 1日3班	1:19 1日2班	2:10 1日2班	3:52 1日2班
17,200 14,800	8,100 6,500	益山	1:07 1日3班	1:56 1日3班	0:21 1日2班	1:12 1日2班	2:53 1日2班
23,700 21,300	13,000 11,400	8, 100 6, 500	光州				
28,000 24,800	17,100 14,900	11,600 10,000		木浦			
18,800 16,400	8,100 6,500	8, 100 6, 500			全州	0:50 1日2班	2:31 1日2班
22,400 20,000	11,600 10,000	8, 100 6, 500			8, 100 6, 500	南原	1:40 1日2班
18,200 26,600	19,900 16,700	13, 400 11, 800			11, 900 10, 300	8, 300 6, 700	丽水

●汉城～温阳温泉・长项

汉城	0:56 1日2班	1:12 1日2班	3:09 1日2班
8,100 6,500	天安	0:14 1日2班	2:11 1日2班
8,200 6,600	8,100 6,500	温阳 温泉	1:57 1日2班
16,600 14,200	10,100 8,500	9,200 7,600	长项

●清凉里～安东、江陵

清凉里	2:13 1日3班	3:53 1日2班	6:05 1日1班
10,800 9,200	堤川	1:38 1日2班	3:50 1日1班
17,600 15,200	8,100 6,500	安东	
23,700 21,300	14,300 12,100		江陵

凡 例

12,500 8,100	特室价格 一般室价格

1:54 1日3班	所需时间 运行班次(含夜行列车)

・所需时间以汉城出发最快列车为基准
・运行班次为汉城出发下行列车基准
・不同列车有的不带特室车厢
・(注1)运价为釜山发抵的运价
・运价为平日价格（周末、休息日、周五18:00～涨10%。二、三、四打10%折扣）

新村号的餐车厢

无穷花号

●清凉里～江陵·安东·釜山

清凉里	2:24 9班(2)	5:40 5班(2)	7:03 5班(2)	4:18 5班(1)	6:31 1班(1)	8:43 1班(1)
8,000 6,300	堤川	3:13 7班(2)	4:15 7班(2)	1:50 5班(1)	4:01 1班(1)	6:13 1班(1)
16,100 12,800	8,300 6,500	东海	0:43 9班(2)	3:41 2班(0)	5:36 1班(0)	7:56 1班(0)
18,000 14,700	11,600 8,300	5,900 4,100	江陵	4:24 2班(0)	6:19 1班(0)	8:39 1班(0)
13,700 10,400	6,000 4,200	9,300 7,500	12,700 9,400	安东	1:54 2班(1)	4:14 2班(1)
19,100 15,800	12,800 9,500	16,200 12,900	18,100 14,800	7,200 5,400	庆州	2:12 3班(1)
26,100 20,200	17,200 13,900	23,200 17,300	25,100 19,200	13,100 9,800	6,200 4,400	釜山 (注1)

●汉城～东大邱·釜山·晋州

汉城	0:28 38班(6)	1:00 38班(7)	1:44 38班(7)	3:33 38班(7)	4:54 30班(5)	5:17 1班	6:16 3班(1)
5,900 4,100	水原	0:31 38班(7)	1:15 38班(7)	3:05 38班(7)	4:25 30班(5)	4:33 1班	5:47 3班(1)
5,900 4,100	5,900 4,100	天安	0:43 38班(7)	2:34 38班(7)	3:53 30班(5)	4:02 1班	5:11 3班(1)
8,600 6,800	6,900 5,100	5,900 4,100	大田	1:49 38班(7)	3:05 30班(5)	3:10 1班	4:20 3班(1)
16,600 13,300	15,000 11,700	12,700 9,400	8,300 6,500	东大邱	1:16 41班(5)	1:21 4班	2:30 3班(1)
24,100 18,200	22,300 16,400	17,500 14,200	14,600 11,300	6,600 4,800	釜山	1:18 7班	
23,400 17,500	19,100 15,800	16,900 13,600	14,000 10,700	6,000 4,200	5,900 4,100	马山	1:13 4班
26,200 20,300	24,500 18,600	19,600 16,300	16,800 13,500	10,200 6,900		5,900 4,100	晋州

●汉城～光州·木浦·丽水

汉城	0:28 38班(6)	1:00 38班(7)	1:50 25班(6)	2:51 25班(6)	4:10 7班(1)	5:15 7班(2)	3:19 10班(3)	4:17 10班(3)	6:03 7班(2)
5900 4100	水原	0:31 38班(7)	1:21 25班(6)	2:22 25班(6)	3:41 7班(1)	4:46 7班(2)	2:50 10班(3)	3:48 10班(3)	5:34 7班(2)
5900 4100	5900 4100	天安	0:46 25班(6)	1:47 25班(6)	3:06 7班(1)	4:11 7班(2)	2:15 10班(3)	3:13 10班(3)	4:56 7班(2)
8700 6900	6900 5100	5900 4100	西大田	0:59 25班(6)	2:17 7班(1)	3:21 7班(2)	1:27 10班(3)	2:25 10班(3)	4:06 7班(2)
13500 10200	11800 8500	8000 6200	5900 4100	益山	1:14 7班(1)	2:20 7班(2)	0:26 10班(3)	1:24 10班(3)	3:04 7班(2)
18000 14700	16300 13000	14000 10700	11100 7800	6300 4500	光州				
23000 17100	18700 15400	16400 13100	13500 10200	8700 6900		木浦			
14600 11300	12800 9500	9100 7300	6200 4400	5900 4100			全州	0:54 10班(2)	2:40 7班(1)
17100 13800	15300 12000	13100 9800	8700 6900	5900 4100			5900 4100	南原	1:45 7班(1)
24200 18300	22500 16700	17700 14400	14800 11500	9900 8100			8900 7100	6400 4600	丽水

夜间列车

对没时间的游客很有利用的价值。在主要干线以无穷花号、统一号为中心，设定了几趟列车，乘客很多。但是由于运行距离短，要注意不要坐过站。也有凌晨3点钟抵达的。

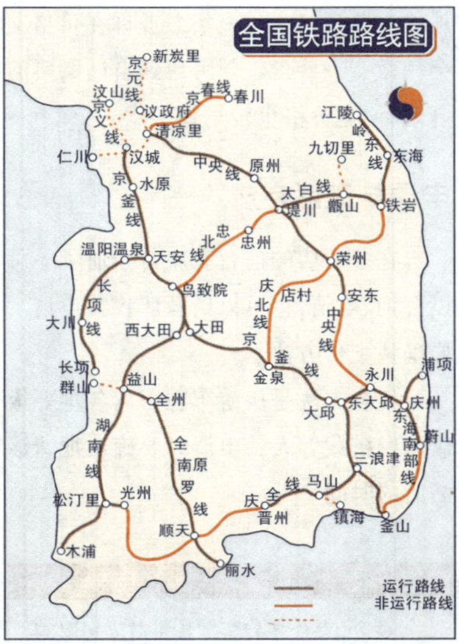

从买票到乘车

到了车站，在售票处上方的墙壁上有时刻表及价格表。用韩语标示着前往地点和车的种类。如果想制定详细日程的话，可以在柜台处买一本月刊铁路时刻表。

决定好乘坐的列车后，要注意区分好列车的种类、方向的窗口，再排队。由于有些地名韩语发音相似，最好是用汉字将其写在纸上。为防止想要购买的列车的车票售光，请事先购买好。一般车票从1个月前开始销售，除车站的窗口之外，市内的旅行代理店、各城市的中央邮电局都可以买到。

检票在列车出发前约15分钟开始。检票口处有站台的号码，不要忘记确认。买东西最好是在检票前完成。

当地出发的定期旅游团

虽然有时想自己在韩国的街道上走一走，但是不熟悉韩国的交通工具、地理、语言等，这些方面存在障碍，这时值得推荐的还是参加当地出发的"定期旅游团"。参加旅游团可以在短时间内提高参观景点的效率，通过与导游的接触，还可以加深对旅游景点的了解。即使想自己一个人在街上走的话，参加一次旅行团，积累一些经验也不失为一件好事。

不同的旅行社，都有从汉城出发，在韩国主要旅游点住1～2晚的包价旅行团，可以根据需要来采用。

也有的，比如南北停战线板门店，是只有参加旅游团才能前往的地方。

针对初次旅行者的1日游

这里向第一次到韩国的人特别推荐的是"汉城半日游"。主要参观市内的王宫景福宫，集中韩国历史文物的博物馆以及市场等。

此外，主要的旅游团如下表。参加旅游团不仅能在短时间内游览主要景点，还可以听到在韩国停留时基本的注意事项、概要说明。另外，从车窗内还可以看到韩国的"激烈的交通情况"。

前往其他城市的旅行团

想从汉城到其他城市，但感到旅行手续非常麻烦的时候，还是参加住宿酒店、以及旅行往返交通都包括在内的"汉城出发的包价旅行"最方便。任何旅行团都是住5花级以上的酒店，并且在当地的游览内容也很充实。或许在价格上会稍微有一些贵，但考虑到自己购票的麻烦，便觉价格也较划算。

申请与集合方法

在各酒店的前台有旅行小册子，可以咨询、申请，也可以请酒店代替申请。要确认支付方法。

集合方法是旅游车在市内各主要饭店巡回搭载客人，申请时要确认抵达该酒店的时间。

举办主要旅游的旅行社

半日 **汉城上午游** ₩22,000～
景福宫、博物馆、市场

汉城下午游 ₩25,000～
南山公园、昌德宫、市内展望

夜间 **华克山庄** ₩95,000～
赌场与舞台演出

高丽屋 ₩82,000～
民族音乐演出和夜景观光

1日 **民俗村一日游** ₩38,000～
郊外、野外博物馆·民俗村方向

板门店观光·₩55,000
去停战线与非武装地带

2日 **庆州1夜2天** 270,000～
去新罗古都

雪岳山1夜2天 ₩250,000～
秋季红叶名胜。往返乘汽车

3日 **济州岛2夜3天** ₩605,000～
去韩国的度假地济州岛

长途汽车

想在韩国便宜、快速观光的话，还是汽车最方便。汽车网络在韩国可以到达任何一个角落。韩国的汽车线路以在韩国值得骄傲的高速汽车为主动脉(在高速公路上运行)，其余分成4种的市外汽车像毛细血管一样，延伸着汽车的线路。

只要乘惯了长途汽车，就不会感觉韩国旅行有什么可怕，它会成为旅行的重要交通工具。

另外，乘长途汽车还有很多和韩国人接触的机会，享受只有汽车旅行才有的乐趣。

汽车站内

长途汽车

与铁路相比，班次、线路都相当多，价格也便宜，是国内移动的主要工具。

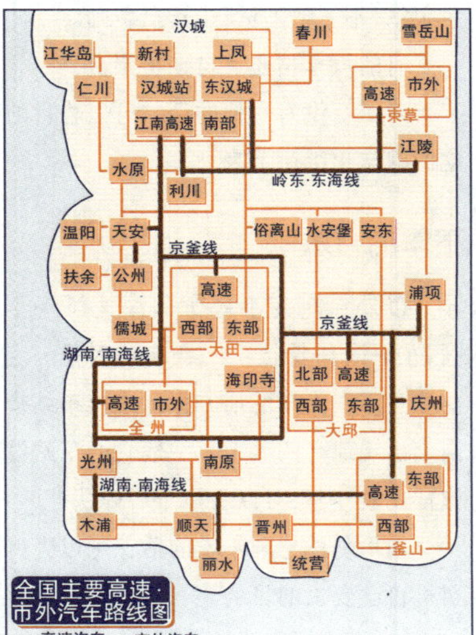

长途汽车分成运行在高速公路上的连接长距离城市间的高速汽车，与全国各地无所不去的市外汽车 2 种。

高速汽车的种类

第一次乘汽车旅行，最容易乘坐的是高速汽车。各城市都有高速汽车站，只要掌握了乘坐方法，就可以直达目的地。另外，汉城、釜山间的干线，终日10～20分钟便有一趟运行，不用事先查时刻表，非常方便。

高速汽车有普通高速汽车和并排 3 列的坐位很少的豪华优等高速汽车。优等高速汽车的车身为红色，很醒目，价格是一般高速汽车的 1.5 倍。售票处、乘车口与同一方向的一般高速汽车并列或者共同使用。乘车的顺序及时间二者没有区别。

另外，汉城～釜山、木浦、光州间等长距离路线还运行有深夜优等高速汽车。

高速汽车的乘坐方法

首先要去高速汽车站。大多数高速汽车站都避开城区的闹市，建在市郊的连接处，从市中心可以乘地铁或市内公汽前往。

汽车站售票处

在售票处，标示有目的地、下一班汽车的发车时间、价格等。汽车站内的标示大部分是用韩文，有的高速汽车用罗马字。在售票窗口，只要说一下目的地和人数，就可以轻松地买到车票。如果对发音缺少自信的话，可以用汉字写在纸上。一般是一个窗口卖一种车票，也有的窗口是多条路线的共用窗口，或者是一般高速汽车与优等高速汽车的共用窗口。

购票后，要确认好出发时间、发车站台，不要迟到。不知道站台的话，可以将车票出示给工作人员，或者询问在同一窗口购票的乘客。乘车时，车票要撕掉一半，剩下的一半要在下车时交给司机，不要丢失。车内全部为指定席。考虑到韩国的道路情况，汽车在运行中一定要系好安全带。

中途休息

距离很长的路线，在中途的服务区要休息，上卫生间。停车场内有很多相似的汽车，休息时停车位置有时会变动，要牢牢记住车牌号。休息一般 10 分钟左右，最好是下车前向司机确认好。

公路情况

在连休或旅游季节，高速公路上有很多私家车，有时有意想不到的混乱。通常在周末、周日的下午去汉城时，上行线较混杂，需做好晚点的准备。

市外汽车种类

在没有高速汽车的城市或者小镇，可以乘坐叫做市外汽车的公汽。

市外汽车在主要街镇、村落都有停车。它分中途不停车的直达汽车与各站停车的慢车。直达汽车是经由高速公路的一种，属于市内汽车的一种，与高速汽车不同。

运行区间很大，每日运行的班次也很多，如果不是离国道很远的地方的话，大概 30 分钟到 1 个小时一班。

市外汽车的乘坐方法

基本程序与高速汽车相同，市外汽车稍微麻烦一点。首先要注意，一个城市有 2 个以上的汽车站。从该城市有向西方向的西部汽车站、向南方向的南部汽车站，根据方向划分。

从购票到上车的程序与高速汽车几乎一样。标示都是韩文。路线很多，标示也很细，不习惯的话，还真挺费劲。

有的汽车站还有自动售票机。

对语言没有自信的话，可以将目的地的韩文用纸记下来。

下车的方法

市外汽车与不停车的高速汽车不同，在中途有多个车站，下车的时候一定要注意。在汽车的前方标示或汽车站指南上出现地名的城市，一般它的车站设施都比较完整，可以在停车后确认。

如果仍然感到不安的话，可以告诉司机自己要去的目的地，让司机提示自己，就不会出错了。

江原道方向

●高速汽车

目的地 \ 发出	汉城高速汽车站	东汉城综合汽车站	大田高速汽车站
束草高速汽车站	30 5:15 17,300 11,700	90 4:55 17,300 11,700	
江陵综合汽车站	10～15 3:50 13,500 9,200	45 3:30 13,500 9,200	60～90 4:00 15,900 10,800

●市外汽车

目的地 \ 发出	东汉城综合汽车站	春川市外汽车站	束草市外汽车站	江陵综合汽车站	大邱东部汽车站	庆州市外汽车站	釜山东部汽车站
春川市外汽车站	20 1:40 5,400		12回 3:50 10,900	60 4:00 10,600 经由高速			100 7:00 25,900 经由高速
束草市外汽车站	7回 5:20 14,000 经由寒溪岭	11回 4:00 10,900 经由寒溪岭		30 1:20 4,600 （直通便）	40 7:00 25,800 经由江陵	1回 8:00 22,800 经由浦项	4回 7:30 25,900 （直达）
江陵综合汽车站	30 3:40 9,200 经由高速	23回 4:00 10,600 经由高速	25 1:20 4,600 （直达）		16回 5:30 21,200 （直达）	30 6:30 17,900 经由浦项	16回 6:00 21,700 经由高速

经由高速京畿道～忠清道方向

●高速汽车

目的地 \ 发出	汉城高速汽车站	大邱高速汽车站	釜山高速汽车站	光州高速汽车站
利川市外汽车站	20～30 1:05 – 2,800			
公州市外汽车站	30～40 2:20 7,500 5,100			
大田高速汽车站	5～10 1:50 8,700 6,000	20 2:00 8,400 5,800	50 3:30 15,700 10,600	20～30 2:50 10,500 7,200

●市外汽车

目的地 \ 发出	汉城南部汽车站	东汉城综合汽车站	大田西部汽车站	大田南部汽车站
利川市外汽车站		30 1:00 2,800 经由高速		40 1:30 5,900
公州市外汽车站	20 2:20 5,100 经由天安		5分 1:00 2,400	
扶余市外汽车站	40 3:00 8,600 经由公州		5分 1:20 3,800 经由论山	
牙山市外汽车站 （温阳温泉）	14回 1:30 3,900 经由天安	20 2:00 5,500 经由天安		30 1:30 3,900 经由天安
水安堡市外汽车站		60 2:30 8,400 经由高速		2趟 2:50 7,300

全罗道方向

●高速汽车

目的地 \ 发出	汉城高速汽车站	大田高速汽车站	大邱高速汽车站	釜山高速汽车站
全州高速汽车站	5～10 2:50 13,000 8,900	20～40 1:20 5,500 3,800	80 3:50 12,400 8,500	70 5:15 17,800 12,000
光州综合汽车站	5 3:55 17,700 11,900	20～30 2:50 10,500 7,200	30 3:50 10,500 7,200	20～30 4:35 14,900 10,100
木浦高速汽车站	80～90 5:20 20,900 14,100			
丽水高速汽车站	40～60 5:50 23,800 15,900			50 4;05 12,800 8,700

●市外汽车

目的地 \ 发出	全州市外汽车站	光州综合汽车站	顺天市外汽车站	大邱西部汽车站	晋州市外汽车站	釜山西部汽车站
全州市外汽车站		6趟 1:30 4,100	60 3:00 8,800 经由南原	17趟 4:00 8,500 经由高速	25 3:30 10,400 经由南原	10趟 5:20 14,600 经由南原
光州综合汽车站	6趟 1:30 4,100		15 1:30 4,700 经由高速	6趟 4:30 10,300 经由南原	5趟 2:40 6,300	
南原市外汽车站	6趟 1:20 3,700	20 1:00 3,600	30 1:30 4,900	7趟 2:00 7,100 （直达）	25趟 3:00 6,700	50 3:40 11,700 经由高速
木浦市外汽车站	70 4:00 9,300	15 1:40 4,800 （直达）	80 2:50 8,900			9趟 5:40 18,100 经由高速
丽水市外汽车站	11趟 4:00 11,200 经由南原	15 2:30 6,900 经由顺天	10 0:50 2,300	7趟 4:00 12,500 经由顺天		

庆尚道方向

●高速汽车

目的地 \ 发出	汉城高速汽车站	大田高速汽车站	全州高速汽车站	光州综合汽车站	大邱高速汽车站	釜山高速汽车站
大邱高速汽车站	10~15 3:50 16,400 11,100	30~40 2:00 8,400 5,800	60 3:50 12,400 8,500	40 3:20 12,400 8,400		15 1:50 7,700 5,300
庆州高速汽车站	30~40 4:15 19,900 13,400	4趟 2:40 12,100 8,300		270 3:10 15,900 10,800	20~30 0:50 3,800 2,600	60 1:20 4,500 3,100
釜山高速汽车站	15 5:20 23,400 15,700	60 3:40 15,700 10,600	60~90 5:15 17,800 12,000	20 4:10 14,900 10,100	30 1:50 7,700 5,300	

●市外汽车(庆尚北道)

目的地 \ 发出	东汉城综合汽车站	大田东部汽车站	大邱北部汽车站	浦项市外汽车站	庆州市外汽车站	釜山东部汽车站
安东市外汽车站	30 4:20 16,700 醴泉经由	13趟 3:30 10,100 经由龟尾	10 1:50 5,100 （直达）	18趟 2:50 9,300	9趟 3:30 11,100 经由浦项	8趟 4:00 12,100
庆州市外汽车站				10 0:40 1,800		10分 1:00 3,100 经由高速

●市外汽车(庆尚南道)

目的地 \ 发出	东汉城南部汽车站	大田东部汽车站	全州市外汽车站	晋州市外汽车站	大邱西部汽车站	釜山西部汽车站
晋州市外汽车站	2趟 5:00 18,600 经由高速	10趟 3:30 10,000 经由高速	20 3:30 10,400		19趟 1:40 5,600 经由高速	10 1:20 4,500 经由高速
统营市外汽车站	6趟 6:00 16,100 经由高速			15 1:30 4,300	15趟 2:40 8,800 经由高速	20 2:00 7,100 （直达）

凡　例

高速汽车

运行间隔(每分/每天趟数)	5~10
所需时间	5:20
运价(优等)	18,700
运价(普通)	12,600

市外汽车

运行间隔(每分/每天趟数)	30
所需时间	2:0
运价	4,500
程由地	经由高速

韩国国内航空路线

国土狭窄的韩国，只要坐汽车或者铁路就足够转的了。但是，旅行中时间有限。1个星期的时间内要游览汉城、釜山、济州岛的话，坐飞机还是最好的方法。

现在，韩国的国内航空路线共计29条。大韩航空（KE）与韩亚航空（OZ）两家航空公司经营国内众多的航线。汉城～釜山、汉城～济州等的主要航线一天多达40个架次，是交通的大动脉。韩国的航空票价比较便宜，学生票还有折扣，很容易乘坐。

购买机票，通常在韩国国内的航空公司或者旅行代理店进行。

购买机票

可以在航空公司的各支店、著名酒店的柜台、市内的旅行代理店购买。如果事先用电话预约的话，在出发4天前没有购票的话，将被自动取消预定。

国内机票的有限期间从发行日起3个月，预定好的航班也可以变更。飞机起飞前3小时取消，收10%取消费，飞机起飞后通告取消，收20%的取消费。

另外购买机票时需出示护照。

与国际线不同的是机场使用费₩3000的支付方法，是在购票时收取。

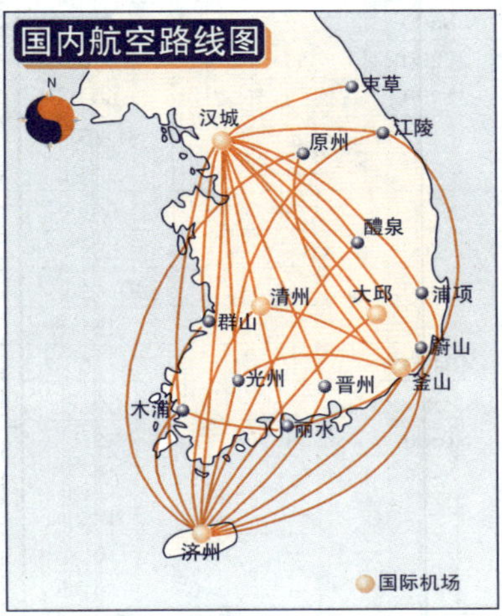

回程机票及转机机票需在该航班出发的24小时前进行再确认。

折扣制度

学生折扣，对学生（研究生以上除外）有10%的优惠。

最好事先预约。不需要特别的优惠证明，只要准备学生证的复印件或国际学生证即可。

从办理登机手续到抵达

乘国内航班时，要在飞机起飞30～40分钟前抵达机场。起飞前20分钟停止办理登机手续。

①办理登机手续

办理登机手续柜台，根据不同公司分成办理手续柜台与预约、卖票用柜台。大城市的机场有很多办理登机手续的柜台，分别是不同的航班，只要寻找自己乘坐航班的目的地、航班号即可。

登机手续，只是出示机票，取得登机牌而已。有托运行李时，要同时告之。（有一些机场，办理托运行李与办理登机手续是分开的）。托运行李的领取单要保存好，在抵达的目的地领取。

拿到的登机牌上有护照号、住所栏，不要忘记填写好。

②登机

登机灯闪亮时，要过登机检查。要向在检查口的检察员出示登机牌，过X射线。X射线有时男女通道是分开的，检查本身很简单。

检查后要在有小卖店的候机厅等候，等待登机通知。

③在机内

机内广播为韩国语、英语、日语。中途有热手巾及饮料服务。

④抵达目的地

抵达目的地后不需要再检查。有托运行李的人不要忘记取行李。

国内线价格·运行表

※购机票时需另付机构设施使用费₩3000。

方　向	KE		OZ		所需时间(分钟)
	价格(₩)	班　次	价格(₩)	班　次	
汉城↔釜山	44,300	21～26	44300	16～18	60
〃↔济州	59,100	13～17	59100	12～15	65～70
〃↔大邱	34,800	6～8	34800	6～9	60
〃↔光州	37,000	3～6	37000	5～6	60
〃↔晋州	51,300	3～4	51300	4	60
〃↔束草	32,100	7	—	—	50
〃↔丽水	48,900	6～7	48900	5	60
〃↔江陵	28,100	3～4	28100	3	50～55
〃↔浦项	41,700	4～7	41700	6	60
〃↔蔚山	47,400	6～9	47400	8	60
〃↔醴泉	25,700	2	25700	1	40～60
〃↔木浦	43,900	3	43900	3	60
〃↔群山	27,300	2	27300	1	50
光州↔江陵＊	58,500	—	58500	—	—
釜山↔光州	—	—	27200	1	40
〃↔江陵	41,300	1～2	41300	1	60
〃↔木浦	33,900	1	—	—	50～55
〃↔群山＊	34,500	—	—	—	—
〃↔原州	46,500	2	—	—	60
〃↔济州	39,200	5～7	39200	3～4	55
济州↔光州	25,800	3	25800	2	40～45
〃↔丽水	29,500	1	—	—	45
〃↔大邱	48,400	3	48400	2	55～60
〃↔晋州	38,200	1	—	—	50
〃↔浦项	—	—	51600	1	55
〃↔蔚山	46,600	1	—	—	60
〃↔木浦	21,700	1	—	—	40
〃↔群山	36,800	2	—	—	50
〃↔清州	50,300	2～3	—	—	60

学习韩国语还得是在汉城

为外国人提供的韩国语教育机构

学习邻国的语言

每个人的动机不同，但学习韩国语的人数每年都在增加。

在国内学习韩国语，遗憾的是学过的东西练习的机会很少。学习语言的捷径还应该是像日常生活中腌咸菜一样，24小时泡在韩语中，所以考虑到这种情况，还是到韩国留学为好。

汉城有好几家大学作为附属设施，开设有为外国人以及海外韩侨为对象的韩国语教育机构。将世界各地而来学习韩国语的人集中在汉城度过学习生活。这些机构一般叫做语学堂或语学院，有很多还开设有韩国学生学习外语的课程。

生活在学生街新村，在延世大学学习韩国语

在各大学的语学教育机构中，历史最久、最有定评的是延世大学的语学堂。这里正式的名称叫做延世大学校韩国语学堂，自1959年建立，已有40余年的历史，广为内外所知。

该学堂每年有4个学期，第一学期10周，周一到周五每天上午9时到下午1时共4个小时。各班级学生数一般10人左右，均根据水平分班。能力分1～6级(6级最高)，新生要在各学期开始前接受笔试、口试，再安排合适的班级。完全从最初的1级开始到毕业的6级为止，正常的话为1年半时间。

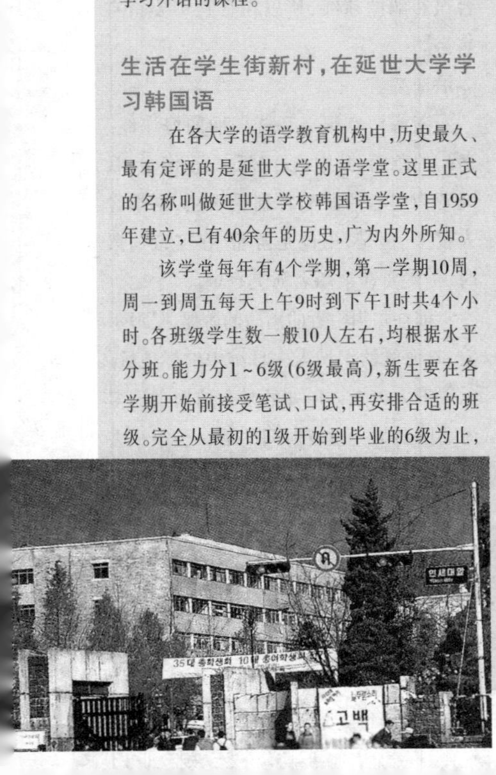

延世大学

上课完全采用韩国语授课，以学习韩国语有体系的语法练习为基本内容，还有听力、读解、作文、会话、韩国文化等。不同级别分别使用录像、磁带等教学工具，选修课有历史、汉字、新闻、文学等。学费1学期115万韩元(申请费、课本费另付)，每年春季有所变动。

在生活方面最担心的是住宿问题。一般的语学堂没有学生宿舍，大部分的学生要在周边的民宿找住处。

住宿费1人一间含早晚2顿饭，淋浴、厕所共用时，每月45万韩元到50万韩元左右。租住这种民宿，可以了解到像阿祖妈一家这样的普通韩国人的家庭生活，是直接了解韩国生活的最良好的机会。

想要进各大学的语学堂可以向相关机构直接索要资料。代表性的机构及所在地如下。

延世大学校　延世语学院韩国语学堂
汉城特别市西大门区新村洞134
☎(02)361－3465、(02)393－4599

高丽大学校　民族文化研究所
韩国语文化研修部
汉城特别市城北区安岩洞5－1
☎(02)920－1786、(02)920－1787

梨花女子大学校　言语教育院
汉城特别市西大门区大　洞11－1
☎(02)312－0067、(02)360－3182

西江大学校　韩国教育研究院
汉城特别市麻浦区新水洞1－1
☎(02)705－8218

汉城大学校　语学研究所
汉城特别市冠岳区新林洞山56－1
☎(02)880－8570

汉阳大学校　国际语学院
汉城特别市城东区杏堂洞17
☎(02)2290－1665

韩国国内船舶路线

说到韩国旅行，一般汉城、釜山、庆州是固定的路线。但是，真正美丽的景色还是在海岸线一带，这一点一般不为人们所知。

韩国东西南三面被大海包围，船舶方面非常便利。既有可以欣赏景色的旅游船，也有前往济州岛、郁陵岛方面的夜行船、高速船，以及前往小离岛的生活之船、小型船等各种各样。

这里推荐的旅游路线，以南海岸居多。庆尚南道的闲丽海上国立公园、全罗南道的多岛海海上国立公园，均是代表性的景点。

在人们的生活中再踏出一步的便是轮船之旅，务必要尝试一下。

船票的购买方法

船票可以当天在港口购买。但是，夏季时去济州岛的航线因为客人很多，如果不事先预约的话，往往买不到票。

购买方法与汽车、铁路相同。决定好等级后，将所要去的地点写在纸上递给售票员即可。但是，去济州岛等比较长的航线时，需要在乘船申告书上填写必要的事项后，再一起交到窗口购买船票。

乘船时的注意事项

往返济州岛、郁陵岛的船只，乘坐大型船的时候，从国防方面考虑，上船时需要检查。要准备好护照，顺序等待。

最好提前1个小时抵达港口，因为检查要花时间，早去的话可以占到好位子。

①本土——济州岛渡船

前往韩国首屈一指的度假地济州岛的航线从釜山、木浦、莞岛出发。

釜山出发、抵达的船只均是夜间航班，2、3等座席也过于拥挤。木浦的航线是白天航班，座席便足够了。

②本土——郁陵岛间渡船

前往东海（日本海）上的郁陵岛的交通只有轮船。从浦项、厚浦、束草、东海等4处均有出发的轮渡。

在旅游旺季的夏季，一天有1～2次往返，冬季则路线减少很多。这是一条受台风影响的航线，所以在日程中要留有富裕。

③沿岸游船

南海岸有很多环绕美丽的海岸线、岛屿的游船。其中，以闲丽水道、海金刚、统营为起点的游船特别受欢迎，夏季客人很多。但是，虽说是游船，在窗口购票时，仍然要在乘船名簿上登记。

前往仁川附近的离岛的游船，是海水浴、吃海鲜的汉城人一日游中的好项目。

不太为众人所知的是木浦周围的多海岛的岛屿。没有时间的话，是很难去成的。在那里可以体验到渔村生活，令人怀念。

釜山沿岸客船码头

釜山港

韩国驾车游

一看到韩国整备完好的高速公路，林荫茂密的干净街道，大概就会有不少人想亲自驾车兜风了吧。说到韩国驾车兜风的办法，一般是采用海外驾车的定式——租车。

不管如何，取得国际驾照是最必要的。

韩国的市区内人、车总是很混乱，自己驾车时要做好心理准备，安全第一。

租车处

在韩国驾车游

韩国从北端到南端有600余公里，可以利用韩国罗网般的高速公路。

但是，在韩国租车时，从当地交通情况来看，对游客的驾驶技术要求非常之高。在大城市开车要考虑出租车、公汽等车辆夹塞儿问题，所以驾驶起来很辛苦。

如果去乡下的话，可以一边眺望田园风景，一边舒适地驾车。在庆州史迹游览，或去公交不便的济州岛等地，驾车欣赏风景是最受欢迎的。但要注意，在乡村事故发生率特别高，要特别留心。

租车

近几年美国的大租车公司进入韩国，提供在线服务，可以预约。

韩国预约点

●大韩租车

总社　汉城特别市江南区瑞草洞1609－7

☎02－585－0801

永登浦站前　☎02－675－5081

金浦机场　☎02－664－7684

束草　☎0392－33－0801

丽水　☎0662－62－0753

大邱　☎053－955－0801

●三宝租车

总社　汉城特别市龙山区永库洞10－8

☎02－797－5711

城市机场　☎02－551－0827

金浦机场　☎02－665－5711

●哈慈租车

总社　汉城特别市龙山区汉南洞72－7

☎02－797－8000

☎080－600－8000（免费☎）

http:☎www.kumhorentear.co.kr/

http:☎www.hertzkorea.co.kr/

※各支店可任意还车。

●其他地方租车公司

庆州

三进　☎0561－42－3311

釜山

岭南　☎051－669－5000

釜山　☎051－469－1100

韩国　☎051－205－3240

济州

济州　☎064－42－3301

汉拿　☎064－55－5000

在汉城租车,在釜山还车,这种方式也是可能的,可以根据日程来制定计划。

租车的条件为23岁以上,持国际驾照及信用卡者。

租车费如表。汽油费₩500~600(无铅)左右。

租车的预约方法

在韩国预约

可在住宿的酒店、旅馆的前台预约,也可以直接给出租汽车公司挂电话。

驾驶时的注意事项

韩国的汽车方向盘与中国一致。要注意拐弯及在乡下与对方错车等情况。

另外,在路口信号为绿灯时也不能轻易过,因为有可以左转的情况,也有需等信号的情况,还有可以任意走的情况,视不同场合而定。

租车价格表(自驾车) 单位:₩

种类	车种	12小时	24小时	3天
B	阿塞得(1.3L)	46,300	57,900	156,300
C	阿塞得(1.5L)	49,600	62,000	167,400
D	索那塔(1.8L)	57,200	71,600	197,320
E	索那塔(2.0L)	62,000	78,000	210,900
F	古达扎(2.0L)	102,700	116,700	315,090
H	面包车(12人)	78,900	89,700	242,190

车费内含乘车者保险。无公里限制。

红灯时可以右转。但有信号时，信号优先。

高速公路的付费方法为在入口处取卡，出口处付费。在停车区设备、服务都很完备，可以用餐、加油。

在韩国驾车时的心理准备——韩国7年驾龄，105000公里的驾驶经验

韩国是交通事故发生率较高的国家

韩国每10万人口的交通事故死亡率占世界第5位（据《韩国日报》），大概每年10300人左右。

刹车灯不好使的车横行

高速公路的速度限制，中部高速公路为110公里、京釜高速公路100公里、单向单车道高速公路80公里、其他汽车专用公路从70公里~80公里。但是在韩国，普通的司机们超限制时速20、30公里的情况被认为是理所当然的。

特别是交通流量小的深夜、早晨，出租车全速奔驰。市区平均120公里，郊外140公里。

刹车灯不亮的情况很多，甚至有的警车也不例外，要注意前面的车子。乡村路事故发生率最高。

乡下的道路很通畅，但实际事故发生率很高

韩国乡村公路车道与步道没有区别，路肩也几乎不铺装。要注意的是没有尾灯反射灯的耕作机、自行车、摩托车及不怕车的步行者。

在韩国，车线变更时不打信号，突然变线的情况很多。在车少的地方，有很多人不打转向灯。有的车停在路边也没有指示，最好注意不要太靠近前边的车。

破烂车导致刮车事故多发

看一下街上行走的车，有很多发生刮车事故。车身刮了一般也不修理。在停车场开闭车门也很粗鲁，往往刮伤旁边的车。另外，还有不看后面就倒车，结果撞上后面车的情况。

大城市及中小城市住宅街的胡同到处都是停车场。要注意道路拐角等不能停车地方的乱停车。韩国房屋一般一家一户，外墙比人要高，用砖砌成，很结实，院内没有停车空间，所以才这样停。

租信用度高的公司的车，一定要加入保险

如果发生不幸事，而车子上了保险便不用自己赔偿。但如果向韩国朋友借车，发生事故时，保险只限于该家庭，所以最好是借出租车公司的车。

韩国时刻表的读法

韩国国内汽车、铁路、航空、轮船像渔网一样连接在一起。在国内制订旅程时读一读本书，大体上就可以明白。但是，到了当地的话，如果不明白正确的发车时刻、所需时间，在旅程上就会出现各种各样的问题。

韩国有一本由铁道旅行文化社出版的书，将铁路、高速市外汽车、飞机、轮船、地铁等应有尽有的交通工具的时刻与价格囊括在一起，叫《月刊观光交通时刻表》，₩3000。它无疑是一本韩国旅行的最好的伙伴，一定要买一本。

时刻表的购买方法

大的书店里肯定有卖，但在汉城车站的柜台购买最没问题。时刻表的韩语表记和发音一定要记牢。但要注意，时刻表有时会卖光(发行日不一定)。

铁道时刻表的读法

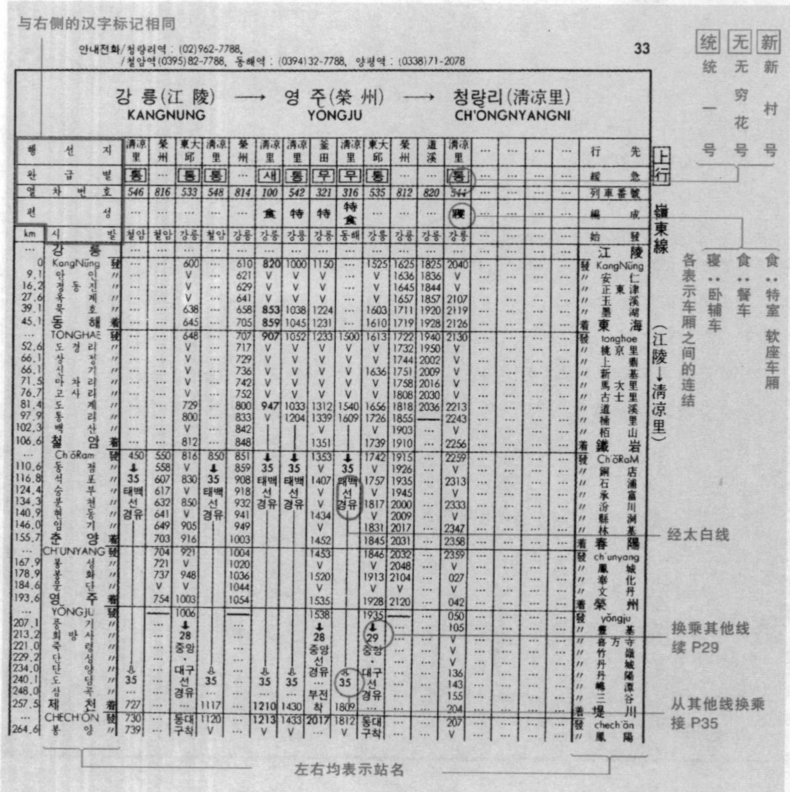

釜山车站

铁道时刻表的读法

最先的彩色一页是各种广告及用韩文汉字书写的路线名、全站名等的全国铁道路线图。在这里确认要前往的目的地。路线名的下方写着的数字在是时刻表中的页码。

找到路线页后,纵向的站名在表的左侧是韩国语,右侧用汉字书写,很实用。下面的一些符号最好了解一下它的意思。

새	新村号	食	带餐车
무	无穷花号	寝	带卧铺
통	统一号	全	全车为特室车
無印	鸽子号	스	小吃车
特	带特室车		

其他时刻表的读法

列车时刻之后,按顺序还有地铁、飞机、轮船、高速汽车时刻、高速公路费、市外汽车时刻等。遗憾的是这些部分没有汉字,只有韩文,不懂韩文的话很难读懂。下面介绍一下读解的窍门。

轮船时刻表的读法

登载有全国 11 个港口的发抵的轮船信息。首先要知道要去的岛屿、城市的名称,了解从何处坐船。

时刻表按轮船的前往地点、船名、出发时间、返航时间、距离、所需时间、备注等顺序排列。其中,要注意返航时间,不是目的地的到达时间,而是目的地港口的回程轮船的出发时间。如果要知道抵达目的地的时间,只要将出发时间加上所需时间计算即可。

高速汽车时刻表的读法

按照汉城出发的各方向的高速汽车一览、深夜高速汽车一览、全国各城市高速汽车一览的顺序排列。所有的表,结构几乎相同,可以得到出发地、抵达地、始发、末班、运行间隔、运价(贵的是优等

高速汽车时刻表的读法

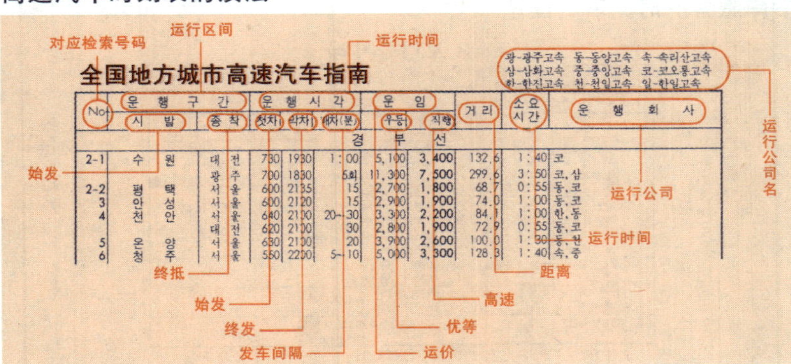

全国地方城市高速汽车指南

광-광주고속 동-동양고속 속-속리산고속
삼-삼화고속 중-중앙고속 코-코오롱고속
한-한진고속 천-천일고속 일-한일고속

No	운행구간 시발	운행구간 종착	운행시각 첫차	운행시각 막차	운행시각 배차(분)	운임 우등	운임 직행	거리	소요시간	운행회사
				경부선						
2-1	수원	대전	730	1930	1:00	5,100	3,400	132.6	1:40	코
		광주	700	1830	5회	11,300	7,500	299.6	3:50	코,삼
2-2	평택	서울	600	2135	15	2,700	1,800	68.7	0:55	동,코
3	안성	서울	600	2120	15	2,900	1,900	74.0	1:00	동,코
4	천안	서울	640	2100	20~30	3,300	2,200	84.1	1:00	한,동
		대전	620	2100	30	2,800	1,900	72.9	0:55	동,코
5	온양	서울	630	2100	20	3,900	2,600	100.0	1:30	동,천
6	청주	서울	550	2200	5~10	5,000	3,300	128.3	1:40	속,중

高速汽车)、距离、所需时间等的信息。

高速汽车路线根据不同的高速公路分成很多组,知道这些分类和叫法的话,行动起来会很方便。

京釜线 （경부선）

汉城～釜山的主要干线

邱马线 （구마선）

马山等庆尚道的一部分

湖南・南海线 （호남・남해선）

光州、丽水等全罗道方向

岭东・东海线 （영동・동해선）

韩国东海岸等江原道方向

市外汽车时刻表的读法

有各城市、各汽车站出发的汽车一览表，登载的数据与高速汽车的读法大体相同。

同一方向的汽车有直达、慢车的不同，以及终点站、经停地、运行间隔、运价、所需时间的很大差异，特别是与大城市、城市连接的线路，路线都在2条以上，要好好确认。

市外汽车时刻表的读法

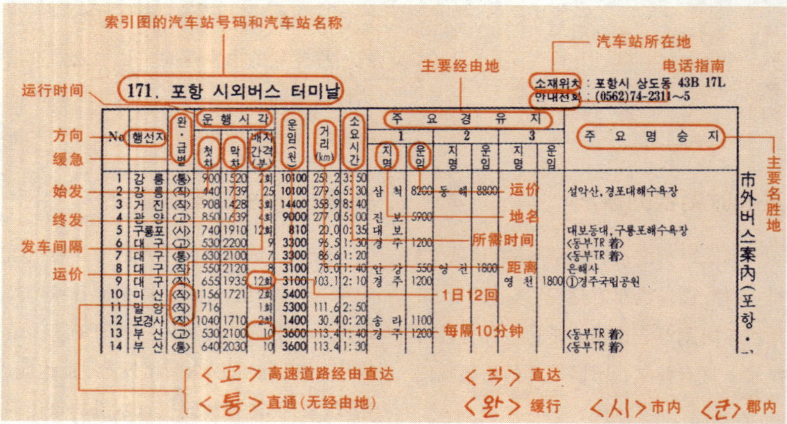

沿岸旅客船时刻表的读法

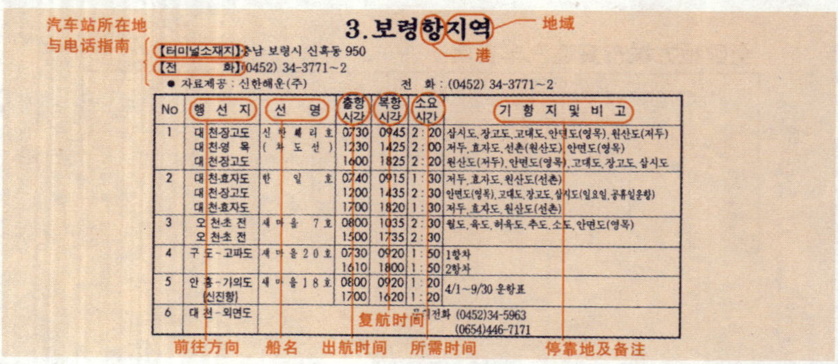

电话指南/汉城站 (02)392-7788,3149-2703, 水原站 0331)247-7788, 天安站 0417)551-7788, 조치원역 0415)867-7788
大田站 042)253-7788, 东大邱站 053)955-7788, 釜山站 051)463-7788, 金泉站 0547)434-7788
新滩津站 042)932-7788, 倭馆站 0545)973-7788, 庆山站 053)813-7788

下行 京釜線 (汉城→釜山)

서 울(汉 城) → 대전(大田) →
SEOUL TAEJŎN

路线			釜山	釜山镇	釜山	釜山	釜山	慶山	釜山	釜山	釜山	大田	釜山	大田	釜山	釜山	釜山	釜山	浦項	釜山	釜山	晋州
缓急			新	统	无	无	无	统	无	统	无	统	无	统	无	新	无	无	新	新	无	新
列车号码			3015	1421	191	193	195	1415	197	435	199	1401	163	442	155	1	299	101	57	3	105	49
编组			特	…	…	特	…	…	…	特	…	…	特	…	特	特食	●	特스	特食	食	特食	食
km	始发		汉城	东大邱	大邱	大邱	大邱	金泉	大邱	大田	大邱	天安	汉城	제천	汉城	汉城	영주	汉城	汉城	汉城	汉城	汉城
	汉城		…	…	…	…	…	…	…	…	…	…	…	…	…	…	…	…	…	…	…	…
0	SEOUL	發	**600**	…	…	…	…	…	…	…	…	…	615	…	645	**700**	…	715	**730**	**800**	815	**830**
3.2	용산	〃	V	…	…	…	…	…	…	…	…	…	V	…	V	V	…	V	V	V	V	V
5.8	노량진	〃	V	…	…	…	…	…	…	…	…	…	V	…	V	V	…	V	V	V	V	V
9.1	永登浦	着	**607**	…	…	…	…	…	…	…	…	…	622	…	652	**707**	…	722	V	V	822	**837**
…	YongDungPo	發	**608**	…	…	…	…	…	…	…	…	…	623	…	653	**708**	…	723	V	V	823	**838**
23.9	안양	〃	V	…	…	…	…	…	…	…	…	…	V	…	704	V	…	V	V	V	V	V
33.9	부곡	〃	V	…	…	…	…	…	…	…	…	…	V	…	V	V	…	V	V	V	V	V
41.5	水原	着	**628**	…	…	…	…	…	…	…	…	…	643	⇩	716	V	…	743	**755**	V	843	V
…	SUWON	發	**629**		…	…	…	…	…	…	…	…	644	**26**	717	V	…	744	**756**	V	844	V
57.0	오산	〃	V	…	…	…	…	…	…	…	…	…	V	제천	V	V	…	V	V	V	855	V
64.8	송탄	〃	V	…	…	…	…	…	…	…	…	…	V	발	V	V	…	V	V	V	V	V
67.0	서정리	〃	V	…	…	…	…	…	…	…	…	…	V	**616**	V	V	…	V	V	V	V	V
75.4	平泽	着	V	…	…	…	…	…	…	…	…	…	704	…	738	V	…	804	V	V	907	V
…	P'yongT'aek	發	V	…	…	…	…	…	…	…	…	…	705	충북	739	V	…	805	V	V	908	V
84.8	成欢	〃	V	…	…	…	…	…	…	…	…	…	713	선	V	V	…	V	V	V	920	V
97.1	天安	着	V	…	…	…	…	…	…	…	…	…	722	경유	752	**755**	…	818	V	V	928	V
…	CH'ONAN	發	V	…	…	…	…	…	…	…	…	620	723	…	758	**756**	…	819	V	V	929	V
107.9	소정리	〃	V	…	…	…	…	…	…	…	…	629	V	…	V	V	…	V	V	V	V	V
115.4	전의	〃	V	…	…	…	…	…	…	…	…	637	V	…	V	V	…	V	V	V	V	V
129.8	岛致院	着	V	…	…	…	…	…	…	…	…	649	742	758	818	V	…	839	V	V	948	V
…	ChoCh'iWon	發	V	…	…	…	…	…	…	…	…	650	743	759	819	V	…	845	V	V	949	V
140.3	부강	〃	V	…	…	…	…	…	…	…	…	704	V	V	V	V	⇩	V	V	V	V	V
152.4	新津滩	〃	V	…	…	…	…	…	…	…	…	718	758	817	835	**829**	**27**	V	V	V	V	V
158.0	怀德	〃	V	…	…	…	…	…	…	…	…	725	V	V	V	V	영주	V	V	V	V	V
166.8	大田	着	**737**	…	…	…	…	…	…	…	…	734	808	830	845	**839**	발	908	**904**	**931**	1013	**1003**
…	TAEJON	發	**739**		…	…	…	…	…	620	…	—	812	—	848	**841**	**710**	910	**906**	**932**	1016	**1005**
183.3	옥천	〃	V	…	…	…	…	…	…	634	…	…	825	…	V	V	…	V	V	V	V	V
191.6	이원	〃	V	…	…	…	…	…	…	V	…	…	V	…	V	V	경북	V	V	V	V	V
201.6	심천	〃	V	…	…	…	…	…	…	649	…	…	V	…	V	V	선	V	V	V	V	V
212.4	永同	着	V	…	…	…	…	…	…	658	…	…	845	…	917	**910**	경유	940	V	V	1045	V
…	YONGDONG	發	V	…	…	…	…	…	…	659	…	…	846	…	918	**911**	…	941	V	V	1046	V
227.0	황간	〃	V	…	…	…	…	…	…	712	…	…	V	…	V	V	…	V	V	V	1058	V
235.5	추풍령	〃	V	…	…	…	…	…	…	V	…	…	V	…	V	V	…	V	V	V	V	V
247.0	직지사	〃	V	…	…	…	…	…	…	V	…	…	V	…	V	V	…	V	V	V	V	V
254.6	金泉	着	**832**	…	…	…	…	…	…	730	…	…	912	…	945	V	916	1007	**959**	V	1116	**1058**
…	KIMCH'ON	發	**832**	…	…	610	…	650	…	731	…	…	913	…	946	V	919	1008	**1000**	V	1117	**1059**
264.3	대신	〃	V	…	…	V	…	658	…	V	…	…	V	…	V	V	V	V	V	V	V	V
277.5	龟尾	着	**847**	…	…	627	…	711	…	747	…	…	928	…	1000	**950**	934	1023	**1014**	V	1132	**1113**
…	KUMI	發	**848**	…	…	628	…	712	…	748	…	…	929	…	1001	**951**	935	1024	**1015**	V	1133	**1114**
290.3	약목	〃	V	…	…	V	…	725	…	800	…	…	V	…	V	V	946	V	V	V	V	V
296.8	왜관	〃	V	…	…	641	…	732	…	807	…	…	943	…	1014	V	952	1037	V	V	1146	V
306.7	신동	〃	V	…	…	V	…	743	…	815	…	…	V	…	V	V	1001	V	V	V	V	V
323.9	대구	〃	V	…	630	700	800	801	730	828	925	…	1001	…	1032	V	1019	1055	V	V	1208	V
327.1	东大邱	着	**916**	…	633	703	803	806	734	832	928	…	1004	…	1035	**1019**	1022	1058	**1044**	**1102**	1212	**1142**
…	TongDaeGu	發	**918**	600	634	704	804	807	735	834	929	…	1006	…	1038	**1021**	1026	1059	**1047**	**1104**	1214	**1144**
339.5	경산	〃	V	614	645	715	814	820	745	845	939	…	1016	…	1049	V	1036	V	↓	V	1225	V
354.2	남성현	〃	V	629	V	V	V	—	V	V	V	…	V	…	V	V	V	V	**36**	V	V	V
362.9	청도	〃	V	637	702	732	830	…	803	903	955	…	1034	…	1106	V	1053	1127	大邱	V	V	V
374.7	유천	〃	V	649	712	V	840	…	813	V	1005	…	V	…	V	V	1102	V	·	V	V	V
384.1	밀양	〃	V	657	719	746	848	…	820	918	1012	…	1055	…	1120	V	1109	1141	东海	V	1254	**1218**
396.7	三浪津	着	V	708	728	755	856	…	V	927	1021	…	1104	…	1130	V	1118	V	南部	V	V	↓
…	SamNangJin	發	V	709	729	756	857	…	V	928	1021	…	1105	…	1131	V	1119	V	선	V	V	**38**
405.8	원동	〃	V	717	V	V	V	…	V	936	V	…	V	…	V	V	1126	V	경유	V	V	경전
415.0	물금	〃	V	726	V	V	V	…	V	V	V	…	V	…	V	V	1133	V	…	V	V	선
427.8	구포	〃	**1016**	737	750	817	917	…	848	952	1041	…	1126	…	1151	**1120**	1144	1209	浦项	V	1323	경유
432.9	사상	〃	V	744	755	822	V	…	V	V	V	…	V	…	V	V	1150	V	착	V	V	…
442.5	부산진	〃	V	753	V	V	930	…	V	1005	V	…	V	…	V	V	V	V	**1228**	V	V	진주
444.3	釜山	着	**1032**	—	805	832	933	…	901	1008	1054	…	1138	…	1204	**1134**	1201	1221	…	**1210**	1337	착
…	PUSAN		—	…	—	—	—	…	—	—	—	…	—	…	—	—	—	—	…	—	—	**1408**

学一句韩语

안녕하십니까? Annyŏng hashim-nikka?(安宁 哈西米嘎?)	您好吗?
안녕히 가십시오. Annyŏnghi kaship-shiyo. (安宁希 卡西布西哟)	再见。一路平安
만나서 반갑습니다. Mannaso pan gapsumnida. (曼那苏 班 嘎布斯米达)	我很高兴跟您见面
감사합니다. Kam sa hamnida. (卡姆 萨 哈米达)	谢谢
미안합니다. Mian-hamnida. (米安 哈米达)	对不起
압니다. / 모릅니다. Amnida/Morŭmnida. (啊米达/毛勒米达)	我知道/不知道
부탁합니다. Put' a kam-nida(布塔 哥 哈米达)	拜托!
예 / 아니오. Ye/Anio(啷/阿尼哟)	是/不是
이것은 무엇입니까? Igŏsŭn muo-shim-nikka(伊哥深 姆娥西米嘎?)	这个是什么?
이것은 얼마입니까? Igŏsŭn ŏlmaim-nikka?(伊哥深 娥尔妈伊米嘎?)	多少钱?
이것을 주십시오. Igŏsŭl chushipshiyo. (伊哥深 租西布西哟)	请给我这个东西
방이 있습니까? Pang-i issumnikka?(帮伊 伊斯米嘎?)	有房间吗?
하루에 얼마입니까? Harue ŏlmaim-nikka?(哈鲁唉 娥尔妈伊米嘎?)	一天多少钱?
메뉴를 보여주세요. Menu-rŭl poyochuseyo. (妹妞了 保哟租塞哟)	请给我看看菜单
커피를 주세요. K'op'irul chuseyo. (可皮了 租塞哟)	请给我一杯咖啡
인 삼 차 / 김 치 / 불고기 Insam ch'a/Kimch'i/Pulgogi(银萨姆差/给姆气/布尔高基)	人参茶/泡菜/烤牛肉
아주 맛있습니다. Aju madissŭmnida. (阿租 妈西伊斯米达)	很好吃
여기는 어디입니까? Yŏginŭn ŏdiim-nikka?(哟基能 欧迪伊米嘎?)	这里是什么地方?
여기 세워주세요. Yŏgi sewochuseyo. (哟基 塞窝租塞哟)	请在这里停下来
여보세요. Yŏboseyo. (有保塞哟)	喂
기다리세요. Kidariweyo. (基达里塞哟)	请等一下
당신은 예쁩니다. Tangshinŭn yeppŭm-nida. (当西能 啷保米达)	您很漂亮

了解韩国

韩国的历史

古代

从古朝鲜到三国建立

朝鲜半岛最古老的王朝是箕子朝鲜与卫士朝鲜2个王朝。另外，据高丽时期的历史书《三国遗事》记载，在此之前曾有一个叫做檀君的开国神。这些王朝统称叫做古朝鲜，檀君朝鲜与箕子朝鲜与其说是历史事实，不如说是一种神话传说。

汉朝攻陷了卫士朝鲜(公元前108年)，设置了乐浪郡等4个郡，之后的约400年间，统治着朝鲜的中央地区。期间，在现在的中国的东北地区开始兴起了一股强大的势力，就是高句丽民族。高句丽不断地进攻朝鲜半岛，313年灭掉乐浪郡与带方郡，结束了汉朝对朝鲜半岛的统治。

在北方高句丽活跃时期，在朝鲜半岛南部的韩族分成了马韩、弁韩、辰韩三韩。三韩各自由很多小国组成，到了3世纪前后，兴起了一股政治统一的动向。马韩的伯济国从3世纪到4世纪，统一了汉江流域的小国(后来的百济)。在辰韩，4世纪的后半期，斯卢国由庆州兴起，统一了其他小国(后来的新罗)。在弁韩地区，未出现政治上的统一，到6世纪分立出了叫做加倻国的小国。

之后，隋朝统一了分裂近300年的中国，598年以后，开始进攻高句丽。文帝率30万人、炀帝率100万人的超大规模军队数次进攻朝鲜，但是在以武将乙支文德为首的高句丽军队顽强抵抗下最终失败。

新罗统一三国

高句丽、新罗、百济三国鼎立竞争时期，称为三国时代。三国之中，军事上处于劣势的新罗，在隋朝之后的唐代，选择与唐结盟之路，结成联军，相继灭亡了百济、高句丽。

之后，唐开始直接统治百济、高句丽的原有领地，但是新罗与高句丽、百济的残存势力共同击退了唐军，挫败了唐统治朝鲜的野心，由此新罗实现了朝鲜半岛的统一。统一后的新罗，佛教文化获得巨大发展，在王京(现在的庆州)建起了以黄龙寺为主的众多寺院。佛教美术也获得了大的发展。佛国寺的释迦塔、多宝塔等具有代表性的独特的石塔艺术，用花岗岩筑起的拱状的石窟寺院、石窟庵内的佛像等，是新罗佛教艺术中特别值得关注的内容。

高丽

高丽的建国与半岛统一

8世纪后半期开始，新罗接连发生争夺王位的内乱，各地起义不断，豪族以势力割据一方。其中出现了建立的新国，新罗、后高句丽、后百济所割据的后三国时代。

后高句丽的大将王建推翻了后高句丽的国王弓裔，于公元918年建立高丽国(都城在开城)，在征服新罗之后，又灭亡了后百济，于936年统一了朝鲜半岛。

曾经有很多高句丽的国民居住的渤海（698年建国），也被新兴的契丹族毁灭，移民到高丽。

高丽采用科举制度，建立了中央集权的官僚国家，到11世纪后半期，建立了完整的国家体制，到12世纪中叶，高丽王朝迎来了最繁荣的时期。

这一时期佛教达到鼎盛，全国修建了众多的寺院。为祈祷抵抗契丹的入侵雕刻了《大藏经》(11世纪雕刻的《大藏经》在13世纪由于蒙古入侵被焚毁，之后为祈祷打退蒙古军，再次雕刻了《大藏经》，现在8万枚经板完整地保存在庆尚南道海印寺内)。

军人政权的建立与蒙古族的入侵

在官僚中，被文人所轻视的军人们于1170年发动军事政变。之后的100年间，在朝鲜的历史上持续了一段未曾有过的军人政权时代。最初由于权利斗争使国家陷入混乱，后来崔氏巩固了政权。不久，蒙古族的入侵又产生了新问题。崔氏将首都移到安全的江华岛，指挥在本土的抗战，但是全国被蒙古军队蹂躏，在人员物资方面受到重大破坏。最后军人政权消灭，此后高丽王室又重新恢复。

14世纪中国明朝建立，原来处于北方的国际社会发生重大变动。以击退倭寇而闻名的李成桂接受亲元派的调遣，作为远征军的指挥官向明朝进军，然而他突然在中途折返，逮捕了首都的亲元派，一举夺得了政权。1388年，他又断然实行土地改革，击毁了高丽王朝的支持基础。1392年，李成桂就任王位，创建了李氏朝鲜王朝。

李氏朝鲜

李氏朝鲜的建立

将首都定为汉阳(现在的汉城)的李氏朝鲜，在建国之初，不过是众多的军事势力纠集在一起。李成桂(太祖)的儿子李芳远(太宗)功勋卓著，他建立了坚如磐石的中央集权体制，为日后长达500多年的长期政权统治打下了基础。

第4代国王世宗(1418～1450年在位，1万韩元纸币上的头像)，以儒教为基本治国策略，使李氏朝鲜成为一个文治国家。在朝鲜历史上绝无仅有而被称赞的名君世宗，在其诸多的伟业之中，具有重大意义的便是1446年创立的训民正音。世宗在学者们的协助下开发出来的文字，是一种民众最易于亲近的文字，也就是我们现在所熟知的韩国文字的始祖。

在维护安定的王朝秩序过程中，在社会上逐渐形成了独特的身份制度与社会习惯。作为起到支配身份的两班，本来是指政府的文官(东班)、武官(西班)，但是，这一时期，他们不仅单纯成为官员，而且具备儒教与汉学的素养，成为在经济上具有土地支配权的集团，统治着一般的民众。

到16世纪末期，虽然有时候发生暴君治理国家、被称做士祸的政治混乱等事件，但总体上社会处于大体和平的状态，出现了李退溪（1千韩元纸币上的头像）、李栗谷（5千韩元纸币上的头像）等著名的儒家学者。

壬辰·丁酉倭乱

突发性的不幸袭击了朝鲜，打破了朝鲜的安定局面，这就是壬辰、丁酉倭乱（文禄、庆长之战 1592~1598年）。在与丰臣秀吉军队的作战中，朝鲜军队大败。之后，在明朝的救援与义兵的支援下，开展起了游击战争，最终，李舜臣将军率领的水军在防卫战中大获全胜。但是，虽说是获得了胜利，可国土却完全遭到战火的破坏而荒废。此后，由于丁卯、丙子胡乱（清军入侵，1627~1637年），使社会更加混乱，投下了阴影。

17~18世纪，随着中央集权体制的动摇与要求建立新社会秩序的呼声，社会整体发生了变化。在政府内部，官僚之间的派别斗争（党派斗争）不断，在上一个时代所不曾见到的实学思想等新思潮登场，为社会带来了清新的空气。

近　代

从旧体制崩溃到开国

1862年，在庆尚道晋州发生了为抗议地方官腐败而起的民众起义，并且迅速扩散到周边地区（壬戌民乱）。该事件表明，迄今为止的统治体制到19世纪已经走入末路。此外，由于西欧列强对中国、日本要求国家开放的压力不断加强，对朝鲜的国家开放的压力也日益增强。在这种情况下，当时紧握政治实权的大院君李昰（高宗的父亲）在国内政权方面，否定两班、商人的特权，以图进一步强化国家集权的统治体制，在对外政策方面，坚持锁国政策。

但是大院君下台，高宗的王妃—闵妃家庭掌管了实权。这时，日本也以军事压力要求朝鲜开放国门。1875年，日本军舰云扬号违法侵入江华岛与本土之间的水路，在遭受朝鲜炮击之后立即开始还击。在此江华岛事件的第二年，日本以绝对获利的不平等条件，缔结了日朝修好条约，朝鲜终于被迫开放国门。

甲午农民战争

开国后在朝廷内部出现分歧，近代化难以顺利进行。借助日本势力希望国家近代化的金玉均等的军事政变终告失败（1884年，甲申政变）。

另一方面，开国后的经济混乱使农民们的生活比以前更加窘迫。1894年，全罗道古阜的农民抗议实行暴政的地方官，以全琫准为领导，发动了农民起义。农民军不断打败政府军，占领了全罗道的中心城市全州。朝鲜政府为了镇压迅速膨胀的农民军，要求清朝派军，而日本则趁混乱之机出兵朝鲜，于是开始了日清战争。日本打败了清军，将清朝势力从朝鲜逐出。朝鲜实际上则处于日本军队的占领之下。尔后，一时停止了向政府军进攻的全琫准的农民起义再次爆发。最终，这场农民起义在日本军面前还是归于失败（甲午农民战争）。

日本进行国家侵略

日本，在日清战争中取得胜利，将清军势力刚从朝鲜逐出，相邻的俄国势力又延伸了进来。日本公使三浦梧楼为了挽回势力，犯下了杀害反日王妃闵妃的野蛮行为（杀害闵妃事件），这种行为反而激起了朝鲜全国的反日情绪。

日本与俄国围绕朝鲜问题的对立，此后不断升级，1904年爆发了日俄战争。韩国（1897年采用大韩帝国国号）政府声明保持中立，但日本无视此声明，以武力占领了韩国。驱逐了俄国势力之后的日本，此后不断强迫韩国政府签定种种协约，强化对韩国的内政统治。日俄战争结束后的1905年11月，日本又夺取了韩国的外交权，将韩国作为日本的"保护国"（第2次日韩协约）。而且，设置了作为行使"保护权"的机关—韩国统监府，首任统监由日本人伊藤博文担任。之后，日本又陆续剥夺了韩国政府的行政权、军事权、司法权、警察权等等。

在这种亡国危机的情况下，民众并没有坐视不理。在全国各地兴起了激烈的反日武装斗争（义军斗争）、爱国启蒙

年　表

B. C. 4C	古朝鲜的活动频繁
B. C. 2C 初	卫氏朝鲜建立
B. C. 108	卫氏朝鲜被前汉灭掉
A. D. 313	高句丽灭掉了乐浪、带方郡。中国对郡县的统治结束。
598	隋朝开始进攻高句丽
660	新罗与唐朝军队联合灭掉百济
668	新罗与唐朝军队联合灭掉高句丽
676	唐朝势力从朝鲜撤退
751	佛国寺、石窟庵创建
918	王建建立高丽国
936	高丽统一朝鲜半岛
1231	蒙古入侵高丽
1236	复刻《大藏经》
1392	李成桂就任王位（李氏朝鲜开始）
1446	建立"训民正音"
1592	壬辰倭乱（文禄之战）
1597	丁酉倭乱（庆长之战）
1862	壬戌民乱
1863	大院君政权建立
1875	江华岛事件（第二年，日朝修好条约签定）
1884	甲申政变
1894	甲午农民战争　日清战争
1897	大韩帝国建立
1904	日俄战争
1905	第二次日韩协约签定（成为日本的保护国）
1910	日本进行日韩合并（成为日本的殖民地）
1919	三·一独立运动
1940	强制推行姓名改革
1945	日本战败，解放
1948	南方建立大韩民国、北方建立朝鲜民主主义人民共和国
1950	朝鲜战争（~1953）
1960	4·19学生革命
1961	朴正熙军事政变
1965	日韩基本条约签定（日韩邦交恢复）
1979	朴总统遭暗杀
1980	全斗焕执掌政权
1987	6·29发表民主化宣言
1988	汉城举办奥林匹克运动会
1991	韩国、朝鲜同时加入联合国
1998	金大中就任总统

安重根义士像

位于南山公园的安重根义士纪念馆

运动等，也出现了像安重根暗杀伊藤博文以寻求改变现状的刺客事件。

但是，这些运动都没能取得实际效果，1910年8月，韩国被日本合并，开始了达36年的殖民地统治。

日本统治下的朝鲜

总督府的朝鲜统治

合并后，统监府与旧大韩帝国政府机构合并，改编成了朝鲜总督府。朝鲜总督直属天皇，不受日本内阁的制约，拥有行政、立法、司法、统帅权等众多的权力。拥有这种绝对权力的总督，可以任命陆军、海军大将。在总督府统治的最初10年间，在以宪兵警察制度为背景的"武断政治"的统治下，大力推行朝鲜人的日本人同化政策，实行经济掠夺政策。

三·一独立运动

在武断统治之下，1919年爆发了历史上最大的反日独立运动(三·一独立运动)。3月1日在汉城的塔普克尔公园，发表了由33名"民族代表"起草的独立宣言书，数万名群众高举太极旗，高喊"大韩独立万岁"的口号，举行了游行示威。此后，运动由汉城扩展到全国。

针对这种事态，日本动用军队进行了彻底的镇压。在水原附近的堤岩里村，日本军将参加运动者集中在教堂里，进行虐杀，而且还纵火烧毁了教堂(堤岩里事件)。对在天安附近的并川村的游行活动采用炮击，造成大量游行群众死亡。梨花学堂的女学生柳宽顺在游行队伍中被逮捕后，于第二年的1920年死于狱中，其顽强抵抗的事迹，被称为"朝鲜的杰努·达鲁克"，她的名字在今天的韩国人人皆知。

"皇民化"政策的推行

三·一运动后，日本放弃了"武断统治"，打起了"文化统治"的旗号。虽然开始认可朝鲜人的有限制条件的集会、结社的自由、言论的自由，但在推进同化政策的方针方面丝毫没有改变。

进入到1930年，同化政策更加走到极端，推行了使朝鲜人变成完全的"皇国臣民"的"皇民化"政策。以1937年日中战争爆发为机，强制朝鲜人也参拜神社，齐唱"皇国臣民誓词"。1938年，实质性地废除了朝鲜语教育，强制日常使用日语。1940年，实施了将朝鲜固有的姓改成日本式姓的创氏制度(创氏改名)。

此外，为了弥补战时状态下的日本劳动力不足的问题，强制朝鲜人出劳工，在日本本土及萨哈林岛进行用语言难以形容的残酷的劳动。从农民手中抢夺土地，以及强制出劳工，使在日本的朝鲜人最高时达到200万人以上。其中，由于经济上、政治上的原因，在太平洋战争结束后，未能回国的朝鲜人及其子女们，也就是今天在日本社会生活的在日朝鲜人(在日韩国人)。

现代(大韩民国)

从殖民地统治中解放出来，南北分裂

1945 年 8 月 15 日，由于日本战败，朝鲜获得解放。但是，人民希望建立统一国家的愿望未能实现，这种南北分裂被固定下来，1948 年在南部成立了大韩民国(总统李承晚)，北部成立了朝鲜民主主义人民共和国(首相金日成)两个国家。

1950 年 6 月 25 日，这种南北的对立终于爆发战争。这场战争使南北总计造成了 126 万死者及 1000 万人口的家离子散。1953 年，胶着状的战争终于实现停战。至今，沿着两国间的停战线仍然存在着军事对立。

战后，李承晚政府采取独裁、腐败政策，使作为最大课题的经济重建工作难以实现，激起了民众对李承晚政府的愤怒。1960年，爆发了反政府游行示威，要求李承晚下台(4・19学生革命)。

朴政权下的经济高度增长

在此后的持续混乱的政局当中，由军事政变(1961 年)而执掌政权的朴正熙在政治方面采取压制人权、镇压民主运动的手段，遭到国民的反抗。但是在经济方面，确实令国家经济获得高速增长。在 70 年代，随着出口的激增，经济实现了奇迹般的增长。被称做“汉江奇迹”的经济增长，在此后一直持续到 80 年代，使韩国成为亚洲四小龙中的一员。

另一方面，在政治方面的民主化迟迟不能取得进展。在朴正熙总统被暗杀后，出现了期待实现民主化的时期。但此后，军人全斗焕通过军事政变夺取了政权。

6・29 宣言与民主化

1987 年，希望实现民主化的国民的呼声再次高涨起来。民主化运动得到了由于经济增长而获得了力量的中产阶级的支持，在野党代表卢泰愚(同年当选为总统)发表了 6・29 民主化宣言，此后，民主化迅速发展起来。

1988 年，韩国成功地举办了奥林匹克运动会，韩国作为在国际上发挥了重要作用的国家而获得了世界的承认。

在金泳三总统(1993 年就任)政权末期，在此前急剧的政治经济变化的负面作用开始表现出来，韩国遭受了未曾有过的经济危机。于是，作为民主化运动象征的金大中当选总统，开始迎接重建经济与进一步实现民主化的挑战。

正月里的民族游戏

韩国的基础知识

国名

正式名称大韩民国（英文：THE REPUBLIC OF KOREA)，简称韩国。

“韩”与“朝鲜”均是从古代就延续使用过来的表示该地区的人类集团与国家的名称。1948 年，在这块土地上成立了两个国家(大韩民国与朝鲜民主主义人民共和国)。双方分别使用了“韩”、“朝鲜”等正当的名称。此后，在韩国方面，对“朝鲜”二字，除指历史上表现的场合(如朝鲜王朝等)之外，一般不再使用。我国，通常有朝鲜语、朝鲜民族、朝鲜半岛、南北朝鲜等的说法，而在韩国则称为韩国语、韩民族、韩半岛、南北韩(朝鲜民主主义人民共和国称为“北韩”)等。

面积与人口

朝鲜半岛的总面积约 22 万平方公里，停战线的南部也就是实际上的韩国面积约 98000 平方公里。

总人口约 4400 万人（1993 年)，其中四分之一的人口集中在首都汉城。

国旗

太极旗。朝鲜近代开化派的中心人物之一朴泳孝在 1882 年根据《太极图说》、《周易》等东方哲学，于第二年 1883 年制定公布了国旗。

国旗中央的圆圈的红色部分表示“阳”，蓝色部分表示“阴”，“阴阳”表示了生成万物的宇宙。国旗四角的三根线(《易经》上的卦)，左上角的表示“天”，正对的右下角的表示“地”，左下角的表示“火”(或者是“日”)，正对的右上角的表示“水”(或者是“月”)，分别象征了一种对立的概念。

在作为日本的殖民地时期，人们对该国旗寄予了热情的厚望。三·一运动时，群众们就是挥舞着太极旗，高喊着独立万岁，举行示威游行，在海外众多的独立运动家们也集中在此旗帜下，举行斗争。1948 年，大韩民国建国后，马上将此旗正式定为国旗，继承至今。

国歌里唱到的花

到了春天连翘花盛开

国花

并没有正式确定，而木槿花是事实上的国花。有一首著名的歌曲叫做《我们的国家》，在韩国出生的人没有不知道的。其中歌词“木槿花、三千里，壮丽的山河”、“木槿花、木槿花、我们的国花”。

从韩国国会的象征标志到酒店的等级表示，在各种地方，我们都会看到绘有木槿花标志。但实际上木槿花开放时是一种很土气的花，没有华丽的外观，很土气，但韧性很大，开的时间也较长。韩国如果选择华丽一点的花，春天是连翘、山杜鹃，秋天是大菊花等，这些花绽开的时候，其美丽的景致是令人陶醉的。

行政区划

韩国最大的行政区划是道。过去，被称做朝鲜八道，是指朝鲜全境由 8 个道组成。而现在，仅南部的韩国领域内便有 9 个道，江原道、京畿道、庆尚南道、庆尚北道、济州道、全罗南道、全罗北道、忠清南道、忠清北道。另外还有与道同级的行政区划特别市、广域市。首都汉城是惟一的特别市，首都其次的 5 大都市(光州、大邱、大田、釜山、仁川)为广域市。道下边有市、郡，特别市、广域市、市的下边设有区，郡下边设有邑、面，区下边设有洞等行政单位。

韩国在 1961 年的军事政变之后的很长一段时间内，道以下的地方行政单位都不能实行地方自治。后在 1991 年，时隔 30 年终于举行了地方议会议员选举，各行政单位终于迈向了地方自治的道路。

摔跤与跆拳道

摔跤是指朝鲜摔跤，历史悠久，在高句丽的壁画中就描绘有摔跤的原形。

摔跤比赛是在腰及大腿之间系一条腰带，摔跤选手互相拉住对方的腰带扭打在一起，不像日本相扑那样推等，胜负经常以大手笔决定。

朝鲜摔跤

朝鲜摔跤过去只在端午节、秋分之日时作为一种游乐，现在则将其调整为体育比赛，制订了比赛规则。职业摔跤更是受到大众的欢迎。在李氏朝鲜时期，摔跤选手都穿着服装比赛，现在的职业摔跤则赤裸上身，穿短裤，系腰带比赛。

与摔跤同样在朝鲜半岛自古流传下来的代表性的格斗项目，就是跆拳道。它与日本的空手道很相似（也有的说是空手道的原形）。跆拳道，近些年来在海外大受欢迎，已经成为汉城、巴塞罗那奥运会的正式比赛项目。

地暖炕

地暖炕，是将灶台的烟通过地板下通到屋内，而使房间变暖的一种地板式暖气装置。从高句丽时期就已经存在的地暖炕，直到现在依然是该地区的取暖方式。即使是现在，韩国几乎所有的住宅也都带有叫做地暖炕房的房间。

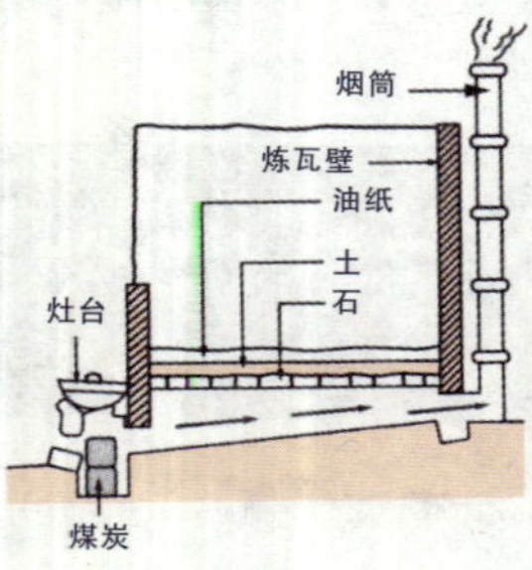

地暖炕式房间，距离灶台烟口最近的地方最暖和，这里是身份高者或客人坐的地方。

过去的韩国曾有因煤炭燃烧不完全，而导致全家一氧化碳中毒死亡的事故发生。近年来，由于普及了蒸汽炉方式（在地板下通蒸汽管道），这样的悲剧减少了。虽说如此，但现在，煤炭依然被大多数家庭所利用，满载煤炭的卡车是韩国冬季的一道风景。

春节与中秋

旧历一月一日与旧历八月十五日是韩国最大的节日。到了这两个节日，平常不在一起的亲戚们为了祭祀祖先都要汇聚一堂。

春节的早晨，要举行祭祀祖先的茶礼。茶礼结束后，孩子们要向大人们问候新年，这叫做新拜，这时，孩子们会从大人那里得到叫做“新拜顿”的压岁钱。

春节期间，有双六、放风筝、农乐等民俗游戏。

集体舞

到了中秋节的时候，也要举行茶礼，这个时候要用该年结出的果实祭祀祖先。女性亲戚们集中在一起制作松饼，这也是中秋节的一大乐趣。此外，还要进行扫墓，仔细地将墓地整理干净。

中秋节的时候,要有摔跤、拔河等民俗游戏。在南部海边地区,月圆之下,妇女们要围成一圈,跳集体舞。

春节与中秋节时，地方出身的人们都要回家乡探亲，汉城的街道上车水马龙的景况一下子消失殆尽。相反，前往地方的交通工具则非常之混乱。这前后几天内,商店也几乎都休息,所以这一时期旅游时要特别注意。

韩服

韩国民族固有的服装叫做韩服。

韩服

现在,随着服装的西化,年轻人除了冠婚葬祭(成人、结婚、出葬、祭祀——译者)之外,很少穿着韩服,只是在老年人中仍然可以见到将韩服作为平时的服装穿着的人。

祭祀

韩国，即使是现在也盛行用儒教的传统方式祭奠祖先。这种祭奠祖先的仪式叫做祭祀。祭祀中分成忌祭祀、茶礼、墓祭。

忌祭祀是指祭奠前4代祖先，是从每个祖先的去世日的前夜一直到当天的黎明。茶礼(也叫节祭)是祭祀至4代以前的所有的祖先，要在春节（旧历一月一日)与中秋(旧历八月十五日)的早晨进行。墓祭(也叫时祀、时祭)是指祭祀5世代以前的所有的祖先，每年一次在墓地举行。

每种仪式的祭奠方法、供品的摆放，都有一定的规则。实际主持祭祀的都是男性，而准备供品的全部是女性。

农乐

以钹、鼓、锣等几种打击乐器为主，并结合演奏与舞蹈的农乐，是自古以来该地的农民最喜爱、最亲近的艺术。

通常在共同进行插秧劳动、春节、中秋等特别

农乐

的日子，及村子的祭奠、摔跤、拔河等特别活动的时候欣赏农乐。一年之中，在农村只要有人聚集在一起，就一定要有一次农乐演出活动。随着现代化的发展，农村结构发生了变化，与过去相比，虽说这种演出次数减少了，但即使是现在，只要到农村去，还会经常碰到实际上的农乐演出。只要演出一开始，聚集在周围的人们便会不由自主地跳起来。由此可见，农乐依然被这块土地上的人们所深深热爱。

一般进行农乐演出的是农民自己，但自古以来也有将农乐演出作为职业的艺术团体。叫做男寺党的浪人艺术团体便是其中的代表，他们表演假面剧、木偶剧、走钢丝、转碟子等，还表演农乐。的确是职业选手，他们的农乐与一般的农乐比较起来，在演奏、舞蹈等技术上都是非常优秀的。今天，在水原的民俗村所看到的农乐，便是继承了这些浪人们技艺的农乐演出。

1978 年，男寺党的嫡传者、亲受男寺党的教育者、具有优秀的农乐技艺者等 4 位年轻人结成团体，在汉城成立了萨鲁姆的音乐，其基本的节奏与农乐相同，使用的乐器也与农乐相同，但在构成上则完全是崭新的。作为一种艺术，他们的音乐比农乐更洗练，在世界上获得了巨大的好评，现在依然是代表现代韩国的音乐之一。当初起名叫做萨鲁姆，现在变成表示音乐自身的名称叫金德洙。在它之外也有很多的职业队正在活跃之中。

宗教

在韩国，人们信仰各种各样的宗教。

佛教从 4 世纪传进来以后，很长时期内，给该地的政治、经济、文化带来了非常大的影响。即使是现在，佛教也是信徒最多的宗教。过去，日本的佛教是从朝鲜传播过去的。但之后，两国的佛教开始了各自的发展。现在，两国间的佛教出现相当大的不同。

基督教是在近代以来允许传教之后才发展起来的，基督教、天主教二者合计的信徒人数达到国民的 1/5 到 1/4。教会的数量繁多。在城市里，到了夜晚，可

以看到闪烁着霓虹灯的教会的十字架。

在中国失去宗教性而只将其作为道德规范的儒教,在韩国则作为一种宗教,受到很多人的信仰。

此外,还有佛教系列的圆佛教、在农民战争中吸取了东学之流派的天道教,信仰开国神檀君的大宗教等韩国固有的宗教。

还有一种从古代就具有历史的巫,它不是具有教义的宗教,但是在研究韩国的宗教时,却不能忽视。它在全国都有被叫做牡丹的巫女,举行“谷”这样的祭祀。曾有一段时间,它被视为与现代化逆行的迷信活动而遭到国家与知识分子的排斥,但它在民间却有着根深蒂固的支持。近年来,巫在探讨韩国文化源流上作为重要的领域受到越来越多的关注。

另外,在现在的年轻人当中,不信任宗教的是大有人在。

儒教

在李氏朝鲜时期作为国家统治思想的儒教,即使是在今天,对整个韩国社会依然产生重要的影响。

由儒教而培养起来的道德观、社会观,在韩国人的精神世界中依然发挥着重要的支配作用。在包括双亲在内的长辈人面前不能吸烟,饮酒时要将头侧向,由于男尊女卑的倾向很强烈,女子的贞操观念很强,重视学历的风气很重,孩子进入一流大学是父母最大的愿望等等,这些儒教的影响体现在韩国社会生活的各个方面。

“孝”与“忠”都是儒教的教导内容。在韩国,“孝”要比“忠”更值得重视。比如,由于工作的关系,父亲去世时没能送终,这种情况在韩国被视为不孝,是绝对不能允许的。虽然近年对公司、国家持有强烈忠心的韩国人在不断增多,但从整个社会来看,依然是自己的亲属、家庭比其他任何事都重要。

两班

两班是李氏朝鲜时期的统治阶级。

作为知识分子,从小的时候开始就受到儒教的教育,他们参加科举考试,独占进入官僚阶层的道路,最终掌握政治权力。在地方,地主拥有大片的土地,很有经济实力,具有免除劳役、兵役的特权,而且作为知识分子,轻视实业,除做官以外不从事农工商等任何职业。

过去,两班作为特权阶层其数量受到限制,但在李氏朝鲜时代的后半期,卖爵卖官、篡改族谱(家谱)获取两班称号的现象大幅增加。此后,虽然到了已没有两班特权的近代,但因为在平民中间依然强烈的存在着对两班身份的憧憬风气,所以,现在实际上依然有人以自己是两班家庭的后代而自诩。

另外，现在在韩国经常有称某一个年长者“那个两班—”、或者妻子称自己的丈夫“我们家的两班——”等情况，这种场合下的“两班”与作为阶层的两班没有任何关系，只是一种习惯上的称谓而已。

教育

韩国的学校制度采用6334制。小学叫做初等学校，中学、高中叫做中学校、高等学校。

大学，是综合大学的情况下叫做大学校，在这种场合下使用的大学是系的意思(比如，延世大学校文科大学就是延世大学文学系，汉城大学校医科大学就是汉城大学医学系的意思)。此外还有2年制的专门大学。

韩国学校的新学期是每年3月，1年分成2个学期(3月 ~8月、9月 ~2月)。

韩国尤其重视学历，甚于中国，大学考试被叫做“考试地狱”、“考试战争”。每年1月进行的入学考试电视予以转播，场面激烈。

考试的前一天，为了合格，考生都要

吃饼和糖。即使如此，学生父母还是来到考试的大学校门前。为此，学校方面感到非常头痛。

姓与籍贯

正如大家所知，在韩国的姓氏当中最多的是金姓，其次为李、朴、崔、郑。以上的5个姓(五大姓)占韩国人口的50%以上。姓氏的总数在韩国总共只有300个左右。韩国人结婚后，夫妻仍保留各自原有的姓。

在韩国，还有表示始祖发祥地的籍贯。姓氏与籍贯相同的情况下(同姓同籍)，被视为同一父系血缘关系，法律上不允许结婚。同姓但不同籍贯的情况下，比如同样是姓金，金海的金某与籍贯是庆州的金某允许结婚。同姓同籍的人们组成的集团，其凝聚力非常强。

征兵制度

韩国采取征兵制度，成年男子有义务服30个月的兵役(考上大学的话缩短为27个月。另外除陆军以外，兵役时间略有不同。根据征兵检查结果，也有的家庭出勤务或者免除兵役的情况)。

在军队里，每天要进行严格的军事训练。据说，上司及老兵非常虐待新兵。结束这种痛苦的生活，大家与以前相比像换了一个人一样的健壮，但也有不幸在训练中途丧命者或者落得一生致残的人。

令正值青春旺盛时期的年轻人中断学业、恋爱的这种征兵制度，是韩国年轻人最大的苦恼。

译　　者：罗玉泉　廖　颖
策　　划：谷口俊博(日本)　虞丽华(美国)　潘笑竹
责任编辑：潘笑竹　赵　萌
封面设计：肖　辉
装帧设计：潘笑竹

图书在版编目(CIP)数据

韩国/日本大宝石出版社编;罗玉泉,廖颖译.－北京:中国旅游出版社,2000.10

(走遍全球)

ISBN 7－5032－1755－3

Ⅰ.韩…　Ⅱ.①日…　②罗…　Ⅲ.韩国－旅游指南　Ⅳ.K931.269

中国版本图书馆 CIP 数据核字（2000）第 52116 号

书　　名：韩　国
原　　著：地球の步き方编集室
出版发行：中国旅游出版社
（北京建国门内大街甲 9 号　邮编:100005）
制　　版：北京中文天地文化艺术有限公司
发　　行：新华书店北京发行所
印　　刷：北京精美彩色印刷有限公司
版　　次：2000 年 10 月第 1 版　2002 年 4 月第 2 次印刷
开　　本：850 毫米×1168 毫米　1/32
印　　张：17
字　　数：479 千
定　　价：56.00 元

北京市版权局著作权合同登记号
图字:01－2000－1932